청소년교육론

YOUTH EDUCATION

안병환 · 김현욱 공저

동문사

청소년교육론

YOUTH EDUCATION

안병환·김현욱 공저

동문사

머리말

청소년 시기는 신체적·정신적 성장과 더불어 사회진출, 직업준비, 독립 등과 같은 중요한 발달과제로 인해 인생의 어떤 주기보다 많은 도전과 변화가 이루어진다. 가정, 학교, 사회로부터 직접적인 영향을 받으면서 자신의 적성을 탐색하고, 취미생활을 영위하면서 자기계발을 위해 많은 투자와 노력을 해야 하는 시기이기도 하다. 이러한 차원에서 청소년교육은 주변 환경의 직접적인 영향을 긍정적으로 수용하고, 현실의 요구나 기대와 더불어 자아성장을 위한 다양한 시도와 도전을 통해 자아실현의 토대를 마련하는 것이라고 할 수 있다.

그러나 요즘 하루가 멀다 하고 제기되고 있는 청소년문제는 중대한 사회적 문제가 되고 있다. 학교를 이탈하는 청소년들이 매년 6~7만 명 정도이고, 가정에서의 가출은 탈선과 청소년 범죄로 이어지기도 한다. 자아를 상실하고 희망을 잃어버린 청소년들이 길거리를 배회하며 무의미한 삶을 살고 있다면 그것은 우리 사회의 미래가 방황하는 것과 동일하다.

이러한 심각한 청소년문제에 직면해 있음에도 우리는 이에 대해 처방적인 접근만을 강조하는 경향이 있다. 청소년을 훈육하고 처벌하는 것은 근원적인 문제해결이 되지 못한다. 청소년의 특징에 대한 올바른 이해와 더불어 제반 현상에 대한 진단적·예방적·처방적 접근이 종합될 때 청소년의 자아실현과 우리 사회의 미래를 보다 희망적으로 만들 수 있을 것이다.

'청소년교육론'은 바로 이러한 과제를 해결하기 위한 토대로서 기술되었다. 비단 청소년과 관련된 문제를 해결하는 것뿐만 아니라, 청소년의 성장, 변화, 특징 등에 대한 이해와 더불어 이들의 자아실현을 위한 지원방안을 제시하고자 하였다.

구체적으로 이 책의 구성은 다음과 같다. 1장에서는 청소년의 개념과 더불어 현대사회의 청소년에 대한 의미와 가치관을 검토하였다. 또한 학교 · 가정 · 지역사회가 청소년에게 어떠한 자세를 가져야 하는가에 대해 논의하였다. 2장에서는 청소년관이 역사적으로 어떻게 변천되어 왔으며, 특히 한국사회에서 청소년에 대한 전통적 인식을 살펴보았다. 그리고 여러 학자들의 관점에서 청소년의 의미를 정리하였다. 3장에서는 청소년기 발달에 대해 다루면서 다양한 발달이론을 제시하였고, 사고발달, 자아개념발달, 신체발달과 문제점을 정리하였다. 4장에서는 청소년기 문화의 개념을 소개하고, 학생문화, 성인지향문화, 청소년의 희망과 고민을 제시하였다. 그리고 다양한 환경의 청소년을 지원하기 위한 '청소년 방과후 아카데미'를 소개하였다. 5장에서는 청소년문제행동의 개념과 이를 이해하기 위한 접근 방향을 논의하였다. 구체적인 청소년문제 유형과 실태를 살펴하고, 청소년문제를 보는 새로운 관점을 제시하였다. 6장은 청소년문제를 종합적이고 체계적으로 이해하기 위한 비행이론을 소개하였고, 청소년비행의 위험요인을 논의하였다. 7장은 청소년상담을 위한 기본 원리를 소개하고, 청소년상담이 이루어지고 있는 실태와 사회적 지원 사례를 소개하였다. 특히 청소년 자살과 관련된 문제에 집중하여 그 원인과 해결방안을 논의하였다. 8장은 청소년교육의 목표를 제시하고, 청소년의 학교생활의 특징과 부모의 역할을 논의하였다. 또한 고등교육의 의미를 재조명함으로써 과열된 대학입시에 대해 환기하고자 하였다. 9장은 청소년 사회화의 관점을 소개하고, 청소년 자립의 의미를 고찰하였다. 그리고 청소년의 사회화를 지원하는 가정, 학교, 대중매체, 또래집단의 역할에 대해서도 논의하였다. 10장은 청소년에게 있어 놀이의 의미와 가치를 논의하였다. 다양한 놀이 관련 이론을 소개하고, 놀이가 가지는 기능을 정리하였다. 11장은 청소년에게 있어 가정의 의미와 역할을 정리하고, 현대사회의 가정의 구조와 특징을 논의하였다. 12장은 청소년에 대한 심리평가의 과정과 의미를 제시하였다. 구체적으로 인지검사, 신경·심리학적 평가, 사회·정서적 평가, 행동 평가의 유형과 방법을 정리하였다. 13장은 청소년에게 있어 사랑의 의미를 고찰하고, 다양한 관점에서 사랑의 유형을 정리하였다. 또한 청소년이 가져야 할 행복한 사랑의 기술에 대해 제안하였다. 14장은 4차 산업혁명을 맞이하여 예상되는 사회적 변화와 직업적 변화를 전망하고, 청소년에게 필요한 교육을 논의하였다.

청소년 개인은 물론, 사회 공동체가 바람직한 방향으로 성장 · 발전하는 데 필수적으로 요구되는 것이 바로 청소년교육이다. 본 저서는 청소년들이 자신과 공동체를 새로운 관점에서 인식하도록 돕고, 자기계발과 공동체의 발전을 위해 요구되는 기본적인 태도와 행동을 정립하도록 지원하며, 청소년교육을 구체적으로 실천하기 위한 내용을 비교적 새로운 관점에서 다루고자 노력하였다. 점차 다양화되는 현대사회에서 더 발전적인 청소년교육을 실천할 수 있는 기초가 될 수 있기를 기대해 본다.

알찬 내용을 담고자 하는 마음은 앞섰지만 마무리하고 나니 부족한 점이 한두 가지가 아닌 것 같다. 앞으로도 계속 보완해 나갈 것을 약속드리며, 독자 여러분들의 많은 질책과 조언을 바란다.

끝으로 본 저서를 출간할 수 있도록 지원해 주신 동문사 이중수 사장님께 깊은 감사를 드린다. 또한 엄청난 무더위 속에서도 많은 노고를 아끼지 않은 여러 직원분들에게 깊은 감사를 드린다.

2018년 7월

저자 일동

차 례

C·H·A·P·T·E·R 01

청소년교육의 기초

1. 청소년의 개념
2. 현대사회와 청소년
3. 현대사회의 청소년관
4. 청소년의 고립화
5. 학교 · 가정 · 지역사회의 청소년에 대한 자세

1 청소년의 개념

청소년(adolescence)이라는 말은 원래 라틴어 adolescere에서 유래되었는데, 그것은 성인기로 성장하다(grow into adulthood)를 의미한다. 청소년은 미성숙한 아동기로부터 성인기의 성숙으로 이동하는 시기이다. 청소년들은 자신을 부모로부터 분리하기 시작하지만, 사회에서 명백하게 실천해야 할 역할은 아직 부족하다. 따라서 청소년은 다양한 생물학적 · 인지적 · 정서적 문제에 직면하게 된다(Hashmi, 2013). 즉, 청소년은 신체적 · 인지적 · 사회적 변화를 수반하는 아동기로부터 성인기로의 변천과정이라 할 수 있다.

청소년기에 대한 정의는 학자나 문화적 차이, 관점 등에 따라 다양하지만, 일반적으로 신체적으로나 정신적으로 미성숙한 단계의 사람을 청소년이라 할 수 있다. 한국의 청소년 관련법규는 해당 규정에 따라 아동, 소년, 미성년, 청소년으로 규정하고 있다. 즉, 아동복지의 가장 기본이 되는 아동복지법에서 "아동이라 함은 18세 미만의 자를 말한다"고 규정짓고 있다. 하지만 특수상황에 있는 사람에게 필요한 경우 20세까지 계속 아동으로서 서비스를 받을 수 있는 권리가 부여되기도 한다. 민법에서는 "만 20세 미만의 자를 미성년"이라고 하며, 소년법에서는 "19세 미만인 자를 소년"이라고 규정하고, 근로기준법에서는 "여자와 18세 미만의 자는 도덕상 또는 보건상 위험한 사업에 사용치 못함"을 규정하고 있다. 그리고 청소년기본법에서는 청소년의 연령을 9세 이상 24세 이하의 자로 규정하며, 청소년보호법에서는 19세 미만인 자를 청소년으로 규정하고 있다. 이와 같이 아동복지법, 소년법, 청소년기본법 그리고 청소년보호법상의 연령 구분이 명확하지 않고, 통일된 연령규정이 없는 실정이다.

외국의 경우는 각 나라에 따라 연령적 차이를 보이는데 이탈리아, 노르웨이, 스위스, 오스트레일리아는 청소년의 연령적 구분은 14세 이상

18세 미만, 핀란드는 16세 이상 18세 미만, 프랑스는 13세 이상 18세 미만, 영국는 8세 이상 17세 미만, 캐나다는 7개 주는 16세까지, 3개 주는 18세까지를 청소년이라고 한다. 미국의 경우도 16세까지를 청소년으로 규정한 곳이 8개 주이고, 17세까지는 11개 주, 18세까지는 24개 주, 19세까지는 1개 주 그리고 21세까지는 2개 주이다. 청소년의 연령구분은 대체로 18세 미만으로 규정하며, 19세 이상을 청소년으로 규정하는 나라는 매우 드물다. 한편 일본을 비롯한 동양권에 속해 있는 대부분의 국가에서는 20세 미만의 자를 청소년으로 규정하고 있다(표갑수, 2010).

1985년 UN의 '청소년의 해' 지정과 함께 캐나다에서 열린 청소년 관련 법률회의 결과에 따르면, UN에서 공식적으로 규정한 청소년(youth)은 15세에서 24세까지의 집단이다. 그러나 UN 산하 국제식량기구(FAO)에는 혼인과 관계없이 10세에서 24세까지의 남녀로 규정하였다. 국제노동기구(ILO)나 세계보건기구(WHO) 등 UN 국제기구들은 '청소년(youth)' 통계를 산출할 때 15~24세를 대상으로 하고 있으며, '세계은행(World Bank)'은 '아동(child)'을 12세 미만으로, '청소년(youth)'을 12~24세로 규정하고 있다. UN아동권리협약(UNCRC)을 기준으로 아동은 18세 미만으로 규정하고 있으며, 우리나라는 1991년에 비준함에 따라 국내법과 동일한 효력을 가져 역시 18세 미만을 아동으로 규정하고 있다(여성가족부, 2018).

UN 사무국 조사결과에 따르면 최소 7세부터(1개국), 30세(10개국), 35세(4개국), 45세(2개국)까지 다양하게 나타나고 있다(김희선, 1995). 한국 청소년개발원(1993)에서는 청소년을 성호르몬 분비와 급격한 생리적 변화를 경험하기 시작하는 11~12세경부터 추상적 사고능력과 자아정체감 형성이 이루어지는 18~20세경까지라고 정의하였다. 이것을 중학교 시기의 청소년 전기(early adolescence)와 고교 및 대학 시기의 청소년 후기(late adolescence)의 두 가지 단계로 구분하기도 한다.

이처럼 미성년자, 연소자, 소년, 아동, 청소년 등의 다양한 호칭을 명확하게 정리하고 통일된 규정을 마련하여 교육 및 지도, 지원이 이루어질 수 있도록 하는 것이 필요하다.

청소년기는 하나의 고립된 발달단계가 아니라 그 이전 단계로부터 영향을 받아 형성되고 그 다음 단계에 결정적 영향을 주는 중요한 중간단계로 보는 것이 합당하다. 19세기 말에서 20세기 초까지 많은 사람들이 청소년의 개념을 제안하였는데, 점차 인식이 바뀌어 '더 이상 문제의 원인 제공자가 아니라 수동적이고 상처받기 쉬운 존재'로 이해하기 시작하였다. 홀(Hall, 1904)은 「청소년기」라는 책을 통해서 질풍과 노도(storm and stress)를 경험하는 내적으로 상당한 혼란을 경험하는 시기라고 주장하였다.

한편, 학교, 직업, 경제 등 사회역사적 조건에 의해 청소년의 개념이 창조되었다고 보기도 한다. 청소년기는 사회역사적 환경의 산물로서, 다양한 사회역사적 환경에 의해 창조되었다고 본다. 학교에 머무는 단계의 설정, 높은 기술과 전문화가 요구되는 산업화, 직장과 가정의 분리, 여러 법률의 제정 등 사회적 환경에 의해 산출된 것이다. 구체적인 예를 들면, 공립 의무교육체제를 만드는 과정에서 생성된 개념으로 보거나, 경제 분야에서 배제시키기 위해서 생성된 개념으로 보거나, 사회문화적 구조 속에서 우리 사회의 필요에 따라 그들의 지위를 창조한다고 보기도 한다. 즉, 경제공황기에는 청소년의 미성숙과 교육적 필요에 대해 기술하는 경향이 있었고, 세계대전 기간 동안에는 용병과 공장 노동자로서 기술하는 경향이 나타났다.

우리 사회는 청소년들에 대해 무의식적으로 이중적인 태도를 취하기도 한다(Feldman & Elliott, 1990). 예를 들면, 청소년의 독립성을 중시하면서도, 아직 삶에 대해 자율적으로 의사결정할 만큼 성숙되지 않았다고 이야기한다. 성에 대해 한편으로는 매우 무지하다고 이야기하고, 한편으로는 상당한 지식이 있는 것으로 이야기한다. 청소년의 음주, 흡연, 약물 등을 금지하고 비난하면서, 성인들 자신은 과도한 음주, 흡연, 약물을 접하는 모습을 보여 준다. 그리고 청소년에게 지식의 발전과 운동능력, 적성을 기르는 것을 강조하지만, 한편으로는 이루어가는 과정보다는 결과물, 자격증 등에 관심을 둔다.

청소년에 대한 이해와 지도를 위해서는 이러한 사회의 잠재적 이중성을 타파하고, 올바른 청소년관의 형성과 교육적 지도에 심혈을 기울여야 할 것이다.

2 현대사회와 청소년

학교폭력, 절도, 집단 따돌림, 자살, 가정 폭력, 등교거부, 다문화 갈등, 비만, 체력저하, 학력격차 등의 청소년문제는 오랜 세월 동안 교육에 종사하는 교직원, 전문가들에게 심각한 문제로 제기되어 왔다. 그 문제의 원인은 다양하게 지적되지만 크게 가정, 지역사회, 학교의 차원으로 구분할 수 있다.

가정적 차원에서는 출산율 저하로 인한 가정의 축소, 그에 따른 양육의 변화와 청소년의 성장 및 발달의 문제가 주로 지적되고 있다. 여러 연구에서 청소년의 원만한 성장과 발달을 위해서 가정의 양육 역할을 강조하고 있는데, 이와 관련하여 각종 방송 프로그램은 물론, 학교에서의 부모교육, 부모역할에 대한 도서 등도 등장하고 있다. 또한 문제로 지적되는 것은 지역사회인데, 지역의 교육적 역할이 감소되고 있다는 점에 주목할 필요가 있다. 과거에는 지역에 거주하는 어른들, 지역의 협동적 활동 및 행사 등을 통해서 청소년들의 원만한 성장에 지역사회가 함께 동참하지만, 현대사회에서 이러한 모습을 찾기란 쉽지 않다. 이러한 지역사회의 변화가 현대사회의 청소년들에게 과거와는 다른 영향을 미치고 있다. 청소년들이 가장 많은 시간을 보내는 학교 차원에서는 교직원의 교육관, 학교가 청소년에게 해야 할 본연의 역할에 대한 논란, 학교제도 자체의 문제 등이 다루어진다.

청소년의 성장과 발달 그리고 관련된 문제에 있어서 가정, 지역, 학교 모두 복합적으로 작용하고 있다. 이들 요소들은 성장기에 있는 청소년들에게 매우 민감하게 작용하기 때문에 신중하게 그 현상을 검토하고 발전방향을 논의해야 할 것이다. 각각의 요소들이 영향을 미치는 정도와 형태를 분석하기 이전에 그 배경으로서 현대사회에 대한 이해가 선행되어야 한다. 청소년교육에 대한 논의를 전개하기 위해서는 필수적으로 현대사회에 대한 고찰이 전제되어야 하는 것이다.

현대사회는 매우 다양하게 논의될 수 있지만 여기에서는 경제성장의 시대, 정보화 시대, 혁신의 시대 등으로 정의하고 논의해 보고자 한다(朝倉征夫, 1996).

현대사회를 나타내는 말 중 가장 일반적인 것으로 볼 수 있는 것이 경제성장의 시대이다. 이는 국민 개개인이 일을 하여 생산한 양을 나타내는 국민 총생산(GNP)을 중심으로 사회를 판단하는 것인데, 예를 들면 GNP가 전월 또는 전년보다 크게 증가하는 경우에는 고도경제성장의 시대, 계속 감소하는 경우 마이너스 경제성장의 시대로 표현된다. 경제성장의 시대라는 말에는 자본주의, 무한 경쟁, 자원의 확보와 창출 등 다양한 요소가 포함되어 있다. 현대사회에서 한 나라의 경제력이나 빈부는 모두 이러한 척도로 측정되고 있다. 한국사회는 고도경제성장 시대를 거쳐 현재도 성장을 지향하고 있으나, 성장률만 보면 과거에 비해 낮은 경제성장의 시대에 있다고 하겠다.

정보화 시대에 있는 현대사회는 많은 정보가 개인에게 끊임없이 영향을 미치고 있다. TV, 라디오, 신문, 인터넷, 메일, 전화, 휴대용 정보 통신기기 등을 통해서 무수히 많은 정보들이 제공되고 공유되며 활용된다. 사회 전반에서 정보가 핵심적인 역할을 하게 되면서 정치, 경제, 문화 등에 큰 변화를 가져오고 있다. 정보화 시대에는 무력이나 경제적 부를 넘어서서 정보 자체가 권력의 원천이 된다. 국가적 경쟁과 권력에서는 물론, 개인의 성장을 촉진시켜 주는 역할을 하기 때문에 올바른 정보에 대한 이해와 획득, 활용 여부는 변화와 발전을 가능하게 해 준다. 정보화 시대의 주요 재화인 정보는 아무리 이용해도 소모되지 않는다는 비소모성, 다른 사람에게 지식이 이전되더라도 원소유자에게 그대로 남아 있다는 비전이성, 정보는 얼마든지 누적될 수 있다는 누적성, 정보가 일반에게 널리 알려질 때 가장 높은 효용가치를 인정받는다는 공개성, 정보는 독점적으로 사용될 수 있다는 전문성 및 기밀성 등의 특성 때문에 정보화 시대 이전의 재화와 구별된다(전석호, 1993). 이러한 정보화 시대는 사회조직의 유형도 변화시켰는데, 위계적인 피라미드형 구조에서 네트워크형의 구조로 전환되고 있다. 중앙의 관료적 구조 하에 이루어지는 대량생산체제에서 분권화된 다품종 소량생산체제로의 변화는 네트워크 중심의 탄력적인 조직구조를 낳게 되었다. 또한 국경이나 민족의 한계를 넘어서서 보편적으로 공유하는 문화를 형성하게 되었는데, 이를 통해 세계의 문화는 동질화가 가속화되고 있다.

경제성장 시대, 정보화 시대의 기반을 이루는 안정된 경제성장과 정보전달수단의 발달은 모두 첨단기술의 발달, 즉 혁신에 의해 생성·유지되고 있다. 경제성장을 위해서는 생산, 수송, 보관, 홍보, 교육 등에 있어서의 혁신이 전제되어야 한다. 정보를 전달, 창출, 활용하는 것 역시 기술적·교육적 혁신 없이는 성립할 수 없었던 것이다. 그런 의미에서 현대사회는 끊임없는 변화와 발전을 추구하는 혁신의 시대라고 할 수 있다. 물론 우주공학, 생물공학, 자동차, 전자제품, 의학, 교육 등 다양한 영역에서의 혁신은 사람들의 생활을 편리하고 쾌적하게 만들어 왔지만, 공해, 윤리적 문제, 새로운 유형의 인간 소외 현상 등 단점도 많이 만들어 내고 있다. 따라서 혁신을 위해서는 인류의 미래에 대한 진지한 고민과 초래되는 여러 문제에 대해 함께 고찰해야 한다.

경제성장의 시대, 정보화 시대, 혁신의 시대 등은 모두 산업혁명의 과정 속에 나타나는 시대 현상이다. 이러한 변화의 근간이 되는 산업혁명이 청소년에게 가지는 의미가 무엇인지 곰곰이 생각해 볼 필요가 있다. 1700년대 말부터 1800년대 중반까지 영국을 중심으로 일어난 산업혁명은 줄곧 사회적인 변화를 불러왔는데, 이것은 청소년에게도 많은 영향을 미쳤다.

영국에서 시작된 산업혁명을 통해서 새로운 원리나 체제, 생산물 등이 사회로 신속하게 흡수되어 가는 모습을 볼 수 있었다. 그것은 단순히 개인적·국가적 차원에서의 새로운 것일 뿐만 아니라 인류 역사상 새로운 것이라는 의미를 가진다. 증기기관의 발달로 이루어진 기계제품의 확대는 공장의 새로운 생산 시스템을 만들게 되었다. 이는 수공업자의 위축을 불러 왔고, 특정 지역에 사람들을 집중시켰으며, 새로운 도시를 형성하였다. 사람들은 도시의 집단생활 속에서 저렴한 임금, 위험한 근무 환경에서의 노동을 점차 보편적인 생활로 인식하기 시작하였다. 이러한 새로운 시스템 속에 등장한 것이 청소년의 노동이다. 육체적으로나 정신적으로 발달과정에 있는 청소년들은 그 성장에 적합한 가정과 교육환경 속에 있어야 하지만, 이 새로운 사회는 청소년을 생산현장에 자리매김하도록 만들었다.

산업혁명사회에서는 기계화를 통해 업무가 단순화되었기 때문에 청소년의 노동이 가능해졌다. 가사를 돕기 위한 청소년의 노동은 오랜 인류의 역사 속에서도 찾아볼 수 있는 일이지만, 대규모로 조직된 장시간의 노동은 찾아볼 수 없었던 현상이었다. 이런 차원에서 청소년의 노동은 산업혁명이 가져온 새로운 현상 중 하나로 볼 수 있다.

청소년의 노동은 많은 문제를 남겼는데, 그중 하나는 직접적인 재해였다. 청소년들은 신체의 절단 사고, 질병 등에 쉽게 노출되었는데, 성인에 비해 신체적 조절능력이나 사고력이 충분하지 못했기 때문에 그만큼 비참한 재해에 직면하게 되었다. 이뿐만 아니라 장시간의 노동이나 중노동은 성장과정에 있는 청소년에게 신체적 변형, 발육부진, 정신적 장애 등 발달적 문제를 야기했다. 이후 이러한 문제에 대해 점차 사회적 인식이 확장되면서 청소년의 노동을 금지하기에 이르렀다.

여기서 생각해 보아야 할 점은 산업혁명을 통해 나타난 새로운 시스템이 청소년에게 미치는 영향이다. 즉, 인류가 역사 속에서 경험하지 못했던 원리, 생산물, 시스템 등이 초래할 수 있는 문제에 대해 확인하기 어렵다는 점이다. 검증되지 않은 사회적인 제도나 생활양식의 도입은 많은 문제를 야기할 수 있고, 그것을 개선하기 위한 노력 역시 쉽지 않다. 청소년의 노동을 허용하는 체제는 이제 금지되었지만, 그러한 결과에 이르기까지 수많은 청소년이 공장과 기계에 파묻혀 병들고, 장애를 갖거나 희생되는 상황을 경험하였다는 점에 문제가 있는 것이다.

현대사회의 변화에도 보다 예민하게 대처해야 하는 이유가 바로 여기에 있다. 현대사회의 변화 역시 기존의 사회가 경험하지 못한 원리, 상호작용, 체제, 기기, 문화 등이 청소년들에게 미치는 영향이나 변화를 예측하기란 쉽지 않다. 더욱이 그러한 영향이 장기적인 현상으로 나타나거나 먼 훗날에 발현되는 사항이라면 문제는 더 심각하다.

이에 청소년에 대한 이해와 그들을 위한 교육의 원리와 방법 등을 보다 명확히 할 필요가 있다. 어떠한 시대적 변화나 현상이 출현하더라도, 이러한 내용들을 깊이 탐구하고 정립할 수 있다면, 보다 효과적이고 충분한 예방과 지도와 안내를 할 수 있을 것이다. 따라서 청소년교육론을 깊이 이해하고 이를 바탕으로 교육적 실천을 하는 것은 청소년을 위한 일임은 물론, 우리 사회와 인류의 성장을 위해 반드시 필요한 일이다.

현대사회는 산업혁명에 버금갈 만큼 많은 신문물이 충분한 시간적 여유 없이 개개인에게 스며들고 있다. 하루 종일 손에서 놓지 않는 스마트폰, 자극적인 TV 프로그램, 자본 중심의 경쟁, 개인정보의 노출, 가상현실 공간의 확대, 폭력성의 증가, 극단적 개인주의 팽배, 가공식품과 패스트푸드의 증가, 학습량 및 학습시간의 증가 등은 시대적 현상으로 청소년들에게 스며들고 있지만, 그것이 어떤 결과를 초래할지, 그래서 어떻게 청소년을 교육해 나가야 할지에 대한 고민은 사회 변화 속도에 따르지 못하고 있다.

산업혁명에 의해 사람들의 생활은 비약적으로 풍부해졌지만, 새로운 원리나 생산물 등이 빠르게 등장하고 스며들기 때문에 이것들을 깊게 검토하고 경험할 수 있는 여유가 존재하지 않는다. 사람들은 어느새 새로운 것을 당연한 것으로 받아들이고, 그 결과로 학교, 가정, 지역에서의 삶의 빠른 변화를 그대로 수용하는 듯하다. 이른바 문화지체(cultural lag)현상을 심각하게 맞이하고 있는 셈이다. 문화지체현상이란 사회의 급속한 과학기술 발전에 비해 인간의 가치관이 따라가지 못하는 것을 말한다. 즉, 물질적 측면의 급속한 변화 속도에 비해 정신적인 측면의 변화가 따라가지 못하고 지체되어 있기 때문에 사회문제나 병리현상들이 나타나게 되는 것이다. 그 과정에서 나타나는 여러 현상은 청소년들의 성장에 직접적인 영향을 미치고 있으며, 그것은 안타깝게도 어떠한 형태의 청소년 희생이 뒤따르고 나서야 비로소 분명해진다. 청소년의 자살, 정신병, 무기력, 등교거부, 절도, 폭력적 행동, 집단 따돌림, 고혈압, 비만, 소아암, 선천성 기형 등은 질적 · 양적으로 지금까지 볼 수 없었던 현상으로, 이미 청소년의 희생은 발생하고 있다.

청소년 시기와 관련하여 오랜 역사 속에서 확인된 분명한 특징 중 하나는 건강한 환경 속에서 심신을 자유롭게 움직여 생활하고 활동할 때 건강하게 성장할 수 있다는 점과 다른 연령대와는 달리 보다 진취적으로 새로운 것을 적극 수용할 수 있어서 문화의 전파 속도가 성인에 비해 매우 빠르다는 점이다. 흥미롭게도 이러한 특성은 인간과 유사한 영장류인 원숭이에게서도 확인된다.

일본의 오이타 현에 사는 원숭이 중에는 고구마를 먹이로 받게 되면 바닷물에 씻어 먹는 원숭이가 있다. 이 고구마를 씻는 행동은 1953년 가을에 한 살이 된 원숭이가 발견하여 다른 원숭이에게 전파한 것인데, 이러한 행동을 모방하여 따라한 원숭이의 대부분은 젊은 개체였다. 유사한 경우로, 1954년 모래와 밀이 섞여 있는 먹이를 물에 넣어 분리해 먹는 방법을 한 원숭이가 발견하였고, 이 행동을 따라한 원숭이는 대부분 젊은 개체로 확인되었다. 새로운 문화를 발견 · 발명 · 창조하는 특성과 그 새로운 문화를 적극적으로 수용하는 특성은 젊은 개체일수록 더 강하다. 인간의 경우에도 청소년들은 새로운 문화를 발명 · 발견 · 창조함과 동시에 새로운 문화를 수용하고 그 문화를 빠른 속도로 전파시킨다(朝倉征夫, 1996).

새로운 문화를 수용하고 전파하는 특성은 현대사회와 같은 산업혁명 시대에 어떤 의미를 가지는 것일까? 앞서 언급한 바와 같이 새로운 원리나 생산물 등이 수시로 생활 속에 스며들고 있고, 이 '새로움'이란 역사적 검증이 되지 않은 것이다. 새로운 문화를 적극적으로 수용하고 전파하는 청소년의 특성은 역사적으로 검증을 받지 않은 문화를 수용하고 전파하는 것을 의미한다. 결과적으로 새로운 시대적 변화가 인류에게 유익한지 여부를 확인하는 실험적 소재로서 청소년들이 자신을 노출시키고 있는 것은 아닐까?

3 현대사회의 청소년관

가. 자원으로서의 청소년

긴 역사 속에서 그리고 역동적으로 진행되는 기술혁신의 물결 속에서 청소년들은 특수한 목적을 위한 자원으로서 인식되었다. 첫 번째 산업혁명의 시대인 영국의 18세기 후반부터 19세기 중반까지는 많은 빈곤 가정의 아이들이 노역을 위한 대상이었다. 이러한 태도는 점차 감소하였으나, 20세기까지 계속되었다. 노역장에서는 다섯 살 이상의 청소년에게 직업훈련을 실시하였고, 이들을 실제적인 노동력으로 생각하였다. 청소년을 보호하는 시설조차도 청소년들의 노동을 국가의 번영이나 개인적 성장에 도움이 되는 것으로 여기고 있었기 때문에 청소년의 노동이 일반적인 현상이었던 시대라고 볼 수 있다.

산업혁명 시대의 청소년은 노동력, 국방력의 대상으로 여겨졌다. 청소년들을 단지 산업을 위한 인력으로 인식하고 또 역할을 부여한다는 것은 청소년들의 생활에서 그들의 자아가 상실되었음을 의미한다. 청소년은 노동력으로 하루 열 시간 이상의 노동 끝에 폐결핵, 심한 발육 불량,

돌이킬 수 없는 질병이나 장애로 고통받기도 하였다. 이후 제도적으로 노동에서 해방될 수 있었던 시점에서도 여전히 국방력을 보충하는 자원으로서 인식되고 활용되었다. 청소년들은 자신의 생활이나 인생을 누릴 수 없었던 것이다.

제2차 세계 대전 후 많은 국가가 관련 법을 제정하고 교육과 복지에 관한 내용을 선포하면서 청소년들의 인간으로서의 권리가 명확해졌다. 청소년들에게 보다 인간답게 살 권리와 이를 위해 필요한 교육적 권리가 보장된 것이다. 그러나 청소년들은 그 이후에 또 다른 경제성장의 시대, 즉 새롭게 전개되는 산업혁명의 시대를 맞이하면서, 생산적 측면이 아닌 또 다른 측면의 자원으로 인식되고 있다.

새로운 기술을 바탕으로 더 향상된 것을 생산하고 높은 이윤을 추구하는 혁신의 바람이 세계적으로 일고 있다. 이 혁신은 학문 분야의 발전은 물론, 생산분야와 실용분야의 발전을 포함하는데, 기술혁신이 진행되고 있는 사회에서는 다양한 이론과 기술을 효율적으로 전파하고 활용하기 위해 그 구조를 잘 이해할 수 있고 활용할 수 있는 인력이 필요하다. 새로운 산업혁명의 시대에서는 예전처럼 청소년을 노역을 위한 존재가 아니라, 바로 이러한 구조를 이해하고 활용해야 할 존재로 여긴다. 이러한 차원에서 청소년들은 혁신적인 미래사회를 담당할 주역으로 여겨지고 그들에 대한 교육적 관심과 투자도 증대되었다.

따라서 청소년들의 제각기 다른 능력을 다양하게 성장시키려는 교육적 접근이 설득력을 얻고 있다. 즉, 새로운 산업혁명을 담당하기 위한 주역으로서 이론적 지식은 물론 실제적인 역량을 가진 인재를 길러내기 위해 노력하자는 사회적 인식이 형성되고 있으며, 어린아이들부터 적극적인 교육이 이루어지고 있다. 사회적으로 형성된 능력중심의 교육경향은 가정에서의 양육과정에도 영향을 미치고 있으며, 이로 인해 대부분의 청소년들이 과도한 학교교육과 과외학습에 시달리고 있다.

문제는 이러한 과열된 성취중심의 교육이 미래적 인재로서의 발달만을 가져오지 않는다는 것이다. 성적이 비교적 낮은 학생이나 특수한 상황으로 인해 학습환경이 지원되지 않는 학생의 경우, 결함이 있는 인간으로 분류되고 낙오될 수 있다. 이에 따른 청소년들의 스트레스와 방황은 폭력과 비행, 등교거부 등의 사회문제로 이어진다. 따라서 청소년관과 교육적 환경이 청소년들에게 어떤 영향을 주는지에 대해서 심도 있는 연구와 지원이 요청된다(朝倉征夫, 1996).

나. 소비자로서의 청소년

최근 청소년들이 방학 등을 활용하여 아르바이트를 하는 것이 유행처럼 퍼지고 있다. 아르바이트 장소로는 패스트푸드점이 가장 선호되는 것으로 나타났는데, 그 이유는 아르바이트 수요도 많고 급여 조건도 비교적 좋기 때문이었다. 2013년 조사에 의하면 학년이 올라갈수록, 한부모가정이나 조손가정일수록, 성적이 낮을수록, 경제수준이 낮을수록 아르바이트 경험이 많은 것으로 나타났고, 전체의 13.3%의 학생들이 아르바이트를 한 것으로 조사되었다(e-나라지표).

표 1-1 최근 1년간 아르바이트 경험 여부(2013)

(단위: %)

구분	있다	없다
남자	13.9	86.1
여자	12.7	87.3
중학교	6.5	93.5
일반고	15.2	84.8
특성화고	41.1	58.9
대도시	12.2	87.8
중소도시	13.4	86.6
읍면지역	16.2	83.8
양부모가정	12.3	87.7
한부모가정	20.5	79.5
조손가정	37.9	62.1

〈계 속〉

구분	있다	없다
기타	21.6	78.4
학업 성적 상	7.3	92.7
학업 성적 중	11.8	88.2
학업 성적 하	19.5	80.5
경제수준 상	10.7	89.3
경제수준 중	12.3	87.7
경제수준 하	19.5	80.5
소계	13.3	86.7

아르바이트를 하는 이유로는 갖고 싶은 것을 사기 위해(50.2%), 용돈(28.1%), 학비(9.7%) 등으로 나타났다(한겨레, 2006.7.27.). 청소년들은 대부분 자의적으로 활용할 수 있는 돈을 목적으로 일을 하고 있다는 것을 알 수 있는데, 이것이 무엇을 의미하는지 살펴볼 필요가 있다. 자의적으로 활용할 수 있는 돈이란 부모 등 다른 사람의 관리로부터 자유롭게, 언제든지, 무엇이든 원하는 것을 할 수 있는 돈이다. 특정한 물건이 아니라 자유롭게 쓸 수 있는 돈을 갖고 싶어 한다는 것은 청소년들의 소비지향적인 구매 욕구를 의미한다. 이러한 소비욕구가 강한 청소년들의 비율이 점차 높아지고 있다는 점에 주의를 기울여야 한다.

TV, 잡지, 인터넷, 스마트폰에 장시간 노출되는 청소년들은 자연히 많은 광고를 접하는 것과 더불어 소비자 중심으로 발달한 편리한 쇼핑문화의 영향으로 소비욕구가 높다. 업계에서는 청소년의 구매력을 높이기 위한 노력이 밤낮으로 이루어지고 있다. 청소년을 사로잡기 위한 마케팅 비용만 1년에 1조 5천억 원이 소비되고 있고, 해마다 20%씩 성장하는 불황 없는 황금시장으로 불린다. 유명 청소년 브랜드인 KidsRus의 CEO 마이크 설즈는 “어렸을 때부터 소유하면 그 후로 오랫동안 그 아이를 소유할 수 있다”고 말하였다(EBS 지식채널 e, 2009). 청소년들은 심리적 무방비 상태이기 때문에 광고에서 주장하는 것들을 그대로 받아들이는 경향이 있다. 소비를 부추기는 상업적 메시지를 청소년은 그대로 흡수한다. 이렇게 TV나 인터넷 등에서 들려오는 소리에 현혹되어 청소년들은 자신도 모르게 발걸음을 옮기고, 그 내용에 심취하게 된다. 부모나 성인들이 올바른 정보를 주어도 청소년들의 성향을 바꾸기는 매우 어렵다. 이것은 마치 '피리 부는 사나이' 효과와 같다. 우리가 청소년을 찾아 나섰을 때는 이미 피리 소리에 젖어 청소년들을 예전의 모습으로 되돌리기 어렵다.

TV 광고가 청소년들에게 어떤 영향을 미치는지 살펴보기 위해 초·중·고교생의 TV 시청 시간과 라면, 햄버거 등의 패스트푸드나 인스턴트식품의 섭취 빈도를 살펴보면 표 1-2와 같다. 1시간 미만 TV 시청을 하는 청소년들은 11.6%가 매일 패스트푸드나 인스턴트식품을 먹는다고 응답했지만, 4시간 이상 TV를 시청하는 청소년의 경우 53.7%가 매일 인스턴트식품이나 패스트푸드를 먹는다고 응답했다. TV 시청 시간이 길수록 가공식품 등을 먹는 비율은 현저하게 증가하고 있는 것이다.

표 1-2 TV 시청 시간에 따른 패스트푸드 및 인스턴트식품 섭취정도

구분	매일 섭취	일주일에 3~4회 섭취	일주일에 1~2회 섭취	일주일에 1회 미만	계
1시간 미만	35명	63명	95명	108명	301명
	11.6%	20.9%	31.6%	35.9%	100%
1~2시간	49명	77명	85명	159명	370명
	13.2%	20.8%	23.0%	43.0%	100%
2~3시간	67명	85명	54명	67명	273명
	24.5%	31.1%	19.8%	24.5%	100%
3~4시간	98명	78명	48명	26명	250명
	39.2%	31.2%	19.2%	10.4%	100%
4시간 이상	123명	55명	33명	18명	229명
	53.7%	24.0%	14.4%	7.9%	100%

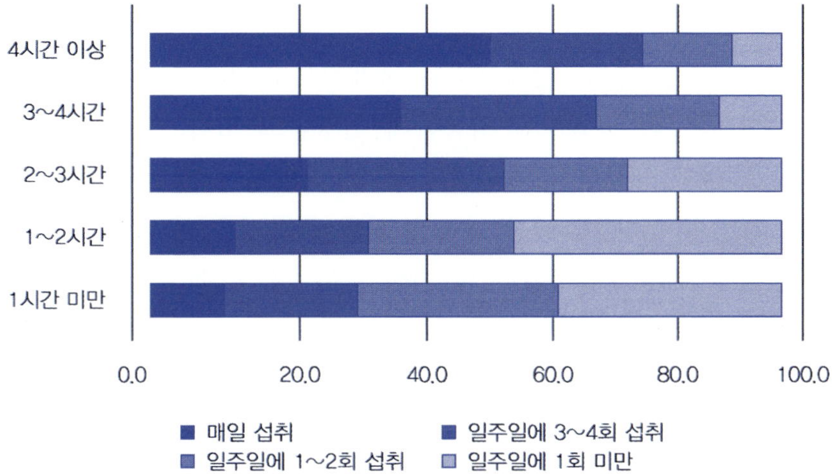

고도경제성장을 거친 이후에 청소년들은 자신의 패션, 소지품 등을 통해 자아를 표현하는 데 높은 관심을 갖게 되었고, 그에 알맞은 주체적 소비자로 성장하였다. 이는 소비자로서 상품을 선택하는 안목을 가진 것으로도 생각될 수 있지만, 청소년들이 선택한 물건들이 주로 유행기조의 범위 내에 있는 것을 고려해 볼 때, 건강하고 성숙한 가치관을 가지고 소비하였다고는 말하기 어렵다.

청소년들은 부모나 교사 등 보다 성숙한 소비자를 매개로 하지 않는 직접적인 소비자가 되었다. 이에 따라 상품을 판매하는 기업의 입장에서 청소년들은 절대 놓쳐서는 안 될 주요 소비자가 되고 있다. 부모나 성인의 소비 통제에서 벗어나고자 한다는 것은 청소년들의 소비충동이 점차 높아지고, 소비시장의 주요 고객이 되어가고 있음을 말해 준다.

현대의 새로운 산업혁명이 뉴미디어 등 새로운 전달 수단의 발달에 힘입어 정보와 개성을 중심으로 생산, 홍보, 소비의 형태가 다양화되었다하더라도 그것을 가능하게 하는 큰 기둥의 하나가 소비자인 것에는 변화가 없다. 지금 그 소비에 청소년들도 직접 참여하기 시작한 것이다.

과거 산업혁명에 직면한 서구 열강들은 해외의 식민지를 필요로 했다. 그 직접적인 이유는 영토 확장인 것도 있었지만, 산업 측면에서 보면 저렴한 인력과 자원 그리고 자국에서 가공한 것을 판매할 수 있는 시장이 필요한 것이었다. 현대사회는 국제적으로 민주주의가 발달하고 인권과 개별 국가의 독립성이 평등하게 인정받고 있다. 한때 식민지였던 나라들은 현재 대부분 독립하였다. 산업의 발전에 맞추어 저렴한 인력, 자원, 시장을 찾아 더 이상 타국을 침략하는 것은 불가능하다. 다양한 방법으로 수요를 창출하거나 더 뛰어난 물건을 수출하여 평화적으로 소비자를 확보해야 하는 것이다. 산업의 형태에 따라 달라지겠지만, 정보전달수단의 발달과 더불어 여성과 청소년은 수요 개척의 주 대상이 되고 있다. 이것은 여성과 청소년의 지위가 높아졌다기보다는 시장으로서의 위치가 변화하였기 때문이다.

현재 청소년들은 중요한 소비자로서 성인과 동일하게 인식되며 관련 서비스 또한 동일해지고 있다. 광고, 구입, 배송, 교환 등에 있어서 청소년은 성인과 동일하게 진행되며, 오히려 그들의 특성과 반응을 고려하여 더욱 특화된 내용으로 구매 절차가 개발된다. 청소년들이 아르바이트 등을 통해 자유롭게 활용할 수 있는 자금을 확보하려는 것은 그것이 이러한 소비를 가능하게 하는 열쇠가 되기 때문이다.

이러한 현상은 다음과 같은 문제를 낳고 있다. 첫 번째, 산업의 주요 시장으로서 혹은 소비자로서의 청소년의 위치는 앞서 언급한 것처럼 새로운 시대로 진행되는 동안 나타난 현상으로서 불확실성을 내포하고 있다. 즉, 산업의 변화와 개혁으로 나타난 새로운 현상은 아직 역사적 검증을 받지 않은 것이며, 청소년이 주요 소비자로 역할함으로써 일어날 문제는 오랜 시간이 지난 후 또는 반복적인 경험을 통해서나 확인될 수 있다는 데 문제가 있다. 따라서 이러한 청소년의 소비자로서의 역할이 어떠한 문제를 야기하는지 지속적인 관심을 가지고 분석할 필요가 있다.

두 번째, 청소년이 소비자로 자리매김함으로써 나타난 지금까지의 문제 중 하나는 청소년이 소비하는 물품이나 식품이 그들의 건강과 올바른 성장에 문제를 야기하는 경우가 많다는 점이다. 이것은 순간적인 판단에 의한 소비경향, 겉으로 포장된 모습이나 단순 정보에 의해 의사결정을 하는 경향 때문이다.

세 번째, 또 다른 문제는 청소년들 사이에서 상품적 가치를 추구하는 삶이 일반화되고 있다는 점이다. 인기, 가격, 브랜드, 지역 등 특정한 기준에 근거한 가치가 일률적으로 높게 평가되고, 그것이 청소년들의 가치에 대한 인식으로 고정되면서, 다양한 의식의 발달이 저해되고 편견을 낳고 있다. 바로 이러한 생활양식 자체가 문제가 되는 것이다(朝倉征夫, 1996).

다. 교육 대상으로서의 청소년

앞서 언급한 자원으로서의 청소년, 소비자로서의 청소년을 보는 관점은 주로 산업의 변화와 함께한 관점이었다. 이와는 달리 한 국가의 주역으로서, 개개인의 자아실현의 주체로서 청소년의 원만한 성장과 발달의 관점을 경주하고 있는 것이 교육에서의 관점이다. 교육적 차원에서 청소년을 조망하는 것은 매우 광범위한 논의가 가능하지만, 먼저 우리 사회의 기준이 되는 법률을 바탕으로 이러한 관점을 찾아볼 수 있다.

교육에 관한 법률은 교육기본법, 초중등교육법, 고등교육법, 교육공무원법, 도서벽지 교육진흥법, 사립학교법, 유아교육법, 장애인 등에 대한 특수교육법, 지방교육자치에 관한 법률, 평생교육법, 학교도서관진흥법, 학교보건법, 학교체육진흥법 등 다수 존재한다. 이 법률은 모두 상위법인 교육기본법을 바탕으로 하고 있으며, 교육기본법은 헌법을 근간으로 하고 있다. 따라서 교육과 관련된 법률은 헌법과 교육기본법을 바탕으로 하며, 이에 따른 제약을 받는다.

국가 정치의 근본인 헌법과 교육에 관한 세부적인 내용을 다루는 교육기본법은 공통적으로 민주주의와 평화주의라는 정체성을 내포하고 있다. 교육기본법은 교육에 관한 국민의 권리 · 의무 및 국가 · 지방자치단체의 책임을 정하고, 교육제도와 그 운영에 관한 기본적 사항을 규정하기 위한 목적으로 1998년부터 시행되었다. 교육의 이념은 '교육은 홍익인간의 이념 아래 모든 국민으로 하여금 인격을 도야하고 자주적 생활능력과 민주시민으로서 필요한 자질을 갖추게 함으로써 인간다운 삶을 영위하게 하고 민주국가의 발전과 인류공영의 이상을 실현하는 데 이바지하게 함을 목적으로 한다'고 밝히고 있다. 이 내용을 자세히 들여다보면, '인격의 도야'와 '자주적 생활능력'을 가장 먼저 제시하고 있고, 다음으로 '민주시민으로서의 삶'을 제시하였으며, '민주국가의 발전'과 '인류공영'을 추구하는 것이 교육의 목적임을 밝히는 위계적 구조로 진술되고 있다. 즉, 개인적 차원, 국가적 차원, 세계적 차원으로 그 범위를 확대하여 표현하고 있으며, 가장 근본적인 교육의 차원이 개인의 삶에 있음을 알 수 있다. 그리고 학습권과 관련하여 '모든 국민은 평생에 걸쳐 학습하고, 능력과 적성에 따라 교육받을 권리를 가진다'고 명시하여, 학습자의 개인적 특성이 교육에서 존중되어야 함을 확인하고 있다.

정치나 헌법, 기타 사회적 권력과 교육의 관계는 주종의 관계가 아니라 대등한 관계이다. 그런 의미에서 교육은 민주주의를 기반으로 자율적이고 독립적인 상태에 있어야 한다. 교육의 자율성, 독립성은 교육이 정치나 종교, 개인적 편견 등 특수한 목적의 수단이 되어서는 안 된다는 것을 강조한 것인데, 교육이 수단화된다는 것은 그 교육을 통해 길러지는 청소년들 또한 수단화되는 것을 의미하기 때문이다.

이에 대해 듀이(Dewey, 1916)는 교육의 목적이 순수하지 않게 결정되는 경우는 개개인의 사회관계가 평등한 균형을 유지하지 않을 때라고 지적하였다. 이는 교육이 교육 이외의 것에 의해 수단화되어 있을 때, 그 사회는 민주주의 사회가 될 수 없음을 의미한다. 개인의 특성이 다른 사람에 의해 이용될 때는 동등한 권리가 인정되지 않기 때문이다.

청소년들은 배우고, 지도받고, 조력을 받으면서 한 인간으로 성장한다. 육체적으로나 정신적으로 성인보다 훨씬 약하지만 이런 청소년들도 민주주의 사회의 구성원으로서 인간답게 성장·발달하여 그들이 맞이할 미래에도 인간답게 살아갈 권리를 가지고 있다. 현재의 삶의 방식과 인간다운 성장, 발달, 미래의 삶에 결정적인 힘을 가지고 있는 것이 바로 교육이다. 교육은 아이들 개개인의 인간다운 현재의 삶, 성장, 발달, 미래의 생활을 지원하는 것이어야 한다. 이 말은 교육이 이에 대해 역으로도 작용할 수 있다는 뜻이며, 따라서 그 의미와 중요성을 깊이 인식해야 한다. 민주주의 사회에서의 교육은 어떤 경우에서라도 청소년의 삶과 미래를 기본으로 하여야 한다. 청소년의 인간다운 성장과 발달에 이바지하지 않는 다른 것들에 의해 교육이 지배되어서는 안 되는 것이다.

그러나 실제 이루어지고 있는 교육은 청소년들의 현재 삶과 행복보다는 미래의 인재라는 인식을 바탕으로 어린 시절부터 과도한 학습과 역량을 요청하고 있다. 현대 교육의 과제는 청소년들을 미래의 자원으로서가 아니라 스스로 삶을 개척해 나갈 수 있고 자립할 수 있도록 지원하는 데 있다. 청소년의 삶은 근본적으로 그들 자신의 것이며, 자신을 위해 존재하는 것이다. 민주주의 사회의 철학과 제도, 법률상에 제시된 교육적 관점이 청소년교육에 여실히 반영되기 위해서는 청소년 스스로는 물론, 성인들의 인식전환과 구체적인 노력이 요구된다(朝倉征夫, 1996).

4 청소년의 고립화

현재 청소년들은 혼자 놀거나 행동하는 경우가 많아지고 있다. 집단에서 활동을 하고 있더라도, 그것이 특정 매개체를 바탕으로 하는 경우가 많다. 장난감이나 기기, 특정한 리더에 따라 집단 활동이 이루어지고 있고, 인간적인 관계나 깊은 교류를 전제로 하지 않는 경우가 많다. 이 경우는 청소년들이 함께 있다고 하더라도 인간적으로 결합되어 있는 것이 아니라 단순히 활동을 하는 무리에 지나지 않는다.

지금까지 청소년이 고립된 특성을 보이는 이유를 사춘기나 미성숙한 심리적 상태로 간주하는 경향이 있었다. 고등사고기능의 발달과 가치관의 변화, 자아 특성의 개발과정에서 나타날 수 있는 일시적인 특성으로 본 것이다. 그러나 현대사회에서 나타나는 청소년의 고립화는 청소년기의 특성이라고 말하기 어렵다. 그 배경에 사회적 요인이 크게 작용하고 있기 때문이다.

먼저 청소년에게 큰 부담으로 작용하고 있는 학습을 생각해 보아야 한다. 학습활동은 그 자체가 개인적인 사고와 행동을 요구하는 경우가 대부분이다. 학교교육 등을 통해서 협동학습, 프로젝트 학습 등이 이루어지지만 전체 학습에 비할 때는 매우 미약한 수준이다. 현재 청소년들의 학습은 개별 책상 위에서 교과서나 참고서, 문제집을 바탕으로 학습하는 것이 대부분을 차지하고 있다. 따라서 학습시간이 증가하거나 공부에 대한 압력이 증가하게 되면 청소년의 고립화는 더욱 촉진된다. 이러한 상황에서 지나친 학습에 대한 압력은 인간관계를 저해하고 청소년들을 고립된 상태로 몰아갈 수 있다. 경쟁과 결과 중심의 교육현상도 이를 부추기고 있다. 학생들은 서로를 경쟁상대로 여기며, 스스로 탐구하는 학습과정을 중시하기보다 최종 결과에 집착한다. 이러한 학교생활은 생활 전반으로 이어지고, 의사소통 단절은 정서적 공유 대상의 상실과 우정이나 유대 등을 경험하지 못하게 하여 더욱 청소년들을 고립시킨다.

인간관계라는 것은 직접적인 접촉 없이는 깊이 있는 관계형성에 한계가 있다. 그렇다고 직접적인 접촉만으로 인간관계가 성립되지는 않는다. 충분한 대화와 교감 등을 통한 상호작용이 전제되어야 한다. 매일 물리적인 접촉을 하는 가족이나 학급 내의 또래들 속에서도 고립감이 형성되는 까닭도 여기에 있다.

고립화가 문제가 되는 것은 인간이 본질적으로 사회적 속성을 지니기 때문이다. 영장류의 대부분은 장시간의 고립에 큰 고통을 받는다. 침팬지 무리 중에서 한 마리를 동료들과 분리해 놓으면, 고립된 침팬지는 털이 빠지고 피부병이 생기는 등의 신경증 증상을 나타낸다. 인간 역시 사회적인 유대와 소속감을 지속적으로 느끼고 싶어 하는데, 청소년들이 음주나 흡연을 하는 것도 성인처럼 행동하고 싶은 마음 한편에, 서로의 비밀을 공유하고 관계를 형성하고 싶어 하는 심리가 있기 때문이다. 이러한 청소년들은 한결같이 '나와 이야기가 통해서', '내 이야기를 들어주어서' 등으로 함께한 이유를 설명한다. 고독을 즐기고 스스로 외롭게 하려는 사람들조차도 사실은 진정한 인관관계를 갈구하는 것으로 해석할 수 있다.

이러한 고립화는 청소년들의 자살이나 비행의 원인이 되며, 특히 인터넷 등을 통해 자신의 고립감을 잘못된 방식으로 표출하고 집착하기도 한다. 자신의 피해의식을 타인에게 투사하여 특정인이나 불특정 대상에게 위협, 무시, 혐오, 따돌림 등의 방법으로 표출하기도 한다.

매스미디어와 인터넷, 스마트폰 등의 발달로 다량의 정보에 노출되어 있지만 정작 다른 사람들과 의견을 나누고 소소한 일상이나 감정들을 공유하는 기회는 크게 감소하고 있다. 고립된 청소년들은 특정 정보나 가치관이 어떤 의미를 가지는지, 그것이 삶에 어떤 영향을 미칠 것인지 등을 혼자서 결정해야 한다. 정신적으로나 신체적으로 고통과 어려움을 겪을 때도 마찬가지이다. 폭력을 수반한 집단 따돌림이 깊이 진행되는 배경에는 청소년이 고립에서 벗어나고자 일부 또래에 동조하는 현상과 괴롭힘을 당하고도 그것을 혼자서 해결해야 하는 현상이 상호작용하기 때문이다.

고립화는 청소년들이 표현할 수 있는 기회와 시간을 크게 감소시킨다. 표현은 신체나 기호를 통한 방식으로 감정과 논리를 담아내는 것인데, 거기에는 일종의 긴장과 집중이 요구된다. 상대방의 반응을 이끌어내고, 그에 따라 생각을 다시 정리하거나 변경하는 과정에서 새로운 문제에 대한 관심과 가치관이 형성된다. 적절한 표현의 기회를 갖는 것은 때로는 인생을 크게 변화시키는 계기가 되기도 한다. 반대로 표현의 기회를 잃는 것은 논리적인 사고나 집중할 기회, 상대의 반응을 살피며 특정 문제나 대상에 대한 관심과 가치관을 변화시킬 기회를 잃는 것을 의미한다.

또 다른 문제는 청소년들이 자신의 존재감을 확인할 수 있는 기회가 상실된다는 것이다. 그것은 고립된 상황을 경험해 보지 못한 사람은 충분히 이해하기 어려운 것으로, 자신에 대한 존재감을 상실하면 스스로를 사랑하는 마음이 사라지고 다른 사람에 대한 신뢰는 물론, 사랑하는 마음을 갖기도 힘들다. 자신을 비롯하여 사람을 충분히 안다는 것은 그 사람이 어떤 역량을 가지고 어떤 생각을 하고 있는지, 어떤 가치관을 가졌는지, 문제가 생겼을 때 어떻게 해결하는지, 어떤 정서와 태도를 지녔는지 등에 대해 아는 것이다. 자신에 대해 아는 것은 아이러니하게도 다른 사람과의 충분한 접촉이 있을 때 가능하다. 자아는 자신이 스스로를 어떻게 이해하고 인식하느냐와 다른 사람에게 어떤 존재인가 혹은 어떤 의미인가를 포함하는 개념이기 때문이다. 이것은 사람들과 많은 교류가 없다면 형성하기 어렵다. 고립된 상태에서 자신이나 다른 사람과 소통하자면, 그것은 가상의 모습이나 단순한 표면적 모습에 의한 것이 되기 쉽다. 이는 많은 모순과 왜곡을 낳을 수 있어 위험하다(朝倉征夫, 1996).

이러한 차원에서 프롬(Fromm, 1956)은 사람들의 관계형성의 중요성을 언급하였다. 그는 인간은 태어나면서부터 분리감을 경험하는데, 이 분리경험(experience of separateness)은 불안을 일으킨다고 하였다. 이러한 분리는 모든 불안의 원천이 된다. 따라서 인간의 가장 깊은 욕구는 이러한 분리를 극복하여 고독에서 벗어나려는 것이다. 분리는 강렬한 불안의 원천이자 수치심의 원천이 된다. 그러므로 청소년들이 건강하고 건전하게 활동할 수 있도록 하는 관계형성지원 노력이 필요하다. 청소년의 건전한 관계형성은 개인적으로는 자신의 정신건강에 직결되고, 나아가 사회적으로는 협동의 원천이자 건강한 공동체의식을 통한 사회발전의 밑거름이 되기 때문이다.

청소년의 고립화 문제는 그것이 청소년의 불안과 고통의 문제일 뿐만 아니라 사회적으로 유해한 사태를 만들어 내기 때문에 사회적 문제가 된다. 혼자 노는 아이, 외로운 청소년의 문제는 개별 학생의 문제, 가정의 문제가 아니라 사회적으로 대응해야 할 과제인 것이다.

5 학교 · 가정 · 지역사회의 청소년에 대한 자세

최근 과도한 교육열과 더불어 기초 학력저하에 대한 우려도 지적되고 있다. 이것은 학교에서 교과내용을 주입하는 것에 치중하고 있고, 그 양도 증가하고 있으며 더불어 진도도 빨라진 것에 한 원인이 있다. 이러한 교육은 학생들의 수업이해에 대한 격차를 더 크게 한다. 제한된 시간에 의해 측정되는 평가는 상대적 위치를 나타내 사실상 학력중심 교육에 의한 병폐가 널리 퍼져 있다.

다양한 능력의 학생들을 단일하게 지도하는 전체 수업이 학력격차를 낳는 원인이라고 지적하는 사람도 있지만, 앞서 논의한 것처럼 그것이 근본적인 원인이라 하기는 어렵다. 물론 전체 수업은 같은 교육내용과 진도로 수업이 진행되기 때문에 학생들의 학습정도를 확인하기 어렵고, 누구를 기준으로 가르쳐야 하는가의 문제가 제기된다. 그러나 수업이 학생들에게 충분한 관심을 유발하고, 그 결과 생기는 학습의욕이나 질문, 의견교환, 실험 등은 다양한 수준의 학생들이 함께 할 때 더욱 활성화될 수 있다. 즉, 전체 수업을 통해 다양한 학생들 간의 상호작용을 기대할 수 있다.

그러한 높은 관심과 학습의욕을 불러일으키는 수업을 전개하기 위해서는 교사의 정신적 · 육체적 여유와 풍부한 생활경험 그리고 학생의 성장을 이끄는 조력자로서의 역할 인식이 있어야 한다. 이러한 교사의 본연의 자세와 충실한 수업에 의해 그 성과를 기대할 수 있다.

학생들의 수업에 기초가 되는 교재와 교육과정을 그 학생의 능력이나 진도에 따라 조정할 수 없는 상황은 존재하지 않는다. 수업의 진도를 개별 학생의 능력에 의해 가속화하거나 늦추는 것이 아니라, 학생이 가지는 관심사, 문제의식, 의견 등을 통해 수업 내용의 이해를 돕고, 그것을 바탕으로 개별 학생의 개성에 맞는 교육을 전개할 수 있다. 학력 수준별 교육에 비해 능력이 혼합된 전체 수업은 이러한 이점을 가지고 있다.

반면, 학생의 사회적 배경이나 가정환경이 학습활동에 직접적인 영향을 미치거나 이로 인해 차별화된 교육이 이루어지지 않도록 해야 한다.

현대의 정보화·산업화혁명은 학생들이 직면하는 다양한 문제의 직접적인 원인이 된다. 그러나 이러한 문제가 있다고 해도 정보화·산업화의 흐름을 거부하거나 거스를 수는 없다. 그보다 실제적인 대응을 재촉하는 것이 더 적절하다. 여기서 청소년들의 성장에 많은 영향을 미치는 요소로는 가정의 역할이 대두된다.

가정에서 적절히 대응할 수 있는 내용이 있어도 사실 모든 가정에서 그렇게 할 수 있는 것은 아니다. 왜냐하면 가정은 양육기능을 가지고 있지만, 학교나 기관처럼 기능적 목적을 중심으로 조직된 집단이 아니기 때문이다. 따라서 가정에서 나타나는 시행착오의 정도는 다른 집단에 비해 더 높다. 이에 가정에서 청소년을 위한 양육에 많은 어려움을 가진다는 전제 하에서 구체적으로 실천해야 할 일에 대한 논의를 풍부하게 해 나갈 필요가 있다.

현대의 새로운 사회변화가 청소년들에게 요구하고 있는 것 중 하나는 이미 기술한 바와 같이 미래의 인재 그리고 소비자로서의 역할이다. 하지만 이 두 역할이 청소년들의 생활경험의 기회를 축소시키고 소비적 태도의 강화 등 다양한 문제를 야기함을 지적하였다. 청소년들이 건강하게 성장하기 위해서는 이러한 역할로부터 벗어나는 것이 필요하다.

도구적 관점의 미래사회를 위한 인재로서의 역할에서 벗어나 자신의 자아를 탐색하고 성장시키기 위해서는 고정된 학교교육, 사교육, 서열식의 경쟁교육에서 벗어나야 한다. 다양한 사회현상에 대한 탐구, 독서활동, 삶에 대한 진지한 고민 등이 가정의 대화로부터 시작될 수 있다.

소비자로서의 해방은 일시적인 유행을 맹목적으로 추종하거나 새롭게 등장하는 물품들을 더 많이 소유하고자 하는 무의식적인 반응으로부터 벗어나는 것이다. 이것은 청소년의 자립을 위한 풍부한 경험, 또래와 교류, 일의 보람 등을 경험할 수 있는 생활로 달성될 수 있다. 소비욕구를 강화시키는 매체의 질과 양을 검토하는 것과 새로운 물건을 받아들일

때의 신중함을 가정에서 양육과정을 통해 지도해야 한다.

갓난아기에서부터 노인에 이르기까지 모든 인간은 존엄성을 지닌다. 청소년 역시 그 존재가 가치 있음을 인식시키고 스스로 존중할 수 있도록 해야 한다. 친구나 형제 등 청소년 상호 간의 우열을 비교하지 않고 인간적인 성장을 기대하고 지원하는 것이 성인의 역할이고 가정의 역할이다.

최근 그 범위가 크게 줄어들고 있는 청소년들의 생활경험을 풍부하게 하는 것이 실제적인 학력을 발달시키는 원동력이 될 것이다. 감수성을 풍부하게 하는 자연에 대한 경험과 가정의 일을 포함한 일상생활의 다양한 경험은 청소년들의 생활 자립을 실현시켜 줄 것이다.

청소년들이 사춘기를 지나면서 외로움을 경험하는 원인 중 하나는 자립의 과정에서 부모에게 벗어나 다양한 사람들과의 인간관계형성에 직면하기 때문이다. 가족의 인간관계도 근본적인 부모나 형제의 관계에서 나아가, 함께 사는 동료, 의지할 수 있는 협력자, 고민을 나눌 수 있는 친구 등 새로운 관계형성을 모색해야 한다. 그것은 새로운 공동 경험을 마련해 줄 수 있고, 가족 간의 일반적인 이야기 주제의 전환을 가져오며, 상호작용의 기회와 장소의 확대 등을 가능하게 한다.

정보화·산업화의 혁명이 지역사회에 가져온 큰 변화 중 하나는 지역사회의 협력적 생산 조직의 축소이다. 주민들 간의 협력 없이는 불가능했던 농업조차 기계화와 비료의 발달로 독립적인 생산이 가능해졌다. 다양한 산업의 생산조직은 이제 그것이 소재하는 지역사회와 거의 무관해진 것이다. 인근 지역뿐만 아니라 원거리 출퇴근하는 사람들도 크게 증가하였다. 일과 지역사회와의 필연성은 거의 존재하지 않기 때문에 자본, 인력, 기술력 등이 특정 지역에 집중되는 경향이 있다. 이것은 일반적인 사람들의 생활에도 반영되어 이웃이나 지역의 사람들과 긴밀한 인간관계의 필요성을 감소시킨다. 즉, 부모들이 점차 개별적·독립적인 생활양식으로 변화되고 있으며, 이는 자녀들에게도 영향을 미친다.

청소년들의 경우는 부모들의 생활과 사뭇 다른데, 학교는 지역에 있고 거기에 다니는 아이들은 지역사회를 구성하는 일원이며, 친구 관계를 형성하는 경우 필연적으로 지역에 귀속된다. 청소년들은 놀이 활동, 또래와의 관계를 통해 많은 성장을 한다. 따라서 부모뿐만 아니라 지역사회가 여기에 어떤 자세를 갖는가 하는 것은 청소년의 발달을 크게 좌우한다.

지역사회의 관점에서 청소년의 문제를 해결하려면 일하는 사람들이 거주하는 지역, 즉 일하는 장소와 아이들이 성장·발달하는 장소를 일치시키는 것이 가장 바람직할 것이다. 이를 통해 일하는 부모가 지역의 물리적 환경과 지역사회의 인간관계에 보다 관심을 가지고 참여하는 것이 가능해진다. 그리고 청소년들은 부모가 일하는 모습을 보다 쉽게 접함으로써 생산구조나 지역사회의 모습을 이해할 수 있게 된다.

이러한 지역사회의 형성은 청소년의 다양한 집단형성, 상호작용 유형을 창출할 수 있으며, 성인들과 지역사회가 보다 많은 관심으로 지원할 수 있게 만드는 밑바탕이 된다. 활동 공간, 놀이터, 문화 공간 등을 지역에서 지원하고 교육적 역할도 할 수 있다. 거주지역과 일하는 지역을 일치시키고 청소년들의 원만한 지원을 보장하기 위해서는 가정이나 지역에서의 노력뿐만 아니라 국가적인 관심과 정책이 필요하다(朝倉征夫, 1996).

C·H·A·P·T·E·R 02

청소년관의 변천

1. 역사 속의 청소년
2. 한국사회의 청소년
3. 다양한 청소년관

1 역사 속의 청소년

초기의 인류학자들은 동물과 인간의 차이를 구별할 수 있는 실체를 탐색하려는 노력 끝에 문화라는 개념을 창안하였다. 동물과 달리 인간을 인간답게 하는 것이 문화이고, 그것이 존재하는 사회나 집단의 성원이 바뀌어도 그대로 영속되는 실체로 간주하였다. 이에 문화전통을 이어받아 다음 세대로 넘겨주는 과정을 사회화라 하고, 사회화를 문화전달을 통한 문화습득(enculturation)으로 보았다. 개인은 자신이 생활하는 사회나 집단의 일원이 됨으로써 문화를 전달하는 매개적 존재가 된다. 사회 속에서 학습이라는 과정을 거치고, 그러한 학습을 한 이후의 생활 속에서 유능감을 성취할 수 있다. 사회화는 개인이 그가 사는 사회의 문화 속에 통합되는 과정이고, 문화습득은 그 문화 속에 있는 여러 가지 요소를 습득해가는 과정을 지칭하는 것이다. 인류학자들은 그 사회에서 살고 있는 사람들이 공통적으로 갖고 있는 학습된 행동, 사상 및 감정의 대표적인 패턴을 찾으려고 했으며, 이러한 패턴을 최빈 인성(modal personality)이라 하였다. 다시 말하면 최빈 인성이란 특정 사회의 구성원 사이에서 빈번히 관찰되며, 그 사회에 공통된 퍼스낼리티(personality)를 말한다. 사회에서 전형적으로 나타나는 최빈 인성의 형성과정은 그 사회에서 통용되고 있는 육아방법의 특징에서 찾으려 했다. 육아방법은 단순히 아이의 성장을 돕는다는 의미 이외에 아이가 문화를 받아들이는 과정으로 해석된다(정양은, 1983).

인류의 역사 속에서도 청소년에 대한 인식이나 역할이 변화되어 온 것을 볼 수 있다. 그것은 문화의 역사적인 특성이 반영되었기 때문인데, 이를 통해 현재의 청소년에 대한 인식이나 역할도 발전될 수 있음을 이해할 수 있고, 사회화의 중요성을 공유할 수 있다.

가. 고대사회의 청소년

원시시대에는 씨족사회의 보존을 우선시하는 사회로서, 청소년이 독립된 인격체로 대우받기보다는 종족 보존을 위한 대상으로 여겨졌다. 청소년들에게 행해진 교육은 의식주를 해결하기 위한 것들이 주를 이루었다. 교육자는 부모나 주변의 어른이 되었고, 일상생활 자체가 교육이며 생활이었다. 또한 일과 놀이가 분리되지 않은 사회였다. 고대 희랍에서는 한 가정에 한 자식만을 갖도록 제한하였다. 그래서 많은 영아들이 살해되거나 유기되었는데, 특히 여아가 대부분 살해당했으며, 이러한 살해는 어느 정도 사회적으로 합법화되기도 하였다. 희랍시대의 자녀교육법은 로마시대로 이어져서 자녀교육에 많은 영향을 미쳤다. 당시에 영아살해와 유기는 인구 조절을 위해 필요한 수단으로 인식되었다. 하지만 어떤 부모들은 포팅(potting)을 통해 아이가 살아갈 수 있도록 하였다. 포팅이란 갓난아이를 바구니에 넣고 그 바구니를 광장에 놓고 가는 것으로, 다른 사람들이 양자로 삼도록 비싼 장식품을 놓기도 하였다.

기독교의 번성은 영아살해에 대한 태도에 결정적인 변화를 일으켰다. 초기의 기독교인들은 갓난아이도 영혼을 가진 존재라고 주장하면서, 아동과 가정생활을 즐기는 것은 가정생활의 내적인 측면에서 중요하다고 역설하였다. 그리고 영아살해는 이교도들이나 하는 짓이며 살인이라고 비난하였다. 콘스탄티누스 대제는 “아이를 죽이는 것은 죄”라고 공포하였고, 400년경 기독교는 영아살해와 유기의 중지령을 내렸으며 고아원을 설립하였다. 그러나 기독교가 영아살해를 금했음에도 불구하고 영아살해는 18세기까지 계속되었다.

이러한 고대사회의 아동에 대한 기록은 청소년들이 그들의 부모나 성인들에 의해 생명까지도 좌지우지될 수 있는 빈약한 인권을 가졌음을 말해 준다. 청소년들은 양육과정에서도 자신들의 요구나 흥미가 존중되지 않고 성인들에 의해 좌우되는 무력한 존재였다고 할 수 있다. 청소년은 국가와 가정을 위한 존재였지 자신의 고유한 존재가 인정되지 못했다.

고대사회에서 전면적으로 실천되지 않았지만 청소년에 대한 교육을 주장하는 내용을 찾아볼 수 있다. 플라톤(Plato)은 청소년들을 강제로 공부시킬 것이 아니라 놀이를 통해서 학습해야 하며 각각의 타고난 능력을 구별하여 교육하는 것이 좋다고 언급하였다. 플라톤은 인간발달에는 세 가지 차원이 있다고 하였는데, 욕망, 정신(감성), 이성이 그것이다. 아동기는 품성을 형성시켜야 하는 시기로 보았고, 주로 체육, 음악을 가르쳐야 한다고 주장했다. 청소년기는 이성을 발달시켜야 하는 시기로 과학과 수학을 가르쳐야 한다고 주장했다. 한편, 아리스토텔레스(Aristoteles)는 청소년기를 사춘기부터 21세까지라고 하였다. 청소년기의 특성은 불안정, 인내심 부족, 자제력 부족으로 보았고, 이러한 특성은 대부분 사람들의 경우 21세가 되면 사라진다고 보았다. 아리스토텔레스는 자기결정 능력이 성숙의 기준이 되며, 청소년기 발달과업으로 자기결정 능력을 키울 것을 주장하였다. 자기결정 능력은 자주성, 자율성, 독립성, 정체감, 직업선택 등이 있다. 퀸틸리아누스(Quintilianus) 역시 본성에 따른 교육과 성선설을 주장하면서 태어날 때 선한 본성을 계속 유지하기 위해 올바른 교육이 필요하다고 하였다.

고대사회에서 청소년의 위상은 성인에 대한 사회의 약자로서의 삶이었다. 이것은 교육이나 생활에서뿐만 아니라 목숨까지도 성인에 의해 결정되는 제한된 인권의 삶이었다. 몇몇 교육자와 철학자에 의해 청소년에 대한 인식이 이루어졌고 기독교의 교리를 통해 아동의 살해를 금지하는 법안을 마련한 것이 청소년교육에 대한 희망이 되었다고 볼 수 있다(Osborn, 이경우 역, 1983).

나. 중세사회의 청소년

기독교 사상이 모든 면에 영향을 주었던 중세사회에서는 청소년들이 성인의 축소판으로 이 세상에 태어난다고 믿는 전성설(preformation theory)이 지배적인 시기였다. 중세사회에서 아기는 축소된 인간이 생식세포에 이식되어 있고 창조되는 순간에 모든 것이 결정된다고 믿었다. 출생 이후에는 단지 크기와 부피만 성장한다고 믿었다. 이 시대의 청소년들은 단지 신체크기만으로 성인과 구별하였으며, 사회적으로도 역시 성인과 동일하게 취급되었다. 성인과 동일한 욕구와 관심사를 갖는다고 보았다. 걷고 말할 수 있게 되면 청소년들은 성인사회에 참가하여 성인과 동일한 행동을 하고, 동일한 의복을 입도록 요구받았다. 아동은 자제력과 능력이 부족하다고 보았기 때문에, 순응하지 못하거나 잘못을 저지르면 가혹한 체벌이 가해졌고 엄격한 통제가 이루어졌다. 교육내용은 성경을 바탕으로 하였고 교수방법은 반복과 암송이었다.

르네상스 시기에는 기독교 교육에서 벗어나 고대 그리스 로마시대의 교육이 행해졌다. 학교는 엄격하고 무서운 곳이라는 인식이 점차 변화되기 시작하였다. 종교개혁기에는 루터가 “모든 자녀를 학교에 보내라”고 주장하여 공교육과 의무교육에 대한 관심을 일으키는 계기가 되었다. 그러나 여전히 영아살해는 이루어졌고, 이불로 덮어씌워 질식사시키는 방법이 유행하였다. 이러한 범죄는 대개 그 살해 의도성을 명확히 밝히기 어려워 처벌의 대상이 되지 않았다. 1500년대에 휘솔 교황(Bishop Fisole)은 영아에게 이불을 덮어씌워 살인하는 것이 큰 문제가 되어 침대에서 아이와 함께 자는 부모에게 벌금을 부과하기도 하였다.

중세사회는 청소년과 노인에게 매우 어려운 시기였다. 극소수의 청소년만이 학교교육을 받았고, 대부분의 문화유산과 고대의 기술은 전수되지 못했다. 성인도 권리를 제대로 갖지 못했고 대부분의 사람들이 가난에 허덕였다. 고대사회와 마찬가지로 이 시기의 청소년들은 성인이 정해 놓은 기준 안에서 행동과 표현을 할 수 있는 종속적이고 수동적인 삶을 살아야 했다. 따라서 청소년의 삶을 성인과 구분하여 아동기, 청소년기라는 개념조차 성립되지 못하였다. 오직 어른이 만들어 놓은 작은 성인만 존재할 뿐이었다. 문학, 예술작품, 개인의 기록, 묘비문 등의 자료를 바탕으로 중세후기부터 18세기까지의 가정생활과 사회에서 청소년이 차지한 지위를 검토한 결과, 중세 프랑스에서 아동기가 성인기와 구분되지 않았다. 즉, 중세사회에서 청소년의 개념은 존재하지 않았던 것이다(Aries, 1962). 다만 600년에 영국의 교황 성 알드헬름(Aldhelm)이 엮은 질의응답 형식으로 된 최초의 아동용 도서가 중세사회에서 청소년의 삶에 긍정적인 영향을 준 것으로 찾아볼 수 있다. 그리고 1442년경 청소년들을 위한 혼북(Hornbook)이 나왔는데, 이것은 손잡이가 달린 나무판에 종이를 붙인 것이다. 글자판은 보통 가로 3인치, 세로 4인치로 알파벳 자음과 모음, 주기도문, 성경구절 등을 적어 놓았다. 이 글자판은 1800년대 말기까지 사용되었다(Osborn, 이경우 역, 1983).

그림 2-1 혼북(hornbook)

중세사회에서 찾아볼 수 있는 또 하나의 사건은 펠트레(Vittorino de Feltre)가 청소년을 위한 운문, 무용, 놀이의 중요성을 강조한 것이다. 펠트레는 자신이 설립한 학교에서 공부와 놀이를 교대로 실시하였다.

중세사회에서 기독교는 청소년의 교육에 직접적인 영향을 주는 두 가지 관점이 있었는데, 하나는 청소년도 죄인이고 지옥에 갈 운명이라는 것과 또 하나는 청소년을 백지상태로 보는 것이었다. 이러한 관점에 따라 청소년이 타락하지 않고 구제되기 위해서는 교육이 필요하다고 보았다.

그러나 루소는 아동을 다르게 보았다. 어린이는 성인과 다른 고유한 관심사를 소유하고 독립된 인격체로 보았으며, 아동이나 청소년은 성인의 축소판이 아니라고 주장하였다. 따라서 성인처럼 대하는 것은 위험하다고 보았다. 발달은 단계적으로 이루어진다고 보았는데, 12~15세에는 신체적인 힘, 이성, 자의식이 발달하는 시기이고, 15~20세는 정서적 성숙, 타인에 대한 관심 발현, 도덕성 발현 시기로 보았다. 즉, 청소년기는 제2의 인간으로 탄생하는 시기로 보았다. 다만, 루소의 주장은 실증적이지 않고 사변적이며 철학적인 특징을 갖는다.

중세사회를 종합해보면 고대사회보다 청소년의 삶이 향상되었다고 볼 수 있으나 여전히 성인의 축소판으로 인식되고 있었고, 가정과 국가적 차원에서 의미를 가졌던 청소년들이 개개인의 타락과 악을 없애기 위해 교육이 필요한 것으로 변화되었다. 특히 르네상스로 인해 신 중심의 세계관이 인간중심으로 변화되면서 탐구정신이 유행하게 되었고, 이러한 변화는 유럽 전역에 퍼져 과거 천 년 동안 이어졌던 기독교적 엄격함이 변화되기 시작하였으며 공교육에 대한 인식이 점차 퍼져나가기 시작하였다(Osborn, 이경우 역, 1983).

다. 근대사회의 청소년

근대사회에는 청소년을 성인의 축소판으로 여겼던 중세시대와는 달리 하나의 독립된 인격을 가진 존재로 인식하게 되었다. 이러한 인식은 코메니우스(Comenius), 루소(Rousseau), 페스탈로치(Pestalozzi) 등에 의해 확산되었다. 16, 17세기 동안 새로운 사고가 나타나고 점차 청소년을 독자적인 대상으로 인식하기 시작하였는데, 이러한 인식은 이들을 보살피는 어머니와 유모들 사이에서 먼저 생겨났다. 그러다가 점차 가족사회에 스며들었고 다시 성직자로 확산되었다. 이들은 청소년들을 보호받고 발달해야 할 신의 연약한 창조물이라고 보았다(Aries, 1962). 청소년을 달리 보기 시작하면서 이들에 대한 취급도 달라졌다. 관습과 제도도 변화되어 놀이, 의복, 교육에서 눈에 띄는 변화가 나타났다(김태오, 1994).

뉴베리(John Newbery)는 「예쁘고 작은 주머니 책(1744년)」, 「좋은 두 개의 신발(1765년)」 등 아동용 도서를 출간하여 대중화시켰고 이를 미국에까지 전파했다. 루소는 「에밀」을 저술하여 아동교육의 중요성을 주장하였고 교육과정은 그들의 흥미와 직접 관련되어야 한다고 주장하였다. 티데만(Tiedemann), 페스탈로치(Pestalozzi)는 자신의 자녀를 양육한 일기를 출간하는 등 성인들의 청소년에 대한 관심은 크게 증가하였고 다양한 교육용 도서가 나왔다. 1815년에 미국에서 최초의 어머니회가 생겼고 1832년에는 최초의 부모를 위한 잡지가 출간되었다. 1816년에 영국의 오웬(Robert Owen)은 탁아소와 유아학교를 설치하고, 아동이 적어도 읽고 쓰기를 배우기 이전에는 노동을 금지할 것을 주장하였다. 1837년에는 프뢰벨(Fröbel)이 독일에 세계 최초의 유치원을 세웠다. 미국에서는 매사추세츠 주에서 호레이스 만(Horace Mann)의 노력으로 공교육운동이 전개되어, 1852년에 이르러 의무교육법이 성립되었다. 그 후 1890년까지 남부 주들을 제외한 28개 주에 의무교육제도가 수립되었다. 의무교육제도가 실효를 보이기 시작한 것은 1870년 이후이며, 1873년에 의무 취학이 강화되었고, 1889년에 16세 이하의 소년 노동이 제한됨으로써 의무교육이 완전히 시행되었다. 1873년에는 미국 최초의 공립유치원이 세인트루이스에 세워졌고, 장난감을 만드는 업체가 생겨 장난감을 대량으로 생산하고 보급하게 되었다.

이처럼 근대사회는 과거에 나타나지 않았던 관점이 명확해지고 일반화되는 모습을 찾아볼 수 있다. 청소년의 독자성이 인식되었으며, 이에 따른 구체적인 실천들이 나타났다. 이것은 과거보다 청소년의 위상이 높아졌고 생활도 자유로워졌다는 것을 의미한다. 청소년을 위한 도서와 교육도 본격적으로 확대되어 획기적인 전환점을 맞이하게 되었다. 그러나 근대사회의 변화는 청소년들에게 또 다른 시련을 주었는데, 산업혁명으로 인해 경제적 수단으로서, 공장의 노동자로서 장시간의 노동에 착취당했으며, 아니라 특히 여아와 흑인은 교육의 기회도 평등하게 받지 못하였다. 미국의 1820년도의 인구 조사에 의하면 14세 미만의 흑인 청소년이 763,747명이었고, 이 중 93,551명은 자유인, 나머지는 노예였다(Osborn, 이경우 역, 1983).

라. 현대사회의 청소년

20세기에 들어서면서 청소년에 관한 권리선언 등 청소년에 대한 많은 관심과 노력을 촉구하였다. 1989년 UN 총회에서 채택한 아동의 권리협약은 각 국가에게 청소년의 권리에 대한 의무를 상기시켰다. 20세기에는 청소년이 성인과 구별되는 당연한 권리를 가진 존재로 인식되었다. 가족의 중심 역할은 자녀양육으로 보는 견해가 지배적인 견해가 되었고 이제 청소년은 가정과 교육의 중심에 위치하여 많은 배려와 관심을 받고 있다(안동현, 1997). 듀이, 몬테소리, 피아제, 비고츠키, 브루너 등의 학자들에 의해 청소년들의 특성과 발달에 대해 깊이 인식하게 되었고, 그들의 요구와 개인차를 고려하는 것이 교육의 중요한 요소가 되었으며, 이에 따른 교육내용과 교육방법도 세밀하게 발전하였다.

홀(Hall)은 최초로 질문지를 고안하여 청소년기를 과학적으로 연구하여 1904년 「청소년기(adolescence)」라는 두 권의 책을 출간하였다. 이 때문에 청소년학의 아버지로 불린다. 그는 많은 청소년들이 수동적으로 보이지만 내면적으로는 크게 동요한다고 보았다. 청소년기는 사고 · 감정 · 행동에서 거만과 겸손, 선과 악, 행복과 슬픔, 친절과 잔인 사이를 진동하는 '질풍노도(storm and stress)의 시기'라고 하였다. 이러한 상태는 성인에게는 조울증상이나 청소년에게는 정상적이다. 사실 독일어 'Sturm und Drang'라는 표현은 1770~1780년 독일에서 일어난 문학운동에서 나온 것이다. 계몽주의 사조에 반항하면서 감정의 해방 · 독창 · 천재를 부르짖은 젊은이들에 의한 운동으로 계몽주의의 이성 만능적인 태도에 한계를 느끼고 감정의 가치를 주장하며 이상, 열정, 감정, 개혁, 충동, 본능, 감정, 상상, 직관을 신과 인간을 이어주는 수단으로 여긴 문학운동을 말한다.

마. 현대사회의 청소년과 질풍노도

현대 청소년의 특징을 상징적으로 표현하는 질풍노도에 대해 보다 구체적으로 살펴보자.

청소년에 대한 생물학적 관점을 취하는 학자들은 사춘기의 호르몬 변화와 신체적 변화를 강조한다. 이러한 입장을 취하는 대표적인 학자가 홀(Hall)이다. 그는 다윈(Darwin)의 진화론에 많은 영향을 받았다. 홀은 다윈의 과학적 · 생물학적 차원을 청소년발달에 적용하였다. 인간발달은 종의 진화와 유사하다고 믿었다.

홀에 따르면 청소년기는 12세부터 23세까지의 기간을 말하며 질풍노도의 시기이다. 이러한 관점은 청소년기는 갈등과 마음의 동요로 소용돌이치는 시기라는 것이다. 그는 사춘기의 호르몬 변화는 대변동의 원인이 되며, 이러한 격동은 생물학적으로 결정되기 때문에 피할 수 없다고 한다.

홀은 청소년의 사고, 감정 그리고 행동은 자부심과 겸손, 선과 유혹, 행복과 슬픔 사이에서 동요하고 있다고 주장한다. 청소년은 어떤 순간에는 동료에게 불쾌하게 하고 어떤 순간에는 친절할 수도 있다. 또한 청소년은 혼자 있고 싶어하고 나중에는 친구를 찾기도 한다.

홀의 관점은 청소년의 사회적 발달과 교육에 시사하는 바가 크다. 그는 청소년기를 사회적 발달을 지향하는 생물학적 과정으로 생각하였다. 그리고 예의, 과학적 사고 및 도덕성과 같은 능력들은 15세 이후에 집중적으로 가르쳐야 한다고 주장한다. 그러나 홀의 교육에 대한 발달적 관점은 과학적 자료에 의한 것이라기보다는 사변적인 차원에 의존하고 있다는 비판도 받고 있다(안병환, 2012).

한편, 정신분석학자인 안나 프로이트(A. Freud)는 홀의 입장과 견해를 같이 하고 있다. 즉, 안나 프로이트와 같은 정신분석가들은 청소년들의 질풍노도(storm and stress)를 초기 경험에 뿌리를 두고 있는 것으로 보았다. 이러한 오이디푸스 콤플렉스(oedipal) 갈등은 정서적 변덕, 우울한 기분, 부모와의 갈등을 유발한다. 더욱이 본능적 충동의 부활은 반사회적, 심지어 범죄행동 가능성이 있는 것으로 간주되었다. 프로이트는 질풍노도는 보편적이며 불변적이므로 어느 정도 질풍노도가 없는 것은 정신병리를 의미한다고 하였다. 심지어 청소년기 동안에 정상적인 것은 그 자체가 비정상적이라고 하였다.

인류학자 미드(M. Mead, 1928)는 모든 문화가 같은 수준의 질풍노도를 경험하는 것은 아니라고 하였다. 미드의 이러한 초기 주장은 전 세계적으로 186개의 전통(산업화 이전)문화에서 청소년을 분석한 연구(Schlegel & Barry, 1991)에 의해 확인되었다. 그들은 대부분의 전통문화는 서양문화와 비교할 때 청소년들 사이에 질풍노도를 덜 경험한다고 보고하였다. 전통적 문화와 서양의 주요 차이는 성인에 의해 허용되고 청소년에 의해 기대된 독립심(independence)의 정도였다. 서양 대부분의 문화에서 개인주의의 문화적 가치 때문에 청소년기 동안에 부모들로부터 독립되어야 하고 청소년기가 끝날 때쯤엔 충분한 독립심(full independence)을 가져야 한다는 것을 청소년과 부모가 당연하게 생각하였다. 청소년의 질풍노도는 상당 부분 청소년의 독립 속도(pace)를 통제하는 데 원인이 있다. 이러한 과정에서 적절한 속도에 대한 의견의 차이가 청소년과 그들 부모와의 갈등의 원천이 된다. 청소년의 성장하는 독립심을 무시하고자 하는 부모의 태도는 청소년의 독립심이 위험행동을 하도록 만들지 않을까 하는 걱정의 결과이다. 청소년의 질풍노도는 전통적인 문화에서보다는 산업사회에서 더 일반적이라 할 수 있다. 반대로 전통적인 사회에서 청소년의 독립심은 청소년과 부모 모두에게 덜 기대되기 때문에 청소년의 질풍노도의 원천이 될 가능성은 더 적은 것으로 보인다. 전통적인 문화가 유지되는 곳에서는 청소년의 질풍노도가 알려져 있지 않았다.

또한 질풍노도가 청소년들의 특성이므로, 그것의 원천을 순전히 생물학적이라고 하는 주상은 명백한 오류라고 주장한다(InArnett, 1999). 부모와의 갈등, 우울, 위험행동의 측면에서 질풍노도를 지지하는 증거도 있지만, 그렇다고 해서 모든 청소년이 그것을 경험하는 것이 아니라고 보았다. 다만 청소년은 질풍노도가 다른 연령보다 더 많이 발생할 가능성이 있다고 주장했다. 그것을 보이는 정도에 있어서 청소년들 사이에 개인차와 문화적 차이가 있다. 실제로는 청소년들이 어떤 영역(위험행동, 우울 등)에서 위험한 측면이 있을지라도, 많은 청소년들은 잘 적응하는 긍정적인 행동과 부모들과의 좋은 관계를 보이고 있다.

중국과 미국의 청소년에 대한 비교연구 결과, 청소년을 바라보는 방법에 차이가 있었다. 일반적으로 미국의 청소년들은 중국의 청소년들보다도 청소년기를 부모로부터 떠나 또래들 쪽으로 향하는 시기라고 보았다. 이러한 연구결과는 각 문화가 청소년의 개념을 형성하며, 이것이 청소년들의 학교생활에도 영향을 미친다는 것을 보여 준다(Qu et al., 2016).

청소년을 둔 가정의 10% 이하가 심각한 관계장애(serious relationship difficulties)를 가지고 있으며, 또 청소년의 15~30%만 심각한 발달장애를 경험한다고 보고되고 있지만, 일반적으로 청소년은 다양한 어려움을 겪는 시기라고 인식되어 왔다. 특히, 20세기 초 지배적인 이론적 관점은 세 가지 특성, 즉 부모-청소년 갈등, 정서적 불안정(emotional moodiness), 위험유발행동(risk-taking behaviors)에 의하여 질풍노도를 개념화하였다. 그러나 근래에 들어서 점차 청소년기의 행동을 재검토하고 전형적인 반항 특성을 지지하지 않고 있으며, 질풍노도를 보편적이고 불가피한 것으로 보지 않고 있다(Hines & Paulson, 2006).

청소년 시기는 단지 질풍노도의 특징만을 지니고 있다는 것은 아니다. 청소년의 질풍노도 속에는 생활 속의 많은 즐거움도 있다. 그리고 여러 관계에 만족하고 미래에 희망적인 모습을 보이기도 한다. 현대 심리학자들은 청소년의 질풍노도의 보편성을 거부하는 경향이 있다(Offer & Schonert-Reichl, 1999).

지금까지 청소년기 하면 먼저 떠오르는 질풍노도란 말에 대해 알아보았다. 사실, 청소년기는 질풍노도의 특성을 가지고 있다는 말은 사전식 해석으로, 폭풍우가 몰아치고 스트레스를 받는 시기라는 뜻이다. 청소년기는 미숙한 아동기에서 성숙한 성인기로 넘어가는 이행기로서 하나의 발달단계에서 나타나는 어려움을 지닐 수 있다. 청소년은 신체적·심리적 변화와 더불어 가보지 않은 미래세계에 대한 호기심과 불안감이 공존할 것이다. 성인들도 갱년기라고 해서 신체적·심리적 변화를 겪는 경우도 있다. 케이시 등(Casey et al., 2010)도 청소년기는 신체적 성숙, 독립을 위한 충동, 사회적 상호작용과 또래와의 현저한 상호작용 증대 그리고 뇌발달에 수반되는 변화의 경험으로 스트레스가 증가된 시기로 생각하였다. 따라서 홀이나 정신분석가들의 주장도 일면 의미가 있다.

그러나 인류학 측면에서 미드(M. Mead)는 청소년기의 기본 성격은 생물학적이 아니라 사회문화적이라고 결론지었다. 그녀는 문화가 아동기로부터 성인기까지 점진적 변화를 제공할 때, 질풍노도는 그 기간에 거의 일어나지 않는다고 주장하였다. 사모아(Samoa) 섬의 청소년에 대한 관찰을 통하여 그들의 생활은 질풍노도와는 달리 비교적 자유로웠다는 것이다.

따라서 청소년기의 특징을 너무 질풍노도라는 말로만 이해하려면 어려움이 따른다. 왜냐하면 이 말은 1904년에 나온 말로서 이미 100여 년 전에 언급된 표현이기 때문이다. 지금은 청소년기를 생물학적·심리학적·사회학적 측면에서 종합적으로 이해되어야 할 때라 생각된다. 청소년기를 특정 용어로 한정지으면 자칫 청소년 스스로 자기충족적 예언(self-fulling prophecy)에 빠지게 될 우려가 있다. 자기충족적 예언이란 어떤 일이 일어날 것으로 예상하면 실제로 일어날 수 있다는 의미이다. 물론 긍정적인 생각이 보다 더 발전적인 모습으로 나타나는 것은 더할 나위 없이 좋은 일이지만, 부정적인 부분이 실현되는 것은 바람직하지 않을 것이다. 또한 부모나 어른들도 청소년기는 마치 엄청난 심리적 갈등을 겪는 시기라고 단정적으로 생각하게 되면 바람직한 청소년의 성장을 방해할 수도 있다. 청소년 스스로는 청소년기를 슬기롭게 극복할 수 있는 역량을 키워야 하고, 성인들은 청소년들이 건전하고 건강하게 자라나 훌륭한 사회인이 될 수 있도록 따뜻한 격려와 보살핌을 주어야 한다. 청소년기를 지나치게 질풍노도의 시기로 여기는 고정관념에서 벗어나 다양한 측면에서 접근해야 할 것이다.

청소년에 대한 이해와 연구가 확대되었지만, 한편으로는 청소년에 대한 사회적 역할의 강화와 활동의 다양화로 청소년을 특징짓기 어렵다는 문제가 지적된다. 또한 현대사회에서 야기되는 환경오염, 빈부격차, 성비의 불균형, 질병, 교육 불평등 등은 청소년에게 또 다른 위험을 야기하고 있다. 그리고 청소년들은 인간적인 상호작용의 결핍과 정서적인 빈곤에 빠져있다고 흔히 지적된다.

과거에 비해 윤택해진 환경으로 오늘날의 청소년들은 매우 편한 생활을 한다고 생각할 수 있지만, 문제는 이러한 환경을 올바르게 이해하고 활용할 수 있는 가치관과 문화를 형성하는 일이다. 오히려 과거에 예상하지 못했던 청소년문제들이 많이 등장하고 있다. 온라인 매체를 통한 소외나 인터넷중독, 언어폭력 등 과거에 존재하지 않았던 문제들이 새롭게 등장하고 있다. 청소년의 생활이나 문화를 그들만의 것으로 이해할 것이 아니라 질적인 향상과 바람직한 방향으로 나아갈 수 있도록 가정, 학교, 사회가 적극 지원하는 입장이 되어야 할 것이다.

2 한국사회의 청소년

가. 성리학에 나타난 청소년관

성리학(性理學)에 나타나는 청소년관은 인간의 본성은 선하다고 보는 긍정적인 인간관을 바탕으로 한다. 인간의 본성이 신분에 관계없이 선하다고 인정하고 있기 때문에 청소년 본성도 모두 선하다고 인식하였다. 그러나 인간은 선한 본성을 가지고 있는데 본성이 기질에 가려져 선악의 차이가 생긴다고 보았다. 교육은 조기에 이루어질수록 효과적인 것으로 생각하였는데, 격몽요결에서는 "어려서 가르치지 않고서 이미 장성하게 되면 좋지 못한 버릇이 들어 정신을 차리지 못하므로 그를 가르치기란 몹시 어렵다"고 지적하였다.

이처럼 청소년에 대한 긍정적인 인식이 있었지만 수직적·종속적 인간관계를 바탕으로 한 조선사회에서 청소년이 존중되기는 어려웠다. 청소년은 위계질서에 따라, 성별에 따라, 신분에 따라 다르게 인식되었다.

청소년의 본성은 선하나 미성숙하여 연약하고 어리석으며, 기질이 제거되지 못한 혼탁한 상태이기 때문에 신분상의 천한 존재와 마찬가지로 인식되었다. 따라서 부모를 비롯한 윗사람에게 공경과 복종을 강조하였다. 남자는 사회의 중심적인 역할을 수행하는 존재이며, 여자는 남성을 위해 가정을 돌보고 대를 이어주는 주변적인 인물로 인식되었다. 청소년의 존재는 개인적으로 가치가 인식되기보다는 공동체적 의미에서의 가치가 보편적이었다.

청소년에 대한 인식은 태아기부터 시작하여 성인식인 관례를 치르는 시기까지이다. 태아기는 처음 인간으로 인정되며 태교를 통하여 아동의 성품이 결정된다고 인식하였다. 아동이 태어난 후 3세까지는 통제 없이 무조건 보호가 필요한 시기로 보았고, 7세가 될 때까지는 분별력이 없는 것으로 인식하였다. 10세가 되어야 성인과 같은 생활을 할 수 있는 능력을 가진다고 보았다. 이것은 성인과 구분하여 청소년을 신체적 · 정신적으로 미숙하고 성장발달은 후천적으로 이루어진다고 인식했음을 말해 준다. 청소년의 삶은 성인이 된 후 성현이 되는 것이 목표였으므로, 삶의 목표와 가치가 현실적이지 못하였다(백혜리, 1997).

나. 실학에 나타난 아동관

실학에서도 청소년의 본성이 선함을 인정하고 있다. 이덕무의 사소절에는 "지극히 중요한 일은 자식을 가르치는 것보다 더한 것이 없다"고 하여 자녀를 가르치는 것을 중시하였다. 또한 부모가 교육을 위해 적극적으로 역할을 해야 하며, 교육은 기질 제거가 아니라 선을 행하는 것임에 그 목적을 두었다. 또한 인간은 능력에 따라 대우를 다르게 받아야 함을 주장하고 인간의 능력에 따른 신분의 가변성을 인정하였다.

청소년에게 체벌은 인정되었으나 인격을 손상시키는 심한 체벌은 경계하였으며, 문자 교육은 그들의 경험세계와 밀접하게 연결되어야 한다고 보았다. 따라서 자연, 환경 등에 적절하도록 문자를 재선택하고 분류하여 문자 교육서인 훈몽자회를 만들기도 하였다. 즉, 교육의 실제에서 청소년의 경험을 중시하였음을 알 수 있다.

실학에서 아동은 3, 4세가 될 때까지 부모에게 절대적으로 의존하고 7, 8세가 되면 남과 여의 구별이 시작된다. 10세에 성인과 같은 대우를 받게 되고, 15세가 되어야 성인으로 인정되어 혼인이 허락된다. 호기심이 많고 놀기를 좋아하는 것을 기본적인 청소년의 특성으로 인식하였다. 그리고 무한한 가능성을 지닌 존재이며 사회적 구성원으로 인식하였다(백혜리, 1997).

다. 현대 한국사회의 청소년 변천

한국도 현대사회로 접어들면서 청소년에 대한 인식이나 이해가 변화되었다. 이를 크게 세 단계로 구분해 볼 수 있다(조혜정, 1998).

첫 번째 단계는 대가족 속의 '소인'에서 벗어나 '학생'이라는 독자적인 위상을 갖게 되었다. 근대사회에 들어서면서 국민을 위한 학교가 설립되었다. 아이들은 가정에서 벗어나 개인의 공간을 갖기 시작하였다. 청소년들은 학교에 속하는 것을 선호하였고, 이에 속하지 않으면 주변적 위치가 되었다. 1990년대에 들면서 학생과 근로청소년의 이분법이 성립되지 않았고, 대부분이 학교에 진학하게 되었다.

두 번째 단계는 다수의 청소년이 학생인 시점에서, 학교에 다니지 않는 청소년이 소외자가 아니라 부적응자나 일탈자로 간주되었다. 학생은 '좋은 청소년', 비학생은 '비행 청소년'으로 간주되었고, 중 · 고등학교는 사회와 이격된 폐쇄적 공간이 되었으며, 청소년들은 '학생' 이외의 정체성은 버리도록 강요되었다.

세 번째 단계는 자본주의 체제가 더욱 확대되면서, '학생'의 위치가 '청소년', '소비자'로 전환되었다. 학교에 얽매인 학생으로 보기보다는 자유롭고 창의적인 인격체로 보기 시작하였다. 청소년육성법, 청소년헌장, 체육청소년국 설치 등의 노력을 통해 '전인적 청소년'을 강조하였다. 또한 청소년을 위한 소비패턴(의류, 공간, 도서 등)이 확산되었다.

3 다양한 청소년관

이상에서 살펴본 것이 역사적 · 시대적 차원의 청소년관이라면 다음은 학자별 관점에 따른 청소년의 인식이다.

가. 백지설

로크(Locke)는 인간의 생득적 특성에 대해 강하게 비판하면서, 인간이 존재하기 시작할 때 기본적인 개념이나 원리가 이미 형성되어 있다는 증거가 없다고 주장했다. 즉, 인간은 백지(tabula rasa)와 같은 상태로 태어난 것으로 생각했다.

이러한 관점에 따라 청소년의 지식은 경험으로부터 형성된다고 본다. 지식의 기원인 경험(experience)은 감각(sensation)과 반성(reflection)으로 구분된다. 감각적 경험은 감각기관을 통해 획득되는 경험으로서 기본적인 관념(simple ideas)을 구성한다. 그리고 반성적 경험은 비교, 연계, 통합 등의 정신작용을 통해 획득되는 경험으로서 복합적인 관념(complex ideas)을 구성한다.

로크의 백지설은 관념과 지식의 원천을 경험으로 이해하기 때문에 청소년들이 동일한 잠재력을 가지고 삶을 출발한다고 본다. 따라서 청소년들이 환경적 차이나 결핍을 경험하지 않도록 교육적 경험을 제공해야 한다는 점을 강조한다.

나. 성선설과 성악설

루소(Rousseau)는 성선설에 입각하여 청소년들을 교육해야 한다고 주장하였다. '자연으로 돌아가라'는 말을 통해, 청소년들의 본성을 무시한 인위적인 교육이 그들을 올바로 성장하지 못하게 만든다고 지적한다. 인간은 자연이 만든 그대로에 만족하지 않고, 말을 길들이거나, 정원의 나무를 다듬는 것을 올바른 일로 여긴다. 때문에 오히려 교육하지 않는 것이 교육이라고 주장하였는데, 이를 소극적 교육이라고 한다. 청소년들을 교육함에 있어 그들의 자연적 본성을 존중하지 않는다면 올바른 교육은 이루어지지 않을 것이다.

웨슬리(Wesley)는 종교적 관점을 통해 인간의 성악설을 주장하였다. 그는 청소년들이 멋대로 하려는 마음을 꺾어야 한다고 주장하였다. 체벌을 아끼면 오히려 타락할 수 있다고 지적하면서 어릴 때부터 강한 훈육이 필요하다고 보았다. 마음대로 하는 것을 억제하는 것이 양육의 일차적 과제이며, 수면 관리, 식사 예절, 규칙적 생활 등을 통해 좋은 습성을 개발하려고 하였다. 이러한 관점은 청소년들의 기본생활습관 교육과 관련해서 시사하는 바가 있다.

다. 자유설

닐(Neill)은 성선설을 바탕으로 청소년의 자유로운 성장과 교육을 주장했다. 이러한 관점을 실제 1921년 서머힐(Summerhill)이라는 학교를 통해 실험하였고, 큰 성과가 세계적으로 보고되고 있다.

그는 청소년들이 슬기롭고 실제적이라고 보았다. 성인이 간섭하거나 지시하지 않고, 스스로 하도록 해주면 청소년들은 자신을 최대한 발달시킨다고 보았다. 이러한 선천적인 진취성을 발휘하도록 하기 위해서는 충분한 자유가 주어져야 한다.

닐은 자유가 확장될 때 인간이 더욱 진보할 수 있다고 보았다. 자라나는 청소년들은 보다 많은 자유와 권리를 누려야 한다. 청소년들이 스스로 통제하면서 배우고 놀 수 있는 곳에 자유가 존재한다. 자유는 청소년들을 자연스럽게 만들어 주고, 억압, 분노, 죄책감 등에서 벗어나게 해 준다.

라. 욕구설

프로이트(Freud)는 인간의 발달에 큰 영향을 미치는 것을 잠재된 욕구로 보았다. 무의식적인 욕구는 태어날 때부터 가지고 있으며, 욕구를 어떻게 충족시키는가에 따라 다양한 성격이 형성된다고 보았다. 젖 빨기,

배설, 성기 등에서 욕구를 추구하며 일종의 에너지로서 작용한다. 청소년기에는 프로이트의 구분으로 볼 때 잠복기와 성기기에 해당된다. 청소년기 초기에는 무의식적으로 행동을 통제하던 욕구가 일시적으로 사라지는 시기로, 이 에너지가 주변을 탐색하고 활동하는 행동으로 나타난다. 따라서 다양한 체험활동과 탐구의 기회를 제공해 주는 것이 중요하다. 청소년기 후기로 갈수록 이성에 대한 호기심이 증가하게 되는데, 이러한 욕구가 왜곡되게 표출되지 않도록 올바른 정보의 제공과 관심이 요청된다. 정신분석학에서 제시한 이러한 무의식은 청소년을 겉으로 드러난 측면뿐만 아니라 심층적으로 이해할 수 있게 했다는 점에서 의미가 있다.

마. 자극/반응설

초기 행동주의 학자들은 청소년을 외부 자극에 반응하는 존재로 파악한다. 그들은 청소년의 본성이 선하거나 악한 차원으로 이해하지 않았다. 다양한 환경 안에서 어떻게 상호작용하는가에 따라 청소년들의 행동이 달라진다. 행동주의자들은 실제로 동물이나 인간을 훈련시키는 여러 가지 방법을 제시한 바 있다. 이후 자극에 대한 반응과 연합만으로는 다양한 행동을 설명하기 어려운 것을 알고 강화이론이 제안되었다. 행동에 대한 강화를 통해 세밀한 행동까지 조형할 수 있음을 밝혔다. 이러한 행동주의 이론들은 인간이 경험을 통해 형성된다는 백지설과 같은 입장에 있고, 교육을 통해 모든 행위를 조작할 수 있다는 교육만능설을 보여 준다. 하지만 인간의 인지, 창의, 자유의지 등을 간과했다는 지적을 받는다.

청소년들의 기본적인 행동을 가르치고, 습관을 형성하기 위해서 알맞은 자극과 강화가 주어지면 효과적일 수 있음을 시사한다.

바. 경험설

듀이(Dewey)는 청소년들을 수동적이고 소극적이기보다는 능동적이고 탐구적이며 창조적인 존재로 여긴다. 청소년의 미성숙함은 성장하는 힘이며 무궁한 가능성을 의미하고, 청소년은 스스로 지식을 구성하는 적극적인 학습자이다. 이러한 적극적인 학습을 가능하게 하는 것은 흥미이며, 이러한 흥미를 바탕으로 계속적인 경험의 성장이 이루어진다. 청소년들의 흥미를 바르게 이해하고 존중하면서, 적절한 경험을 하도록 하는 것이 훌륭한 교육이다. 최근 청소년들의 흥미와는 상관없이 일방적으로 주어지는 교육활동은 그에 대한 반감을 일으키고 지속적인 학습을 방해한다.

C·H·A·P·T·E·R 03

청소년기 발달과 심리

1. 발달에 대한 이해
2. 청소년기 발달이론
3. 청소년기 사고발달
4. 청소년의 자아개념
5. 청소년 신체발달과 문제점

1 발달에 대한 이해

전통적으로 발달이라는 현상을 설명하는 경우는 유전과 환경 혹은 성숙과 학습이라는 두 가지 요인에 설명되어 왔으며, 현재는 상호작용을 중시하는 방향으로 연구가 진행되고 있다. 다양한 경험적 요인을 중시하는 학자들은 유전이나 성숙뿐만 아니라 누적적 경험의 중요성을 강조하고 있다. 그리고 발달의 원리 역시 유전과 환경의 상호작용에 의해 발달이 조정된다는 점을 지적하고 있다. 예를 들어, 피아니스트 어머니와 작곡가의 아버지에게서 태어난 아이가 훌륭한 음악가로 성장했다고 할 때, 그것은 부모로부터 물려받은 잠재 능력과 예술적 자극이 풍부한 환경과의 상호작용의 결과로 볼 수 있는 것이다.

이처럼 발달이라는 현상을 설명할 때 유전과 환경 요인을 구분하고, 상호작용이라는 틀 속에서 종합하려는 기술은 거의 정착되고 있다. 그러나 생명현상을 유전과 환경이라는 요인으로 환원하려면 많은 난관에 부딪힌다. 앞에서 설명한 음악가 부모에게서 태어난 아이를 예로 들면, 먼저 무엇을 가지고 음악적 소질을 말하는 것인지 명확하지 않다. 그런 소질이라는 실체가 어디에 어떤 형태로 존재하고 그것을 어떻게 파악하고 측정하는지에 대해서도 알 수 없다. 만약 존재한다고 가정한다 해도, 부모가 음악가라고 해서 자녀가 음악적 소질을 갖는 것은 아니다. 부모가 음악적 재능이 없더라도 풍부한 음악적 소질을 가진 사람은 많다. 만일 음악적 소질이라고 하는 것을 가지고 태어난다 하더라도 그 소질 자체가 환경의 영향 밖에 있거나 환경에 독립적으로 존재할 수 없다.

동일한 환경을 어떻게 인식할 것인가는 개인에 따라 다르다. 음악가 부모를 존경할 수도 있고, 부담스러워하거나 싫어할 수도 있다. 또한 부모 역시 엄격하게 가르치거나 아이의 주체성을 존중하는지 등에 따라 차이가 다양하게 있을 수 있다. 스트레스가 많은 가정일 수도 있고, 민주적일 수도 있는 등 수많은 유형을 고려한다면, 개인의 삶은 수많은 상황의 복합물과 같은 것이다(会田元明, 2005).

물리학에서 추의 무게, 길이, 기체의 양, 온도, 압력, 저항 등 객관적으로 측정 가능할 때 그것은 요인으로서 의미가 있다. 발달현상의 요인으로 보는 환경이나 유전은 애매하고 추상적인 개념이며, 그 실체를 측정하는 것은 거의 불가능하다. 전통적인 심리학에서는 측정 가능한 요인을 측도(measure)로, 유전이나 환경과 같이 완벽한 측정이 불가능한 요인을 구성 개념(construct)으로 구별하고 있다. 많은 연구에서 구인의 타당성과 신뢰성을 확보하고자 노력하였고, 그 연구 성과가 기여한 바를 부정할 수는 없으나 여전히 추상적인 특성을 가지고 있다. 또한 통계적 장치를 이용하여 이러한 한계를 일부 극복하고자 노력하고 있지만, 원천적으로 인간의 발달과 같은 생명현상을 요인으로 분석하는 것에는 한계가 있다.

유전과 환경을 자연과학에서처럼 요인으로 다루지 못하고 발달현상을 관찰한다면, 그것은 지극히 일부분에 불과한 관찰이 된다. 만일 유전적 측면에서 발달을 설명한다면, 연령에 따른 신경계의 성숙과 호르몬 분비 등을 통해 발달을 설명하는 것이 가능하다. 아이는 뒤집기, 기기, 앉기, 서기, 잡고 걷기, 홀로 걷기 등의 과정으로 발달하며, 개인의 차이가 있지만 이러한 행동이 나타나는 순서는 동일하다는 식의 설명이 가능하다. 또한 환경적 측면에서도 발달현상을 설명할 수 있는데, 그 변화과정을 학습이라고 한다면, 학습은 개체 발생과정에서 경험에 의해 비교적 지속적인 행동 변화가 있는 것을 말한다. 이처럼 인간의 발달이라는 현상은 유전이라는 측면에서도 혹은 환경이라는 측면에서도 설명이 가능한 것이다. 우리는 이러한 사회과학에서의 요인의 특성을 염두에 둔 청소년에 대한 연구와 해석을 시도할 필요가 있다. 즉, 청소년을 이해하고 지도하기 위해서는 제한된 유전적 정보와 제한된 환경적 정보 그리고 지금 관찰된 현상이 한 측면에 불과하다는 점을 늘 상기해야 한다.

유전과 환경이라는 개념을 발달적으로 설명하기 위해 심리학에서는 쌍생아 연구방법을 활용하였다. 이 연구방법은 일란성 쌍둥이는 유전적으로 동일하다는 전제가 있다. 그런데 최근 생명과학에서는 일란성 쌍둥이라도 발달이나 질병에 대한 반응에 차이가 있음을 밝히고 있다. 유전적 영향이 강한 질병에서도 이러한 차이가 나타났는데, 이러한 사실은 인간을 DNA 결정론에서 벗어나 자체 생성적 시스템을 가진 것으로 보는 관점을 강화하였다. 즉, 생명현상과 관련한 요인을 스스로 생성하며 그 관계를 창출해 나간다는 것이다. 생성된 요인은 다른 요인과 관계하고 또 다른 요인의 창출을 이끌며 조직화해 나간다. 조직화된 것은 폐쇄적 구조를 만들어 내는 것이 아니라, 외부에 반응하면서 시스템을 확대해 나간다. 그 모든 과정은 DNA의 청사진으로 미리 예정되지 않는다.

사실 교육적 차원에서 보면 유전적 측면을 강조하는 것은 큰 한계를 지닌다. 다만 유전적 측면을 통해 교육적 조치에 대한 신중한 접근을 가능하게 해 준다. 만일 인간발달의 환경적 측면과 교육적 측면을 보다 적극적으로 탐구하지 않는다면, 청소년 지도의 한계에 직면하게 될 것이다. 적극적인 청소년 지도를 위해서는 한정된 요인에 의한 고정관념에서 벗어나서, 청소년이 자체 생성적 시스템을 작동시킬 수 있도록 돕는 복합적인 지도와 교육이 요구된다(会田元明, 2005).

2 청소년기 발달이론

송명자(2008)는 청소년기의 변화를 설명하는 발달이론은 정신분석학, 인지이론, 맥락적 접근, 생애발달론으로 구분하고 다음과 같이 설명하였다.

가. 정신분석학

정신분석학은 인간행동이 원초아의 욕구충족에서 비롯된다고 본다. 특히 청소년기 발달의 특징을 성적 욕구의 표출과 억압으로 설명한다. 프로이트는 청소년기를 성기기(genital stage)에 속한다고 보았는데, 성호르몬의 분비로 인해 잠재되어 있던 성적 욕구가 증가한다. 이것은 성적 쾌락을 추구하려는 원초아(Id)와 초자아(Superego)가 갈등을 일으키는 것을 의미하며, 이를 통해 새로운 균형 상태에 도달하게 되어 새로운 자아로 변화하게 된다. 정신분석학에서는 생물학적 성숙에 따른 심리적 갈등과 혼란을 청소년기의 심리적 발달의 특징적인 요인으로 본다. 따라서 청소년기는 이에 따른 심리적 적응기간으로 나타난다. 보다 구체적으로 다음과 같은 형태로 설명된다.

1) 방어이론

방어기제의 개념은 지그문트 프로이트(S. Freud)가 1894년의 연구 '방어의 신경정신병(Neuro-psychoses of Defense)'에서 처음으로 도입하였다. 이 연구에서 그는 자신이 환자를 관찰한 결과를 기술하였는데, 여기서 방어를 정신병리에 대한 기여요인으로 기술하였다. 이 내용은 그의 딸인 안나 프로이트(A. Freud)에 의해 체계화되고, 자신의 아버지가 관찰한 것을 종합적인 자아의 방어기제(ego defense mechanism) 개념으로 통합하였다(Rivas, 2009).

오늘날 정신역동이론가들과 연구자들은 안나 프로이트의 전통을 이어받으며, 방어기제를 적응적 자아기능과 자아개념형성의 본질적인 요소로 간주하였다. 즉, 방어기제가 자아의 인체면역체계와 같은 기능을 한다고 보았다. 잠재적으로 부정적인 정서상태를 압도하도록 하여 마치 백혈구가 병을 막는 것처럼 정신(mind)을 보호하는, 이른바 조절적인 자기기만(regulatory self-deceptions)이라 하였다(Vaillant, 1993). 사람이 어려움에 처해 통제를 할 수 없는 상황에서 방어기제를 사용하는 것은 불안과 스트레스를 완화하고 문제해결을 위해 주의를 돌리도록 해 준다. 그러나 실질적으로 해결해야 할 문제가 존재하는 상황에서 그 상황을 헤쳐 나갈 수 있는 구체적인 행위가 없다면, 방어기제의 활용은 개인의 지각을 왜곡하여 문제해결을 방해할 수도 있다.

방어기제에 대한 범위, 정의, 구체적인 방어기제의 조직 등에 관해 다양한 의견이 있을 수 있다. 그러나 오늘날 정신분석 이론가들과 연구자들 사이에 합의된 중요한 점 중의 하나는 원초적 방어(primitive defense) 또는 미성숙한 방어(immature defense)로부터 더 복합적(complex defense)이거나 성숙한 방어(mature defense)로의 발달 위계에 따른 방어기제의 조직이 있다는 것이다. 원초적 부정(primitive denial)과 같은 가장 미숙한 방어는 실재(reality)를 왜곡하는 기능을 할 수 있다. 반대로 유머(humor)와 같은 가장 성숙한 방어는 인지적으로 복합적이며, 실재를 의미 있는 경험으로 유연하게 통합하는 데 도움을 준다.

안나 프로이트(A. Freud, 1948)는 청소년들이 증가하는 성적 욕구에 적응하는 두 가지 양식으로, 주지화(intellectualization)와 금욕주의(asceticism)를 들고 있다. 주지화는 성적 욕구를 지적 활동 속에서 해결하고자 하는 방어기제이다. 어려운 책 읽기를 시도하거나 추상적인 용어를 사용하고, 예술적 관심이 증가하는 것이 이러한 주지화 현상으로 설명된다. 금욕주의는 신체와 관련되는 모든 것에 대해 거부, 혐오, 분노를 나타내는 특성을 뜻하는데, 이것은 사춘기의 급격한 성욕에 대한 두려움과 이를 통제하려는 자아의 방어기제에서 비롯된다. 성욕에만 국한되는 것이 아니라 의식주와 관련된 일상의 모든 신체적인 것에 대한 거부와 혐오로 확대되기도 한다.

2) 적응이론

블로스(Blos, 1962; Blos, 1979)는 청소년들이 신체적 변화에 대해 적극적으로 대처하고 성숙한 자아로 성장하는 시기로 보았다. 청소년들은 오이디푸스콤플렉스와 같은 집착이나 의존에서 벗어나 부모로부터 독립하는 자아의 적응과정을 이루게 된다. 그는 이것을 2차 개체화과정(second individuation process)이라 하였다.

1979년 블로스는 정신분석이론을 바탕으로 2차 개체화과정이 청소년 발달에 핵심적인 역할을 수행한다는 것을 강조하였다. 이 과정에서 성공적인 교섭이 이루어질 경우, 청소년 후기의 심리적 적응에 의미 있는 영향을 미치게 된다. 많은 연구자에 의하면, 청소년 후기에 경험하는 많은 정서적 문제는 청소년들이 부모들로부터 심리적으로 분리되고 개체화되면서 경험하는 투쟁의 증상이라는 것이다.

이 시기는 초기 아동기의 분리 개체화과정을 잘 성취한 결과를 토대로 이루어지며 성인기의 3차 개체화의 정신내적 정교화를 위한 길을 더 열어 준다. 2차 개체화는 충동(drive)과 자아(ego), 초자아(superego) 및 자아 이상 구조(ego ideal structures)에서의 정신내적 재조직에 관한 수많은 변화를 포함한다. 이러한 점진적인 변화는 청소년들이 스스로에 대한 책임감을 증가시키고, 심리적·육체적으로 부모와 분리되고, 적극적인 성생활을 확립하고, 성인 세계에서 일할 준비를 하도록 한다.

3) 정체성 발달론

에릭슨(Erikson, 1963)은 프로이트의 심리성적 이론에 사회적 요인을 도입하여 심리사회적 이론으로 확장시켰다. 여러 학자들에 의하면 정체성(identity)이란 자신의 세계에 대한 성숙과 자신과 다른 사람들 사이의 균형을 의미한다. 에릭슨(Erikson)은 다학문적 관점에서 정체성을 정의하였다. 그는 인간존재를 논의할 때 항상 고려해야 할 세 가지 조직에 대해 언급하였는데, 몸(soma), 영혼(psyche), 사회의 기풍(ethos)이다. 즉, 생물학적 특성(biological endowment), 개인적 경험의 조직(personal organization of experiences) 그리고 문화적 환경(cultural environment) 모두는 개인의 독특한 자아감(sense of self)에 영향을 미치게 된다는 것이다.

청소년 후기의 정체성발달은 통합의 과정이다. 통합의 과정은 개인적 측면과 사회적 측면으로 나눌 수 있다. 개인적 측면은 일관된 자기모습을 창조해 나가는 과정을 말한다. 사회적 통합은 개인 상호 간의 측면과 사회적 측면으로 나눌 수 있다. 따라서 정체성발달은 다음의 세 영역, 즉 자기 자신(oneself), 타인과 관련된 자기 자신, 전체적으로 사회와 관련된 자기 자신을 탐색하는 것을 포함한다. 이를 정리해 보면 표 3-1과 같다(Adomson, 1999).

표 3-1 청소년의 정체성발달에서 통합의 과정, 탐구영역, 현재의 정체성 질문

통합의 과정	개인적 통합	사회적 통합	
탐구영역	자신	개인 상호 간	사회적
정체성 질문	"나는 누구인가?"(Who am I?)	"타인과의 관계에서 나는 누구인가?"(Who am I in relation to others?)	"나의 미래와 관련하여 나는 누구인가?"(Who am I in relation to my future?)

에릭슨은 인간의 심리사회적 발달을 8단계로 나누었는데, 그중 청소년기에 해당하는 단계는 5단계인 정체성과 역할혼돈(identity vs. role confusion)이다. 에릭슨에 의하면, 청소년의 주요 과업은 자아정체성을 발달시키는 것이다. 내가 누구이고, 사회에서 어떤 역할을 할 수 있는지에 대한 개념을 형성하면서 자아정체성을 발달시켜 나간다. 청소년들은 다양한 역할과 이상을 탐색하고 목표를 설정하고자 한다. 이 단계에서 성공한 청소년은 강한 자아정체감을 갖게 된다.

특히 청소년들에게 중요한 과제는 자신이 어느 집단에 속하여 책임과 의무를 다하는 '소속감'과 새로운 사회관계를 형성하고 경험하는 '탐색'이다. 이 두 가지 과업을 원만히 마치게 되면 성공적인 정체성을 형성하게 된다.

나. 인지이론

인지이론은 청소년기의 발달을 인지적 차원에서 설명하고 이해하고자 한다. 대표적으로 피아제(Piaget)의 청소년기 형식적 조작기, 콜버그(Kohlberg)와 길리건(Gilligan)의 청소년기 도덕성발달, 엘카인드(Elkind)의 청소년기 자아이론 등을 들 수 있다.

1) 피아제의 도덕성발달

피아제의 인지발달 단계에서 청소년기는 형식적 조작기에 해당한다. 형식적 조작기는 첫째, 가설을 설정하고 그것에 대해 추론하는 명제적 사고, 둘째, 문제 해결과정에서 관련 있는 요소들을 찾고 분석하며 이를 연관 짓는 결합적 분석, 셋째, 구체적 대상의 존재 여부와 관련 없이 논리에 의해 사고를 전개하는 추상적 추론 등의 특성을 갖는다. 청소년기의 형식적 조작기는 눈앞에 주어진 구체물에서 벗어나 모든 가능한 것들에 대해서 탐구하고 논리를 형성하는 인지발달의 단계이다.

피아제는 형식적 조작기의 발달단계를 11~12세에서 14~15세에 해당하는 3-A단계와 14~15세 이후에 해당하는 3-B단계로 구분하였다. 청소년기 초기에 해당하는 3-A단계는 어떤 문제와 관련된 내용요소들을 체계적이고 명확하게 결합하여 제시하는 능력이 다소 부족하다. 3-B단계는 형식적 조작을 숙달하게 되고, 다양한 논리적 가능성을 체계적으로 고려할 수 있게 된다.

피아제는 도덕성발달을 타율적 단계(heteronomous stage)와 자율적 단계(autonomous stage)로 구분하였다(Berns, 2007). 타율적 도덕성 또는 통제나 제약의 도덕성(morality of constraint)은 권위를 가진 사람들에 대한 존경에 기반을 둔 행동으로 구성된다. 이것은 보통 부모나 다른 성인과 같은 위신과 권력의 원천에 의해 부과된다. 이러한 유형의 도덕성은 주로 가정과 학교에서 조성된다.

자율적 도덕성은 협동의 도덕성(morality of cooperation)이라고도 하는데, 이것은 평등한 관계에서 상호이해에 기반을 둔 행동으로 구성된다. 이것은 집단생활의 지속성을 위해 필요하기 때문에 규칙의 수용을 포함한다. 만약 어떤 사람이 집단에 참여하기를 원한다면, 규칙을 자유롭게 수용할 것이다. 이러한 유형의 도덕성은 상호존중으로 나타나게 되므로 또래집단에 대한 참여는 평등한 관계에서 협동의 도덕성을 낳게 된다. 반면에 제한 또는 통제의 도덕성은 가족과 학교와 같이 권위를 바탕으로 한 지배적 상황을 조성할 가능성이 크다.

사회에서 안정과 집단의 이익을 위해서 동의 여부에 상관없이 따라야 할 규칙은 반드시 지켜져야 한다. 동시에 스스로 자율적인 훈련을 통하여 규칙을 준수하는 능력을 길러야 한다. 이를 위해서는 부모들과 어른들의 따듯한 지원적 노력이 필요하다. 특히, 초기 도덕성발달과정에서 자녀에 대한 부모의 양육방식도 중요하다. 이를 통하여 부모는 자녀를 또래들과의 협동적 관계를 유지할 수 있도록 연결고리 역할도 해야 할 것이다.

2) 도덕성발달

피아제(Piaget)의 인지발달이론은 청소년의 도덕적 사고의 발달을 설명하는 이론적 배경이 된다. 널리 알려진 콜버그의 도덕성발달이론과 길리건의 배려지향적 도덕성발달이론이 대표적이다.

가) 콜버그의 도덕성발달이론

도덕성발달이론가로 널리 알려진 콜버그(Kohlberg)에 의하면 개인은 도덕성발달 단계를 통하여 순차적으로 진보한다. 도덕성의 발달이 모든 문화권에서 보편적으로 이루어지는 합리적 사고능력 및 정의(justice)에 대한 판단 능력으로 보고 있다. 콜버그는 발달과정을 3수준, 6단계로 구분하였다(Whiting, Guglielmino & Burrichter, 1988; Bergin & Bergin, 2012). 인습을 기준으로 이러한 발달을 구분하는데, 표준국어대사전에 의하면 인습이란 '이전부터 전하여 내려오는 습관 또는 예전의 풍습, 습관, 예절 따위를 그대로 따름'이라고 정의되어 있다. 따라서 콜버그는 인간의 도덕성 발달을 인습을 기준으로 점점 발달되는 과정으로 설명하고 있다.

청소년기는 전반적으로 인습수준(conventional)의 도덕적 사고를 갖는 시기이다. 따라서 청소년들은 자신이 속한 사회의 규칙, 질서, 관습에 따르는 것을 올바른 것으로 생각한다. 그러나 20세가 넘는 청소년기 후기의 일부 청소년들은 후 인습 수준으로 넘어간다. 후 인습 수준은 사회적 관습을 준수하기보다는 일반적인 도덕 원리를 추론하고 받아들이게 된다. 만일 사회의 규칙이 이러한 보편적인 도덕 원리와 일치하지 않으면 도덕적 원리에 의해 판단하고 행동하려는 경향이 높아진다.

첫째, 가장 낮은 수준은 인습 이전수준(preconventional morality)이다.

1단계에서 개인은 벌을 피하기 위해서 규칙을 따른다. 학생들은 교사들은 규칙을 만드는 사람으로 생각하고, 그 규칙을 따르지 않으면 벌을 주는 사람으로 지각한다. 이 단계에서 옳은 행동을 하는 이유는 법을 위반하지 않고 복종하고, 다른 사람이나 재산에 해를 끼치지 않기 위해서이다. 즉, 올바른 행동을 하는 이유는 벌을 피하기 위해서이다.

2단계에서는 어떤 것을 얻기 위하여 규칙을 지키거나 다른 사람을 돕는다. 규칙을 따르는 것은 자신의 욕구를 충족시키고자 하는 행위이다. 모든 사람들은 자신들의 이익을 추구한다. 즉, 사람들은 자신의 이익에 도움이 되는 쪽으로 행동을 하며, 이것이 올바른 행동이라고 생각한다.

둘째, 인습수준(conventional morality)은 개인의 구체적인 보상을 넘어서서 사회적 승인을 요구한다.

3단계는 사람들이 올바른 것에 대한 욕구를 가지고 있다고 여긴다. 학생들은 간결하고 명확한 행동 방향을 요구할 것이고, 기대되는 것이 무엇인지 정확히 알고 싶어 할 것이다. 이 단계에서 옳은 것을 행하는 이유는 신뢰롭고 성실하며, 가족과 친구를 지원하고, 기대한 대로 생활하기 위한 것이다. 이 단계에서 옳은 행동을 하는 이유는 타인을 배려하거나 규칙대로 살아가며 좋은 사람으로 인식되기 위한 것이다.

4단계는 사회를 위해 올바른 것을 하는 것에 관심을 가지고 있다. 콜버그는 미국 성인들의 대부분이 이 단계와 관련되어 있다고 믿었다. 이러한 사람들은 체제유지를 위해 법을 지키며 사회질서 유지가 목표이다. 이 단계에서 올바른 행동을 행하는 이유는 의무를 준수하고, 사회에 공헌하고, 법을 지키기 위해서이다. 이는 법과 질서의 단계이다.

5~6단계는 인습이후 수준(post conventional morality)이다. 인습수준에서 인습 이후 추론수준으로 이동하기 위해서는 존재하는 것을 맹목적으로 수용하기보다는 오히려 어떤 이상적인 사회가 되어야 하는가를 생각하게 된다.

5단계는 사람들이 추상적인 추론(reasoning)을 사용하며, 하나의 관점을 이해하기보다는 많은 관점을 수용할 수 있다. 합법적이고 도덕적인 관점은 갈등을 일으킬 수 있고, 그것을 통합하는데 어려움이 있을 수 있다는 것을 발견한다. 이러한 학생들은 옳고 그름이 없는 개방형 사고를 통해 사고를 발달시킬 수 있다. 이 단계에서 옳은 행동을 하는 이유는 가치와 규칙은 상대적이라는 (삶과 자유와 같은 몇 가지 절대적인 가치는 존재한다) 인식 때문이다. 인간의 권리를 보호하고 최대 다수의 최대 선을 행하고자 하며, 사회적 계약을 지키고자 한다.

6단계는 정의의 원리, 모든 사람들의 평등한 권리, 인간존재의 존엄성 등을 기반으로 도덕적 판단을 하게 된다. 이 단계에서 옳은 행동을 행하는 이유는 스스로 선택한 윤리적 원리를 따르는 것이다. 만약 원리와 법이 상충된다면 원리를 따른다. 올바른 것을 행하는 이유는 정의, 평등, 존엄에 대한 보편적인 도덕적 원리에 헌신하는 것이기 때문이다. 예를 들면, 간디, 마틴 루터킹이 6단계에 속하는 사람으로 볼 수 있다.

청소년기 도덕성발달에 있어서 많은 논쟁이 되는 것은 도덕적 사고의 회귀(regression)이다. 콜버그와 크라머(Kohlberg & Kramer, 1969)의 연구에 따르면 고등학교 후반과 대학 2~3학년 사이에 있는 교육수준이 높고 지적인 청소년들의 약 20%가 자신의 만족을 추구하는 단계인 도덕적 상대주의로 회귀하는 현상이 나타났다. 콜버그는 이 시기를 4½단계 사회이탈적 조망으로 규정하였다. 그는 이러한 현상이 나타나는 원인을 청소년기 후기의 사고 특징에 의한 것으로 보았다.

수준	단계
인습 이전 수준	1단계: 벌과 복종 지향 2단계: 개인적 보상 지향
인습 수준	3단계: 대인관계 조화 지향 4단계: 법과 질서 지향
인습 이후 수준	5단계: 사회 계약정신 지향 6단계: 보편적 도덕 원리 지향

청소년 후기에 나타나는 도덕적 사고 특징으로 도덕적 상대주의(moral relativism)가 있다. 도덕적 상대주의는 모두가 준수해야 할 객관적이며 보편적인 도덕을 부정하고 주관적인 관점에서 도덕성을 판단하는 것을 의미한다. 청소년 초기의 인습수준에서는 법을 절대적 기준으로 인정하며, 보편적인 도덕성으로 인지하지만, 인습수준에서 점차 벗어나면서 가치에 대한 절대적 기준을 부정하고, 모든 관점은 동등한 가치를 가진다는 상대주의적 사고를 한다. 이후 성인기에 들어가면 도덕적 상대주의의 불확실성으로부터 벗어나 개인의 존엄성에 대해 이해하는 인습 이후 수준으로 넘어간다.

국내에서 이루어진 많은 연구에 따르면, 중학생의 도덕발달수준은 약 30~60%가 3단계에 속하고, 일부 4단계에 속하는 것으로 보고하고 있다. 고등학생과 대학생들의 도덕발달수준은 보다 일관되게 보고되고 있는데, 고등학생 약 50%가 3단계에 속하고, 약 30~70%가 4단계에 속하는 것으로 연구되고 있어, 3단계에서 4단계로 이행하는 과정에 있는 것으로 보인다. 대학생의 경우는 3단계에 속하는 비율이 약 50%로 보고되고 있다(송명자, 1994).

나) 길리건의 배려지향이론

콜버그가 정의의 도덕성과 자율성을 향한 운동으로서의 도덕발달이라는 피아제(Piaget)의 개념을 받아들인데 비해(최용성, 2003), 길리건(Gilligan)은 도덕성에 두 가지 차원이 있다고 보았다(Gilligan, 1977; Gilligan, 1982). 첫째는 남성적 도덕성 요소로서 정의, 공정성, 공평성, 합리성에 대한 도덕적 사고와 판단의 발달이다. 둘째는 여성적 도덕성 요소로서 인간관계 속에서 타인에 대한 배려, 타인의 요구에 대한 민감한 반응 등 타인과의 관계를 고려하는 도덕적 사고와 판단의 발달이다.

그녀는 콜버그의 이론이 주로 남성을 대상으로 함으로써 도덕성의 합리적 차원을 다루었다고 지적하고, 여성의 도덕성 차원을 추가하였다. 이러한 도덕성은 추상적인 도덕성보다는 인간에 대한 책임을 강조하며, 타인에게 해를 끼치거나 폭력을 행사하는 것을 피하고, 자신을 희생하더라도 인간관계를 유지하고자 하는 배려성을 갖는다. 길리건은 성적 갈등과 낙태 등의 문제와 관련되는 상황에서 청소년들의 도덕적 판단을 분석하고, 이를 바탕으로 별도의 도덕성발달수준을 제시하였다.

수준	단계
수준 1: 개인 생존 지향	자신의 이익과 생존에 자기중심적으로 몰두하는 단계
전환기 1: 이기주의에서 책임감으로 변화	다른 사람과의 관계를 바탕으로 자신뿐 아니라 타인에 대한 책임 있는 선택을 고려하기 시작
수준 2: 자기희생으로서의 선 지향	타인에 대한 배려, 책임감, 자기희생 등 지향
전환기 2: 선에서 진실로 변화	왜 다른 사람을 위해 희생해야 하는가와 같은 의문을 가지고, 타인에 대한 책임에서 자신에 대한 책임을 생각하면서 진실되고자 함
수준 3: 비폭력의 도덕성 지향	자신과 타인에게 모두 최선인 방법을 모색

① 수준 1: 개인 생존 지향

자신의 이익과 생존에 자기중심적으로 몰두하는 단계이다. 예를 들어, 낙태와 관련되는 도덕적 사고에서 이 수준의 여성은 자신이 아기를 원하지 않으며, 자신의 인생에 임신이 도움이 되지 않는다는 사실에서 벗어나지 못한다. 이 수준은 어떤 상황이 자신의 욕구와 갈등을 일으킬 때만 도덕적 사고가 일어나고, 그 판단은 어느 쪽이 자신에게 유리한가에 따른다.

② 전환기 1: 이기주의에서 책임감으로 변화

제1이행기 동안에 자신의 개인적 욕구와 자신이 해야 할 책임을 구별하기 시작한다. 자기중심적인 이기심으로부터 타인에 대한 관심이 나타나면서 보다 성숙한 수준의 도덕적 추론이 시작된다.

③ 수준 2: 자기희생으로서의 선 지향

자신의 욕구를 억제하고 타인을 중시하는 모습이 나타나 배려, 책임감, 자기희생 등을 지향하게 된다. 낙태와 관련된 사태의 예에서는 아기 아빠의 입장과 태어날 아기의 장래를 고려하는 도덕적 추론이 나타난다. 이 단계에서는 자기희생과 타인에 대한 배려를 동등하게 여기고, 만일 모두를 충족시킬 수 없을 때에는 자신을 희생하면서 타인을 배려하는 행동을 선택한다.

④ 전환기 2: 선에서 진실로 변화

이 시기에는 자신의 가치와 욕구가 잘못된 이기심이었는가를 다시 생각하고, 개인적 욕구와 타인에 대한 배려의 균형을 검토하기 시작한다.

⑤ 수준 3: 비폭력의 도덕성 지향

개인의 욕구와 타인에 대한 배려가 조화를 이루게 된다. 이 시기에는 자신을 수동적인 존재로 보지 않고 주체적인 의사결정자로 여긴다. 도덕적 지향이 타인에 대한 이해와 배려에 바탕을 두고 있는 점에서는 이전 단계와 동일하다. 비폭력, 평화, 박애 등이 개인적 욕구와 타인에 대한 배려가 조화를 이루는 도덕성의 주요 지표가 된다.

3) 엘카인드의 청소년기 자아이론

인지발달이론 중에 또 관심을 끄는 측면은 자기중심성(egocentrism)이다. 인지발달의 초기 이론가인 피아제는 자기중심성을 자신의 특유한 지각방법에 따른 실재를 바라보는 경향이라고 하였다.

엘카인드(Elkind, 1988)에 의하면, 청소년기의 자기중심성은 이 시기에 많은 전형적인 경험과 행동을 설명할 수 있다고 하였다. 엘카인드는 청소년의 한 형태를 상상적 청중(imaginary audience)이라 불렀다. 왜냐하면 청소년은 그들 자신에게 매우 초점을 두기 때문에, 자신들이 다른 사람들의 주의와 관심의 중심에 있다고 잘못 가정하는 것이다. 따라서 청소년은 종종 자신들이 청중을 위해 공연을 하고 있는 것처럼 행동한다. 따라서 작은 실수에도 힘들어 하기도 하지만 자기도취에 빠지기도 쉽다.

또 하나의 청소년의 자기중심성 형태를 개인적 우화(personal fable)라는 개념으로 설명하였다. 이 경우는 청소년들이 자신은 독특하므로 다른 사람들(특히 부모)이 자신의 특수한 경험을 이해할 수 없다고 믿고 있다. 청소년들은 자신의 생각이나 경험세계가 다른 사람들과 다르다고 믿고 있는 것이다. 이에 대해서는 이후에 보다 자세히 살펴보도록 하겠다.

엘카인드는 어떤 청소년들의 높은 위험행동 중 많은 것은 개인적 우화에서 비롯된다고 하였다. 가령, 집단에서 사고에 의한 상해나 죽음의 높은 발생률은 자신들은 죽지 않을 것이라는 믿음에 기초하고 있다. 즉, 다른 사람들은 그럴 수 있어도 나는 그렇지 않다고 하는 생각이다.

이러한 자아중심성은 자기를 노출하는 사회적 상호작용과 친밀한 관계를 통하여 다른 사람에 대해 더 많이 알게 되면서 사라지게 된다.

다. 맥락적 접근

청소년기의 발달을 신체적 성숙에서 접근하는 생물학적 접근과 달리, 그들의 환경 특성과 환경과의 상호작용으로 설명하려는 이론을 맥락적 접근(contextual approach)이라고 한다.

1) 문화인류학적 접근

보아스(Boas, 1950)의 문화적 상대론(cultural relativism)은 청소년에 대한 문화인류학적 접근을 가능하게 하였다. 그는 인간의 발달은 생물학적 차원이 아니라 사회적 차원에 따른 것으로 보고, 문화적 결정론을 주장하였다. 청소년기의 혼란, 질풍노도의 위기 등은 생물학적 차원에서 비롯된 것이 아니라, 경쟁적인 사회가 만들어 낸 문화적 부산물로 보았다.

보아스의 제자인 미드(Mead)는 사모아 섬 청소년들에 대한 연구를 통해 인간발달의 문화적 영향력을 입증하였다. 그녀는 사모아 섬의 청소년들은 사춘기의 혼란스러운 과정 없이 평화롭고 행복하게 보낸다는 사실을 관찰하였다. 그리고 동일한 뉴기니 종족이면서도 험한 산 속에 살면서 협동을 통해 먹을 것을 획득하는 아라페시 족의 청소년들은 협조적이고 온화한데 반해, 정글의 강한 물살에서 홀로 고기를 잡아 살아가는 먼두구모르 족의 청소년들은 공격적이고 자기 주장이 강하다는 것을 발견했다.

한편, 호주의 문화인류학자인 프리먼(Freeman)은 사모아의 청소년들도 경쟁, 폭력, 죄의식, 억압된 성적 욕구 등을 지니고 있다고 주장하면서, 생물학적 요인과 문화적 요인의 상호작용에 의해 청소년기 발달이 결정된다는 통합적 입장을 제시하였다.

2) 생태학적 접근

생태학적 접근은 청소년기 발달에 영향을 미치는 요인들을 종합적으로 이해할 수 있도록 해 준다. 이것을 통해 네 가지 사회문화적 체계와 이들 체계 내에서의 상호작용을 통해 청소년기 발달을 연구할 수 있다 (Bronfenbrenner, 1977).

가족, 학교, 동아리 모임과 같은 미시체계(microsystem)는 청소년들의 심리적 발달에 직접적인 영향을 미치는 환경체계이다. 중간체계(mesosystem)는 미시체계들 간의 상호관계를 말하며, 관계가 밀접하고 원만할수록 발달이 순조롭게 이루어진다. 외체계(exosystem)는 청소년들과 직접적인 상호작용을 하지 않는 사회적 환경으로 정부기관, 공공단체, 대중매체 등이 해당한다. 모든 체계를 통합하는 거시체계(macrosystem)는 사회문화적 맥락을 제시한다. 사회적 관념, 전통, 문화 등이 이러한 범주로 설명될 수 있다.

3) 맥락주의적 접근

맥락주의적 접근은 청소년을 둘러싼 환경과 타고난 기질 간의 상호작용에 의해 청소년기 발달을 설명한다(Lerner, 1991). 이러한 맥락주의적 접근은 청소년들이 환경의 영향을 일방적으로 받아들이는 수동적 존재가 아니라, 환경에 영향을 미치며, 환경적 특성을 능동적으로 처리하는 존재로 본다. 때문에 청소년들의 발달은 스스로 만들어 가는 가소성(plasticity)을 가진다.

이 접근법에서 순환적 기능(circular function)과 확률적 생성(probabilistic epigenesis)이라는 개념을 통해 맥락적 발달을 설명한다. 순환적 기능이란 개인이 지닌 특성이 환경에 영향을 미치고, 이는 다시 개인의 경험을 형성함으로써 발달하는 과정을 의미한다. 예를 들어, 폭력적인 청소년은 주위 사람들을 화나게 만들고, 이것이 그 청소년에 대한 바람직하지 못한 반응을 낳게 하여, 결국 더욱 폭력적이고 부정적인 인간관계를 형성하게 된다. 마찬가지로 특정 환경(물리적 환경, 인간관계 환경 등)에 대한 청소년의 특성이 조화롭게 반응하면 긍정적인 순환 기능이 이루어지게 된다.

확률적 생성은 환경의 특성 및 개인과 환경 간 상호작용의 가변성과 독특함을 강조하는 개념이다. 동일한 환경이라고 해도 이를 받아들이는 개인에 따라 상호작용은 달라질 수 있다. 열악한 환경이 오히려 뛰어난 잠재성의 발달을 촉진하는 사례와 그러한 환경으로 인해 부정적인 성장을 하는 사례는 이러한 확률적 생성을 설명한다. 즉, 청소년의 특수한 환경의 영향력에 대해 확률적으로 언급할 수 있을 뿐, 완벽하게 예측하는 것은 불가능하다. 이 역시 청소년기 발달의 가소성을 설명하고, 긍정적인 확률적 생성에 대한 기대와 노력을 가능하게 한다.

라. 생애발달론

생애발달론은 전 생애(life-span)에 걸친 발달적 접근을 한다. 즉, 어떤 시기의 발달이 특정한 기간에 한정되어 검토되는 것이 아니라, 수정체가 만들어진 순간에서부터 죽음에 이르기까지의 전 생애와 관련지어 고려하는 입장이다.

생애발달론은 태아기부터 누적된 청소년기 이전의 경험들이 어떻게 청소년의 발달에 영향을 미쳤는지 검토하고, 앞으로 맞이하게 될 생애가 청소년기에 어떠한 의미를 갖는가도 함께 고민한다. 그리고 청소년들이 생활하는 사회적 특성이 그들에게 어떻게 영향을 미치고 있으며, 청소년의 지능이나 성격, 사회성 등이 어떻게 상호작용하여 청소년의 총체적인 발달을 결정하는가에 관심을 두고 있다.

발테스(Baltes)는 이러한 관점에서 청소년기 발달에 미치는 영향을 연령, 역사, 비규범적 영향 등으로 구분하여 설명하였다(Baltes, 1987; Baltes, 1989).

연령적 영향은 신체적 성장, 학교교육, 직업 탐색 등과 같이 일반적으로 동일한 연령대에 경험하게 되는 생물학적·환경적 요인들을 의미한다. 역사적 영향은 전쟁, 테러, 정치적 변화, 금융위기, 독신자 증가 등 청소년이 속한 특정 시대의 역사로부터 오는 영향력을 뜻한다. 연령적 영향과 역사적 영향은 많은 청소년들이 유사하게 경험하며, 그 영향을 비교적 예측할 수 있다는 점에서 규범적 영향(normative influences)이라 부른다. 비규범적 영향(nonnormative influences)은 개별 청소년에게만 영향을 미치는 특수한 생물학적·환경적 결정 요인을 의미한다. 청소년의 가족 구성, 다양한 체험, 장애, 병력, 신체적 특성 등이 그 예가 된다.

생애발달론은 이 세 가지 범주의 영향력을 종합적으로 고려하여, 청소년기를 보다 거시적이며 미래지향적인 시각에서 이해할 수 있도록 관점을 넓혀주었다.

3 청소년기 사고발달

피아제는 청소년기를 인지발달이론의 형식적 조작기(formal operational period)로 설명하였다. 형식적 조작기의 사고는 시행착오를 겪기 전에 다양한 변인들의 기능과 상호관계를 검토하고 결론을 도출해내는 체계적이며 논리적인 사고능력으로, 주어진 문제를 해결하는 방안에 대해 체계적으로 가설을 설정하고, 그 검증을 통해 결론을 도출하는 가설연역적 사고(hypothetico-deductive reasoning)의 발달과정을 설명하기 위한 것이다.

형식적 조작기에는 주어진 과제를 해결하기 위해 변인과 변인 간의 논리의 관계를 계획하고 가설을 설정할 수 있는 사고 기능을 갖는다. 구체적 조작기에서 보존개념 실험을 통해 대상의 구체성을 바탕으로 상보성을 획득하지만, 형식적 조작기에서는 형식적인 논리로 상보성을 획득한다.

청소년들의 형식적 조작기 사고의 일반적 특징을 정리하면 다음과 같다.

첫째, 청소년들은 여러 현상에 대해 가설을 설정할 수 있고, 구체적이며 실재론적인 아동기 사고의 한계에서 벗어나 가능성(possibility)에 대해 생각할 수 있다. 구체적 조작기의 사고는 현실의 대상물의 조작이 중심이 되나, 형식적 조작기에 들면서 가설설정 능력과 가능성을 고려할 수 있게 된다.

청소년들의 가능성에 대한 가설설정 능력은 물리적인 과학적 사고에 국한되는 것이 아니며, 사회 · 정치 · 종교 · 철학 등 전 영역에 걸친 이상주의(idealism)로 확장된다. 종종 청소년기의 이상주의는 자신의 관념에 대한 집착과 이와 일치하지 않는 모든 것에 대한 비판을 표출하기도 한다. 자신의 이상주의에 집착하여 사회를 변화시키고자 하며, 필요하다면 보다 나은 사회를 만들기 위해 기존의 사회를 개혁하고자 하는 성향을 보인다. 이것을 엘카인드(Elkind, 1978)는 법관적 사고 또는 판단자적 사고라 부른다.

둘째, 여러 명제간의 논리적 추론을 가능하게 하는 명제적 사고(propositional thinking)를 가능하게 한다. 명제적 사고란, 예를 들면 '만일 A이면, B이다. 만일 B이면, A이다. 만일 A가 아니면, B도 아니다. 만일 B가 아니면, A도 아니다'와 같은 명제를 바탕으로 가설을 설정하고 논리적으로 추론해가는 능력을 의미한다. 이러한 사고는 특히 일상의 의사결정 장면에서 유용하게 활용된다.

셋째, 청소년기 가설 연역적 사고의 발달은 추상적이며 융통성 있는 사고를 가능하게 한다. 구체적 조작기에는 주어진 사실이나 구체적인 대상과 유사한 사고를 하지만, 청소년기에 들면서 제한된 기준의 융통성을 살피고 다양한 가능성을 고려하는 사고를 보여 준다(송명자, 2008).

가. 청소년의 자기중심성

청소년은 다양한 가능성을 생각하면서 자신의 생각과 관념 속에 사로잡히게 된다. 자신이 중요하고 가치 있다는 관념과 타인의 관념을 구분하지 못하며, 자신의 독특한 세계와 타인의 보편적인 세계를 구분하지 못한다. 따라서 청소년들은 자신은 특별한 존재라는 착각에 빠져들게 되며, 강한 자의식을 보이게 된다. 이것을 엘카인드는 청소년기 자기중심성(adolescent egocentrism)이라 부르며, 앞서 간략히 설명한 '개인적 우화', '상상적 청중'과 같은 특성을 보인다. 이러한 자기중심성은 11~12세경에 시작되어 15~16세경에 정점을 이루다가, 다양한 대인관계의 경험을 통해 자신과 타인에 대한 객관적인 이해가 이루어지면 서서히 사라지게 된다(Lapsley, 1991).

개인적 우화는 청소년 자신의 독특성에 대한 비합리적이고 허구적인 관념을 지칭한다. 즉, 청소년들이 자신은 특별하고 독특한 존재이므로 자신의 감정이나 경험세계는 다른 사람과 근본적으로 다르며, 자신의 우정 · 사랑 등은 다른 사람이 결코 경험하지 못하는 것으로 여긴다. 그리고 죽음이나 위기가 자신에게는 일어나지 않으며, 혹시 일어나더라도 피해를 입지 않을 것으로 생각한다.

이러한 특성은 청소년들에게 자신감과 위안을 주기도 하지만, 심한 경우 자신의 존재의 영속성을 믿고 과감한 행동을 할 위험도 있다. 청소년들이 저지르는 비행행동도 자신은 특별한 존재이므로 그러한 행동이 가져다 줄 부정적 결과는 타인에게 해당되는 것이지, 자신은 언제든지 정상화될 수 있다고 여긴다. 반대로 청소년들은 기성세대가 해결하지 못한 일을 할 수 있다고 믿으며, 환경운동, 동물보호, 시민운동 등에 적극적으로 참여하기도 한다. '개인적 우화'의 정도가 높은 청소년은 자아의식이 매우 높고, 감각을 중시하는 남아에게서 더욱 현저한 경향이 있으며, 심한 경우 자살이나 우울증과도 관련이 있다.

상상적 청중은 청소년의 과장된 자아의식으로, 자신이 다른 사람들의 집중된 관심을 받고 있다고 믿는 사고를 말한다. 청소년들은 이러한 청중을 위해 많은 노력을 하며, 눈에 띄지 않는 작은 실수에도 깊은 고민을 한다. 만일 상상적 청중에 대한 자신의 위상이 추락되면, 심한 분노를 나타낸다. 상상적 청중척도(Imaginary Audience Scale)로 진단한 결과에 의하면 중학교 2학년이 가장 높은 상상적 청중 인식을 나타내며, 이후

서서히 감소한다. 그러나 자의식이 강한 사람의 경우 성인이 되어서도 지속되는 특성이 있다. 상상적 청중척도에서 높은 점수를 보이는 청소년들은 부정적 자아개념을 갖고 자아존중감과 자아발달 단계가 낮다. 상상적 청중척도의 수준은 사회적 기술 부족과도 관련이 있고, 이성교제 경험이 있는 청소년의 경우 상상적 청중척도 수준이 낮다.

서양 청소년들은 15~16세경에 자아중심성에서 벗어난 것에 반해, 한국의 연구에서 밝혀진 중요 연구결과는 자아중심성이 청소년 중기 이후에도 일관성 있게 증가하며, 대학교 1학년 시기까지 높은 수준으로 지속되었다. 이것은 한국 청소년들이 학창시절에 적절한 대인관계 경험을 갖지 못한 것에 기인한 것으로 보인다. 그리고 부모와 수용적이며 애정 깊은 관계를 유지한다고 자각하는 청소년은 자아중심성이 낮은 반면에, 부모로부터 지나친 통제와 구속을 받거나 방임상태로 버려져 있다고 생각하는 청소년의 경우 자아중심성이 높았으며, 특히 비행청소년의 자아중심성이 일반집단에 비해 높았다(송명자, 2008).

나. 청소년의 정치적 사고

청소년기에 정치적 현실에 대한 이상주의적 태도와 이로 인한 과격한 비판 및 행동이 나타나는 특징을 보인다. 미국, 독일, 영국의 10대 청소년과의 면접을 통해 정치적 사고의 발달을 분석한 연구는(Adelson et al., 1969) 청소년의 정치적 사고를 이해할 수 있게 한다.

세계 각국의 사람이 모여 남태평양의 무인도에 나라를 세운다는 가상의 상황을 제시하고, 그들이 기대하는 사회 구조, 정부, 법, 개인적 자유, 소수민족의 권리, 종교의 자유 등에 관해 질문하였다. 그 결과 세 가지 주요 특징이 나타났다(Cole & Cole, 1989).

첫째, 청소년의 정치적 사고는 14세를 전후하여 큰 변화를 보인다. 14세 이전에는 구체적인 사람이나 상황에 의존하지만, 14세경에는 추상적인 원리에 근거를 두었다. 예를 들어, '법이 왜 필요한가?'라고 물었을 때 14세 이전에는 '교통사고가 나면 누가 잘못했는지 판정하기 위해'와 같이 구체적인 상황을 제시하고 한두 가지 측면에 제한된 사고를 하는 것이 지배적이다. 그러나 14세 이후에는 복합적인 요소를 고려한 사고를 하였다.

둘째, 청소년들의 정치적 사고는 연령이 높아짐에 따라 이상적인 경향이 있다. 14세 이후부터 대부분의 청소년들은 정치적 이상향을 그리고 있으며, 자신이 지각한 현실이 이러한 이상향과 일치하지 않을 때 좌절과 분노를 느낀다.

셋째, 사회적 통제에 대해서는 청소년 초기에는 처벌지향적이지만 나이가 증가함에 따라 계도 및 재활을 중시한다. 사람들의 범죄에 대해 12~13세 청소년들은 감옥에 보내거나 벌금을 내는 등의 처벌을 제시했지만, 청소년 중기에는 개인의 권리, 자율성, 변화의 가능성 등을 고려하였다(송명자, 2008).

4 청소년의 자아개념

자아개념(self-concept)은 자신의 강점, 약점, 능력, 태도, 가치 등에 대한 지각을 말한다. 자아개념은 가정, 또래, 학교에서의 경험에 의해 크게 영향을 받으며, 긍정적인 자아개념의 부족은 청소년의 사회·정서적 발달에 심각한 영향을 준다.

자아개념은 특정한 과제에 대한 성취를 판단함으로써 형성되기 시작한다. 이런 판단에 영향을 주는 중요한 요인은 타인과의 비교이다. 학교에 입학하기 시작하면서 청소년 대부분은 처음으로 자신을 타인과 비교할 기회를 비교적 구체적으로 갖게 된다. 학창시절 청소년들의 자기 성취에 대한 판단은 일반적인 가치(sense of worth)에 기초하기보다는 특정한 성취에 기초하고 있다(Damon & Hart, 1982; Harter, 1982). 이에 대한 증거로 작은 실수에도 가치상실감을 보이는 행동을 들 수 있다. 그리고 자아개념은 영역에 따라 다르게 형성되는데, 예를 들어 학업이나 스포츠에 대해서는 긍정적 자아개념을 가지지만 친구관계나 자신의 외모에 대해서는 부정적 자아개념을 가질 수 있다(Marsh, 1990).

자아개념은 청소년기를 거치면서 많은 변화를 겪는다. 보통 학교에 입학하기 전 아동들의 자아개념은 매우 높은 편인데, 이러한 높은 자아개념은 실제 객관적 사실들과는 관련이 적다. 즉, 자신을 그저 높게 평가하는 것이다(Stipek, 1981). 일반적으로 청소년의 자아개념은 점진적으로 증가하게 된다. 그러나 학교에서 학업에 대한 어려움을 느끼게 되면 낮은 자아개념을 갖게 되는데(Marsh, 1989; Marsh, Craven & Debus, 1991), 이러한 낮은 자아개념은 청소년기 중기에서 낮은 성취를 낳게 된다(Marsh, 1990). 그러므로 청소년기 초기에 학교에서 성공에 대한 경험을 많이 하도록 함으로써 자신에 대해 긍정적으로 생각하게 하고, 정열과 창의력을 유지할 수 있도록 신경을 써야 한다(Canfield, 1990).

제임스(James, 1890)는 자아가 인식의 주체로서 주체아(主體我)와 대상으로서의 객체아(客觀我)로 구성되어 있다고 보았다. 그는 "내가 무엇을 생각하든 주체로서의 자신과 사적인 존재(대상로서의 자아)를 동시에 의식하고 있다. 내가 인식하는 총체적 자아는 이중적이어서 남에게 알려지는가 하면(객체아) 앎의 주체이기도 하며(주체아), 객체이면서 주체이기도 하다"고 말했다.

사회심리학자들도 제임스와 유사하게 두 가지 자아로 구분한다. 예를 들면, 자아를 생각하는 유기체로서의 주관적 자아와 타인과 영향을 주고받는 객관적 자아로 구분하기도 하고(Duvall & Wicklund, 1972), 내적(사적) 자아와 외적(공적) 자아로 구분하기도 한다(Scheier & Carver, 1981). 대부분의 학자들은 사적 자아가 공적 자아보다 먼저 습득된다고 보고 있다.

한편, 자아존중감의 하위영역으로 인지능력, 사회능력, 신체능력 그리고 자기가치 등으로 나누기도 한다(Harter, 1982). 이는 다음과 같다.

① 인지능력: 학교성적이 좋은 것, 영리하게 느끼기, 여러 가지를 잘 기억하기, 읽은 것을 이해하기
② 사회능력: 친구가 많은 것, 인기 있는 것, 급우에게 중요한 사람으로 인정받는 것, 남들이 나를 좋아한다고 느끼는 것
③ 신체능력: 운동을 잘하기, 게임에서 일찍 선택되기, 새로운 게임을 쉽게 익히기, 관람하기보다는 실제로 행하기
④ 전반적 자기가치: 자신에 대한 확신, 선한 사람이 되는 것, 현재가 행복해서 현상태로 머물기를 원하는 것

청소년기 초기의 학생들은 주로 인지적 · 사회적 능력을 기준으로 하여 자기가치를 정의한다. 따라서 자아존중감이 높은 학생은 학교에서 공부도 잘하고 친구도 많은 아이들이다(Coopersmith, 1967; Kokenes, 1974). 이런 현상은 에릭슨(1963)이 또래와 성인의 인정을 얻기 위해 기술적 · 사회적 기능(읽기, 쓰기, 협동하기, 놀이 규칙 익히기 등)을 습득하고, 개인 및 대인간의 유능감을 바탕으로 근면감을 형성한다는 것과 일치한다. 이것에 실패할 경우, 열등감을 형성하는 것이다.

청소년기의 자아존중감은 12~13세에 하락하다가(Rosenberg, 1979; Simmons, Blyth, Van Cleave & Bush, 1979), 몇 년에 걸쳐 점차로 증가된다(McCarthy & Hoge, 1982; O'Malley & Bachman, 1983). 에릭슨은 이것이 청년기에 접어들면서 안정된 사회적 · 성적 · 직업적 정체감을 형성하는 장기적 과정이 시작됨에 따라 자존심의 결정요소가 변화하는 데 따른 것으로 설명하였다.

청소년기 초기의 자존심 하락 현상에 대한 다른 설명으로, 사춘기의 갑작스런 신체적 변화를 경험하고 지나치게 자기 비판적이 되기 때문으로 지적되기도 한다. 예를 들면, 비만인 청소년이 이전과는 달리 사춘기에 들면서 자존감이 급격히 낮아진다(Mendelson & White, 1985). 자신의 외모에 대해 불만족하는 12~16세 청소년들은 자존감이 부정적으로 변하는 경향이 있다(Lerner et al., 1980; Simmons et al., 1979).

그리고 '이상적 자아'와 자신의 현재 모습을 비교하면서 큰 차이를 느끼고 자존감이 낮아지기도 한다. "나는 무엇이 되고 싶은데 지금은 그렇지 않아. 나는 무엇을 경험하고 싶은데 아직 하지 못했어. 나는 과거의 내가 아니다(Erikson, 1950)"는 식의 사고를 경험한다.

마르샤(Marcia, 1966; Marcia, 1980)는 남자 대학생들을 대상으로 인터뷰와 조사를 통해 청소년의 정체성을 연구하였다. 에릭슨의 정체성 단계는 일부 학자들에 의해 형식적(formal)이라는 지적을 받고 있어, 마르샤는 정체성의 단계보다는 오히려 정체성 상태(identity status)를 제안했다는 점에서 에릭슨과는 차이가 있다. 상태는 반드시 직선형으로 발생하는 것이 아니라 환경위기에 대응하여 바뀔 수도 있다. 마르샤는 에릭슨의 용어들을 수정하여 청소년기 정체성과 관련하여 네 가지 유형을 제시하였다.

① 정체성 혼란(identity diffusion): 이것은 정체성이 집중되지 못하고 확산 또는 분산됨으로 나타나는 것으로 정체성 혼란이라고 할 수 있다. 정체성 혼란 상태는 특정 정체성에 대한 몰입(commitment)이 낮은 것을 말한다. 정체성 혼란을 경험한 청소년은 자신이 특정 정체성에 관여할 수 없다는 것을 발견한다. 여기서는 정체성에 대한 몰입뿐만 아니라 탐색(exploration)이 낮아진다. 청소년은 미래를 위한 가치관, 이데올로기, 계획을 분명히 형성하지 못하였고, 그것을 위해 진지하게 노력하지 않은 상태이다. 그리고 정체감 위기를 경험하지 못했거나, 경험하면서도 그것을 아직 해결하지 못한 상태이다. 예를 들면, 다음 학기에 졸업을 하는 고등학생의 경우, 졸업 이후 무엇을 할 것인지 생각을 못하고, 대학이나 직업전망에 대한 탐색을 하지 못한 경우이다. 즉, 구체적인 목표나 어떤 선택을 하지 못한 경우이다.

② 정체성 상실(identity foreclosure): 위기 없이 정체감에 대한 몰입이다. 이 시기는 선택이나 탐색 없이 조급하게 정체감에 몰입하는 것이다. 이것은 부모들이 자신들의 전통을 물려줄 때, 청소년은 의식

적인 선택을 못하는 것이다. 즉, 부모나 권위 있는 인물이 목표, 가치, 신념을 제시할 때 이를 따른다. 정체감 위기를 경험하지 못했으나 특정한 목표, 가치, 신념을 갖고 있다. 예를 들면, 한 학생이 특정 영역에 대해 열정을 갖고 있지만, 부모가 기대하는 발자취를 자녀가 따르게 됨으로써 결국 특정 영역에 대한 관심을 포기하는 것이다.

③ 정체성 유예(identity moratorium): 위기의 중간에 자신이 갖고자 하는 정체성을 찾는 것이다. 이 단계는 적극적인 탐색단계이나 특정 정체감에 대한 몰입은 낮다. 여기서는 자신의 정체성을 찾고자 노력하기 때문에 많은 것을 시도함으로써 청소년을 위해서는 흥미롭고 기대감으로 흥분도 되지만, 잠정적으로 위험도 따를 수 있다. 이 단계는 청소년 초기에서 청소년 후기에 이르기까지 어떤 시점에서 일어나며, 전형적인 청소년의 정체감 지위 중의 하나이다. 청소년은 정체성을 탐색하기 때문에 부모와의 갈등과 여타 다른 권위 있는 인물과의 갈등에 빠질 수도 있다. 이 시기에 청소년은 안정된 정체감을 확보하기 위해 다양한 가치, 이데올로기, 직업을 탐색하는 상태이다. 강한 정체감 위기를 경험하고 있다.

④ 정체성 성취(identity achievement): 정체성은 청소년들이 위기를 겪고 있고, 특정 정체성에 대한 몰입이 이루어졌을 때 성취된다. 다시 말하면, 개인은 특정 정체성을 채택하기에 앞서 특정 정체성에 대한 여러 측면을 탐색한다. 이 시기 동안에 개인은 정체성에 대한 높은 정도의 몰입과 동시에 높은 정도의 탐색을 가지고 있다. 미래를 위한 가치관, 이데올로기, 계획을 분명히 형성하고 있는 상태이다. 정체감 위기를 해결하고, 이런 상태에 오기까지 정체성 혼란과 유예를 경험하지만 상실은 건너뛸 수도 있다.

이러한 정체성의 유형이 청소년 시기에 따라 차이가 있는지 연구한 결과가 보고되었는데(Meilman, 1979), 청소년 연령에 따라(12, 18, 21, 24세)

구조화된 면접을 하고 정체감 상태를 측정한 결과, 연령이 증가함에 따라 정체감이 안정되는 것으로 나타났다. 18세는 20%, 21세는 40%, 24세는 52%의 안정감을 나타냈다. 그리고 '정체감 혼란'과 '유실'이 드물게 나타난 반면, '유예' 또는 '안정된 정체감'의 형성은 분명하게 나타났다.

청소년기 초기에는 기초기능과 지식을 배우는 것 외에도 자아개념을 배운다. 자신이 어리석은지 영리한지, 착한 학생인지 나쁜 학생인지, 또는 인기가 있는지 없는지를 평가하게 되며, 이러한 자아개념 형성에 학교의 경험은 매우 중요한 영향을 미친다.

긍정적 자아개념 형성을 돕는 교육자의 역할과 관련하여 강조되는 것은 수용(acceptance)이다. 즉, 학교에서 배우는 모든 기능과 능력이 모두 중요한 의미를 지니고, 학생들 상호 간에 능력, 적성, 취미, 성격 등에서 각 기능과 능력을 습득하는 데 차이가 있기 때문에, 개인별로 차이가 있다는 것을 교육자가 먼저 수용하고 그에 부응하는 행동을 함으로써 청소년들이 스스로 상이한 능력 수준에 대해 수용하도록 하는 것이다.

5 청소년 신체발달과 문제점

청소년기 하면 우선 떠오르는 말이 사춘기(puberty)일 것이다. 영어의 puberty는 라틴어의 pubertas에서 어원을 찾을 수 있는데, pubes, puber(성장하다, 성숙하다)라는 의미로서 pubertas는 성숙한 연령 그리고 남성다움을 의미하였다. 사춘기란 신체적 성장과 성적 성숙이 일어나는 인간발달시기를 말하는데, 성적 기능이 발달하고 청소년의 시작을 나타내기도 한다.

사춘기는 신체의 크기, 형태 그리고 구성 등에 있어서 급속한 변화를 가져온다. 생물학적으로 여자의 경우 11세, 남자의 경우 13세에 시작된다. 평균적으로 소녀들이 소년들보다 사춘기단계에 더 일찍 들어가고 완성된다. 그리고 사춘기의 특징 중 하나는 청소년의 급속한 성장으로 체중이 늘어나는데, 청소년기 동안에 성인 체중의 50%가 늘어난다 (Rogol, Clark & Roemmich, 2000).

평균적으로 소녀의 초경은 12~13세에 일어나며, 소년의 초경에 해당하는 소년의 몽정(spermarche)은 14~15세에 일어난다(Bergin & Bergin, 2012). 19세기 중엽에 여성의 초경은 17.5세에서 20세기 중엽 무렵엔 12.5세까지 낮아졌다. 이러한 현상에 대해서 많은 가설이 있다. 가장 일반적으로 수용되는 가설은 유전적 요인, 인종 및 출생체중과 환경스트레스, 환경오염 물질, 특히 내분비 교란 물질과 관련된 것이다. 어린 시절의 사춘기는 스트레스의 위험을 증가시키고, 낮은 학업성취도, 10대 임신, 섭식장애, 약물남용 및 다양한 건강문제 등을 동반할 수 있다(Daniel & Balog, 2009).

한편 최근 청소년 신체발달과 관련하여 지속적인 화제가 되는 것은 청소년 비만과 신체활동이다. 이에 대한 이해와 지원은 현대사회에서 청소년발달에 중요한 의미를 갖는다. 여기서는 청소년 신체발달의 일반적인 특징과 더불어 비만 및 신체활동의 문제점을 살펴보고자 한다.

가. 청소년의 신체 성장

근래에는 다시 모유로 아기를 기르는 부모가 많아지고 있다. 모유로 자란 아기는 젖병으로 먹는 아기보다 턱 근육이 발달하여 빠는 힘이 더 강하다. 젖병을 통해 먹을 때에는 적은 힘으로도 가능하지만, 모유를 먹는 아기는 엄마의 젖이 아기가 빠는 만큼 나오기 때문에 이러한 능력이 더 커진다. 이후에 이유기가 시작되면서 감자나 당근 등 가족이 먹는 것들을 부드럽게 하여 먹기 시작하는데, 이 같은 음식은 섬유질이 들어 있기 때문에 위장의 기능을 좋게 하고, 장 속의 노폐물을 효과적으로 배출한다. 따라서 변비 위험을 줄이고 턱의 발육도 순조롭게 이루어지며 치열도 고르게 성장하게 된다.

한편, 젖병은 젖을 빨 정도의 힘을 필요로 하지 않고 편하게 마실 수 있어 턱 근육의 충분한 발달을 저해한다. 경제성장과 더불어 가공된 이유식이 널리 보급되었는데, 이러한 가공된 이유식은 아기가 제대로 씹지 않아도 혀와 입술만 활용하면 취식할 수 있다. 이 또한 턱 근육과 입안쪽의 근육 발달을 저해하여 자라나는 치아의 토대가 되지 못해 치열이 고르지 않게 된다. 이는 윗니와 아랫니가 맞물리는 상태가 고르지 못하게 해 이후에도 잘 씹기 어려울 수 있다. 젖병을 자주 사용하거나 이를 통해 음료를 섭취한 아이들은 앞니가 검게 썩는 경우도 많다. 분유와 가공이유식, 음료수 등을 일찍 접한 아이들이 이후에 선호하는 음식들도 매우 부드럽고, 씹을 필요가 없거나, 달콤한 가공식품인 경우가 많다.

청소년기 초기에 해당되는 초등학교 저학년 시기는 입학 전 시기에 비해 신체적 발달이 느리게 진행된다. 따라서 신체의 크기에 있어서는 변화를 겪지 않는다. 여학생은 남학생에 비해 키가 작고 몸무게도 가볍다. 골격의 발달이 근육발달을 훨씬 앞지르게 되어 흔히 '성장통(growing pains)'이라고 알려진 증상을 겪는다. 이 시기에는 많은 양의 근육운동이 필요한데, 그에 대한 반증으로 오랜 시간 움직이지 않고 가만히 있는 능력이 부족하다는 것을 볼 수 있다. 초등학교 입학 시기에는 이미 균형 잡기, 달리기, 점프하기, 던지기 등 기본적 움직임에 필요한 기능들이 어느 정도 발달한 상태이다. 그러나 움직임이 아직 엉성하고 불균형적이어서, 운동을 통해 대근육과 소근육의 사용을 필요로 하는 기능을 향상시켜야 한다.

신체발달이 진행됨에 따라 쉽게 잡을 수 있는 큰 필기구를 사용하다가 일반적인 크기의 필기구를 사용하게 되고, 팔 전체를 움직이는 형태의 손가락 움직임에서 피아노나 현악기를 다룰 수 있는 정교한 손가락 움직임으로 발전하게 된다.

초등학교 중학년이 되면 남학생과 여학생의 신장과 몸무게가 비슷해진다. 더 건강해지고 피로나 질병에 대한 저항력도 높아진다. 시선에 따라 팔 동작을 일치시키는 것과 같은 신체 각 부위 간의 움직임의 협응(coordinated)도 증가한다.

초등학교 고학년이 되면서 많은 여학생들이 급격한 신체발달을 이루며 사춘기까지 이어진다. 이를 2차 성징의 발달이라고 한다. 1차 성징은 생식기관의 성별 차이를 말하고, 2차 성징은 생식기관 이외의 신체 각 부위에서 나타나는 남녀의 특징으로 체형, 골격, 근육, 피부, 피하조직, 발모상태, 유방, 후두 등을 말한다. 3차 성징은 남녀의 심리적·행동적 특징을 말한다. 2차 성징이 나타나면서 급격한 신체발달을 하는 것을 성장 스퍼트(growth spurt)라고 한다. 신체 성장 변화의 시작은 팔과 다리의 급격한 성장으로부터 시작되는데 몸통의 성장이 이에 따라주지 못해, 호리호리한(gangly) 외모적 특징을 띤다. 팔다리의 근육과 연골조직의 발달이 아동기의 발달 속도를 회복하여 힘과 협응력을 갖게 되며, 남학생들보다 키가 더 크고 건강해지며 힘도 세진다.

남학생들은 여학생들보다 신체발달이 12개월에서 18개월 정도 뒤쳐져 있기 때문에, 일찍 신체발달을 겪는 남학생들이라 하더라도 11세가 되기 전까지는 성장 스퍼트가 나타나지 않는다. 남학생들은 천천히 그리고 꾸준하게 신체발달을 이루게 된다. 여학생들은 이때 대부분 월경을 시작하고, 남학생들은 13~16세에 사정(ejaculation)을 경험하게 된다(Slavin, 1994).

신체변화에 따른 심리변화도 경험하는데, 급격한 변화에 대한 적응방법을 알지 못하기 때문에 불안감이 증가한다. 신체의 불균형적 성장으로 자신의 신체에 대한 관심과 불만이 증가한다. 생리적 변화는 정서적 불안정을 증가시키며, 조숙이나 만숙에 따른 자신감 및 열등감을 경험하기도 한다. 또한 신체적 발달을 타인과 비교하면서 자아의식발달을 촉진하기도 한다.

나. 청소년과 비만

최근 청소년의 신체적 문제가 급격히 부각되고, 많은 연구자가 그 원인이 되는 식생활을 포함한 생활의 전반에 대한 검토를 하고 있다. 육체적 질병을 포함한 신체의 문제는 양육의 방식이나 사회 전반의 문제 현상을 묻는 것이라고 할 수 있다. 어떤 상황에서도 청소년의 건강한 신체를 육성하고 보호할 수 없다면 그것은 청소년 양육과 교육에서 실패한 것이다.

지금까지 성인병은 말 그대로 성인만이 앓는 질환으로 생각되었었다. 그러나 청소년이 성인병의 특징적인 증상을 나타내는 것은 현대사회에서 흔히 볼 수 있는 문제가 되었다. 특히 비만의 문제는 도시 지역뿐만 아니라 농촌에서도 크게 늘고 있으며, 청소년들의 연령층에 상관없이 확산되고 있다.

비만은 각종 유해한 문제를 가지고 있지만, 심한 경우는 동맥경화나 고혈압, 당뇨병 등을 일으킨다. 비만으로 고통 받는 청소년들은 일반적으로 식욕은 왕성하지만, 운동 등 활동하는 것을 싫어해 문제를 심각하게 만드는 악순환에 빠져 있다.

비만은 겉으로 봐서 뚱뚱한 경우뿐만 아니라 일반적인 체형이지만 내부 비만을 가지고 있는 경우도 있다. 일본의 한 조사결과에 따르면, 신장에 비해 과체중인 아이는 100명 중 2~3명이지만, 내부 비만을 가진 아이는 남학생은 4명 중 1명, 여학생은 절반에 이르렀다(朝倉征夫, 1996).

비만은 당뇨병과 그 전 단계인 저혈당과 관계가 있다. 설탕, 과일 등의 과잉섭취로 췌장에 과도한 자극을 주어 인슐린의 분비 과잉을 낳고 이는 저혈당을 유발한다. 저혈당의 연쇄반응으로 당뇨병 또는 고혈당증이 유발한다. 다시 말해, 음식을 섭취하면 소화과정에서 음식물은 포도당으로 변화한다. 이 포도당이 혈액에서 세포로 전달되는데, 췌장은 포도당 증가에 따라 인슐린을 분비한다. 인슐린은 혈액에서 간으로 옮겨져 거기서 과도한 포도당을 글리코겐으로 바꾸는 기능을 하고 글리코겐은 간에 축적된다. 한편, 혈액의 포도당이 감소하면 부신피질 호르몬과 그것이 자극하는 뇌하수체 호르몬의 분비가 촉진된다. 이 호르몬은 간에 저장된 글리코겐을 포도당으로 바꾸어 혈액의 포도당 수치를 상승시킨다. 보통 건강한 몸의 혈액 속 포도당 양은 인슐린과 부신피질 호르몬과 부신피질 자극 호르몬의 상호작용에 의해 유지된다. 그런데 글리코겐의 축적에는 한계가 있어 간이 그 수용의 한계를 넘으면 과도한 글리코겐은 지방산의 형태로 다시 혈액 속으로 되돌려져 몸 구석구석에 옮겨지고, 아랫배, 엉덩이, 가슴, 허벅지 등에 축적된다. 배, 엉덩이 등 비교적 해가 없는 부분에 축적 후에 지방산은 심장과 신장 등의 활동적인 기관에 보내진다. 이 과정에서 기관은 기능이 저하되고 마침내 조직에 변성을 초래한다.

저혈당은 앞서 언급했듯이 정제 설탕, 과일 등 당류의 과잉 섭취에 의한 췌장의 과도한 자극과 그에 따른 인슐린의 과도한 분비로 혈당이 저하된 상태이다. 이러한 상태는 집중력 · 기억력 저하, 체력의 약화, 현기증, 이유 없는 불안, 떨림 등을 야기한다. 췌장이 인슐린 분비에 지치거나 이상이 생기면, 과도한 포도당을 글리코겐으로 바꾸지 못하고 혈액에 과잉 상태가 생긴다. 혈당이 증가하고 높은 상태로 유지되면서 소변으로 당이 배출된다. 이것이 저혈당 다음에 생기는 당뇨병 또는 고혈당 상태이다.

고칼로리의 식사와 다량의 당분 섭취는 비만과 동맥 경화, 저혈당, 고혈당, 당뇨병 등의 문제를 야기한다. 질병으로 인정되는 수준이 아니더라도 건강상태의 이상과 집중력 저하, 산만함, 따돌림 등을 겪음으로써 부적응을 초래한다. 따라서 학생들의 식단과 먹을거리, 야외활동, 운동 등에 대해 일반적 수준의 관심이 아닌 전문적인 관심과 지도가 사회적으로 요구된다.

표 3-2는 청소년 비만율을 조사한 결과이다. 중학교 1학년부터 고등학교 3학년까지의 체질량지수가 25 이상인 사람의 비율을 보면 꾸준히 증가하는 추세임을 알 수 있다. 특히 고학년 학생일수록 비만율의 증가

가 두드러지고 있어 적극적인 교육과 지도가 필요함을 알 수 있다.

표 3-2 **청소년 비만율**

(단위: %)

구분	2013	2012	2011	2010	2009	2008	2007
중1	5.9	6.6	6.8	6.2	5.6	5.6	5.0
중2	8.1	7.6	6.6	6.9	6.6	7.0	6.7
중3	8.9	8.5	8.3	8.3	7.8	7.2	8.0
고1	10.9	9.7	9.4	8.9	8.8	9.1	8.6
고2	11.6	10.4	9.3	9.1	9.3	9.0	10.7
고3	13.0	12.0	11.3	10.7	11.0	11.7	11.3

출처: 2015 국가통계포털.

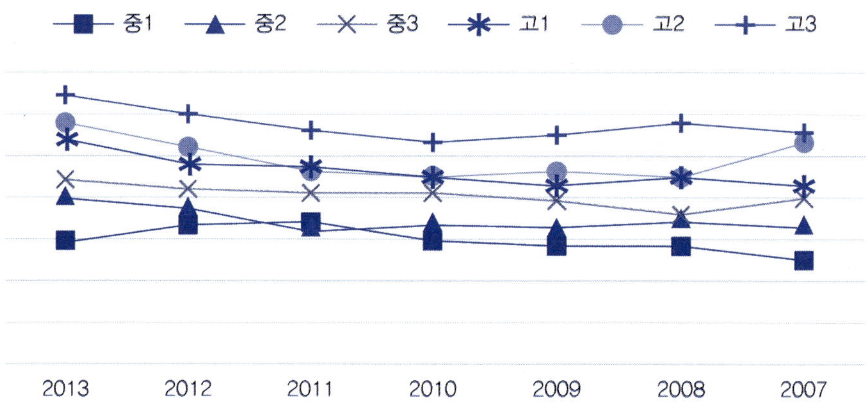

다. 청소년의 신체활동

경제성장의 고도화와 더불어 학력중심사회로 접어들면서 급격히 늘어난 문제 중 하나는 청소년들의 척추 이상을 비롯한 뼈 발육의 문제이다. 최근에는 스마트폰이나 컴퓨터 사용이 늘면서 목과 어깨의 통증을 호소하는 사례도 크게 늘고 있다. 성장을 계속하는 청소년의 경우 일찍부터 등이나 허리, 목에 이상이 생기면 전 생애에 걸쳐 그 영향을 받는다. 가벼운 증상은 교정이나 운동, 올바른 자세를 통해 회복할 수 있으나, 악화될 경우 요통, 등의 통증, 두통뿐만 아니라 심폐 기능 및 복부 내 장기 이상 등의 합병증을 수반할 수 있다. 그래서 골격의 성장 조건을 알고 바르게 성장할 수 있도록 노력해야 한다.

올바른 직립 자세를 유지하려면 적어도 평형 기능, 뼈의 강도, 근육의 힘이 필수적이다. 인간은 두 발로 직립 자세를 취하는 동물이다. 네 발 짐승처럼 무거운 머리를 척추의 전면에 늘어뜨리고 걷는 것보다 척추의 상단에 얹어 직립하는 것이 역학적으로도 효율적인 형태이다. 그러나 이러한 자세는 무거운 뇌를 비롯한 체중이 신체의 상하 방향으로 작용하여 순환 체계에 부담을 주는 문제가 있다. 다리에 혈액이 머물러 잘 순환되지 않고, 중력을 버티는 근육에 피로가 쌓이며, 다양한 자세가 척추에 부담을 주어 허리 통증을 일으킨다. 따라서 중력에 저항하는 직립 자세를 유지하기 위해서는 충분한 뼈의 강도와 근육의 힘 그리고 감각적인 평형 기능이 필요하다.

인간의 평형 기능, 자세를 유지하는 힘, 적절한 뼈의 강도 등은 모두 다양한 신체 움직임과 운동에 의해 형성되며 강화된다. 신체를 다양한 균형 상황에 노출시키고 매달리거나 거꾸로 하는 것, 수평 · 경사 · 굴곡이 있는 곳을 걷고 달리고 넘어지는 과정을 통해 이러한 능력은 성장하고 발달한다. 그러나 현재의 청소년들은 야외에서 뛰어다니는 것은 물론 외부 활동 자체가 크게 감소하고 있다. 교통의 발달로 걸어서 이동하거나 신체를 이용해 물건을 나르는 행동도 크게 줄었다. 물론 교통의 발달과 삶의 방식의 변화는 사람들을 힘든 노동에서 벗어나게 해 주었지만, 동시에 적당한 신체 활동도 줄어들게 하였다. 생활 속에서 자연스럽게 신체를 발달시키는 기회가 줄어들었기 때문에, 이를 목적으로 하는 의도적인 활동이 이루어져야 하는 것이다.

최근 수년간 청소년들의 신체활동 정도를 조사한 결과를 보면 30% 내외의 청소년들만 꾸준한 신체활동을 하는 것으로 나타났다. 표 3-3은 일주일에 조깅, 축구, 농구, 태권도, 등산, 자전거타기, 수영, 무거운 물건 나르기 등 적극적인 신체활동을 20분 이상 한 날이 3일 이상인 사람의 비율을 나타낸 것인데, 과거에 비해 점진적으로 향상되는 것으로 나타나고 있으나 고학년이 될수록 크게 줄어들고 있으며, 전체적으로 볼 때도 미약한 수준이다.

표 3-3 주 3일 이상 신체활동 실천율

(단위: %)

구분	2013	2012	2011	2010	2009	2008	2007	2006
중1	44.4	43.1	45.7	45.5	43.4	42.8	38.6	40.0
중2	42.9	40.3	43.9	42.7	42.1	42.0	37.6	39.6
중3	41.0	36.3	34.9	35.5	31.8	31.3	30.9	32.5
고1	31.0	30.0	32.5	29.7	27.3	27.6	26.1	28.4
고2	29.9	28.0	27.7	26.5	26.0	26.1	25.1	27.0
고3	27.1	24.6	20.5	18.1	18.2	18.8	18.7	20.8
전체	35.9	33.6	34.1	33.0	31.6	31.8	29.9	31.9

출처: 2015 국가통계포털.

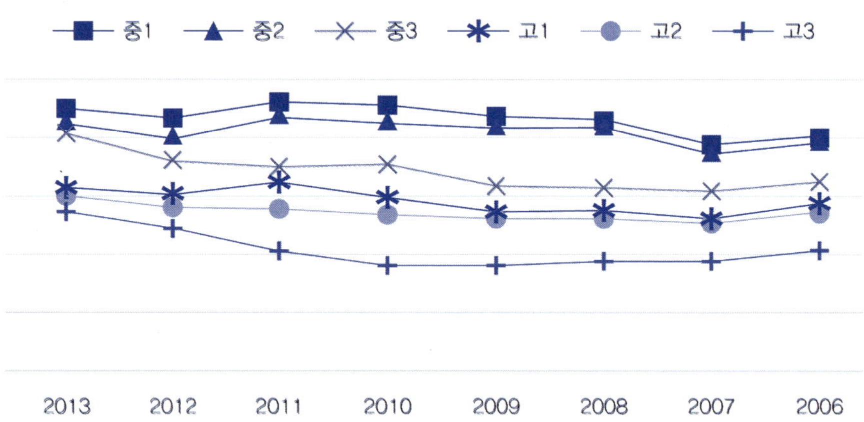

약해진 체력을 강하게 하기 위해서는 학교에서 체육시간에 이루어지는 특정 운동만으로는 불충분하다. 스포츠 활동에 의해 체력의 성장을 기대하는 것은 당연한 일이지만, 일상적인 생활 속에서 요구되는 체력

과 골격의 올바른 성장은 체육시간에 참여하는 것만으로는 부족하다. 신체는 적당한 노동(일)이나 등산, 나무 오르기, 다양한 상황 속에서 장거리 걷기 등의 인내심을 요구하는 놀이나 움직임이 필요한 것이다.

청소년들의 최근 식생활은 칼슘 결핍을 조장하는데, 이는 골절, 충치, 근시, 근육 피로, 비정상적인 흥분, 경련 등을 유발할 수 있다. 설탕과 인산염이 첨가된 인스턴트식품을 다량 섭취할 경우 칼슘의 필요량은 증가한다. 설탕, 육류, 백미 등 산성 식품을 많이 먹어서 혈액이 산성화되면 우리 몸은 그것을 중화하기 위해 근육 등의 조직이나 뼈의 칼슘이 혈액으로 보내지기 때문이다. 설탕이 많이 든 음식이나 음료수를 매일 다량으로 먹게 되면 혈액의 비정상적인 산성 상태는 칼슘을 필요로 하게 되고, 근육 등의 조직에 이어 뼈, 치아 등의 조직에 이상이 생기게 되는 것이다. 칼슘 결핍은 산성 식품만으로 생기는 것은 아니다. 인산이 다량 함유된 음식도 칼슘의 균형을 무너뜨린다. 인산이 많이 함유된 식품은 햄, 라면, 청량음료, 과자 등이다. 비타민 D의 부족 또한 칼슘 결핍을 촉진한다. 비타민 D가 부족하면 장에서 칼슘의 흡수를 어렵게 한다. 비타민 D는 생선, 계란, 우유, 버터 등에도 포함되어 있지만 햇빛에 피부를 충분히 노출시킬 때 얻을 수 있다. 비타민 C와 단백질 또한 칼슘의 작용에 필수적이다. 이처럼 칼슘 결핍은 여러 요인이 복합적으로 작용하기 때문에 청소년의 일상생활 전반에 대한 검토를 통해 부족한 야외활동의 확대와 적극적인 신체활동, 알맞은 식습관을 형성할 수 있는 지도가 필요하다.

C·H·A·P·T·E·R **04**

청소년기 문화

1. 청소년문화에 대한 이해
2. 학생문화
3. 성인지향문화
4. 청소년의 고민과 희망 문화
5. 청소년 방과후 아카데미

1 청소년문화에 대한 이해

문화의 개념은 오랜 역사를 가지고 있으며, 그것은 인간집단의 행동을 이해하는 데 사용하기 위해 출발되었다. 문화의 개념은 인류학자들이 사회, 종족, 국가 또는 민족집단 간의 차이를 이해하기 위해 처음 사용하였으나, 그 후에 사회과학자들이 비즈니스생활(business life)에 있어서 행동유형을 이해하기 위해 사용하였다(Arslangilay, 2018). 문화란 집단적 동의(collective agreement)로 생각될 수 있는데, 이것은 모든 조직 또는 집단을 또 다른 조직이나 집단과 구별하게 하며, 조직이 어떻게 다루어지며 조직이 어떤 태도를 보여야 하는지를 나타낸다. 따라서 문화를 정의하자면, 문화란 한 사회의 구성원들이 가지고 있는 태도, 신념, 지식 및 규범 등으로 정의할 수 있다. 더 간단히 말하면, 한 사회의 구성원들이 가지고 있는 행동양식 또는 생활양식이라고 할 수 있다. 이렇게 본다면 청소년문화(youth culture)란 한 사회의 문화 중에서도 청소년만이 가지고 있는 문화를 말하는데, 청소년들에게 관련된 일반적인 생활양식(way of life)을 의미한다. 따라서 청소년문화는 청소년들이 사회나 환경에 적응하면서 어떻게 느끼고, 어떻게 행동하고, 어떻게 지각하는지에 영향을 미친다.

사회에는 주류문화(mainstream culture) 또는 지배집단 문화(dominant culture) 그리고 하위문화(subculture) 또는 부분문화가 있다. 주류문화란 한 사회의 대부분의 구성원이 공유하고 있는 신념, 태도, 규범 그리고 행동양식 등을 의미한다. 다시 말하면, 주류문화란 한 사회를 지배하는 문화로 대부분의 구성원에게 공감대가 형성되고 있기 때문에 그 사회를 대표하는 것으로 인식되고 있다. 이러한 것은 교육, 가족, 테크놀로지, 미디어, 경제 등의 주요 사회기관에서 공유되고 있는 문화라 할 수 있다. 이에 비해 하위문화란 한 사회 내의 특정 집단의 구성원들이 가지고 있는 문화로서, 거대사회와는 구별되는 보다 작은 사회 또는 집단구성원들이 공유하고 있는 태도, 가치, 규범 등을 말한다. 간단히 말하면, 하위문화란 보다 큰 문화 속의 보다 작은 집단의 문화를 의미한다.

청소년문화를 청소년이 보여 주는 생활의 모습과 청소년이 향유하는 생활양식 두 가지 측면에서 살펴볼 수 있다(김재은, 1993). 첫째는 청소년이 보여 주는 생활의 모습으로, 청소년을 둘러싸고 있고 청소년에게 직접 영향을 주는 문화이다. 즉, 청소년을 위해 만들어지거나 청소년에게 직접 영향을 미치는 문화적 자극, 경험, 상품 등을 말하는 것으로, 청소년에 의해 만들어진 것과 청소년을 위해 만들어져 제공되는(사회나 성인에 의해) 것이 있다. 이러한 문화는 분야별로 나눌 수 있는데, 출판과 청소년문학 분야, 음악 · 무용 · 연극 등 공연예술 분야, 영상매체 분야, 놀이 및 여가 분야, 교육 분야로 나눌 수 있다. 둘째는 청소년이 호흡하고 향유하는 생활양식으로서 청소년이 간직하고 몸에 익히고 있는 문화이다. 즉, 청소년들이 구체적으로 만들어 내고, 그들 사이에서 공유되고 있는 가치관, 정의적 특성이다.

결국, 청소년문화란 그들이 만들어 내거나 일상적으로 접하고 있는 유 · 무형의 행동 및 사고방식이라고 할 수 있다. 청소년은 청소년문화를 통해 그들의 문화뿐만 아니라 다른 문화까지도 배운다. 청소년문화는 현재 청소년이 느끼고 생각하고 행동하는 것과 앞으로의 삶의 양식 전체에 영향을 끼치기 때문에 중요하다.

청소년문화의 속성을 다음과 같이 몇 가지로 정리할 수 있다.

첫째, 성인문화와는 달리 청소년문화는 상당부분 성인들에 의해 만들어지고 제공되는 특성이 있다. 어떠한 환경을 만들어 주는가에 따라 청소년들이 향유하는 문화의 성격이 좌우된다. 때문에 청소년들의 문화를 그들만의 것으로 보기는 어렵고, 전 사회적인 관심과 노력으로 건전하고 발전적인 문화를 형성할 수 있도록 노력해야 한다.

둘째, 그럼에도 청소년들은 다른 문화의 영향에서 벗어난 자신들만의 독자적인 문화를 형성한다. 청소년들은 독특한 언어, 사고, 복장, 태도를 형성함과 동시에 그것에 영향을 받는다. 따라서 성인이 청소년문화를 해석하고 연구하기 위해서는 청소년의 삶 그 자체를 이해하려는 개방적이고 수용적인 태도가 필요하다.

셋째, 청소년문화는 감각적 요소가 많이 포함되며, 급속하게 등장하고 사라지는 변화를 보인다. 청소년들의 예민한 정서와 감각이 그들의 문화에 여실히 반영된다. 때문에 성인들이 바라볼 때 이러한 감각적 요소는 피상적이고 일시적이며 미성숙해 보일 수 있다. 아직 기성화된 문화를 다 익히지 못한 상태에서 형성되는 그들의 문화는 변화하는 사회적 실상에 가장 민감하다고 할 수 있다.

한편, 김신일(1992)은 청소년문화를 보는 입장을 다섯 가지로 분류하였다.

첫째, 청소년문화를 미숙한 문화로 보는 입장이다. 이것은 어른의 시각에 의한 것으로, 부모의 입장이나 어른들의 눈에는 언제나 이들이 부족하고 미숙하게만 생각되는 것이다. 따라서 그들에게 문화라고 이름 붙일 만한 것도 없지만, 소위 문화라는 것이 있다고 해도 아직 미숙한 것에 불과하다는 입장이다.

둘째, 청소년문화를 비행문화로 보는 입장이다. 청소년들은 공부나 일보다 놀기를 좋아하고, 어른 몰래 나쁜 짓을 즐긴다고 본다. 학교나 사회의 질서를 깨뜨리는 것에서 쾌감을 느끼고, 그런 행동을 통해 또래집단에서 인정받는다는 시각이다. 따라서 청소년들은 항상 부모나 교사의 통제 · 감독 하에 두어야 한다는 입장이다.

셋째, 청소년문화를 하위문화로 보는 입장이다. 사회 전체의 문화 가운데 한 부분을 이루는 문화라는 뜻이다. 하위문화로서의 청소년문화는 사회문화의 한 부분을 구성하는 것으로서, 청소년이라는 집단에 적합한 문화요소로 이루어져 있다. 각 연령 집단마다 그 연령에 맞는 문화를 가지고 있는 것이므로 청소년들에게 그들의 문화가 존재하는 것은 당연하다고 보는 입장이다.

넷째, 청소년문화를 대항문화 또는 반문화로 보는 입장이다. 즉, 기성세대의 문화를 주류문화라고 하면 청소년문화는 비주류문화가 된다. 청소년들은 기성세대의 문화를 거부하고 자신들만의 새로운 문화를 대안으로 내세우면서 변화를 요구한다. 그들이 기성세대에게 비판적 입장을 갖는 것은 기성세대와 다른 삶의 경험과 인생관을 가졌기 때문이다. 청소년들은 기성세대의 문화를 거부하고 자기세대의 독특한 문화를 형성하려는 성향을 가진다고 보는 입장이다.

다섯째, 청소년문화를 새로운 문화로 보는 시각이다. 청소년들은 새로운 세대로서 그들 나름의 새로운 문화를 창조하고 형성하여 살아간다. 그러므로 오늘날 청소년들이 보여 주는 행동이나 언어, 외모 등은 기성세대의 눈에는 낯설지만 청소년 자신들에게는 자연스러운 것이다. 이 입장은 청소년들의 문화를 인정하고 전체적인 문화에 영향을 미칠 수 있는 것으로 본다.

2 학생문화

학교는 근대사회로 접어들면서 인간을 형성하고자 하는 기능적 장치이자 특수한 공간으로서 존재해 왔다. 이러한 학교의 목적은 효율적 산업화의 성취와 근대 국가 형성에 가장 적합한 훌륭한 시민을 길러 내는 일에 집중되었다. 현대사회에서 완전히 대중화된 학교는 청소년에 대해 훈련과 규율을 구성해 갈 수밖에 없는 태생적 본질을 지니고 있다. 이렇게 보면 학교는 섬세하게 의도된 장치들이 존재하고 있음을 알게 되고, 학생들은 이러한 권력 장치를 통해 길들여지고 기획된 인간으로 만들어져 간다.

전통적으로 학교는 그 종류와 수준에 관계없이 다음과 같은 네 가지 기능을 결합적으로 수행하고 있다고 인정되어 왔다. 첫째는 학생을 보호하는 기능, 둘째는 사회적 역할의 선별 기능, 셋째는 이론이나 원리 혹은 사상을 주입시키는 기능, 넷째는 기술과 지식을 개발시킨다고 하는 통상적인 의미의 교육 기능이다. 이러한 기능들의 결합 때문에 학교가 종합적인 기구로서의 성격을 가질 수 있으며, 사회 통제를 위한 효율적인 기구로 작동하게 되었다(E. Reimer, 김석원 역, 1997).

그러나 일상화된 학교폭력, 부모의 사회적 · 경제적 지위에 따른 교육 불평등의 심화, 이념의 다양화, 기술적 지식 및 기능의 생산과 전달이라는 주도적 역할의 상실 등으로 인해 학교는 전통적 역할을 더 이상 갈등 없이 온전히 수행할 수 없게 되었다(조혜정, 1998). 이러한 학교의 변화는 학교 구성원들의 삶과 일상에도 여과 없이 반영되고 있으며 학교의 관계질서와 전통적 정체성이 무의미하게 되었다.

청소년들은 하루의 많은 시간을 학교에서 또래들과 보내고, 비슷한 사고방식과 행동을 취하게 된다. 그것은 성인이나 교사에게서 기대되는 학생다운 행동일 경우도 있지만(role-expectation), 성인의 기대와는 무관한 것이나 이에 반하는 것도 있다. 후자는 학생의 하위문화(subculture)나 반항문화(contra culture)라고 불린다.

학생문화라는 개념을 처음으로 제시한 사람은 미국의 사회학자 월러(W. Waller)이다. 월러는 "교사는 성인사회의 문화의 구현자로서 그 문화를 학생들에게 학습시키려고 하는 반면, 학생들은 자신의 특유한 문화의 대표자로서 이에 대항한다"고 지적하면서 학생문화의 독자성을 강조했다.

청소년들의 하위문화를 조사한 고든(Gordon)과 콜맨(Coleman)은 학생들이 동료를 평가하는데 학업 성적보다 교과 외 활동, 특히 운동 클럽에서의 활약을 중시한다고 하였다. 이를 통해 성인의 가치와는 크게 다른 놀이 지향의 하위문화(fun subculture)가 우위를 점하고 있다는 것을 밝혔다.

영국에서는 학생문화의 발생 요인으로 계층 요인과 학교 조직을 중심으로 연구하였는데, 하그리브스(Hargreaves)의 조사에 따르면 영국의 일반학교는 스트리밍(능력별 구성)에 따라 성적이 상위인 학급은 학업지향(academic subculture)의 하위문화가 형성되었고, 성적이 하위인 학급에는 학교와 교사의 기대 규범에 대해 부정적인 반항문화(delinquent subculture)가 형성되어 있었다. 이 반항문화는 하위계층에 주로 존재하였고, 미래의 사회적 지위 달성에 대한 기대를 상실한 것이 기존 가치에 대한 반대를 형성하였고, 이러한 문화를 공유함으로써 자신들의 자존심을 유지하려고 하는 일종의 적응 행동으로 해석된다.

또한 윌리스(Willis)는 문화기술지(ethnography) 연구방법을 통하여 노동자 계층 출신 학생의 반항문화를 고찰하였다. 즉, 한 문화를 이해하는 과정으로서 연구자가 연구대상 집단의 생활세계 속에서 참여·관찰을 통하여 얻게 된 그들의 가치, 지식, 기술 등을 정리하였다. 노동자 계층의 청소년들에게 자신의 부모의 삶은 모델이 되는데, 학생들은 학교에서 약속하는 성공과 지위상승이 환상이라고 생각하였고, 학교문화에 적극적으로 대항하고 자신들의 노동계급 문화를 고수하려는 태도를 보였다. 자신들 간의 내적 결속을 중시하며 수업을 방해하고 학습활동을 시시하게 만들거나 교사의 교수 활동을 웃음거리로 만들었다. 이들의 행위는 부적응(maladjustment), 일탈(deviance)이 아니라 저항(resistance)으로 표현된다. 이들은 노동현장 문화를 기반으로 하여 학교문화를 거부하는 과정을 통해 주체적으로 노동계급의 직업을 선택하고자 하였다. 학생들은 억압적 학교 분위기에서 벗어나려고 자발적으로 저임금 육체노동을 선택하나, 그것은 결과적으로 전체 사회 질서의 재생산에 기여한다.

또한 우즈(Woods) 등은 학생들이 역할 기대, 하위문화, 반항문화 등을 내면화하여 일관적인 행동을 취하는 경우뿐만 아니라 그 상황에 적응하기 위한 다양한 생존전략(survival strategy)을 취하고 있음을 지적하였다. 우즈는 학생의 반응전략 유형을 8가지로 제시하였는데, 비위맞추기, 순종하기(낙관적 순종, 도구적 순종), 시키는 대로 하기, 딴청부리기, 빈둥거리기, 체제순응, 타협거부, 저항 등이 그것이다.

현대의 청소년들은 예전처럼 사회와 성인에 대해 노골적인 반항과 저항을 하기보다는 기존의 질서와 매체를 수용하면서 그 기능과 의미를 변경하고 있다. 그것은 자신을 표현하고 생존하기 위한 전략이기도 하다. 성인세대는 학생들이 자주적으로 생성한 문화의 형성 동기와 그 기능에 주목하면서, 그에 대한 교육을 해 나가야 한다.

한국의 학교는 기본적으로 성취지향적인 속성을 가짐과 동시에 학교의 전 과정이 학력경쟁의 제도화로 이루어져 있다. 그러한 경쟁양식은 상급학교로 진학할수록 더욱더 치열해진다. 학교에서는 학력경쟁 위주의 교육을 지향하게 되며, 모든 교육 구성원들은 연합적 경쟁에 빠져들게 된다. 연합적 경쟁이란 교육에 직접 또는 간접적으로 관련하고 있는 집단들의 교육활동이 연합하여 경쟁을 과열되게 만드는 형태를 말한다 (이종각, 1995).

가. 학교의 공간과 시간

시험, 성적, 입시, 보충 수업, 자율학습과 같은 담론들은 현 시대의 학교를 나타내는 구체적인 표현들이다. 학교는 한 치열한 경쟁의 구조 속에서 다양한 규범들이 작동하는 공간이다. 이렇게 울타리 쳐져 있는 제도화된 공간이 갖는 근원은 무엇이며, 청소년들은 이 구조 속에서 어떤 발달을 하고 있는지 이해하는 것이 청소년교육의 중요한 단서가 된다.

학교는 정치적 · 사회적 관리를 위한 제도적 장치의 하나이다. 기능론적 관점으로 보면 사회의 유지 · 존속을 위한 사회화와 사회적 선발과 배치 기능을 수행하는 것이고, 갈등론적 관점으로 보면 지배집단의 권익을 정당화하고 기존의 사회계층과 구조를 재생산하는 기구로 이해될 수 있다(김병성, 1997).

이러한 학교가 대중 교육체제로서 형성된 것은 산업화와 더불어 진행된 생산양식의 변화와 직접적인 관련을 갖는다. 이는 학교가 근원적으로 사회체제의 발전과 변화에 따라 요구되는 새로운 인간형을 생산하는 매개체임을 말해 준다. 학교의 역할 수행에 대한 관점의 차이에도 불구하고, 거시적 맥락에서 기능이론과 갈등이론은 모두 학교가 사회체제의 요구와 필요에 반응하고 지배적인 규범과 가치에서 자유롭지 못하다는 것을 전제로 하고 있다. 그렇다면 오늘날의 학교가 보이고 있는 성공과 실패의 다양한 양상은 교육체제 자체의 모습이기보다는 거시적인 사회의 반영으로 볼 수 있다. 따라서 학교는 한 사회의 지배적인 메커니즘과 잠재적 속성을 그대로 반영하고 있다.

산업자본주의 사회를 이끌어 가는 근본적인 원리는 인간이 아니다. 자본의 끊임없는 확대와 재생산이 산업자본주의 사회의 운영 기제인 것이다. 따라서 자본주의 사회의 모든 제도와 장치는 자본의 확대와 재생산이 빚어낸 산물로 기능하도록 정치된다. 인간 역시 다양한 사회화 기관들을 통해 이러한 힘과 원리에 순응하고, 무의식적으로 받아들여 스스로를 규율하게 된다. 오늘날 이 역할을 수행하는 핵심적 제도는 학교이다. 제도로서의 학교는 근본적으로 인간화의 원리에 우선하여 산업자본주의에 헌신하고 봉사하도록 계획된 공간으로 존재한다.

자본주의의 특성은 필연적으로 치열한 경쟁을 낳는다. 이 경쟁에서 살아남을 수 있는 유일한 방법은 '상대적 우위'를 갖는 것이다. 자본을 생산, 재생산할 수 있는 경쟁력이야말로 성공적인 적응을 위한 힘이 되는 것이다. 학교는 이러한 역량을 배양하는 사명을 가지고 있다. 역량에 대한 기준에 포함되지 않는 다른 가치와 규범은 배제된다.

학교는 청소년들이 역량을 갖추도록 하기 위해 효율적인 수단과 방법을 구사한다. 그것은 '일망 감시구조'나 '엄격한 시간관리'와 같은 시간과 공간의 배치와 관리를 통해 가장 잘 드러난다. 시간과 공간의 관리는 과학화·효율화를 가져왔지만 비인간화 현상의 한 측면이다. 근대 이전의 시간과 공간은 자연적 순환과 심리적 질서에 따라 수용되었지만, 합리성, 과학기술주의의 근대적 패러다임은 시간과 공간의 관리와 통제를 통해 인간의 삶을 도구화·수단화한 경향이 크다.

인간의 삶이 이루어지는 공간은 그 자체가 사회적 속성을 지니고 있으며, 그 속에서 살아가는 사람들의 사고와 행동방식을 반영하는 집합적 삶의 양상 그 자체이다. 근대의 공간은 타자를 분리하고 지배하고자 하는 권력에 의해 형성되었다. 학교 역시 이러한 공간의 사회성을 가지고 말과 행동, 사고를 나름의 방식대로 제한하고 특정한 형태로 반복하게 한다. 이러한 특성은 시간에 있어서도 마찬가지다. 자연적 흐름에 맞추어 살던 근대 이전의 시간과 단위시간으로 분할된 근대의 시간은 전혀 다른 삶의 양상을 보여 준다. 단위시간에 따라 규칙적으로 움직이고 사고해야 하는 근대적 삶은 자연적인 시간의 흐름에 따라 생활하던 것과는 전혀 다른 것이다. 시간에도 역사성과 시대성이 반영되어 삶의 양상을 변화시켰고, 단위시간으로 분할함으로써 사람들의 활동을 효율적으로 통제하게 되었다. 학교가 하루의 시간을 어떻게 분절하고 체계화하여 청소년들에게 그 각각의 단위시간에 요구되는 책무와 행동을 대응시켜 나가는지 학교의 시간표를 통해 그 예를 찾을 수 있다. 이렇게 분절된 시간의 통제와 관리는 사람들의 활동을 강제할 뿐만 아니라 신체를 통해 내면에 침투된다. 그것은 특정하게 코드화된 행동 양상으로 신체에 새겨지는 일종의 생체권력인데, 자신의 신체에 대한 내적인 통제 형식으로 일반화된다(이진경, 1998). 하루 전체에 대해 분화된 시간으로 이루어진 학교의 시간표는 시간에 대응하는 각각의 행동과 동작을 정의하고 배열하는 책무의 그물망이 되어 빈틈없는 통제기제로 작용하고 있는 것이다. 그리고 그 결과에는 벌과 칭찬이 따른다.

청소년들의 훈육과 규율화를 위해서는 학교의 공간적 배치 역시 중요한 통제장치이다. 학교의 공간은 연령, 능력, 커리큘럼 등에 따라 구분된다. 이것이 종합적으로 작용하여 나타난 공간은 학급이 대표적이다. 학급은 일차적으로 청소년들을 효율적으로 감독하고 훈육·통제하기 위한 것이다. 이러한 공간을 통해 통제의 대상이 갖고 있는 이질성을 줄이고, 학교라는 공간에 대응되어야 할 양식화된 행위를 훨씬 효율적으로 만들어 내도록 해 주며, 공간의 배치에 일관성과 체계성을 부여한다. 이로써 학교공간은 내부적 동질성과 행위의 양식화된 통일성을 비약적으로 강화할 수 있게 된다(이진경, 1998). 이러한 내부적 동질성과 행위의 통일성을 확보하기 위한 학교의 노력은 다양하다. 학교는 청소년들의 자기계발이나 유희, 휴식을 위한 공간보다 통제의 공간을 절대적으로 확보하고, 출석을 요구하고, 번호 부여, 고정된 좌석, 교복 착용, 단정한 용모, 제한된 장소의 출입 통제 등 각종 체계를 더한다. 학교는 감시와 규격화의 장소임을 부인할 수 없다(Foucault, 1975, 오생근 역, 1994). 우리가 걱정해야 할 것은 학교를 통해 '할 수 있는 행위와 그렇지 않은 행위'의 체계가 학교 밖의 세상에서도 지속적으로 작용하는 것이다.

나. 경쟁과 소외

학교가 목표하는 구체적인 인간상은 시대와 사회의 발전단계에 따라 조금씩 그 이상을 달리해 왔으나, 거대생산체제를 기반으로 하는 근대의 학교는 인간화 교육이라는 이상을 실현함에 있어서 근원적인 한계를 갖고 있다. 그것은 학교가 정치적 · 경제적 요구를 반영하여 교육목표로 제시되고 있는 표준화된 인간을 육성해야 하기 때문이다. 학교는 청소년들을 분리하여 보호하고 요구되는 인력의 양성, 국가적 · 이념적 인간을 만드는 것을 중점적으로 수행하고 있다(조혜정, 1997). 이에 대한 부작용으로 학교가 수단적으로 활용되고, 청소년에 대한 다양한 교육적 소외를 낳게 되었다. 이러한 학교의 소외는 비교육의 상황을 초래하며, 학교의 사고와 행위, 이상과 현실, 주관과 객관, 목적과 수단 등에 내재하는 긴장과 갈등의 근원이 된다(이건만, 1996).

중세의 질서가 무너지고 근대사회로 접어들면서 인간관계에 있어 가장 두드러진 변화는 근대적 개인성의 출현이다. 전통적 권위로부터의 이탈, 획득적 신분사회, 공장제 생산 등에 따라 공동체적 연대를 끊고 인간을 개체화시키면서 개인적 행복추구가 지배하는 주관주의적 문화를 형성하게 되었다. 따라서 사회는 자유로운 각 개인들의 기대와 욕구를 객관화하고, 합리적으로 재화를 배분하며, 적절하게 인력을 선발 · 배치할 수 있는 사회적 지표로서의 원칙을 갖추어야 했다. 근대의 학교는 바로 이러한 사회적 · 시대적 필요에 의해 제도화된 장치라는 역사성을 가지고 있다. 때문에 역사적으로 본다면 학교는 개별적 가치의 교육보다 사회구조의 요구와 긴밀한 상관을 갖는 기관으로 볼 수 있으며, 오늘날의 학교의 비인간화 문제도 여기에 근본적인 원인이 있다. 이제 학교는 재생산의 기제로서, 성공에 이르는 수단적 통로로서, 사회구성원의 지원과 열망 속에 확고히 자리를 잡고 있다. 이에 따라 상이한 계층의 이상과 현실, 수단과 목적이 갈등하며, 학교의 경쟁양식을 형성하게 된 것이다. 여기에는 인간의 조화로운 전인적 성장이라는 명시적 교육목표와 이상이 역할하기가 어렵다. 이러한 학교를 일리치(Illich)는 가르침이 배움이고, 진학이 교육이며, 졸업장이 능력인 것처럼 왜곡되어 있어 청소년들을 무력감에 빠지게 하는 곳이라고 비판한다. 라이머(Reimer) 또한 개인의 생활기회(life chances)에 있어서까지 독점적인 영향을 행사하는 학교교육의 배격을 주장하며 '지식의 사용가치'는 무시하고 '지식의 교환가치'만을 증진시키려는 잘못된 교육이 학교를 지배하고 있다고 지적하였다(이종각, 1997).

학교는 청소년들에게 다양한 경험과 성장을 제공하지만, 경쟁교육을 통해 우열의 위계를 만들고 차별적인 보상과 기회를 제공하는 유인체제를 가지고 있다. 이러한 학교의 학력경쟁구조는 내부 구성원의 다양한 성장욕구를 차단하게 된다. 학교 밖의 삶과 환경이 대중매체와 사이버공간으로 대체되어, 그 속을 넘나드는 청소년들의 감수성과 기대가 하루가 다르게 다양해지는 시대적 변화를 학교는 적절히 수용하지 못하고 있다. 오히려 이러한 변화에 반응하는 청소년들의 관심과 열정을 금기시하는 경직성을 보이기도 한다.

경쟁에 몰두하는 학교에서 청소년들은 물화된 존재가 된다. 물화된 존재는 가치를 확인받게 되고, 인간관계에서도 서로를 인간으로 보지 않고 물적 가치로 환산하여 수용하게 된다. 학력은 다른 형태의 재화로 환원되는 자본이므로 학교의 핵심적인 물적 가치는 학력이다. 학력성취의 가능성이나 결과에 의해 청소년들의 가치가 결정되며, 이는 청소년들의 인성을 황폐하게 하고 배타적인 집단으로 분열시킨다. 경쟁에 실패한 청소년들은 무력감에 젖거나 반항적 행위에 집착하게 되고, 자신의 의미있는 목표를 상실하게 된다. 학교의 학력 경쟁은 교사와 학생, 학교와 가정, 학교와 지역사회의 관계까지도 소외시킨다. 좋은 성적이라는 잣대가 교사와 학교를 평가한다.

현실에서 유리된 학교교육은 교육이 수단적 · 도구적 성격을 가지면서 더욱 강화된 것이다. 학교에서의 배움은 자발적으로 개개인의 취향에 따라 이루어지는 것이 아니라 이미 정해진 방법과 절차에 따라 표준화된 형태로 이루어진다. 여기서 본래의 관심과는 거리가 먼 중요하지도 않은 것을 단지 경쟁을 위해 무조건 열심히 해야 하는 소외가 생긴다 (Wandel, 권이종 역, 1997). 세상의 변화와 청소년들의 구체적인 삶을 반영하지 못하는 학교에서 마음이 떠나는 청소년들이 늘고 있다.

다. 학생으로의 정체성

학교의 공간에서 청소년들은 철저히 '학생'으로서 정체성을 형성해야 하며, 학교의 규율과 질서에 순응하고, '학생답다'는 태도와 가치를 체화해야 한다. 사회적 토대구조를 바탕으로 하는 학교의 목적을 달성하기 위해 가장 효과적이고 구체적인 방법이 '학생'이라는 이데올로기를 형성하고, 주체들의 의식에 내면화시키는 것이다. 학교라는 배경에서 실행되는 '학생'이라는 사회적 차별성은 인간에 대한 지배를 가능하게 한다. 하지만 이러한 인간에 대한 지배를 부정적으로 볼 수만은 없다. 청소년들에 대한 자유와 평등이 무한히 제공될 수 없는 것은 그들이 민주시민으로서 진정한 자유와 평등을 향유할 수 없기 때문이다. 오히려 '학생'이라는 차별성은 보호적 차원으로 이해되는 것이 합당하다.

학교에게 부여된 합법적 지위를 통하여 학생들을 훈육하고, 일반 사회인과 차별화하는 것은 그들에 대한 보호, 자질 형성, 성취 등을 위한 양식이기 때문이다. 따라서 학생은 사회적으로 학교에 소속되고 학교에 의해 주체화되어야 한다. 학교가 학생의 주체화를 위해 요구하는 것은 학생다움이다. 학생다움이란 일정한 학력을 갖춘 인간으로서 인성과 역량을 바탕으로 전인적인 조화로운 발달을 하는 것을 말한다. 실제적으로는 인내와 순응, 절제 등의 차원이 강조되고 있다. 학생다움은 준비하는 삶, 절제하는 삶, 기계화된 삶, 탐구하는 삶이 되는 것이다. 그것은 대학 교수가 되면 자신의 기질과 관계없이 점잖아야 되고, 연예인이 되면 없는 끼도 만들어서 튀어야 하고, 검사가 되면 준엄해져야 하고, 소아과 의사가 되면 자상해져야 하는 사회적 코드와 동일한 맥락을 갖는 것이다(이정우, 1999).

학생이 이 삶의 코드를 벗어날 때 처벌과 제지가 이루어진다. 그 구체적 실천은 주로 인간의 권리를 박탈하는 형태로 나타난다. 학교의 비인간적인 통제는 교육적 조치라는 논리로 합리화되는데, 이는 학생들을 용이하게 차별화하고, 통제를 정당화시키기 위한 주장이다. 이러한 학교의 논리에도 청소년들의 자발적인 동의와 전면적인 수용을 성공적으로 얻어내지 못하고 있다. 오히려 청소년들의 광범위한 이탈을 초래하고 반 학교문화를 형성시키기도 한다.

학교의 청소년에 대한 통제에서 가장 직접적인 행위자는 교사이다. 때문에 교사와 학생의 관계에서 갈등이 가장 빈번하게 발생한다. 교사는 학생들의 말과 행동, 사고에 이르기까지 개입하고 통제할 권리가 있다고 인식하며 자의적인 교육적 조치를 하기도 한다. 이것은 청소년이 학교와 교사에 대해 불신감과 거부감을 갖게 되는 중요한 동기가 되며, 교사-학생관계를 소외시키는 정서적 원인이 된다. 물론, 청소년들은 교사를 학습의 안내자, 인생의 선배, 따뜻한 조언자 등으로 인식하기도 하지만, 교사에 대한 지배적인 인식은 통제자이다.

사회나 일반인과 구분되도록 정체성을 형성한 청소년들은 그들 내부에서 집단을 형성하고 또래의식을 강화한다. 그러나 그곳에서는 그들이 소망하는 진정한 우정을 얻기 힘들다. 그것은 이러한 집단이 가정환경, 성적, 취향의 유사성, 거주지 등에 따라 일시적으로 이루어진 연대이기 때문이다. 하지만 이를 통해서라도 소속감을 가지려 하고, 안정을 얻으려 하며 자아의 공간을 확보해 나간다. 이러한 집단의 형성과 해체, 구성원의 이합집산 과정에서 다양한 갈등이 나타나고 배타적인 타자화가 이루어진다.

3 성인지향문화

청소년기에 나타나는 여러 문화적 특징 가운데, 성인들이 점유하고 있는 세계에 대한 동경이나 시도를 찾아볼 수 있다. 아동기에서 청소년기를 거쳐 성년을 준비하면서, 자연스러운 시도나 호기심으로 볼 수도 있으나, 문제는 이러한 성인문화에 대한 적극적인 교육이나 실제적인 활동이 부족하다는 것이다. 청소년 유해매체물이나 음주 경험률에 관한 통계자료를 보아도 이러한 문제를 쉽게 확인할 수 있다.

청소년 유해매체물이란 청소년 보호법 제2조에 의거 여성가족부장관이 청소년에게 유해한 것으로 결정하거나 확인하여 고시한 매체물을 말한다. 그리고 유해약물이란 청소년 보호법 제2조에 의거 주세법에 의한 주류, 담배사업법에 의한 담배, 마약류관리에 관한 법률에 의한 마약류, 유해화학물질관리법에 의한 환각물질 및 여성가족부장관이 결정하여 고시한 약물을 말한다.

청소년들의 유해매체물 이용률을 보면 성인용간행물, 영상물, 방송, 인터넷 등을 통해 상당수의 학생들이 이러한 유해매체물을 경험하고 있는 것으로 나타났고, 특히 핸드폰 성인매체물과 관련하여 2009년 7.3%에서 2012년 20.5%로 급격한 상승추이를 나타내고 있다. 이는 스마트폰의 보급 확대에 따른 매체환경의 변화에 기인한 것으로 볼 수 있다. 이를 구체적으로 살펴보면 표 4-1과 같다.

표 4-1 청소년 유해매체 경험률

(단위: %)

	2011	2012
성인용간행물	41.1	40.0
성인용영상물	32.0	27.5
인터넷사이트(음란물)	37.3	45.5
일반방송프로그램(19세 미만 시청불가)	25.3	23.5
성인케이블방송	14.8	26.9
모바일(성인물)	12.3	20.5
폰팅 · 성매매유도형전화번호	1.5	1.8
온라인사행성게임	41.2	21.5
청소년이용불가게임	47.4	32.3

출처: e-나라지표.

더 심각한 것은 청소년 성관계 경험률이 상승하고 있다는 것이다. 중학생 성관계 비율이 크게 증가하였고, 여학생보다 남학생이 더 높은 비율을 보이고 있다. 그러나 성관계가 단독으로 이루어질 수는 없기 때문에 응답에 솔직하지 않은 여학생의 비율도 높을 것으로 보인다.

표 4-2 청소년 성관계 경험률

(단위: %)

구분	남학생					여학생				
	2013	2012	2011	2010	2009	2013	2012	2011	2010	2009
전체	7.4	5.9	6.7	7.2	7.1	3.1	2.6	2.9	3.2	3.0
중1	5.3	2.2	2.4	2.7	2.2	3.3	1.6	1.1	2.0	1.7
중2	4.8	2.2	2.9	2.6	2.3	2.1	1.2	1.7	1.6	1.2
중3	4.9	3.1	3.6	4.1	3.8	2.0	2.0	1.7	2.0	1.6
고1	6.5	5.3	6.5	6.6	7.5	2.6	2.2	2.6	2.8	2.6
고2	9.8	9.2	10.0	10.6	11.9	3.6	3.6	4.0	4.8	4.1
고3	12.9	13.1	14.6	16.4	15.2	4.8	4.8	6.0	6.2	6.8

출처: e-나라지표.

언론에서 보도되는 환각물질 관련 내용은 청소년들의 호기심을 자극하고, 이에 대한 시도로 이어진다. 또한 자신이 좋아하는 연예인이나 운동선수들의 환각물질 경험은 청소년들의 행동을 부추긴다. 실제 많은 청소년들이 이를 경험하고 있는 것으로 조사되고 있다.

표 4-3 청소년 환각물질 사용경험

(단위: %)

		1999	2002	2005	2006	2007	2008	2009	2010	2011	2012
환각물질	계	1.5	2.1	2.2	2.1	2.7	2.4	1.6	2.7	2.3	5.9
	남자	1.8	3.1	3.6	2.2	3.2	2.8	2.1	3.0	3.0	6.2
	여자	1.0	1.1	0.6	1.9	2.2	2.0	1.1	2.2	1.3	5.4

출처: e-나라지표.

청소년들의 음주율은 점차 줄어드는 경향이 있으나 2013년 기준 남학생의 19.4%, 여학생의 12.8%가 음주를 하고 있는 것으로 나타났다.

표 4-4 청소년 음주율

(단위: %)

구분	남학생						여학생					
	2013	2012	2011	2010	2009	2008	2013	2012	2011	2010	2009	2008
전체	19.4	22.7	23.7	23.5	23.7	26.1	12.8	15.8	17.1	18.3	18.2	22.6
중1	6.0	6.7	8.3	10.4	9.6	10.7	4.6	6.4	8.4	8.7	9.4	10.8
중2	8.3	10.3	12.5	13.1	13.8	14.9	7.3	9.2	11.1	12.4	12.9	14.8
중3	14.1	16.7	17.3	18.5	18.8	20.6	9.1	11.7	13.6	15.9	14.5	18.4
고1	22.0	26.8	28.7	27.6	27.9	32.7	12.8	17.5	19.4	20.8	20.8	27.2
고2	31.7	35.0	35.4	34.2	36.9	38.9	20.9	24.5	25.3	25.6	24.7	34.0
고3	32.6	38.5	38.7	37.0	36.1	41.8	21.5	25.1	25.1	26.6	27.1	32.2

출처: e-나라지표.

청소년들의 흡연율은 2008년 이후로 점차 줄어드는 경향을 보이고 있으나, 남학생의 14%, 여학생의 5% 가량이 지속적으로 흡연을 하고 있는 것으로 나타났다.

표 4-5 흡연율(최근 30일 동안 1일 이상 흡연한 사람의 분율) (단위: %)

구분	남학생						여학생					
	2013	2012	2011	2010	2009	2008	2013	2012	2011	2010	2009	2008
전체	14.4	16.3	17.2	16.6	17.4	16.8	4.6	5.9	6.5	7.1	7.6	8.2
중1	3.1	4.5	5.5	6.2	5.7	6.6	1.4	2.5	3.1	3.5	3.6	4.0
중2	7.5	9.2	11.8	11.5	11.4	10.2	3.3	4.3	5.3	5.5	5.7	6.0
중3	13.0	15.4	15.5	13.9	15.9	14.1	3.8	5.9	5.8	6.4	6.1	6.3
고1	18.3	20.3	21.6	19.8	22.0	22.0	5.4	6.9	8.6	9.1	9.0	10.4
고2	20.8	22.8	23.1	21.2	25.0	23.5	7.0	8.1	8.1	9.3	10.0	11.5
고3	22.8	24.1	24.6	26.6	25.0	26.2	6.4	7.6	8.1	8.6	11.6	11.3

출처: e-나라지표.

청소년 유해환경을 제거하고 올바른 문화를 정착시키기 위해서는 관련 판매자 또는 대리로 구매하여 청소년에게 제공한 자에 대한 처벌과 단속의 강화, 사회적 인식 개선, 청소년 음주예방 및 금연교육 강화, 유해약물 취급업소 및 판매점의 청소년보호와 관련한 지속적인 홍보와 점검 실시, 온라인 게임 중독 치료 프로그램 개발, 인터넷 게임중독예방을 위한 제도 마련 등을 통해 개선해 나가야 할 것이다.

흔히 술, 담배, 음란물, 성관계 등을 청소년에게서 분리시키려고 하고 언급하는 것조차 금기하는 풍토는 오히려 청소년들의 호기심을 자극하고 반항적 태도를 야기할 수 있다. 청소년들과 개방적인 분위기에서 충분히 대화하고 소통하기 위한 노력부터 해야 한다. 이것이 전제되지 않은 채로 금지하려고만 한다면 이상적인 변화를 기대하기 어려울 것이다. 그리고 그러한 행위를 한 이후의 조치사항이나 관리해야 할 사항 등에 대해서도 적극적으로 교육해야 한다. 예방적 교육뿐만 아니라 진단적 활동, 처방적 활동도 아울러 계획되어 청소년들에게 적극적으로 안내되어야 한다.

4 청소년의 고민과 희망 문화

시간적 · 경제적 여유가 생길 경우 하고 싶은 여가활동에 대해 조사한 결과, 13세 이상 인구의 62.0%가 '여행'을 원하였고, 다음으로 '문화예술관람' 27.3%, '스포츠 활동' 21.1% 순으로 나타났다. 청소년들의 응답결과 역시 유사하게 나타났다. 이것은 이러한 여가활동에 대한 재미와 보람을 느끼고 있다고 볼 수 있으나, 이상의 활동이 결핍되어 있어 실천하고 싶은 희망으로 나타났다고 볼 수도 있다.

표 4-6 앞으로 하고 싶은 여가활동(2013)

(단위: %)

	전국	남자	여자	13(15)~19세	20~29세
TV 및 DVD 시청	12.0	12.8	11.3	17.0	7.8
여행	62.0	63.7	60.3	41.6	62.1
문화예술관람	27.3	20.9	33.5	36.8	36.0
스포츠관람	8.5	14.0	3.2	13.5	10.6
스포츠활동	21.1	29.9	12.6	25.6	25.0
창작적취미	14.8	9.8	19.7	19.0	20.1
자기계발	20.9	19.5	22.3	25.0	38.1
봉사활동	8.2	6.5	9.8	6.0	6.0
종교활동	7.6	5.6	9.5	3.0	3.5
휴식	15.0	14.4	15.5	16.5	12.6
사교관련 일	19.8	18.2	21.4	24.5	18.2

출처: e-나라지표.

청소년의 고민을 질문한 결과, 1998년에는 신체 · 용모 · 건강, 가정환경, 공부에 대한 고민이 높았다. 이 중 공부에 대한 고민이 가장 높았다. 2012년에 조사한 결과에 따르면 외모, 공부, 직업에 대한 고민이 높은 것으로 나타났다. 이 중 공부와 직업에 대한 고민이 월등히 높았는데, 공부와 직업은 한국사회에서 밀접히 연계되어 있기 때문에 결국 직업에 대한 고민이 크게 증가한 것으로 풀이할 수 있다.

이러한 문제에 대해 청소년의 고민이 높다는 것은 그들이 스스로 해법을 찾지 못하거나, 스스로의 힘으로 해결하기 어렵다는 것을 의미하고, 이러한 고민은 결국 다른 문제로 전이될 수 있음을 예상하게 한다. 따라서 청소년들에 대한 직업, 적성, 자기계발 등의 프로그램이나 교육을 대폭 강화할 필요가 있다. 이러한 활동이 청소년문화 속에 스며들고, 그들의 고민이 원만히 해결될 수 있는 방안모색이 필요하다. 오락, 휴식과 같은 문화를 지향하는 것은 바로 직면한 문제를 해결할 수 없기 때문일 수 있다. 자기계발, 창작적 취미 활동 등이 청소년문화 속에서 성장할 수 있도록 정책적·교육적 노력이 요구된다.

표 4-7 청소년의 고민

(단위: %)

구분	2012												
	외모	심신건강	가정환경	가계경제	용돈부족	공부	직업	친구	이성교제	학교폭력	흡연음주	인터넷중독	고민없음
남자	11.1	4.6	3.0	6.4	5.4	36.6	21.0	1.7	1.8	0.5	0.4	0.9	6.1
여자	16.0	3.8	2.1	6.4	3.8	35.2	23.3	2.2	1.4	0.2	–	0.1	5.2
13~18세	15.1	3.9	2.6	2.8	5.1	53.1	7.7	2.6	0.9	0.5	0.1	0.5	4.9
19~24세	11.8	4.6	2.4	10.5	4.1	16.2	38.7	1.2	2.3	0.1	0.3	0.4	6.5
중학생 이하	16.9	4.4	2.1	2.1	4.2	51.8	4.7	4.0	0.8	0.9	0.2	0.5	7.2
고등학생	13.3	3.3	2.9	2.0	4.7	59.0	7.9	1.6	1.0	0.3	–	0.5	3.3
대학생 이상	12.5	2.7	2.4	10.1	6.6	25.9	31.8	1.7	1.4	–	0.3	0.4	3.7
계	13.6	4.2	2.5	6.4	4.6	35.9	22.1	2.0	1.6	0.3	0.2	0.5	5.6

구분	1998									
	신체용모건강	가정환경	용돈	공부	직업	친구	이성교제	학교폭력	기타	모르겠다
남자	14.9	19.0	2.6	39.6	6.7	2.4	5.1	7.1	0.1	2.6
여자	15.0	18.7	2.5	39.8	5.3	2.5	4.7	7.1	0.1	4.3
15~19세	18.1	10.4	4.0	49.6	5.4	3.9	4.6	3.6	0.1	0.2
20~24세	18.8	16.7	2.7	35.5	9.6	2.7	6.7	6.9	0.0	0.4

출처: e-나라지표.

청소년들에게 직업선택 요인을 질문한 결과, 안정성과 수입이 월등히 높게 나타났다. 학창시절에는 흥미에 따른 직업선택이 높았으나, 20세 이후에는 안정성과 수입이 크게 증가했다. 그리고 자아성취에 따른 직업선택은 거의 이루어지지 않음을 볼 수 있다. 이는 현재 청소년들에 대한 취업, 진로, 적성 관련 교육의 성과가 미약했음을 말해 준다. 본인의 자아와 성장을 위해 직업을 선택하지 못한다는 것은 청소년들의 행복감을 떨어뜨리고, 이는 전체 사회의 비활성화, 비효율화로 이어질 수 있다.

표 4-8 직업선택요인

(단위: %)

구분	2013							
	명성	안정성	수입	흥미	자아 성취	장래성	기타	모름
남자	3.6	28.9	37.9	15.0	5.0	6.9	0.2	2.6
여자	1.8	28.0	36.2	18.1	6.2	4.7	0.2	4.8
13~19세	4.2	18.6	25.5	38.1	6.9	5.1	–	1.6
20~29세	2.8	26.1	31.0	24.6	6.2	7.6	0.4	1.2
계	2.7	28.4	37.1	16.6	5.6	5.8	0.2	3.7

출처: e-나라지표.

한편, 청소년들이 느끼는 스트레스 수준에 대해 2008년부터 2013년까지 조사한 결과를 살펴보면, 남학생의 경우 30% 이상이 높은 스트레스를 느끼고 있었고, 여학생의 경우 40~50%의 학생들이 높은 스트레스를 느끼고 있었다. 전체적으로 절반에 가까운 학생들이 높은 스트레스를 받고 있다는 것이다. 2016년 청소년의 스트레스 인지율은 남학생 30.5%, 여학생 44.9%로 여학생이 남학생보다 높았으며, 학년이 올라갈수록 증가하는 경향을 보였다. 연도별로 청소년의 스트레스 인지율 추이를 살펴보면, 남녀 학생 모두 2014년에 비해서는 2015년에 스트레스 인지율이 감소한 것으로 나타나는 반면, 2016년의 스트레스 인지율은 2015년 대비 증가한 것으로 나타난다(청소년백서, 2017).

스트레스와 더불어 우울감에 대해 설문한 결과, 2016년 청소년의 우울감 경험률은 남학생 20.9%, 여학생 30.5%로 여학생이 남학생보다 높았으며, 학년이 올라갈수록 우울감 경험률도 높은 것으로 나타났다. 2016년 청소년의 우울감 경험률은 남학생 및 여학생 모두 2015년 대비 소폭 증가한 것으로 나타났다(청소년백서, 2017).

우리는 청소년들의 스트레스와 우울감에 보다 주목할 필요가 있다. 그들의 고민이 학업과 취업에 연결되어 있고, 하고 싶은 여가활동이 휴식적 차원의 문화에 집중되어 있는 것은 우리 청소년들이 많이 지쳐 있음을 의미한다. 그들이 자신을 성장시키고 적절히 스트레스를 관리할 수 있도록 하는 지원이 시급하다.

표 4-9 스트레스 인지율(평상시 스트레스를 '대단히 많이' 또는 '많이' 느끼는 편인 사람의 분율)

(단위: %)

구분	남학생						여학생					
	2013	2012	2011	2010	2009	2008	2013	2012	2011	2010	2009	2008
전체	34.3	34.8	35.8	37.7	37.3	38.1	49.3	49.6	49.0	50.7	50.0	50.1
중학교	32.5	32.7	33.6	35.4	34.6	35.9	46.3	45.6	45.0	46.7	46.1	46.0
고등학교	36.0	36.8	37.9	40.0	40.0	40.6	52.2	53.5	52.9	54.7	53.9	54.4
일반고	36.4	37.0	38.4	40.1	40.2	40.8	51.7	52.8	52.2	53.7	53.4	53.7
특성화고	33.9	36.3	36.5	39.7	39.4	39.8	55.0	56.0	55.6	57.9	55.5	56.4

출처: e-나라지표.

청소년들이 어떻게 시간을 보내는지 질문한 결과, 초·중·고등학생 모두 학습활동과 집안에 머무는 것에 집중되어 있다. 외부자의 관점에서 보면 매우 이상적이라고도 볼 수 있겠으나, 앞서 스트레스나 여가활동에 대한 조사결과에서도 확인할 수 있듯이, 학습활동 및 집안에 머무는 것 이외의 활동이 학생들에게 허용되지 않음을 알 수 있다. 이러한 집중적인 시간배분으로 인해 학습에 대한 자율성을 갖게 된 대학생의 경우를 살펴보면 오히려 학습시간이 크게 줄어드는 것을 볼 수 있다.

이러한 현상을 해소하기 위해서는 청소년들의 학교생활과 학습활동에 대한 융통성 있는 이해와 다면화된 학교행정이 필요하다.

표 4-10 학생의 평균시간 활용

학교급	행동분류	2009	2004	1999
		요일평균	요일평균	요일평균
초등학생	개인유지	11:43	11:19	11:16
	일	–	–	0:01
	학습	6:14	6:14	6:11
	가정관리	0:10	0:09	0:10
	가족 보살피기	0:03	0:03	0:04
	참여 및 봉사활동	0:00	0:00	0:00
	교제 및 여가활동	4:17	4:46	4:59
	이동	1:21	1:19	1:11
	기타	0:13	0:09	0:08
	재택	15:11	15:02	15:21
중학생	개인유지	10:58	10:39	10:27
	일	0:00	0:00	0:02
	학습	7:24	7:19	7:29
	가정관리	0:11	0:09	0:12
	가족 보살피기	0:02	0:03	0:02
	참여 및 봉사활동	0:00	0:01	0:00
	교제 및 여가활동	3:46	4:16	4:19
	이동	1:24	1:24	1:21
	기타	0:14	0:09	0:06
	재택	14:15	14:02	14:19
고등학생	개인유지	10:02	9:48	9:26
	일	0:03	0:08	0:18
	학습	9:10	8:52	8:51
	가정관리	0:09	0:08	0:11

〈계 속〉

학교급	행동분류	2009	2004	1999
		요일평균	요일평균	요일평균
고등학생	가족 보살피기	0:01	0:02	0:01
	참여 및 봉사활동	0:00	0:01	0:01
	교제 및 여가활동	2:57	3:22	3:31
	이동	1:25	1:32	1:38
	기타	0:12	0:07	0:05
	재택	11:50	11:52	11:55
대학생 이상	개인유지	10:50	10:34	10:01
	일	1:12	1:29	1:23
	학습	3:47	3:14	4:28
	가정관리	0:37	0:29	0:30
	가족 보살피기	0:07	0:07	0:04
	참여 및 봉사활동	0:01	0:02	0:03
	교제 및 여가활동	4:49	5:34	5:02
	이동	2:22	2:23	2:24
	기타	0:14	0:09	0:05
	재택	13:44	13:46	13:00

출처: e-나라지표.

5 청소년 방과후 아카데미

청소년 방과후 아카데미는 학교 수업 후 홀로 시간을 보내는 저소득가정, 맞벌이가정, 한부모가정의 청소년들에 대한 학습 능력의 배양과 적성 교육, 급식 지원(석식, 간식), 건강관리, 상담 등의 종합적인 학습지원 및 보호를 통해 청소년들의 건전한 성장을 지원하기 위해 운영되고 있다.

저소득가정, 맞벌이가정, 한부모가정의 청소년들이 방과후 아카데미를 이용함으로써 비행을 예방하고 범죄에 노출되는 것을 막을 뿐만 아니라, 청소년들에게 풍부한 경험과 긍정적 사회활동을 제공하고 학업성취 향상 등을 기대할 수 있다. 나아가 방과후 청소년에 대한 공공서비스 확대를 통해 국가발전의 토대를 마련할 수 있다.

청소년 방과후 아카데미에 참가하는 유형은 지원형, 일반형, 혼합형으로 구분된다.

지원형은 기초생활 수급대상, 부모의 파산 등으로 가정형편이 어려운 청소년을 중점대상으로 하여 비행에 노출되지 않도록 하는 기능적 운영 형태이다. 전액무료이며 교재비, 준비물 등은 수익자부담으로 운영된다. 실직, 파산 등으로 인하여 가정형편이 어려운 청소년의 선발과 확인은 청소년 방과후 아카데미 지원협의회에서 심의·확정하고, 기초생활보장 수급자가 많은 지역, 교육복지투자 우선지역 등을 우선 고려 대상으로 한다.

일반형은 맞벌이가정의 자녀를 중점대상으로 하여, 보다 질적 수준이 높은 과정을 운영하는 형태로서 전원 수익자부담으로 운영한다. 참가자의 효율적인 모집을 위해 과정의 질적 수준이 필수 조건인데, 1개 반 모집기준단위를 20명으로 하고, 강사 수준을 높이기 위하여 수익자 부담 외 일반강사의 강사료를 지원한다.

혼합형은 유료참가 청소년과 무료참가 청소년이 혼합되어 운영되는 형태이다. 혼합형의 유료참가 청소년 비율은 50% 수준으로 한다.

① 지원형

㉠ 기본지원형: 기초생활수급대상, 차상위계층, 저소득층, 장애부모가정 등 가정형편이 어려운 청소년을 중점 대상으로 하여 보살핌, 비행 노출 예방 등의 기능을 강화하여 운영

㉡ 농산어촌형: 기초생활수급대상, 차상위계층, 저소득층 등을 중점대상으로 하되, 모집대상 기준을 지역여건에 맞게 완화하여 탄력적으로 운영

ⓒ 특수지원형
- 장애청소년: 학교장 및 특수교사, 전문가의 추천이 있고 지원이 필요하다고 판단되는 장애청소년
- 다문화가정청소년: 학교장 및 다문화 관련기관, 전문가의 추천이 있고 지원이 필요하다고 판단되는 다문화가정의 청소년(다문화형은 전체 대상의 50% 이상을 다문화가정청소년으로 구성)

② 일반형: 맞벌이가정의 홀로 있는 청소년을 지원하는 형태로 참여 청소년 전원 수익자 부담으로 운영

③ 혼합형: 유료참가 청소년과 무료참가 청소년이 혼합되는 형태로 유료참가 청소년의 비율은 50% 수준으로 함

청소년 방과후 아카데미와 방과후 학교가 혼동될 여지가 있는데, 방과후 학교는 학교시설을 기반으로 하여 일반학생을 대상으로 한 특기적성 교육을 목적으로 한다면, 청소년 방과후 아카데미는 청소년 시설을 기반으로 하여 일반 및 저소득층 학생을 대상으로 한 특기적성교육, 급식지원, 상담 등 종합적인 서비스를 목적으로 한다. 이 두 가지를 구분하여 제시하면 표 4-11과 같다(e-나라지표).

표 4-11 방과후 학교와 청소년 방과후 아카데미의 비교

유형	방과후 학교	청소년 방과후 아카데미
시작 시점	2005년	2005년
시설기반	학교	청소년수련관 등 청소년시설
주 대상	초, 중등 일반학생	일반 및 저소득층 학생(초 4~6/중 1~2)
서비스 내용	보충학습, 특기적성 교육	특기적성, 보충학습, 주말체험활동, 급식지원, 상담, 귀가, 생활관리 등 종합서비스
이용자 부담	수익자부담 원칙 저소득층 자유수강증 지원	수익자부담(일반형) 저소득층 무료
운영시간	자율적 운영	평일:15~21시, 기관에 따라 조정 토요일: 09~18시 내에서 5시간
운용규모 (2010년 기준)	10,741개교	200개소
수용규모	30명/교실	평균 40명(2개 반)/개소
목표치	2013년까지 전학생의 60%	2017년까지 500개소, 2만 명

C·H·A·P·T·E·R 05

청소년문제와 진단

1. 문제행동의 의미
2. 문제행동에 대한 이해
3. 현대사회의 청소년문제
4. 청소년문제를 보는 새로운 관점

1 문제행동의 의미

부모와 교사를 비롯한 성인들은 본인의 뜻대로 청소년들을 교육하기 어려운 경우에 수시로 직면한다. 그것은 교육을 받는 청소년들의 욕망이나 자아가 다양한 형태로 드러나기 때문이다. 이것이 사회적인 규범에서 일탈하는 행위로 나타날 경우에는 이를 방치해서는 안 되고 반성을 촉구하는 것은 물론, 그 원인을 해명하고 재발 방지에 노력해야 한다. 그러나 변화하는 사회 속에서 사회적 규범 자체에 대한 비판적 검토와 문제의 원인에 대한 다각적인 분석 역시 요구된다. 예를 들어, 농업을 중심으로 했던 사회에서는 집단의 구성원으로서 함께 이해하고 행동하는 것이 중요하였지만, 현대사회에서는 개인의 개성과 창의적 경향이 더 가치있게 받아들여지고 있다. 농업 및 산업사회에서 자란 성인 세대들은 정보사회, 소비중심 사회에서 자라고 있는 지금의 청소년들의 행동이나 사고를 자기중심적이라고 문제삼을 수 있겠지만 사회적 변화를 함께 고려하는 융통성이 요구된다.

청소년의 문제행동에 대한 견해는 청소년에게 문제가 있다고 보는 관점과 청소년들을 문제로 여기는 것에 대한 반성적 관점이 있다(北津, 2006). 첫 번째 관점은 청소년들의 태도, 변덕스러움, 인내심, 즉흥성 등 현대 청소년에게 문제의 원인이 있음을 지적하는 것이다. 두 번째 관점은 청소년들을 파악하는 성인의 인식과 청소년에 대한 이해의 부족을 지적하는 것이다.

현대 청소년들의 문제행동은 어떤 입장에서 보는 것이 현실에 부합하고 설득력이 있는 것인지 쉽게 판단하기 어렵지만, 그동안 간과되어 왔던 청소년들을 이해하려는 노력부터 이루어져야 올바른 문제해결을 할 수 있을 것이다.

심리학 사전에서 제시된 문제행동의 정의들은 공통적으로 반사회적 행동, 비사회적 행동, 신경성 습벽 또는 나쁜 습관 등을 개념적으로 포함하고 있다. 이러한 사전적 정의는 각각에 해당하는 구체적인 행동을 상기할 수 있다는 점에서 도움이 된다.

문제행동은 그 배경에 사회적 부적응이 있으며, 그 결과로 표현되는 다양한 행동을 일컫는다. 문제행동은 반사회적 행동, 비사회적 행동, 신경성 습벽 등으로 분류된다.

반사회적 행동은 자신의 좌절을 사회에 공격적인 형태로 나타내는 행동으로, 폭력, 파괴, 절도, 집단 따돌림 등의 충동적인 행동이 중심이 된다. 청소년의 비행이라는 것은 대부분 이에 해당한다. 비사회적 행동은 대인관계를 중심으로 하는 사회적 접촉을 회피하고 자신의 세계에 집중하는 형태로 나타나는 문제행동이다. 대화근절, 고립, 자신감 상실 등이 이에 해당한다. 신경성 습벽은 심리적 스트레스나 불안이 높아 긴장한 결과로, 그것이 신체적 버릇의 형태로 표현되는 문제행동이다. 말더듬, 틱, 손톱 물어뜯기, 야뇨증, 잦은 배뇨, 고함, 침 뱉기 등이 해당된다.

사전적으로 제시되는 폭력, 파괴, 절도, 집단 따돌림 등의 구체적 행동 외에도 반항, 방화, 방황, 가출, 금전 지출, 거짓말, 불순한 이성 교제 등도 반사회적 행동으로 인식되고 있다. 이러한 행동은 사회의 질서 유지와 안전을 위협한다는 차원에서 반사회적 행동으로 간주된다. 또한 대화근절, 고립, 자신감 상실 외의 무기력, 등교거부 등도 학교를 포함한 집단생활을 하는 데 장애가 되는 행동으로서 비사회적 행동으로 간주된다. 학교나 교사와 같은 사회 집단을 감독하는 입장에서 이러한 행위를 하는 청소년들은 반사회적이거나 비사회적 행동을 한 문제 행위자로 인식된다. 신경성 습벽으로 제시된 말더듬, 틱, 손톱 물어뜯기 등의 행동은 학교뿐만 아니라 주로 가정에서 부모가 자녀를 양육하고 교육할 때 발생하는 문제행동인 경우가 많다. 그러나 앞에서 제시한 모든 문제행동 유형을 자세히 고찰해 보면 성인이 사회적 통념이나 관습 등에 따라서, 혹은 성인의 입장을 방어하기 위해서 청소년의 행동을 문제로 인식한 경우가 많다.

성인이 청소년의 행위를 보는 시각은 부적응, 반사회적, 비사회적, 나쁜 습관, 비행, 충동적 행동 등과 같이 비(非), 반(反), 악(惡), 충동적, 문제 등의 단어를 사용함으로써 부정적이고 불쾌한 정서를 포함한다. 성인의 관점에서 이러한 단어를 정의하여 일상적 용어로 사용하는 것은 청소년들의 특정한 행동을 평가하고, 공유하고, 의사소통하는 데 유용하기 때문이다. 이러한 유용성으로 말미암아 이러한 용어와 행동 구분은 더욱 보편화된다. 그러나 인간의 행동을 객관적으로 연구해야 할 심리학, 교육학 영역에서도 이러한 특정 가치와 감정적인 용어들을 그대로 도입함으로써 청소년들을 바라보는 객관적인 시각을 잃고 그들의 행동 연구에 있어 근본적인 태도가 크게 왜곡될 가능성이 있다(会田元明, 2005).

한편, 청소년문제행동에 관한 접근은 크게 미시적 접근과 거시적 접근으로 나누어 볼 수 있는데(Farrall & Bowling, 1999), 미시적 접근은 어떤 사람이, 왜 문제행동을 저지르는가에 관심을 가지고 그 원인을 생물학적 차원, 심리학적 차원에 초점을 두고 개인의 특성에 주목한 것이다. 거시적 접근은 문제행동이 발생하는 조건이나 구조에 관심을 가진다. 즉, 사회구조적 차원에 초점을 두고 사회의 특성에 주목한 것이다.

미시적 차원에서는 문제행동을 하는 청소년들은 자신의 행동이 유익하고 적절한 것으로 믿기 때문에 비행을 선택하거나, 충동, 성격, 기질, 낮은 지능, 유전적 결함 등 개인의 체질이나 심리적·성격적 특성에 원인을 둔다. 거시적 차원에서는 불평등하고 열악한 환경이 청소년을 좌절에 빠뜨리며 사회구조적 원인으로 인해 범죄에 노출될 확률이 높아진다고 본다.

최근에는 청소년문제행동이 특정한 단일요인에 의해 발생하는 것이 아니라 복합적 차원으로 발생하기 때문에 통합적인 접근을 통한 연구가 진행되고 있다. 특히 생애과정이론(developmental and life-course criminology)은 청소년의 발달과정을 바탕으로 개인과 환경의 상호작용을 고려한다.

생애과정이론은 청소년의 주변 인물들의 대응방식에 따라 발달경로가 달라진다고 보고, 어떻게 사람들과 연결되는가에 따라 삶이 결정된다고 보았다. 이러한 생애과정이론은 비행의 시작, 지속, 중단 등의 원인 중심의 기존 논의에서 간과하였던 내용을 포괄적으로 다루고, 방법론적 측면에서 종단적 · 경험적 · 질적 연구 등 다양한 방법을 통해 비행청소년을 연구한다.

대표적으로 모피트(Moffitt, 1993)는 문제행동을 저지르는 유형을 생애지속형(life-course-persistent)과 일시적 비행형(adolescence-limited delinquents)으로 구분하여 설명하였다. 대부분의 청소년들이 보통 어려서는 문제를 일으키지 않았어도 청소년기에 한시적으로 비행을 저지르게 될 수 있다고 보았는데, 청소년기에 일시적으로 비행을 저지르게 되는 이유는 신체적(biological age)으로는 충분히 성숙했으나, 사회적(social age)으로 성숙한 지위를 얻지 못한 상태에서 성숙의 격차(maturity gap)에 어려움을 겪기 때문인 것으로 보았다. 다시 말해, 10~15세경에 자아의식과 자율성이 발달하지만 그에 따른 역할을 할 수 없는 상태인 청소년들은 이것을 부정적으로 인식하게 된다. 그리고 일부 청소년들이 비행을 통해 이러한 격차를(돈, 성, 일 등과 같은) 극복하게 되고, 이것을 여러 청소년들이 모방하게 된다는 것이다. 먼저 비행을 시작한 청소년들은 일종의 모델이 되어 다른 청소년들의 관심을 받게 되고, 성숙의 격차로 인한 어려움을 크게 겪는 청소년들의 비행을 이끌게 된다. 이후, 청소년들이 성인 초기에 접어들면서 이러한 성숙의 격차를 자연스럽게 극복하게 되고 기존의 반사회적 행동에 대한 필요성이 사라지게 되면서, 자연스럽게 이전의 비행청소년과는 다른 모습을 갖추게 된다(장휘숙, 1993).

생애지속형의 문제행동은 신경심리학적 결손이나 성격 등의 문제로 인해 어릴 때부터 범죄를 시작하며 성인이 되어서도 범죄자가 될 가능성이 높고 반복적인 비행을 저지를 가능성이 크다. 신경심리적 문제를 가진 청소년은 일반 가정은 물론, 애착이 큰 가정에서조차 큰 어려움을 만든다. 기질적으로 성격이 원만하지 않은 유아는 그들을 관리하려는 부모의 노력에 저항하고, 부모는 어려움을 경험하며, 점차 이들을 지도하고 훈육하는 데에 소극적으로 대처하게 된다. 결국 아동의 개인적인 특성과 그것을 악화시키는 환경적인 상호작용으로 인해 비행행동이 나타나고 여기서 벗어나기 어렵게 된다. 이러한 현상을 누적적 지속성(cumulative continuity)으로 설명하는데, 지속적이거나 더 심각한 비행을 저지르게 되는 주된 원인은 주위 사람들과의 관계, 학교, 직장 등과의 사회적 유대가 약화되었기 때문이다(장휘숙, 1993).

청소년 중기와 후기에 들어서면 가정의 영향력보다는 학교와 문제행동을 저지르는 또래의 영향력이 중요하게 작용한다. 청소년의 사회유대와 비행 또래와의 접촉 등이 문제행동을 지속시키거나 중단시키는 요인이 된다.

2 문제행동에 대한 이해

청소년교육에서 중요하게 다루는 요인 중 하나는 적응이다. 인간행동을 설명할 때 개인과 환경의 두 요인으로 나누어 그 상호작용이 조화로우면 적응, 그렇지 않으면 부적응으로 설명된다. 구체적으로 개체가 생후 발달의 과정 속에서 유전 정보와 경험을 바탕으로 물리적·사회적 환경 속에서 욕구가 만족되어 다양한 심신 기능이 원활한 관계가 형성되는 과정 혹은 그 상태를 적응으로 정의한다. 한편, 이러한 환경과 개체의 조화 관계가 흐트러진 상태는 부적응이 되며 질병이나 범죄 같은 형태로 표현되고 인식된다.

복잡한 생명현상이 작용하는 인간행동은 다양한 개념에 의한 설명이 가능하며, 그것은 인간행동이 다의적임을 의미한다. 그런데 심리학에서는 너무 단순하게 요인으로 표현하거나 정의하고자 하는 것을 많이 볼 수 있다. 예를 들어, 인간의 정신 기능을 지능, 성격, 정서 등으로 구분하고, 성격을 외향 혹은 내향 등으로 양분한다. 그러나 인간의 사고, 경험, 직관, 정서, 자연현상과 생명현상은 이러한 논리로 파악할 수 없을 정도로 복잡하고 다의적이다. 특히 적응과 부적응, 정상과 비정상, 사회적 행동과 비(반) 사회적 행동 등의 개념은 그 자체로 많은 모순을 안고 있다. 이러한 이분법적 논리나 용어는 생명현상과 인간행동의 구체적 실태를 파악하지 못했기 때문이다(会田元明, 2005).

또한 어떠한 현상을 원인과 결과로 구분해서 이해하려는 것 역시 많은 문제를 안고 있다. 사람은 일반적으로 원인과 결과의 형태로 개념을 인식하려는 경향이 있다. 그러나 이러한 원인과 결과의 관계는 인간의 사고 또는 현상에 대한 인지방식의 산물이며, 인간의 존재와 별도로 절대적으로 존재하는 것이 아니다. 자연과학에서 명료하게 확인되는 원인과 결과라는 개념이 인간행동의 연구에도 광범위하게 받아들여지고 있다.

심리학에서 사용하는 적응이라는 개념은 본래 생물학 용어였다. 따라서 인간을 생물로 가정해야 적응에 대한 설명에 전통성이 성립된다. 그런데 심리학은 사회를 중심으로 성립된 학문이기 때문에 자연환경뿐만 아니라 물리적 환경이나 사회적 환경을 인간이 맞추어 나가야 할 대상으로 간주하는 경향이 있다. 환경에 인간이 맞추어 나가야 하는 존재로서의 사회, 즉 인간이 종속되어야 할 존재로서 인식되는 것이다.

앞서 기술한 사전적 정의에서 환경과 개체의 조화 관계가 흐트러진 상태를 부적응이라고 표현한 것은 부조화의 원인을 사람들에게 귀속시켰기 때문이다. 흐트러진 상태라는 것에 이미 가치 판단이 포함되어 있고, 그러한 사람을 질병을 가진 것이나 범죄의 형태로 나타내는 등 부정적 인식이 내포되어 있다. 즉, 환경 혹은 사회를 중심에 놓고 개인이 이에 적응해야 한다는 집단 중심주의적 가치 판단이다. 같은 맥락으로 볼 때, 적응의 문제에 있어서 청소년 개인에 대한 이해나 지원은 근본적으로 취약할 수밖에 없다. 이러한 심리학의 개인 귀속적 인식은 각종 사회적인 현상에 대한 통속적인 인식방법이 되었다. 청소년의 다양한 문제 역시 개인의 게으름이나 노력부족, 장애 탓으로 비난하는 사고가 일반적이다.

부적응이라는 개념이 있다고 해서 그 용어가 의미하는 사실이 객관적으로 혹은 실체로 존재하는 것은 아니다. 그러한 인간행동에 대한 집단 중심의 가치 판단이나 선악이라는 도덕적 판단에 따라 부정적인 인식이 생성된 것이다.

사람 또는 사회에 어떤 불이익을 초래하는 상태의 원인은 환경에 그 문제를 묻기보다는 행동의 내용이 환경에 부적절하거나 불충분한 것으로, 개체 측면에서의 이상 또는 오류로 인식하는 경향이 강하다. 이렇게 생성된 부적응 개념은 청소년의 행동을 복합적으로 바라보지 못하게 한다. 관련 연구에서는 흔히 '청소년의 공격 행동 및 충동' 등의 표현을 통해 청소년 행동 자체에 문제가 있다는 전제를 내포하기도 한다. 청소년의 자살과 관련해서는 자신의 생명을 소중히 여기지 않는다든지 외부 자극이나 현상에 대한 심리적 미약함을 지적하기도 한다. 생명의 소중함을 가르치는 교육이나 사회성 계발 등이 그 대책으로 주로 다루어지며, 청소년을 둘러싼 환경을 근본적으로 바꾸려는 노력은 아직 부족하다.

청소년의 사고, 발달, 상태 등은 일상에서의 다양한 행동을 통해 표현되는데, 그 행동이 성인의 시선이나 가치관, 특히 사회집단과 교육자의 입장에서 평가되고, 그 기준에 벗어나는 행동은 부정적으로 인식된다. 청소년의 행동을 환경에 조화를 이루고 자신을 보존하려는 모습으로 보느냐 아니면, 부적응의 부정적 시각으로 보느냐에 따라 관련 연구는 전혀 다른 태도를 취하게 된다. 청소년이 보여주는 몇몇 행동을 부적응, 비행 등 부정적으로 보면, 그러한 문제행동을 나타내는 청소년의 결함에 집중하여 청소년 개인 차원에서 원인을 찾고 해결하기 위한 노력이 이루어지는 경향이 있다. 물론 여기에는 개별 청소년의 가정이나 부모 역시 그 행동의 원인으로서 빈번하게 지적된다.

예를 들어, 등교거부라는 부적응 행동이 나타나면, 가정과 부모의 문제와 청소년의 개인적 특성이 부각되어 원인으로 지목된다. 현실에서는 등교를 거부하는 학생과 동일한 특성의 학생도 다수 있지만, 그들은 등교를 거부하지 않았기 때문에 그 존재 자체를 문제시하지는 않는다. 가정환경이나 부모에 대해서도 마찬가지이다. 이제 등교거부의 원인이 도출되면 병원, 학교, 상담소 등은 치료 및 지도, 교육이라는 이름으로 학생 개인적인 요소가 조정되기를 기대한다.

부적응이나 문제를 일으키는 청소년의 결함이나 문제를 찾으려고 해도 그것이 드러나지 않는 경우가 있다. 그런 경우, 문제행동의 원인이 원래 청소년에게 있던 것으로 귀속시키는 논리를 내세우기도 한다. 예를 들어, 도둑질을 하는 것은 '도벽'이 있기 때문이라든가, '거짓말을 하는 버릇' 때문에 거짓말을 하는 것이라는 식의 표현을 쉽게 찾아볼 수 있다. 이러한 결함의 명칭, 진단명은 얼마든지 새롭게 만들어 낼 수 있다. 반항적 성향의 청소년에 대해 '공격적 반항 장애'라는 식으로 그 원인을 청소년에게 귀속시킨다. 이러한 방식은 청소년의 행동에 대한 올바른 이해를 가져오지 못한다. 이는 학교나 교사가 청소년들에게 근본적인 조치를 취하지 못하게 하고 구태의연한 교육을 반복하게 되는 원인이기도 하다(会田元明, 2005).

3 현대사회의 청소년문제

가. 학교폭력

학교폭력은 가해자 및 피해자, 발생장소, 상황, 시간의 경과 등에 따라서 개념 정의가 다양해질 수 있다(김현욱, 2013). 일반적으로 폭력에 대한 개념은 물리적 · 심리적 · 구조적 폭력으로 나누어 볼 수 있다. 물리적 폭력은 폭력이 직접 신체적으로 행해지는 것과 이에 관련된 의도적 협박이나 신체적인 괴롭힘을 주는 행위를 말하고, 심리적 폭력은 언어 및 상징적 체계를 통해 협박과 강요, 모욕, 두려움 등을 주는 일을 말하며, 구조적 폭력은 주어진 환경으로부터의 강압적인 관계, 위협, 심한 갈등 등을 말한다(Tiersch, 1995). 이 중에서 물리적 형태의 폭력이 일반적으로 쉽게 이해되고 정의되는 폭력의 개념이지만, 다른 형태에 의해서도 실제 많은 학생들이 신체적 · 정신적인 피해를 입고, 심지어 자살로 이어지는 등의 사회문제가 나타나고 있기 때문에 복합적인 정의가 요구된다.

2012년 3월 21일자로 개정된 '학교폭력예방 및 대책에 관한 법률'에 의하면, 학교폭력이란 학교 내외에서 학생을 대상으로 발생한 상해, 폭행, 감금, 협박, 약취 · 유인, 명예훼손 · 모욕, 공갈, 강요 · 강제적인 심부름 및 성폭력, 따돌림, 사이버 따돌림, 정보통신망을 이용한 음란 · 폭력 정보 등에 의하여 신체 · 정신 또는 재산상의 피해를 수반하는 행위를 말한다.

학교폭력의 특징을 살펴보면 다음과 같다.

첫째, 학교폭력 가해 행동은 같은 학교 학생이나 또래에 의해 가장 많이 발생한다. 이는 학교폭력의 다수가 교내에서 발생하고, 가해자는 피해자와 같은 학교 학생이거나 또래 친구라는 것을 의미한다.

둘째, 학교폭력 가해 행동은 특정 학생을 집중적 · 지속적으로 괴롭히고 소외시키는 집요함을 갖는다. 학교폭력은 점차 피해기간이 1개월 이상 지속되는 장기적인 경향이 증가하고 있다.

셋째, 폭력이나 괴롭힘의 형태와 방법이 점점 더 은밀해져 주변에서 이를 알아내기 어렵다. 특히 심리적인 괴롭힘은 은밀한 장소나 시간대에 일어나기 쉽고 이런 경우 증거나 목격자도 없어 피해 사실을 증명하기도 어렵다.

넷째, 학교폭력이 발생되는 시기가 점차 빨라져 초등학생의 학교폭력 역시 가볍게 여길 수 없다.

다섯째, 학교폭력은 특별한 이유 없이 충동적으로 일어나거나, 남을 괴롭히는 행동에 동조하고 개입하는 것을 그저 한 번쯤 있을 수 있는 장난으로 여기고 별다른 죄의식을 갖지 않는 경향까지 띠고 있다(황인, 2005).

여섯째, 학업성적이 낮고 학교에 잘 적응하지 못하는 소위 문제아 집단에서 학교폭력을 일으키는 경향이 높았으나, 학교에서 모범적으로 생활하고 공부도 잘하는 학생들이 학교폭력에 개입하는 경향이 늘고 있고 더 지능화되어 나타난다(윤진근, 2002).

학교폭력의 유형에 대한 초기 연구는 신체적 폭력이 주를 이루었으나, 점차 특정 대상을 골라 지속적으로 괴롭히는 심리적 폭력이나 언어적 폭력, 괴롭힘, 금품갈취, 사이버폭력 등으로 확대되는 추세이다(김현욱, 2013).

최근에는 학교폭력에 대한 정신병리적 해석이 이루어지고 있다(김현욱, 2013). 학교폭력 피해자는 외상 후 스트레스 장애(PTSD)와 급성 스트레스 장애를 포함하는 불안 장애를 가장 많이 진단받았고, 우울증, 정신분열병, 조증 순으로 진단받은 것으로 나타났다(보건복지부, 2001). 구체적으로 학교폭력을 경험한 기간에 따른 진단을 살펴보면, 단기간(1개월~2개월 동안) 폭력에 노출된 경우는 급성 스트레스 장애(acute stress reaction)로 진단되었고, 장기간(1년~6년 동안) 폭력에 노출된 경우 외상 후 스트레스 증후군(PTSD) 진단과 함께 신체기형공포장애, 대인공포증, 비전형성 정신병, 우울장애로 진단되었다(송동호 · 육기환 · 이호분 · 노경선, 1997). 가해자의 경우 내원사유가 학교폭력피해에 의한 증상이 아닌 공격적 행동, 비행, 약물의 남용 때문이었고, 공격성이나 충동성과 관련된 물질남용, 품행장애, 경계선 성격장애, 적대적 반항장애로 진단되었다(송동호 등, 1997). 이런 진단은 외국연구에서도 유사하게 보고되고 있는데, 학교폭력과 연루된 모든 집단은 우울 증상을 보였고, 가해집단의 경우 적대적 반항장애와 행동장애, 우울증, 주의력결핍 장애 등이 나타났고, 피해집단의 경우 주의력결핍 장애, 우울증, 불안 장애 등이 나타났다(Kumpulainen, Rasanen & Puura, 2001).

청소년기에 학교폭력을 자행한 가해자는 학교를 중퇴할 가능성이 높고, 성인이 되어 사회적 평가가 낮은 저임금의 직업에 종사할 가능성과 배우자를 학대할 가능성이 높으며, 학교폭력 가해자의 25%가 성인이 되어 범법자가 되는 것으로 알려지고 있다(Smith et al., 1994). 더욱 놀라운 것은 학교폭력의 가해자는 자식에게 심한 체벌을 가하는 경향이 있어, 이 체벌이 원인이 되어 다시 자식의 학교폭력을 유발하는데, 이와 같은 학교폭력자의 특징과 자질이 적어도 3대나 전승된다는 것이다(Greeson, 1994). 청소년의 비행은 주로 불안, 우울과 같은 정신병리와 관련되는 것으로 보고 있다. 콩거 등(Conger et al., 1984)은 우울한 청소년들이 비행을 하는 경우가 많다고 보고하였고, 와이너(Weiner, 1980), 크라코우스키(Krakowski, 1970)는 청소년들의 공격행위 등과 같은 행위 기저에 가면성 우울증이 내재되어 있다고 지적하였다. 국내 청소년을 대상으로 한 연구에서도 유사한 결과가 보고되고 있는데, 장동산 등(1985)은 불안 성향이 높을수록 비행성향이 높았고 불안척도만으로 비행을 판별할 가능성이 66.4%라고 하였으며, 이재광 등(1998)도 비행청소년들이 일반 학생에 비해서 더 우울하고, 불안했으며 억압을 더 많이 하는 경향이 있다고 보고하였다.

이러한 행위의 배경에는 부모의 의견 존중 정도(조동환 등, 1997)나 경제적인 어려움으로 자녀의 보호와 교육에 소홀한 경우(서무상, 김정기, 1997), 가족의 폭행 정도(박범룡 등, 1999) 등에 따라서 유발된다고 보고되고 있다. 또한 흡연과 음주를 포함한 약물사용과(김헌수, 1998; 기백석 등, 1987; 이길홍 등, 1985) 부모의 교육수준도(박병희 등, 1996; 이인섭 등, 1993) 영향을 미치는 것으로 보고되고 있다.

학교폭력의 피해학생의 경우는 가해자보다 더 심각한데, 폭력을 당한 이후에 겪는 심리적 부작용은 공포반응, 우울, 낮은 자존감, 자살 충동, 상해에 대한 근심, 외상 후 스트레스 장애, 분노 반응 등을 겪는다고 보고되고 있다(이호분 등, 1998; Olwens, 1994). 또 이러한 외상 후 스트레스 장애나 공포반응은 이후 성격형성에도 영향을 주며(Linda, Hartmu & Elva, 1993; Horowitz, Weine & Jekel, 1995), 나아가 폭력을 목격한 것만으로도 공포, 불안, 불신감, 인지 장애, 인격 변화를 초래하고(Terr, 1985), 기억이나 학습, 학교생활 전반에 심각한 악영향을 미친다(Pynoos, 1984; Patterson, Kupersmidt & Vaden, 1990). 이상과 같은 증상은 일시적이 아니라 장기간 지속될 수 있으며, 이로 인한 자아기능의 장애를 초래할 수 있다(Olwens, 1994).

이러한 정신과적 증상은 나이가 어릴수록 더 심하며 본래 성격이 내성적이거나 우울감이 있는 경우는 더 심각하게 나타나게 된다(Breslau, Davis & Andreski, 1991). 폭력을 보거나 당하게 되면 이것이 곧 학습된 행동으로 나타나게 되고(Bandura, 1973), 공격적 행동이 폭력적으로 제재될 때 그 행동은 더욱 강화되며(Patterson, 1977; Farrington, 1978) 학대 경험이 있는 경우 자신의 감정을 언어보다는 폭력으로 행동화하는 경향이 있다(Cicchetti & Beeghly, 1987; Lewis, 1992). 신체적 학대는 외상 후 스트레스 장애나 청소년비행을 낳고, 직간접적인 폭력에의 노출은 또 다른 폭력을 낳아 사회문제를 더욱 심화시킨다(Wisdom, 1989; Wisdom, 1995).

입시와 성적 위주의 학교분위기 속에서 학생들이 보이는 우울증상이나 자존감의 상처, 스트레스 등은 이제 일상적인 모습이 되어버렸는지도 모른다. 사실 이 때문에 학생들이 갖는 정신적 문제를 당연히 한 번쯤 겪거나 스스로 극복해야 할 것쯤으로 간과할 수도 있다. 그러나 앞서 살펴본 바와 같이 이것은 매우 위험한 증상이며, 개인의 파괴는 물론 사회적 문제로 전이되기 때문에 보다 적극적인 개입이 요구된다.

왜냐하면 이것은 하나의 심리적 변화가 아닌 정신병리적 증상이기 때문이다. 더욱이 정신분열병이 주로 발병하는 청소년기는 사회에서 이들에게 요구하는 것이 많은 시기인데, 이 시기에 사회에 적응하지 못하는 행동이 더 두드러지게 나타난다. 스웨덴에서 5만 명의 일반인을 15년간 추적 조사한 연구에서 정신분열병에 걸릴 위험성을 가장 잘 예측한 변수는 발병 전의 대인관계로 판명되었다(Malmberg, Lewis, David & Allebeck, 1998). 학교에서 적응하지 못하고, 또래집단 사이에서 문제를 경험한 경우에 정신분열병이 걸릴 위험성이 정적 상관관계를 갖는다는 것이 보고되고 있다(Cannon, Jones, Gilvarry, Rifkin, McKenzie, Foerster & Murray, 1997; McClellan & McCurry, 1998). 정신병의 초기 증상이 발생하고 치료를 받기까지의 기간이 길수록 예후가 좋지 않다는 결과는 여러 연구자들의 연구에서 확인할 수 있는데, 이 기간이 1년 이상 걸린 환자는 입원 당시 기간이 적게 걸린 환자들보다 음성 증상도 많았고(Haas et al., 1998), 치료

받지 않은 기간이 길수록 약물에 잘 반응하지 않는 경향이 뚜렷하다. 국내연구에서도 학교폭력을 당한 학생들은 정상대조군에 비해서 정신병적 증상이 유의하게 높게 측정되었으며, 여러 임상척도에서도 정상대조군과는 분명히 구분되는 양상을 보여 정신병 발병의 위험군임을 확인할 수 있었다(신성웅 등, 2000).

나. 청소년범죄

청소년범죄의 구체적인 상황을 이해하기 위해 실제 통계자료를 살펴보고자 한다. 청소년범죄의 연령별 현황을 보면 표 5-1과 같다(청소년백서, 2017).

표 5-1 청소년범죄의 연령별 현황

(단위: 명(%))

연도 \ 연령	계	14세 미만	14세	15세	16세	17세	18세	19세
2007	88,104 (100.0)	578 (0.7)	10,884 (12.4)	18,081 (20.5)	17,306 (19.6)	14,539 (16.5)	13,603 (15.4)	13,113 (14.9)
2008	134,992 (100.0)	3,800 (2.8)	16,638 (12.3)	26,385 (19.5)	26,932 (20.0)	21,784 (16.1)	20,808 (15.4)	18,645 (13.9)
2009	113,022 (100.0)	1,989 (1.8)	15,431 (13.7)	24,657 (21.8)	26,153 (23.1)	23,307 (20.6)	21,485 (19.0)	-
2010	89,776 (100.0)	445 (0.4)	8,870 (9.9)	19,280 (21.5)	21,611 (24.1)	19,637 (21.9)	19,933 (22.2)	-
2011	83,068 (100.0)	360 (0.4)	5,189 (6.2)	17,084 (20.6)	21,815 (26.3)	19,936 (24.0)	18,684 (22.5)	-
2012	107,490 (100.0)	856 (0.8)	12,978 (12.1)	21,009 (19.5)	26,080 (24.3)	24,140 (22.5)	22,427 (20.9)	-
2013	91,633 (100.0)	471 (0.5)	11,338 (12.4)	16,645 (18.2)	20,463 (22.3)	21,208 (23.1)	21,508 (23.5)	-
2014	77,594 (100.0)	37 (0.0)	9,712 (12.5)	14,041 (18.1)	16,940 (21.8)	17,517 (22.6)	19,347 (24.9)	-
2015	71,035 (100.0)	64 (0.1)	7 (0.0)	14,387 (20.2)	17,624 (24.8)	18,231 (25.7)	20,772 (29.2)	-
2016	76,000 (100.0)	84 (0.1)	7,530 (9.9)	13.789 (18.1)	17,589 (23.1)	17,607 (23.1)	19,401 (25.7)	-

주: 2008년 6월 개정 소년법 시행으로 소년범죄 연령기준이 '20세 미만'에서 '19세 미만'으로 변경됨

출처: 대검찰청(2008~2017).

표 5-1에 의하면 2016년 전체 소년범의 연령으로 18세 소년범이 19,401명(25.7%)에 이르고 있어 가장 높은 비율을 차지하고 있고, 이어 17세 23.1%, 16세 23.1%, 15세 18.1%, 14세 9.9%, 14세 미만 0.1%의 순으로 나타났다. 전년도와 비교할 때 14세 저연령 소년범의 비율이 증가한 반면에, 17~18세 소년범의 비율은 다소 감소하였다.

유형별 범죄현황을 보면 표 5-2와 같다(청소년백서, 2017).

표 5-2 청소년범죄의 유형별 현황

(단위: 명)

구분		2007	2008	2009	2010	2011	2012	2013	2014	2015	2016
계		88,104	134,992	113,022	89,776	83,060	107,490	91,633	77,594	71,035	76,000
강력범	소계	1,928	3,016	3,182	3,106	3,289	2,790	2,521	3,158	2,713	3,343
	흉악범	1,094	1,427	1,608	999	1,268	1,104	786	594	506	483
	성폭력	834	1,589	1,574	2,107	2,021	1,686	1,735	2,564	2,207	2,860
폭력범	소계	23,275	34,067	29,488	23,276	22,233	32,774	22,119	19,352	17,473	19,476
	공갈	562	1,046	1,495	1,422	1,509	2,827	1,127	1,974	1,285	1,499
	폭행·상해 등	22,713	33,021	27,993	21,854	20,724	29,947	20,992	17,378	16,186	17,977
재산범	소계	33,659	39,688	45,774	40,478	37,978	47,605	45,735	36,271	32,068	33,088
	절도	28,839	33,073	38,494	33,534	31,380	37,256	33,029	26,047	21,170	22,534
	횡령 등	1,167	1,855	1,664	1,483	1,528	2,448	2,549	2,143	2,253	2,481
	장물	271	571	820	722	454	1,200	1,498	830	801	591
	사기	3,382	4,189	4,796	4,739	4,616	6,701	8,600	7,251	7,844	7,482
교통사범		21,893	27,666	18,138	13,842	11,530	12,103	9,845	9,216	8,567	9,259
저작권법 위반		2,338	20,272	7,720	275	318	759	446	249	260	146
기타		5,011	10,283	8,720	8,799	7,727	11,459	10,967	9,348	9,954	10,688

주: 1) 흉악범: 살인, 강도, 방화
2) 폭행·상해 등: 폭행·상해의 죄+폭력행위처벌법(공갈죄 제외)+기타
3) 횡령 등: 횡령+배임+손괴
4) 교통사범: 도로교통법+교통사고처리 특례법+특정범죄가중법(도주차량)

출처: 대검찰청(2008~2017).

표 5-2에 의하면 2016년 청소년범죄 유형별 분포상황에서 재산범이 33,088명(43.5%)으로 가장 높은 비중을 차지하였고, 다음으로 폭력범이

19,476명(25.6%), 교통사범이 9,259명(12.2%), 강력범이 3,343명(4.4%), 저작권법 위반사범이 146명(0.2%) 순이었다. 재산범이 2007년에 33,659명(38.2%)이었던 것에 반해, 2016년에 33,088명(43.5%)으로 재산범의 비율이 5.3%p 증가하였고, 특히 절도범의 비율이 지속적으로 약 70~80% 정도를 차지하고 있다. 이것은 생계형 소년범죄에 대한 대책이 특히 필요함을 말해 준다. 주목할 것은 강력범의 비율이다. 2016년에는 전체 소년범죄 유형 가운데 소년강력범의 범죄비율이 전년대비 0.8%p 상승하였다. 이는 2016년에 흉악범의 비율은 줄어들었으나 성폭력범죄 비율이 증가한 것이 영향을 미친 것으로 보인다. 그리고 전체 범죄자 대비 소년범죄자의 비율이 3.8%에 불과한 반면에, 전체 강력범죄자 33,529명 중 소년강력범죄자가 3,343명으로 약 10%를 차지한다는 점을 고려한다면, 소년강력범죄자 대응을 위한 대책 마련도 절실함을 알 수 있다.

한편, 최근 5년간 학교폭력 유형별 검거인원을 살펴보면, 2012년에 폭행이 가장 높은 비율을 차지하고 다음으로 금품갈취가 많은 유형을 차지하였다. 그러나 2013년 이후 강제추행, 카메라 이용 촬영 등 성폭력범죄에 대한 단속이 강화되면서 2016년에는 폭행 다음으로 성폭력범죄가 높은 것으로 나타났다.

표 5-3 학교폭력 유형별 검거 현황

(단위: 명)

구분 / 연도	전체		폭행		금품갈취		성폭력		기타	
	검거	구속	검거	구속	검거	구속	검거	구속	검거	구속
2012	23,877	333	14,637	97	5,912	127	509	67	2,819	42
2013	17,385	294	11,048	47	2,603	44	1,067	193	2,667	10
2014	13,268	-	8,974	-	1,582	-	1,295	-	1,417	-
2015	12,495	-	9,188	-	1,153	-	1,253	-	901	-
2016	12,805	-	9,396	-	1,161	-	1,364	-	884	-

주: 2014년부터 경찰통계에서 구속현황이 나타나지 않음

출처: 경찰청(2013~2016).

최근 학교폭력에 대한 대응 강화로 인해 경찰 조치 단계로 들어오는 학생의 비율이 증가하였으나, 2013년 이후 다시 감소하는 추세이다. 학교폭력 가해학생 조치 현황을 보면 불구속 비율이 높은 편이다. 2015년 입건된 학교폭력 가해학생 가운데 9,157명이 불구속 입건되었고, 93명이 구속 입건되었다. 특히 사안에 따른 맞춤형 대응과 경미초범에 대한 즉심·훈방 등 선도조치로 인한 불입건 비중이 2011년 18.9%에서 2015년 17.5%로 다소 감소하였다.

학교폭력의 증가, 소년범의 저연령화, 경제불황에 따른 가족기능 약화 등으로 소년보호기관의 역할이 점차 확대되어야 할 것이다. 청소년비행에 대한 사후 관리뿐만 아니라 예방센터로서의 역할과 출원자에 대한 사회정착지원의 강화를 통해 청소년비행예방 및 재범방지를 도모해야 한다.

청소년 시기의 경미한 절도를 보는 관점은 두 가지인데, 하나는 청소년 시기의 호기심이나 친구들과의 어울림에 의한 특정 시기의 경험적 절도로 보는 관점이고 또 하나는 큰 범죄의 초기 징후로 보는 관점이다. 청소년기의 작은 범죄야말로 성인이 된 이후의 큰 범죄에 결부됨을 주장한다.

청소년의 범죄를 어떠한 관점에서 보는가에 따라 그들에 대한 교육의 정도와 방법, 교정의 형태가 달라질 수 있을 것이다. 그러나 최근의 범죄경향이 더 다양해지고 늘어나고 있는 점을 고려할 때, 어떠한 관점에서 보든지 청소년들에 대한 보다 적극적인 이해와 지원은 전제되어야 한다.

다. 집단 따돌림

집단 따돌림은 집단적인 현상으로 청소년을 위한 교육장소나 집단을 형성하는 장소라면 어디서나 일어날 수 있는 문제이다. 집단 따돌림을 당하는 청소년은 신체적으로나 정신적으로 큰 상처를 받게 되고, 이는 등교거부나 자살과 같은 심각한 문제를 일으킨다. 때문에 그 원인을 파악하고 위협을 감소시키려는 노력을 지속적으로 해야 한다. 한국, 중국, 일본의 초·중·고등학교 학생들을 대상으로 집단 따돌림 현상이 앞으로 심해질 것인지 설문조사를 한 결과, '매우 그렇다', '그렇다'라고 응답한 비율은 한국이 가장 높았는데, 무려 60~70%의 학생들이 그렇게 전망하였다. 이것은 한국의 학생들이 이러한 현상을 가장 많이 경험하고, 잠재적 위협을 느끼고 있음을 말해 준다(2015. e-나라지표).

표 5-4 한국, 중국, 일본 청소년의 집단 따돌림 심화 가능성에 대한 인식(2012)

국가	학교 급별	전체	매우 그렇다		그렇다		그렇지 않다		전혀 아니다		무응답	
			%	명	%	명	%	명	%	명	%	명
한국	초등	1,206	19.7	237	37.9	457	27.2	328	14.9	179	0.3	4
	중학교	1,927	25.7	496	44.5	858	24.3	467	5.4	103	0.2	3
	일반고	1,512	21.5	326	42.5	643	30.6	463	5.3	79	0.1	1
	전문고	453	19.4	88	42.6	193	28.5	129	9.4	43	0	0
중국	초등	510	28	143	24.1	123	26.5	135	20.8	106	0.6	3
	중학교	819	17.6	144	28.7	235	40.5	332	12.7	104	0.5	4
	일반고	399	7.5	30	22.8	91	49.9	199	19.5	78	0.3	1
	전문고	355	19.2	68	36.1	128	35.5	126	7.6	27	1.7	6
일본	초등	523	19.3	101	31.2	163	35.2	184	11.9	62	2.5	13
	중학교	794	20.7	164	35.3	280	29.1	231	12.6	100	2.4	19
	일반고	545	16.1	88	32.8	179	40.4	220	10.1	55	0.6	3
	전문고	213	19.2	41	32.9	70	41.8	89	4.7	10	1.4	3

출처: 2015 e-나라지표.

집단 따돌림은 해당 청소년과 일정한 관계가 있는 타인으로부터 심리적·물리적 공격을 받아 고통을 느끼는 것으로 학교의 내외를 불문하고 발생하는 현상이다. 2008년도 초·중·고등학교에서 일어나는 집단 따돌림의 인지 비율은 응답자의 10%에 달했으며 남학생이 9.3%, 여학생이 11.9%로 여학생들에게 더 많은 현상으로 조사되었다. 학교급에 따라서는 중학교에서 11.8%의 높은 비율로 나타났고, 실업계 고등학교에서도 역시 10.1%로 높게 나타났다. 특히 중학교 1, 2학년의 피해 비율이 높게 나타났고, 경제 수준이 높은 학생일수록 더 많은 피해를 받는 것으로 조사되었다.

표 5-5 청소년의 집단 따돌림 경험(2008)

(단위: 명, %)

구분	사례 수	전혀 없다	일 년에 1~2회	한 달에 1~2회	일주일 1~2회	주3회 이상	무응답	경험률
전체	1,597	89.6	4.8	2.9	0.8	1.4	0.4	10
남성	1,185	90.2	4.4	2.4	1	1.4	0.5	9.3
여성	412	87.9	6.1	4.1	0.2	1.5	0.2	11.9
중학교	569	87.9	5.6	3.9	0.5	1.8	0.4	11.8
인문계	197	95.4	2	1.5	1	0	0	4.6
실업계	489	89.6	4.7	2.7	1.2	1.4	0.4	10.1
중학교1학년	84	82.1	6	6	2.4	3.6	0	17.9
중학교2학년	205	86.8	5.4	5.4	0.5	2	0	13.2
중학교3학년	264	90.9	5.7	1.9	0	1.1	0.4	8.7
고등학교1학년	309	90.3	4.9	2.9	1	0.6	0.3	9.4
고등학교2학년	186	94.6	2.2	0.5	1.6	0.5	0.5	4.9
고등학교3학년	167	89.2	4.2	3.6	0.6	2.4	0	10.8
양친가정	515	91.3	3.7	2.7	0.6	0.8	1	7.8
기타가정	1,082	88.8	5.4	3	0.9	1.8	0.2	11
경제수준 상	162	85.8	6.2	3.1	1.2	3.1	0.6	13.7
경제수준 중	727	89.1	5	2.8	0.8	1.5	0.8	10.1
경제수준 하	691	91	4.5	2.9	0.6	1	0	9
무응답	17	88.2	0	5.9	5.9	0	0	11.8

출처: 국가통계포털.

집단 따돌림의 양태를 살펴보면, 농담·욕설·놀림·협박의 비율이 가장 높고, 집단에 의한 무시, 부딪히기, 실수인 척 때리기, 넘어뜨리기,

금품을 빼앗거나 물건을 훼손하기, 물건 숨기기, PC나 휴대폰을 이용해 험담하거나 따돌리기, 폭행하기 등으로 나타났다.

학교에서 집단 따돌림이 발생하기 쉬운 집단의 특성이 있는데(武内 清, 岩田弘三, 2011), 첫째, 친밀하지도 소원하지도 않은 중간적 관계가 유지되고, 집단에서 벗어나거나 들어오는 것이 자유롭지 않은 폐쇄적 성격을 지닌 학급에서 집단 따돌림이 일어나기 쉽다. 둘째, 학급에 집단 따돌림의 표적이 되는 기준이 마련되어 있고, 그 대상자가 지속적으로 탐색되는 구조를 가지고 있다. 셋째, 집단 따돌림의 가해자와 피해자뿐만 아니라 그것을 관람하는 관중 학생, 보고도 모른 척하는 방관 학생 등의 구조를 지닌다. 이러한 관중과 방관 학생들의 태도에 따라 집단 따돌림의 경향이 좌우된다. 넷째, 집단 따돌림의 피해자가 자신이 괴롭힘을 당하고 있다는 것을 드러낼 수 있는 통로가 없다. 행정적으로는 마련되어 있더라도 학생이 거기에 쉽게 접근할 수 있는 문화가 형성되어 있지 않다. 때문에 학생들의 괴롭힘은 지속적으로 유지되고, 극단적인 방법에 의해 드러난다.

라. 무단결석

2013년도 무단결석 비율을 보면 전체의 3.8%로 나타났다. 특히 특성화고등학교의 무단결석 비율은 10.3%에 달했으며, 조손가정일수록, 성적이 낮을수록, 경제적 수준이 낮을수록 무단결석의 비율이 높았다. 조사결과에서도 나타났듯이 학생들이 등교를 거부하는 것은 학생 자신의 상황, 부모의 상황, 경제적 여건은 물론, 친구, 교사, 학교 등 다양한 요인이 얽혀 일어나는 현상으로 볼 수 있다. 이러한 무단결석은 학교폭력, 따돌림, 약물중독, 절도, 폭행 등 다른 문제를 야기하거나 연관되어 있기 때문에 단순히 학교를 빠진 것쯤으로 간주해서는 안 된다.

표 5-6 청소년 배경에 따른 무단결석 현황(2013)

(단위: %)

구분별	한 주에 1~2번	한 달에 1~2번	한 학기에 1~2번	전혀 없다
전체 소계	0.5	0.8	2.5	96.2
남학생	0.5	1.0	2.8	95.6
여학생	0.4	0.7	2.2	96.7
초등학교	0.4	0.5	1.7	97.4
중학교	0.3	0.8	2.7	96.2
일반/특목/자율고	0.3	0.8	2.8	96.2
특성화고	2.4	3.2	4.7	89.7
대도시	0.5	1.0	2.6	95.9
중소도시	0.5	0.8	2.5	96.2
읍면지역	0.2	0.4	2.5	96.9
양부모가정	0.3	0.6	2.5	96.6
한부모가정	1.4	3.1	2.5	92.9
조손가정	3.9	2.3	9.9	84.0
기타 가정	0.7	0.4	3.4	95.4
학업 성적 상	0.2	0.4	1.1	98.3
학업 성적 중	0.3	0.5	2.1	97.1
학업 성적 하	1.0	1.8	4.8	92.4
경제적 수준 상	0.4	0.4	1.8	97.5
경제적 수준 중	0.4	1.0	2.7	95.9
경제적 수준 하	0.9	1.7	4.2	93.3

출처: 2014 국가통계포털.

마. SNS 관련 문제

이제는 어느 곳에서나 스마트폰을 사용하는 사람들을 쉽게 찾아볼 수 있다. 통신기술의 비약적인 발전은 시·공간에 구애 없이 편리하게 인터넷을 즐길 수 있게 하였고, 더불어 소셜네트워크서비스(Social Network Service, SNS)의 사용률도 증가하게 되었다. 전 세계에 약 18억 명이 넘는 가입자를 보유한 페이스북(Facebook)을 중심으로 트위터(Twitter)와 인스타그램(Instagram), 한국의 카카오스토리(Kakao Story), 미투데이(Me2day) 등 다양한 SNS 서비스가 운영되고 있으며, 미국, 중국, 일본, 인도 및 EU 10개국 등 총 15개국을 대상으로 SNS 보급률을 조사한 바에 의하면 한국의 SNS 보급률이 67%로 전 세계에서 가장 높은 수준으로 나타났다(한상연 등, 2013).

SNS는 누구나 손쉽게 자유로운 의사소통뿐 아니라 시간과 돈을 들이지 않고도 사회적 관계(인맥)를 형성할 수 있다는 점에서 인기를 얻고 있다. 하지만 이러한 소통의 창구역할과 정보 확산 등의 긍정적인 측면의 이면에는 무분별한 정보의 확산, 사생활 노출, 대화의 단절, SNS 중독 등 우려의 목소리도 크다. 전 세계 네티즌의 40%가 오프라인보다 SNS를 통한 대화를 더 자주 하는 것으로 나타났고(박경자, 유일, 이윤희, 2013), 특히 청소년의 스마트폰 중독현상이 심각한 것으로 나타났는데, 청소년(만 10~19세)의 18.4%가 중독률을 보였으며 이는 성인의 두 배 수준이다. 초등학교 4학년에서 고등학교 3학년까지의 청소년 중 전체의 약 60%가 SNS 계정을 소유하고 사용한다는 점을 고려할 때(여성가족부, 2012) 청소년의 SNS 이용에 대한 역기능적 측면을 심각하게 고민해야 한다.

오늘날 청소년들은 핵가족화, 과도한 입시 스트레스, 집단 따돌림, 학교폭력, 자살 등의 문제로 얼룩진 현실에서 제한된 관계를 맺고 외로움을 느끼며 살아가고 있다. 청소년들은 관계의 욕구를 충족하며 심리적 안정과 정서적 지지를 받을 수 있는 수단을 필요로 하게 되었고, SNS는 이들에게 현실에서 충족할 수 없었던 다양한 대인관계를 형성하고 그 관계에 몰두할 수 있는 공간을 제공하였다. 실제로 청소년들이 SNS를 사용하는 주된 이유는 친구교제(52.3%)가 가장 높았다(한국청소년정책연구원, 2013).

청소년기는 타인이 자신을 어떻게 보느냐에 대한 의식이 강해지는 시기이며(Rosenberg, 1979), 타인들이 자신을 바라보고 평가하는 범위를 과대평가하는 경향이 있기 때문에 아직 가치관이 확립되지 않은 청소년의 무분별한 SNS 사용은 낮은 자존감을 형성하는 계기가 될 수 있다. 즉, 사회적 관계형성을 위해 적극적으로 이용되고 있는 SNS가 그 목적에 반한 결과를 가져올 때 청소년들은 심리적·사회적 문제를 경험할 수 있다는 것이다. 실제로 SNS 사용자를 대상으로 설문 조사한 결과, SNS 이용 뒤 삶에 대한 불만이 증가한 것으로 조사되었고, 그에 대한 이유로서 SNS 상의 친구들 모습이 부정적인 감정을 유발한다는 답이 가장 많았다. 공감을 표현하는 '좋아요' 기능이 인기 경쟁 도구로 변질되는 부작용도 더불어 나타났다(네이버 뉴스, 2015.09.28.).

인터넷 공간에서 다른 사람들에 비해 '나는 못났다', '나는 실패했다'와 같은 부적절한 감정을 느끼는 한편, 이러한 상태에서 벗어나고 자신감 회복과 긍정적인 자기평가를 위해 사회적 보상 측면에서 SNS를 사용하기도 한다(Buffardi & Campbell, 2008; Mangeo, Graham, Greenfield & Sailmkhan, 2008; 오윤경, 2012 재인용; 이신영, 2015 재인용). 청소년은 타인이 자신을 바라보는 평가에 강한 반응을 보이며 SNS상에서 게시물 수와 피드백, 친구 수에 따른 자기평판에 민감하다(Shim, Lee & Park, 2008). 때문에 과장된 자신의 모습이나 왜곡된 모습, 이상적인 자신의 모습을 SNS 상에 표출함으로써 단기간의 자기만족과 더불어 공허함, 우울감, 열등감이 더욱 증가할 수 있다.

청소년의 SNS의 사용 증가는 오프라인상의 대화 단절을 초래하고 주변인들에 대한 관심을 소홀하게 만든다. 이러한 현상은 청소년의 현실적인 사회성을 저하시키고, 타인에 대한 공감 능력도 낮아져 결국 학교폭력이나 왕따 문제가 가중될 개연성이 크다(조수진, 2012). 청소년기에 습득된 사회성은 전 생애를 통하여 계속적으로 중요한 영향을 미칠 수 있다는 점에서 이 시기의 건전한 사회성발달은 매우 중요하다.

청소년의 사회성이 높을수록 SNS에서 열등감이 나타나지 않을 것으로 예상할 수 있으나, 김현욱 등(2015)의 연구에 따르면 이러한 관계는 실제적으로 나타나지 않았다. 이것은 기존에 청소년이 가지고 있던 사회성이 사이버 공간을 바탕으로 의도적으로 형성되는 SNS의 사회적 관계성과 분리되어 작용하는 것으로 해석할 수 있다. 반면 기존의 청소년들이 가지고 있는 열등감은 SNS을 통해 여실히 반영될 수 있음을 확인하였다. 즉, 청소년들이 느끼는 신체적 · 사회적 · 가정적 · 학업적 열등감은 SNS를 통해서 반영되고 있으며, 실제적 생활공간에서의 열등감이 가상공간으로 확장된다고 해석할 수 있다(김현욱, 김정민, 2015).

바. 아동학대

청소년이 직접 행하지 않음에도 직접적인 심각한 문제로 대두되고 있는 것이 학대이다. 아동학대 신고현황을 보면 2000년대 중후반부터 급격히 증가하고 있다. 그 원인은 다양한 차원에서 분석될 수 있으나 무엇보다 사회 자체가 변화한 것에 그 원인을 찾을 수 있다. 과거 많은 형제, 자매가 있던 시대와 달리 현대사회는 저출산으로 인해 어린아이들이 부모가 육아하는 모습을 보는 기회가 줄어들었고, 이 아이들이 성인이 되어 부모가 되었을 때 아이를 양육하는 경험적 지식은 상대적으로 부족하게 되었다. 또 과거에는 양육중심의 가정생활이었다면, 현재는 부부의 사회생활과 자아를 중심으로 한 생활을 우선시하여, 양육을 마치 해결해야 할 문제나 축소시켜야 할 과업으로 인식하게 되었다. 그리고 개인생활과 독립적인 생활이 보다 용이해진 현대사회에서 동거문화가 확대되어 준비가 안 된 출산이나 이혼의 증가도 이러한 문제를 심화시킨다. 동거인이나 재혼을 한 상대에 의한 아동학대 빈도도 매우 높다.

아동복지법 제3조 제7호에서는 아동학대를 "보호자를 포함한 성인이 아동의 건강 또는 복지를 해치거나 정상적 발달을 저해할 수 있는 신체적 · 정신적 · 성적 폭력이나 가혹행위를 하는 것과 아동의 보호자가 아동을 유기하거나 방임하는 것"으로 정의하고 있다.

아동복지법에서 제시하고 있는 '신체학대', '정서학대', '성학대', '유기', '방임'과 여러 유형의 학대가 동시에 가해지는 '중복학대'를 별도의 항목으로 분류하고 있다. 사례유형별 분석 결과, 2016년 한 해 동안 전국 60개 아동보호전문기관을 통해 아동학대 신고로 접수된 사례는 총 29,669건이었다. 이 중에서 '응급아동학대의심사례' 및 '아동학대의심사례'는 총 25,873건(87.2%), '일반상담' 3,604건(12.1%), '동일신고' 178건(0.6%), '해외발생사례'는 3건(0.0%)으로 나타났다.

학대피해로 인한 아동의 보호건수는 총 18,573건으로 2015년보다 6,858건 증가한 것으로 나타났다. 아동학대 사례유형별로 살펴보면 여러 학대가 중복된 '중복학대'가 8,908건(48.0%)으로 가장 높은 비중을 차지하였다. 다음으로 '정서학대' 3,556건(19.1%), '방임(유기)' 2,918건(15.7%), '신체학대' 2,704건(14.6%), '성학대' 487건(2.6%)의 순으로 높게 나타났다.

2013년부터 학대보호 건수가 전년에 비해 큰 증가를 보이고 있는 것으로 나타났는데, 이는 2014년 아동학대범죄의 처벌 등에 관한 특례법의 제정 및 시행으로 아동학대 신고전화가 112로 통합되고, 신고의무가 강화되면서 아동학대 신고가 활발해지고, 아동보호전문기관이 증설됨에 따라 아동학대 사례 건수가 증가한 것으로 보인다.

표 5-7 연도별 아동학대 발생 현황

(단위: 건(%))

구분	계	아동학대 유형				
		신체학대	정서학대	성학대	방임(유기)	중복학대
2002년	2,478(100.0)	254(10.3)	184(7.4)	65(2.6)	1,026(41.4)	949(38.3)
2003년	2,921(100.0)	247(11.9)	207(7.1)	134(4.6)	1,078(36.9)	1,155(39.5)
2004년	3,891(100.0)	364(9.4)	350(9.0)	177(4.5)	1,492(38.3)	1,508(38.8)
2005년	4,633(100.0)	423(9.1)	512(11.1)	206(4.4)	1,782(38.5)	1,710(36.9)
2006년	5,202(100.0)	439(8.4)	604(11.6)	249(4.8)	2,111(40.6)	1,799(34.6)
2007년	5,581(100.0)	473(8.5)	589(10.6)	266(4.8)	2,166(38.8)	2,087(37.4)
2008년	5,578(100.0)	422(7.6)	683(12.2)	284(5.1)	2,294(41.1)	1,895(34.0)
2009년	5,685(100.0)	338(5.9)	778(13.7)	274(4.8)	2,054(36.1)	2,241(39.4)
2010년	5,657(100.0)	348(6.2)	773(13.7)	258(4.6)	1,884(33.3)	2,394(42.3)
2011년	6,058(100.0)	466(7.7)	909(15.0)	226(3.7)	1,836(30.3)	2,621(43.3)

〈계 속〉

구분	계	아동학대 유형				
		신체학대	정서학대	성학대	방임(유기)	중복학대
2012년	6,403(100.0)	461(7.2)	936(14.6)	278(4.3)	1,713(26.8)	3,015(47.1)
2013년	6,796(100.0)	753(11.1)	1,101(16.2)	242(3.6)	1,788(26.3)	2,922(43.0)
2014년	10,027(100.0)	1,453(14.5)	1,582(15.8)	308(3.1)	1,870(18.6)	4,814(48.0)
2015년	11,715(100.0)	1,884(16.1)	2,046(17.5)	428(3.7)	2,010(17.2)	5,347(45.6)
2016년	18,573(100.0)	2,704(14.6)	3,556(19.1)	487(2.6)	2,918(15.7)	8,908(48.0)

출처: 보건복지부 중앙아동보호전문기관. 전국아동학대 현황보고서(각 년도).
2016년의 경우 중앙아동보호전문기관의 '2016 아동학대현황 속보치(2017년 1월 24일 16시 현재)'.

한편, 아동에 대한 학대 정도는 예나 지금이나 변함이 없지만, 학대에 대한 인식이 확산되고 그 판단이 법률적으로 명확하게 됨으로써 지금까지 간과되어 온 부모의 학대가 드러났다는 주장도 있다. 또한 2014년 1월 28일 아동학대범죄의 처벌 등에 관한 특례법을 제정하여 아동학대범죄의 처벌 및 그 절차에 관한 특례와 피해아동에 대한 보호절차 및 아동학대행위자에 대한 보호처분을 강화하였다.

이러한 규정에 의해 이전까지 양육과정에서 일어날 수 있는 일쯤으로 간주되었던 부모의 행위도 신체적 학대, 심리적 학대, 방치, 성적 학대 등으로 공식화되었다. 그리고 교육 · 의료 · 아동 복지에 종사하는 사람은 물론 일반 시민에게도 이러한 행위에 대한 신고 및 보호 의무가 부과되었다. 과거 엄격한 부모, 무관심한 부모, 냉정한 부모 정도로 인식되었던 것이 이제는 학대하는 부모로 이해되고 변화를 요구받고 있는 것이다.

폭력적 행위는 일반적으로 악한 행동으로 인식된다. 그러나 그러한 인식도 대상이나 상황에 따라서 달리 해석될 수 있다. 성인끼리 난폭한 행동을 하는 것은 악한 행동이 되지만, 부모나 교사가 문제를 일으키는 청소년에 대해 다소 난폭한 행동을 하는 것은 교육이라는 이름으로 받아들여졌다. 교사에 의해 행해지는 체벌은 그 정도가 심각한 장애나 후유증을 유발하지 않는 한 교육의 일환으로 인식되어 왔다.

한국의 경우 얼마 전까지만 해도 학생 체벌을 금지하거나 허용하는 법률 규정이 없었다. 예를 들어, 초·중등 교육법 시행령 제31조에서 '교육상 불가피한 경우를 제외하고는 학생에게 신체적 고통을 가하지 아니하는 훈육·훈계 등의 방법으로 행하여야 한다'고 규정하여, 교육상 불가피한 경우라는 단서를 통해 모호하게 체벌을 용인하는 표현이 있었고, 초·중등 교육법 제18조의 4(학생의 인권 보장)는 '학교의 설립자·경영자와 학교의 장은 헌법과 국제 인권 조약에 명시된 학생의 인권을 보장하여야 한다'고 하여 학생 인권의 보장을 강조하기도 하였다. 그러나 2011년 3월 18일 초·중등교육법 시행령의 개정을 통해 '학교의 장은 학칙으로 정하는 바에 따라 훈육·훈계 등의 방법으로 하되, 도구, 신체 등을 이용하여 학생의 신체에 고통을 가하는 방법을 사용해서는 아니 된다'고 하여 체벌을 원천적으로 금지하도록 하였다. 그러나 학교 현장에서는 아직까지 교사에 의한 체벌이 이루어지고 있어 올바른 훈육방법에 대한 인식과 실천이 요구된다.

사. 가출

여성가족부에서 청소년 가출 현황을 조사하면서, 가출이란 2008년에는 '집을 떠날 목적으로 하루 이상 외박한 경우를 말하며, 부모님께 말씀드리지 않았으나 다시 들어올 생각으로 떠난 무단외박, 여행 등은 제외'로 정의하였으나, 2009년부터는 '부모 또는 보호자의 동의 없이, 24시간 이상 집에 들어가지 않는 경우'로 변경하였다. 따라서 2009년을 기준으로 2008년 이전의 통계자료와 2009년 이후 통계자료의 기준은 동일하지 않다.

표 5-8는 청소년이 지금까지 살아오면서 한 번이라도 가출을 경험한 것을 의미한다. 청소년들의 가출 경험률은 2006년부터 2008년까지는 증가 추세에 있다가 2009년 이후에는 증감을 반복하는 것으로 나타난다. 그러나 많은 수의 학생들이 가출을 경험하고 있고, 잠재적인 위험을

안고 있기 때문에, 청소년 대상 가출예방 캠페인 등 다양한 프로그램을 통해 가출을 낮추는 노력이 필요하고, 가출한 이후에도 이들을 보호 및 관리할 수 있는 가출 청소년 보호 및 복지시설의 확충과 질 높은 가정·사회복귀지원서비스가 요청된다.

표 5-8 청소년가출실태

(단위: 가출경험률,%, 특수집단: 위기청소년)

구분	2002	2005	2006	2007	2008	2009	2010	2011	2012
일반집단	8.5	9.9	10.9	12.1	12.8	11.6	13.7	10.2	12.2
특수집단	70.4	67.9	67.1	59.2	73.8	72.6	73.0	미확인	72.8

출처: e-나라지표.

가출의 이유를 살펴보면, 부모님 문제가 압도적인 비율을 보이고 있다. 이것은 성별, 연령, 학업성적, 경제수준 등에 상관 없이 일반적인 현상으로 조사되었다. 즉, 청소년의 가출은 청소년들의 문제라기보다는 부모의 문제를 내포할 가능성이 높고, 그들의 가출과 비행을 막기 위해서는 화목한 가정이 기반으로 형성되어야 함을 알려 준다.

표 5-9 가출이유(2013)

(단위: %)

구분	학업 부담	부모님 문제	학교 문제	가정경제 문제	친구와 함께 하려고	기타
소계	14.5	65.7	2.1	0.4	9.1	8.3
남자	18.5	60.2	2.9	0.6	9.1	8.7
여자	7.0	75.9	0.6	0.0	9.0	7.5
초등학교	16.2	66.1	1.0	1.6	7.4	7.7
중학교	16.4	61.9	2.4	0.0	9.5	9.8
일반고	14.3	67.9	2.3	0.0	8.7	6.8
특성화고	2.7	73.8	2.8	0.0	12.8	8.0
대도시	15.1	65.5	1.3	0.0	9.1	9.0
중소도시	14.7	68.0	2.3	0.4	7.3	7.4
읍면지역	11.8	57.2	3.6	1.4	16.1	10.0

〈계 속〉

구분	학업 부담	부모님 문제	학교 문제	가정경제 문제	친구와 함께 하려고	기타
양부모가정	15.2	66.2	2.6	0.5	8.1	7.4
한부모가정	11.8	63.6	0.0	0.0	10.7	13.9
조손가정	10.6	49.9	0.0	0.0	29.8	9.7
기타	0.0	78.7	0.0	0.0	21.3	0.0
학업 성적상	13.7	68.4	1.6	0.0	8.0	8.3
중	17.3	65.0	1.1	0.5	10.4	5.7
하	12.6	65.0	3.1	0.5	8.5	10.4
경제적 수준상	13.4	69.2	1.7	0.6	7.6	7.4
중	15.2	63.6	2.4	0.4	9.8	8.6
하	15.0	63.6	2.1	0.0	10.1	9.2

출처: e-나라지표.

청소년기의 갈등이나 비행과 관련하여 가장 일반적으로 거론되는 것이 가출이다. 그동안 청소년 가출문제에 대한 실태분석과 이해를 통해 이것을 청소년들만의 문제로 보지 않고, 피해자라는 인식과 잠재력을 가진 중요한 자원이라는 인식이 확대되었다. 그리고 이들을 단지 가출에서 벗어나게 해야 한다는 입장이 아니라 권리와 복지적 차원에서도 검토되기 시작하였다.

최근 청소년비행과 관련된 세계적인 변화는 문제 중심의 시각에서 벗어나 청소년의 건강, 보호, 적응 등을 강조하는 접근으로 전환하고 있다는 점이다. 더불어 청소년을 사회적 의존자가 아니라 중요한 자원으로 여기고 이들을 위한 지원과 투자를 적극적으로 인식하고 있다.

청소년이 가출을 선택하였다 하더라도 안전하고 건강하게 지낼 수 있도록 지원하고 가정의 기능이 회복될 수 있도록 하는 조력이 필요하다. 불가피하게 가출이 지속되어야 하는 상황이라면, 그 속에서도 자신을 개발하고 가치를 높일 수 있도록 해야 하며, 청소년의 선택을 존중해야 한다.

가출을 한 모든 청소년들이 기질적 성격 문제나 적응의 문제가 있는 것은 아니다. 정상적인 청소년일지라도 상황이나 특정 요인에 의해 가출로 내몰릴 수가 있고, 학교, 교우관계, 가정에서 적응을 잘 하고 있지만 경험적으로 가출을 실행하는 경우도 있다(홍봉선, 2010).

대부분의 경우 가출한 기간이 길어지면 위험요소에 노출될 가능성이 높다. 가정이 제대로 기능하지 못하거나 오히려 역기능을 할 경우에는 가출에 따른 위험을 줄이고 잘 적응할 수 있도록 하는 다양한 지원이 필요하다. 부모의 학대, 방임, 폭력 등을 피해 가출한 청소년들이 더 큰 위험들을 만나게 되고, 각종 비행 및 범죄에 노출되어 피해자나 가해자가 되기도 한다. 따라서 청소년 개인의 삶과 국가의 미래를 위해 가출 청소년의 예방, 보호를 위한 지원이 확대되어야 한다.

가출 청소년에 대한 다양한 이론 중에서 최근 주목받는 관점은 발달적 관점, 생태학적 관점, 위험 확장론, 생활주기론 등이 있다. 이들 관점은 청소년의 발달, 가족, 또래, 환경과의 상호작용, 청소년 위험과 반사회적 행동에 초점을 두고 있다(남미애, 홍봉선, 2007).

1) 발달적 관점

청소년 가출을 예방하기 위한 연구들은 부정적 행동을 회피하고 보호할 수 있는 요인과 문제행동을 낳을 수 있는 위험요인이 무엇인지 탐색한다. 청소년의 가출에 대한 적응 연구는 그들이 불리한 상황을 극복할 수 있는 사회적 기술, 낙관적 태도, 지식, 독립심, 목표의식 등을 구체화하고, 의미 있는 활동을 통해 사회에 기여할 수 있는 기회를 탐색한다.

청소년들이 긍정적인 발달을 하기 위해 주목해야 할 사항은 다음과 같다.

첫째, 청소년 각각은 나름의 특성과 강점을 가진 성장하는 인간이다. 가출 청소년이 처한 부정적인 문제와 더불어 긍정적 특성도 함께 인식해야 한다. 자신이 존중받는 것과 동시에 다른 사람도 존중해야 함을 경험하도록 하여 상호존중감을 키울 수 있어야 한다. 그리고 다양한 경험의 장을 마련하고 참여하도록 하여 자신의 잠재된 특성을 경험하는 기회도 제공되어야 한다.

둘째, 청소년들이 짜여진 프로그램에 수동적으로 참여하는 것이 아니라 소비자로서 선택할 수 있는 기회를 제공해야 한다. 단편적이고 획일적인 프로그램의 일방적인 수용이 아니라, 가출 청소년 자신에게 맞는, 자신에게 유익할 것으로 여겨지는 프로그램을 선택할 수 있도록 프로그램 다양화와 수요자 중심성을 확보해야 한다.

셋째, 긍정적인 청소년발달을 위해 지역에 있는 다양한 기관과의 협력이 요구된다. 청소년을 보호하고 지도하는 것이 특정한 기관의 과업이 아니라 우리 사회 전체의 일임을 이해하고, 지역에 분포하고 있는 다양한 자원을 활용하여 가출 청소년의 흥미와 욕구를 충족시킬 수 있어야 한다(홍봉선, 2010).

2) 생태학적 관점

생태학적 관점은 개인의 요인과 환경적 요인이 가출에 작용하는 현상을 고찰한다. 이러한 관점에서는 청소년의 가출이 청소년 개인 차원의 실패(부적응)나 부모 차원의 실패(부적응)로 보지 않고, 부모(가정)와 청소년의 관계성립의 실패로 본다. 즉, 가출은 가정경제, 또래관계, 지역사회, 매체 등 사회 전체적인 요인 안에서 발생하고 영향을 받는다. 따라서 효과적인 예방과 지도를 위해서는 청소년과 가정, 환경적 맥락 등을 함께 검토해야 한다.

이러한 생태학적 관점을 수용할 때 가출 청소년의 문제해결은 오직 청소년만을 대상으로 하지 않는다. 부모교육, 교우관계, 교사교육, 지역사회 홍보 등 다양한 차원에서 복합적으로 이루어져야 한다(홍봉선, 2010).

3) 위험 확장론

청소년의 가출은 청소년을 둘러싼 환경의 문제, 부적절한 상호작용 등으로 인해 촉발되고, 이러한 가출이 또다시 가정의 갈등, 환경문제, 부적절한 상호작용으로 확장된다. 위험 확장론(Risk Amplification Model, RAM)은 청소년의 가출이 청소년을 둘러싼 환경이나 상호작용의 위험이 확장되어 생긴 것으로 해석한다. 이 이론은 가정에서의 갈등, 가정폭력, 비행청소년과의 상호작용 등을 경험한 청소년이 더 쉽게 가출을 하게 되며, 가출한 이후에는 더 심한 가정의 갈등, 가정폭력, 비행청소년과의 상호작용으로 확장되고 범죄에까지 이르게 된다는 것이다. 즉, 가출 이전에 경험한 위험이 가출로 인해 확장되고 이로 인해 위험한 경험 또한 확장된다.

위험 확장론이 제안하는 중요한 시사점은 다음과 같다.

첫째, 가출 청소년의 위험이 확장되지 않도록 초기에 개입하는 것이 중요하다. 청소년의 가출 빈도나 기간이 길수록 이러한 위험이 확장되기 때문에 청소년이 빨리 안정된 환경에 포함될 수 있도록 조치가 필요하다. 특히 처음 가출을 행하는 시점은 매우 중요한 의미를 갖는다.

둘째, 가출이 재발되지 않도록 지속적인 청소년과의 관계형성과 지원이 필수적이다. 가출 청소년과 관련된 조치들은 대부분 위기 조정의 성격을 갖고 단기간 이루어진다. 가정으로 돌아간 이후에도 관련 위험이 확장되지 않도록 관심이 요구된다.

셋째, 청소년기에 또래의 영향은 절대적이다. 특히 가출 청소년들이 의존하게 되는 또래와의 상호작용은 중대한 위험 확장 요인이 된다. 따라서 대상 청소년뿐만 아니라 주변의 청소년들도 포괄하여 지도할 수 있는 프로그램이 필요하다(홍봉선, 2010).

4) 생활주기론

생활주기론은 실제 가출 청소년들의 패턴을 분석하여 어떠한 경로로 청소년들의 가출생활이 이어지는지를 제시해 준다. 위험확장론(RAM)과 유사하게 청소년 홈리스의 생활주기 모델은 거리청소년을 위한 홈리스 경로에 초점을 둔다. 미국 캘리포니아 샌프란시스코의 가출 청소년들을 연구한 결과 7단계로 구성된 생활주기가 제시되었다.

1단계	가출 청소년은 사회에서 이방인으로서 소외감을 느끼고, 기본적인 의식주를 해결해야 한다는 부담으로 어려움을 느낌
2단계	사회에서 여러 어려움을 경험하면서 이를 해결하기 위해 집으로 돌아가려고 하거나 사회기관에 도움을 요청하는 등 가출생활을 벗어나려고 노력함
3단계	사회에 남게 된 청소년들은 길거리에서 만난 사람(길거리 멘토)들을 통해 거리생활로 들어가게 됨
4단계	생존 요령을 배우고, 기존 사회를 거부하는 신념을 형성하게 되며, 가출생활을 합리화하고, 불법행위를 통해 생활함
5단계	가출생활에 익숙해지고 적당히 살아갈 수 있는 항상성 단계에 도달함. 거리에서 만난 또래들과 모호하지만 강한 유대감을 형성함
6단계	예상치 못한 일들을 경험하면서 가출생활에 균형이 깨지고, 또래갈등, 범죄 등의 위험을 경험하면서 가출생활에 대해 반성적으로 재검토함
7단계	불균형한 가출생활을 경험하면서 다시 일반적인 생활로 돌아가고자 시도함. 이러한 시도가 성공적이면 가출생활을 정리할 수 있으나, 그렇지 못하면 가출생활을 지속하거나 가출과 복귀를 반복함

생활주기론은 가출 청소년을 이해하는 데 매우 중요한 정보를 제공한다. 특히 청소년들이 어떤 단계에 놓여 있느냐에 따라 개입효과가 크게 좌우된다. 가출 초기로서 거리생활을 시작한 단계나 가출생활의 불균형을 경험하는 단계일 때 개입의 효과가 크다. 가출 청소년을 대할 때 이들이 현재 어떠한 단계인지 파악하는 것이 무조건적인 조력을 제공하는 것보다 우선되어야 한다.

가출생활을 원만히 하기 위해 다양한 문화를 수용하는 것과 마찬가지로 자신들의 삶을 정상적으로 만들기 위해서는 역시 올바른 문화를 수용하는 것이 필요하다는 것을 가르쳐야 한다. 가출한 청소년들은 일반적으로 소외감, 고독감을 느끼기 때문에 이들을 위한 멘토링 프로그램은 매우 적절할 수 있다(홍봉선, 2010).

우리 사회는 청소년이 가출을 하지 않도록 예방하고, 가출을 선택하더라도 비행에 노출되지 않고 건강하고 의미있게 지낼 수 있도록 보호해야 한다. 이러한 차원에서 가출 청소년에 대한 올바른 태도가 요청된다(남미애, 2007).

첫째, 가출 청소년들은 무한한 자원이다. 가출 청소년들은 각기 나름대로의 경험, 능력과 가능성을 가지고 있다. 청소년이 가지고 있는 잠재력을 사회의 발전과 개인의 자아실현을 위해 성장시켜야 한다. 그들을 위한 배려와 지원은 우리 미래사회를 위한 노력이다.

둘째, 가출 청소년들에게도 권리가 있다. 청소년들을 사회의 보호막 속에 의존하면서 성장해야 할 존재로만 인식한 경향이 있다. 사회의 구성원으로서 인정하고, 기본적인 인권과 사회적 권리를 보장하려는 노력은 소홀했던 것이다. 때문에 청소년의 자발적인 참여와 스스로의 활동을 선택하는 권리는 제한되었다. 빈곤, 장애, 비행, 가출 등 어떠한 조건 하에서도 차별 없이 인간으로서의 존엄성이 유지될 수 있어야 하며, 그들의 개별적이고 다양한 요구를 인정해야 한다.

셋째, 가출 청소년들의 자립이 지원되어야 한다. 가출 청소년이 가능한 빨리 안정된 가정으로 돌아가도록 하는 것이 최우선이지만, 불가피하게 계속 가출생활을 지속해야 하는 상황이라면 그 속에서도 건강하고 행복하게 살 수 있도록 지원해야 한다. 더 나아가 자기발전을 도모하고 건강한 사회인으로 성장할 수 있도록 보장하는 사회적 체제가 필요하다.

넷째, 가출 청소년들의 다양성을 인정해야 한다. 우리 사회는 '가출 청소년'이라는 명칭을 부여하여 집단적으로 이해하려는 속성이 있다. 마치 가출 청소년을 동일한 구성원으로서 취급하는 것인데, 이것은 많은 모순을 낳는다. 가출 청소년이 처한 상황의 다양성도 있지만, 각각의 가치관과 생활양식이 독립적이기 때문이다. 청소년들을 위한 서비스들은 다양성을 권장해야 하며 모든 청소년들에게 동등한 권리와 기회를 제공하기 위해 노력해야 한다. 가출 청소년의 심리, 사회적 문제, 욕구에 대한 이해를 바탕으로 개별적이고 다양한 관점에서 지원이 필요하다(홍봉선, 2010).

4 청소년문제를 보는 새로운 관점

모든 생물은 개체로서 살아남아 자손을 늘리기 위해 그 환경에 조화되어 존재하고 있다. 어떤 생물도 환경과 조화되지 않으면 존재할 수 없는 것이며, 산다는 것은 환경과 조화하려는 활동 그 자체이다. 나무는 기온이 일정 온도보다 낮아지면 수분을 흡수하는 뿌리의 활동을 정지하고, 잎의 증산작용으로 나무가 고사하는 것을 막기 위해 낙엽을 떨어뜨린다. 일부 동물들도 겨울이 되면 식량을 얻을 수 없게 되어 가사(假死) 상태를 통해 월동한다. 이처럼 모든 생물은 환경과 밀접한 불가분의 관계로 존재하고 있으며, 이 현상을 생물 중심으로 판단하면 환경에 대한 '적응'이라 정의할 수 있다.

진화론으로 유명한 다윈(Darwin)의 돌연변이설에 이의를 제기한 이마니시 킨지(1902~1992)의 주장은 이마니시 진화론으로 알려져 있다. 돌연변이설을 다루는 정통 진화론에서는 각 개체에 우연한 혹은 무작위로 발생하는 수많은 돌연변이 중에서, 그 환경에 적합한 개체만 선택되어 생존을 계속하고 그 이외의 개체는 부적응으로 인해 사라진다고 생각한다. 이마니시는 '적응한다는 것은 환경의 주체화'라고 하면서 개체와 환경을 일체로 파악하고 있다. 현재의 생물은 임의의 돌연변이로 발생하지 않고, 돌연변이가 있더라도 그 변화의 내용과 방향은 종마다 각각 한정되어 있다고 생각하였다. 그는 "생물과 환경에 균형이 유지되고 있는 한, 그 생물에게 돌연변이는 필요로 하지 않지만, 환경에 불균형이 생겨 그로 인해 생물이 긴장을 느끼게 되면, 그 해소를 위해 생물은 그 종의 레퍼토리 속에서 적합한 돌연변이를 꺼내 자신을 변화시킴으로써 환경과의 균형을 되찾고 다시 적응을 이루어간다"고 주장하였다.

이와 같이 생물이 존재한다는 것은 종 단위에서 일어나는 재적응의 연속으로 볼 수 있다. 고등생물의 경우 각 개체가 무질서하게 돌연변이를 일으키거나 환경에 부적응한 개체가 무기력하게 도태되는 것을 생각하기 어렵다. 이러한 관점의 인간관으로 로저스(C. R. Rogers, 1902~1987)는 "인간은 다른 모든 유기체처럼 자신을 유지하고 발전시켜 나가는 경향이 있지만, 인간의 행동 또한 바람직한 조건을 발전시키고 인간의 보존 발전에 적합하게 해 나간다"고 설명하였다.

생명체는 자기 다양화(외부 조건에 따라 분화하고 새롭게 다양한 것을 생성), 자기 조직화(새로 생성된 다양한 것을 자신의 것으로 조직화), 자기 적응(자기 조직화에 의해 완성된 시스템을 생성) 등의 과정을 통해 발달되어 간다. 이렇게 적응에 적응을 거듭하여 충족되는 구조를 만든다. 면역 체계도 항상 외부와 단절되는 폐쇄적 구조를 만들면서도 한편으로 외부로부터의 정보를 받아들이면서 그 자극에 따라 자신을 바꾸어 나간다. 즉, 개체는 폐쇄성과 개방성을 동시에 지닌다. 기본적으로는 이미 존재하고 있던 자신의 행동양식에 따르면서 기존의 '자기'를 파괴하지 않고 연장시켜 나간다.

사회 속의 인간도 환경에 항상 적응적이며 발전적인 것으로 생각할 수 있다. 특히 청소년의 행동은 그들이 처한 환경에 자신을 조화시키면서 자신의 존재를 지키고 어른으로 성장해 가려는 활동이라고 볼 수 있다. 이러한 차원에서 볼 때, 청소년의 일탈이나 무의미한 행동 하나하나가 적응에 중요한 의미가 있다. 청소년의 행동에 대한 이해를 시도함에 있어서 심리학적 '요인'에 의한 판단보다는 개인과 환경을 통합적으로 파악하는 것이 중요하다. 그 행동이 좋은지 또는 나쁜지 등의 가치 판단을 우선적으로 하기보다, 청소년은 항상 적응과정에 있다는 인식이 전제될 때 청소년의 행동에 대한 진정한 이해와 더불어 문제가 되는 행동에 대한 적절한 대응책이 도출될 수 있을 것이다(会田元明, 2005).

가. 집단 따돌림의 이해

일반적으로 집단 따돌림 문제를 이해하는 방식은 가해행위를 하는 청소년과 집단 따돌림을 당하는 청소년으로 이분법적인 설명이 주를 이루어 왔다. 집단 따돌림의 요인과 배경은 다양하게 생각해 볼 수 있지만, 여러 연구에서는 특히 다음 세 가지가 주로 언급된다.

첫째, 가해 청소년은 그 유형에 여러 가지가 있기 때문에 일률적으로 말할 수 없지만, 공통적인 특징을 들면 다음과 같다. 성격 면에서는 말을 잘하고 활동적인 성격의 청소년에게서 많이 나타난다. 또한 장난을 좋아하고 행동이 치밀하지 않으며 무신경한 면이 있다.

둘째, 집단 따돌림을 당하는 청소년의 특징은 보통 성격 면에서는 이기심이나 의존성이 강한 경우가 많다. 또한 소심하고 과민하고, 불안해하는 모습을 볼 수 있으며, 자신의 욕구가 강해 반항적인 모습을 보이기도 한다. 이 때문에 주위에 반감을 사거나 미움과 위화감을 불러일으킬 수 있다.

셋째, 이러한 집단 따돌림이 나타나는 주요 배경으로는 다음을 들 수 있다. ① 청소년의 대인관계 미숙이다. 친구가 없다든가, 친해지기 어렵다는 등의 고민을 가진 청소년은 근본적으로 인간관계를 원만하게 형성하지 못하는 문제가 있다. ② 청소년들이 경험하는 좌절의 증가이다. 청소년들은 자신이 원하지 않는 행동이나 모습, 태도 등을 강요받고, 자신의 욕망을 억제 당하면서 이것을 왜곡되게 표출한다. ③ 스트레스를 해소하는 수단의 부족이다. 이러한 좌절이 증가하고 있음에도 불구하고, 청소년들은 스트레스 해소의 수단을 충분히 가지고 있지 않다.

이상과 같이 집단 따돌림 현상을 설명하는 것은 청소년에게 그 원인을 귀속시키는 것으로 볼 수 있다. 실제 집단 따돌림 현상을 분석해 보면 가해자였던 청소년이 오히려 더 심각한 피해자였거나 현재의 피해자이고, 반대로 집단 따돌림을 받던 청소년이 다시 위협하는 쪽으로 바뀌는 등 유동적인 모습을 볼 수 있다. 특정 청소년이 항상 집단 따돌림을 당한다든지 가해자로 고정되어 있는 것은 아니다. 김현욱 등(2013)은 학교폭력의 가해자가 피해자가 될 수 있으며, 피해자 역시 가해자가 될 수 있다고 지적하고, 가해 유형을 학교폭력 쾌감형, 스트레스 발산형, 학교폭력 정당화형, 학교폭력 후회형, 냉담 놀이형, 전능감(全能感) 추구형, 학교폭력 노출 공포형 등 7가지로 설명하였다. 이러한 유형들은 복합적으로 나타날 수 있고, 피해자의 경험이 다시 가해자가 되고 상황적 특성으로 인해 직접 폭력에 가담하지 않은 관찰자나 방관자 역시 학교폭력의 가해자 및 피해자가 될 수 있음을 지적한다.

그러나 학부모와 교사를 포함한 성인들은 표면적인 현상을 바탕으로 위협을 가한 청소년들에게 징계나 훈계, 비난 등의 처벌을 한다. 근본적인 문제를 찾고 연구적 접근을 통해 원인을 규명하기보다 해당 청소년을 비판하는 데 더 많은 관심을 보인다. '집단 따돌림을 하는 아이는 나쁜 아이이고, 괴롭힘을 당하는 아이는 약하고 보호해야 하는 아이'라고 주장하는 것에 불과하다. 이러한 표면적 이해를 바탕으로 청소년을 판단하고 비판하는 것은 문제가 있다. 집단 따돌림을 당하는 아이나 행하는 아이에 대한 성인들의 이러한 조치는 오히려 독선적인 따돌림 행위이다(会田元明, 2005).

집단 속 구성원들의 힘에 의한 제재가 발생하는 상황(일종의 집단 따돌림 현상)은 학교 학생들 사이에만 나타나는 특유의 현상이 아니다. 군대나 기업, 스포츠 팀 등의 조직에서도 그 구성원들 사이에 빈번히 일어나는 현상이다. 이러한 현상은 대체로 집단의 구성원들을 일정한 수준으로 균등화하려는 훈련의 기능과 균등화 정도를 측정하려는 평가 기준의 역할, 그리고 그 기준에서 벗어난 사람을 처벌하는 습관으로서 나타난다.

예를 들면, 군은 효과적인 전투 기술을, 기업은 영리 추구를, 스포츠 팀은 기술 향상을 위한 행동, 태도, 가치관 등을 훈련한다. 훈련의 효과는 일정한 평가 시스템에 의해 평가되는데, 그에 따라 보상과 처벌이 주어진다. 이러한 기능과 훈련에 적응한 사람은 집단 속에서 적응하게 되고, 여기에 미치지 못하는 구성원은 반감이나 이질감을 느끼게 된다. 학교도 마찬가지로 학력을 위한 교육이 있고, 평가가 이루어지며, 상벌이 주어지는 관행이 있다. 학생들 스스로 형성한 일반적인 문화 역시 이러한 적응 훈련의 대상이 되고, 이에 따르지 못하는 학생에 대한 집단의 제재가 발생한다. 때문에 집단 따돌림을 방지하기 위해서는 이러한 조직의 기준이나 문화를 폭넓게 해 줌으로써 집단의 제재가 발생하지 않도록 하는 것이 필요하다. 조직의 기준이나 문화는 외부에서 주어지는 것도 있지만 자생적으로 발생한 것도 있다. 따라서 이러한 기준과 문화를 이해하려는 노력과 융통성 있는 가치관을 갖도록 하는 것이 요구된다. 단순히 집단 따돌림 대상자만의 문제로 해결하려는 기존의 접근방식은 근본적인 해결책이 되지 못한다.

나. 절도 행위의 이해

청소년들의 문제행동으로 빈번히 지적되는 절도 행위는 일반적으로 옳고 그름을 제대로 판단하지 못하는 수준에서 일어나는 행위나 습관적 행위 등으로 설명된다. 즉, 청소년 자체에 그 원인이 주목되는 설명이 일반적이고, 도벽에 대한 대응도 이에 따라 개인적 차원의 훈계, 벌칙 등으로 이루어지며 절도의 내용이나 횟수에 따라 대응하는 교육의 방법도 다양해진다. 여기서 청소년 개인에게 귀속되는 원인에서 벗어나 사회환경에 대한 적응 행위로 이해하는 것이 필요하다. 이는 기존의 협소한 교육방법을 보완하고 청소년들을 보다 깊이 이해하기 위한 노력이 될 수 있다.

이를 위해서는 청소년을 바라보는 관찰자의 선악 행동을 판단하는 기준을 소거하고 청소년이 생활하는 장면을 전체적으로 파악하면서 주어진 인간관계에 적응하고 있는 모습에 주목해야 한다. 청소년의 행동을 이해할 때 그와 관련된 사람과의 관계를 살펴보는 것이 매우 중요한 의미를 가진다. 예를 들어, 자신과 동등한 위치에 있는 사람(형제, 친구 등)이 자신과 다른 물건을 가지고 있다든지 좋은 대우를 받고 있다고 느끼면 그 불공평한 입장을 수정하고 싶다고 느낀다. 그래서 그 물건을 획득하거나 제거하는 것을 통해 그러한 불안을 해소하고자 할 것이다. 또한 어느 정도 생활이 안정된 청소년이 자신의 물건이 아닌 것을 소유하고자 할 때에는 그 물건만이 동기가 되는 일은 거의 드물다. 단순히 물건을 갖고 싶어서 절도행위를 한다고 보는 것은 너무 제한된 해석이다 (Bettelheim, 1988).

물건을 매매하는 것은 본래 구매자와 판매자가 대면하는 인간적 상호교류이다. 과거 지역중심 사회에서 소매를 담당하는 사람은 지역의 중요한 구성원이고, 이를 이용하는 소비자 역시 지역구성원으로서 긴밀한 유대관계가 형성되어 있었다. 이들의 자녀 혹은 관계된 청소년들은 같은 학교에 다니거나 함께 생활하는 친구이기도 하였다. 이러한 시대의 소비활동은 지인들 사이의 교류이자 정보교환, 사교 모임의 성격을 갖기도 한다. 때문에 현대와 비교하여 정서적 관계를 기반으로 한 거래가 이루어졌으며, 절도행위도 제한적이었다. 학생들의 학용품도 그리 풍족하지 않아서 학교에서 개인이 이용하는 물품에 대해 학급 구성원들이 인지할 수 있었고, 때문에 다른 친구의 물건을 가져갈 경우 쉽게 드러나서 절도가 활발히 이루어질 수 있는 배경이 되지 못했다. 다만, 남의 밭이나 과수 농장에서 일종의 놀이로 이루어진 '서리'가 대표적인 절도행위였고, 그밖에 배고픔을 못 이겨 이루어지는 생활형 절도가 대부분이었다.

그러나 현재의 소매점은 대형화·거점화되었고 운영 주체가 잘 드러나지 않으며 구매자 역시 불특정 다수의 사람이 되었다. 서로 아는 사이가 드물고, 상호작용도 기대하기 어렵다. 물품들은 더욱 다양해졌고, 매력적으로 포장되어 있으며, 자유롭게 상품을 살펴볼 수 있도록 보장되어 있다. 청소년들은 자신이 절도를 할 경우 그 피해자가 누구일지 실감하기 어렵고, 그만큼 죄책감도 줄어든다. 과거와 달리 생활형 절도보다는 물품에 대한 개인의 호기심이나 절도행위를 모험으로 여기는 사례가 늘어나고 있다. 학생들에게 지원되는 학용품이 풍족해져서 학교에서 이루어지는 절도도 연필, 노트 등의 학용품이 아니라, 자신이 의도하는 대로 소비할 수 있는 돈이 절도의 주 대상이 되고 있다. 청소년들에게 있어 절도는 인간관계가 배제되고 소비중심 사회에 적응된 다양한 양상 중 하나로 볼 수 있다. 이러한 변화가 청소년 절도의 한 원인이 될 수 있다. 즉, 현대사회에서 청소년들의 절도는 인간관계의 변화와 관련된 사회 병리 현상이다(会田元明, 2005).

물론 범죄적 행위로서 상습적인 위협과 약탈, 조직적이고 계획적인 절도를 하는 청소년들의 문제는 과거에서부터 찾아볼 수 있지만, 이는 별도의 논의가 필요하다. 왜냐하면 이들의 행위는 절도만 문제가 되는 것이 아니라 복합적인 문제가 내포되어 있기 때문이다.

다. 등교거부의 이해

'등교거부'는 일반적으로 다음과 같이 설명된다. 학교에 등교하지 않는 모든 상태로서, 여러 종류의 질병으로 인한 취학의 어려움, 부모의 이해부족과 경제적 이유로 인한 취학의 어려움, 물리적 어려움 등으로 인한 경우를 제외하고, 등교가 어려운 정당한 이유가 없음에도 불구하고 등교하지 않거나 등교할 수 없는 상태를 말한다. 주로 심리적 이유에 기인하고 장기 결석, 학교 공포증, 학교 부적응 등이 유사한 의미로 쓰인다.

이러한 설명 속에서 '정당한 이유가 없다'는 식의 이해는 역시 청소년에게 그 모든 문제의 원인을 회귀시키고 있음을 알 수 있다. 또한 등교하지 않는 것에 대한 부정적인 인식이 전제되어 나타나고 있다. 공부에 집중하지 못하는 학생들을 게으르거나 부적응한 것으로 묘사하는 예를 쉽게 찾아볼 수 있다. 그러나 사실 청소년에 대한 학교교육의 강요는 근대사회로 넘어오면서 공교육의 확산과 사회적 필요에 의해 의무화로써 나타난 현상이다. 다시 말해 성인들이 새롭게 만들어 놓은 틀 속에서 청소년들을 성장시키려는 현상이 빚은 문제인 것이다. 물론 청소년의 학교교육의 필요성을 부정할 수는 없지만, 이러한 문제를 보다 폭넓게 바라보고 해석할 필요가 있다.

보통 청소년의 등교거부에 대한 심리적 요인으로는 신경과민, 비사회성, 자기중심성, 내성 부족 등의 성격적 요인과 스트레스 관리 능력 등이 지적된다. 가정 요인으로는 청소년의 그러한 경향을 조장한 양육 태도의 문제와 자녀에 대한 지원 부족, 가족관계 문제 등을 지적하고 있으며, 학교 요인으로는 집단 따돌림, 학교폭력 등의 문제, 학생 관리 및 지도의 문제, 교사의 태도 및 가치관 등이 지적된다.

등교거부의 개념에는 '등교할 수 없는 정당한 이유가 없음'을 전제하고 있지만, 이는 청소년들의 내면적 상황을 간과한 진술이다. 등교거부에 대한 부정적 인식에는 학교교육을 절대시하는 관점이 있다. 이러한 관점 속의 학교 교육은 청소년에게 무조건 필요하고 누구나 학교를 통해 성장해야 하며, 이에 조화되지 못하는 학생은 태만하거나 결함이 있다는 시각이 내포되어 있다. 또한 자기중심성이 강하거나 내성이 부족하고, 가정에서 너무 귀하게 양육했거나 엄격히 통제하는 등의 문제가 있다고 본다.

연구적 관점에서 어떤 관점에 치우치지 않고, 학교교육을 무조건 절대시하는 관점에서 벗어나서 등교할 수 없는 정당한 이유나 등교를 방해하는 객관적인 이유를 탐색해 볼 필요가 있다. 한 정신과 의사는 등교거부를 정상적인 반응이라고 보면서 다음과 같이 설명하였다. "등교거부는 마치 구토나 설사와 같은 것이다. 자신에게 맞지 않거나 소화되지 않는 음식, 해로운 물질이 체내에 들어올 때 생기는 이러한 현상은 생물이 본래 가지고 있는 본능적인 방어 반응이다. 청소년들은 아무리 사회의 요청이라고는 해도 한 개체로서 자신이 감당할 수 있는 규제나 기준을 벗어나거나 위기감을 느낄 때, 개인적 차이는 있지만 자기 보존을 위한 방어 반응이 당연히 발생하는 것이다."

즉, 청소년들은 학교라는 인위적인 환경 속에서 어떤 위기를 감지할 때 위기에서 벗어나고자 생물의 적응 행동으로 등교거부를 하는 것으로 볼 수 있다. 먼저 도피하는 것은 어쩌면 그 환경에 가장 민감하게 반응하는 사람이다. 일방적으로 학교의 경쟁적 환경, 집단생활을 요구받을 때 거기에 가장 민감한 사람이 도피 행동을 시작한다. 이 도피 행동은 개인보다 집단을 중심으로 판단하는 경우 곧 부적응 행동으로 비춰질 것이다. 또한 학교에서 일반적으로 이루어지는 질책과 칭찬, 상과 벌, 평가에 의한 서열화 등에 민감하게 반응하는 사람도 도피 행동을 할 것이다. 이러한 행동을 하는 청소년들은 규칙적인 생활, 비난이나 처벌, 책임감 등을 강요하지 않는 가정에서 성장한 경우가 많다. 학교생활 속에서 누구나 어떠한 위기를 직면할 수 있으며, 그런 의미에서 등교거부는 누구에게나 일어날 수 있는 일이다(会田元明, 2005).

만일 학교폭력이나 집단 따돌림과 같은 위기 상황 속에서, 등교거부와 같은 수단을 선택할 수 없다면 어떤 일이 발생할까. 자살이나 우울, 또 다른 학교폭력의 가해자로 변해가는 여러 사례를 고려해볼 때, 등교를 거부하는 것은 적응 행동으로서 적극적인 의의가 있다고 하겠다. 일반적으로 우울증을 치료할 시에는 직장이나 학교를 쉬는 것이 요구되는데, 이런 관점에서 보면 학교를 회피함으로써 심리적 치료를 추구한다는 것은 전혀 근거 없다고 볼 수는 없다. 등교거부는 인간으로서 최악의 상황을 저지하겠다는 의지가 포함되어 있다는 점을 고려해야 한다.

청소년인 자녀가 등교거부를 할 경우, 대부분 가정에서는 부적응으로 인식하게 된다. 그래서 아이는 자신의 적응적 행동을 부정적으로 바라보는 사람들로부터 더욱 도피해야 하는데, 그 방법으로 두통이나 복통 등의 신체 증상을 호소하기도 한다. 이러한 질병의 명목으로 도피하는 것은 주변의 성인들에게서뿐만 아니라 학교를 빠지는 나쁜 아이라는 자책감으로부터도 벗어나게 해 준다. 혹은 자신의 공간을 폐쇄하여 가족으로부터 도피하거나, 밤낮을 바꾸어 생활하고 가족과 만나지 않는 방법 등으로 도피하는 경우도 있다. 이러한 행동은 가족으로부터도 도피하려는 이차 반응을 낳게 된다. 이차 반응의 결과, 가족들은 규칙적인 생활을 요구할 수 있고, 더욱 많은 관여를 하게 되어 가정불화나 폭력 등을 낳고, 결국 자녀로 하여금 가정에서도 벗어나게 만드는 연쇄반응을 초래한다. 물론 등교거부와 관련하여 다양한 원인이 있고 지금의 설명은 예시적 성격을 갖지만, 청소년에 대한 상황적 이해가 동반되어야 함을 강조하고 싶다.

그렇다면 청소년의 문제행동에 대해 성인이나 사회는 어떻게 대처 교육을 해 나가면 좋은지 제안하면 다음과 같다.

첫째, 지속적으로 청소년의 실태를 분석하고 학교와 사회의 모습을 객관적으로 바라보면서 청소년의 문제행동이 어떻게 발생되는지 그 매커니즘을 파악하는 일이 중요하다.

둘째, 청소년들이 규범에서 일탈 행동을 할 때에는 그 규범을 잘 모르고 있거나, 알고 있어도 그 중요성에 대해 이해하지 못하고 있을 수 있다. 따라서 문제행동을 한 청소년뿐만 아니라 일반 청소년들을 대상으로 준수해야 할 규범에 대해 제대로 이해하고 실천할 수 있도록 가르쳐야 한다.

셋째, 청소년의 취약한 성장배경과 정서에 대한 배려가 필요하다. 현대의 청소년들은 풍요로운 환경과 저출산의 가족배경 속에서 과거에 비해 원하는 것을 쉽게 얻기 때문에 어려움과 좌절에 대한 경험이 부족하다. 인구 감소로 인해 수험 경쟁도 점차적으로 완화되고 있다. 때문에 작은 어려움이나 실패에도 크게 낙담하고 부정적 행동을 할 수 있으며, 진취적인 도전을 하지 않게 된다. 청소년들을 지도하기 위해서는 성인들의 선입견을 버리고 이러한 청소년의 상황에 대한 이해와 배려가 필요하다.

넷째, 청소년을 둘러싼 복합적인 상황을 개선하기 위해 가정에서부터 체계적인 관심이 필요하다. 청소년이 자란 가정환경과 부모와의 관계는 현재와 미래의 청소년들의 생활과 심리에 지대한 영향을 미친다. 가정의 건전화와 충분한 역할을 위해서 가정에 대한 보다 근본적인 교육과 지원이 요구된다.

다섯째, 청소년의 문제행동을 지적하기보다 성인들과 사회가 가진 가치관과 청소년에 대한 대우를 재검토하는 것도 필요하다. 성인들에게 당연한 것이 지금 청소년들의 시대에 자동적으로 통용되는 것은 아니다.

C·H·A·P·T·E·R 06

청소년비행

1. 청소년비행의 개념
2. 청소년비행이론
3. 청소년비행의 위험요인

1 청소년비행의 개념

앞서 '청소년문제'를 다루면서 청소년비행과 관련된 내용을 실태 중심으로 살펴본 바 있다. 이 장에서는 이론적 체계를 중심으로 청소년의 비행을 고찰하고자 한다.

청소년비행(juvenile delinquency)이란 다양한 의미로 사용되고 있어 간단히 정의하기란 쉽지 않다. 따라서 청소년비행에 관련된 용어인 일탈과 범죄의 의미를 알아본 후 청소년비행의 의미를 정의해 보기로 한다.

먼저 청소년비행을 일탈측면에서 알아보기로 하자. 모든 구성원들은 자신이 속한 사회의 규범에 따라 행동할 것을 기대하고 있다. 그러나 사회에서 요구하는 규범에 따라 행동하지 않을 경우 여러 가지 제재를 받게 된다. 다시 말하면, 사회구성원들이 사회화를 바탕으로 행동하고 있다면 문제가 없지만 그렇지 못할 경우 이른바 일탈행동(deviant behavior)이라는 상황에 처하게 된다.

일탈(deviance)은 사회나 공동체에서 많은 사람들이 수용하고 있는 일정한 규범에 순응하지 않는 것을 말한다. 대부분의 사람들은 사회화의 결과로 규범을 따르고 있다고 할 수 있다. 일탈과 범죄는 많은 경우에 중복되는 경우도 있지만, 범죄(crime)와 동일한 의미로 사용되는 것은 아니다. 일탈의 개념은 오로지 법을 위반할 때만 사용되는 범죄보다도 더 넓은 의미이다. 따라서 많은 유형의 일탈행동은 법에 의해 제재를 받는 것은 아니다(Giddens & Sutton, 2013).

학문분야에 따라서도 청소년비행은 다양한 용어로 사용되고 있다. 사회학에서는 비행을 사회규범으로부터의 일탈된 행동으로 보았다. 일탈행동은 사회구성원들이 바람직한가, 바람직하지 않은가를 판단하는 도덕적 기준, 즉 규범에 벗어난 행동을 일컫는 말이다. 심리학에서는 청소년비행을 왜곡된 인간발달로서 문제행동, 부적응, 행동장애로 보고 있다. 법률적으로 우리나라의 소년범죄에 대한 규정은 소년법 제4조에 나타나 있듯이, 범죄소년(소년법 제4조 제1항 1호)은 14세 이상 20세 미만의 소년으로 형벌법령에 저촉되는 행위를 한 자로서 형사책임을 지며, 촉법소년(소년법 제4조 제1항 2호)은 12세 이상 14세 미만 소년이고 형벌법령에 저촉되는 행위를 한 자로서 형사책임은 없으며, 우범소년(소년법 제4조 1항 3호)은 12세 이상 20세 미만의 소년으로서 그의 성격 또는 환경을 감안할 때 장래의 죄를 범하고 또는 형벌법령에 저촉되는 행위를 할 우려가 있는 자로 규정되어 있다(이석형, 2006).

스미스(Smith, 2008)는 청소년비행은 어린이의 위험과 부적응에 오랜 뿌리를 두고 있는 행동문제와 정서문제 유형의 일부분이라고 하면서, 청소년비행은 18세 이하의 사람들이 법을 위반하는 것으로 보았다. 법위반에는 지위범행(status offenses)이 포함되는데, 지위범행이란 무단결석, 고질적인 나쁜 습관, 특정 연령 이하의 음주 등 성인에게는 허용되지만 청소년이기 때문에 허용될 수 없는 것을 말한다. 법률적으로 지위범행은 대부분의 경우 범죄로 분류되지 않지만, 청소년들이 범하는 지위범행과 기타 범행은 청소년비행에 포함된다. 성인범행과 유사하게, 비행은 폭행과 강도와 같은 폭력범행을 포함한다.

청소년비행은 좁은 의미로 해석하면 범죄를 제외한 일탈적 행동을 일컫는 것이지만, 포괄적으로 해석하면 범죄를 포함한 모든 반사회적 행동을 지칭한다. 따라서 청소년비행이란 협의의 개념으로는 20세 미만의 청소년에 대해 소년법정에서 소송대상이 되는 행위를 말하며, 광의의 개념으로는 사회 또는 집단에서 규정하는 규범이나 규칙을 위반하는 일체의 행위를 말한다(유영재, 심호규, 2010).

김준호 등(2011)은 청소년비행의 개념을 세 가지 행위군으로 나누어 설명하였다.

첫째, 청소년들에 의해서 범해지는 형법을 위반하는 중대한 범죄행위들로 이러한 행위는 성인들이 범해도 기소될 수 있는 중대한 행위이며, 살인, 강간, 폭행 등의 강력범죄와 주거침입, 절도 등과 같은 일부의 재산범죄가 포함될 수 있다.

둘째, 경한 비행으로 빈도 상으로 볼 때 중한 범죄보다는 좀 더 많이 나타나는 형법 위반행위이다. 이러한 유형에는 사소한 절도, 폭행, 기타 법 위반 행위들이 포함된다.

셋째, 청소년지위 비행이다. 이것은 청소년들에게만 해당되는 위반행위로서 청소년이라는 사회적 지위로 인해 일탈행동으로 간주될 수 있는 것이다. 음주, 흡연, 사소한 싸움, 가출 등으로 규정될 수 있다.

이상에서 고찰한 바와 같이 청소년비행이란 학문영역에 따라서 또는 법률적으로 일탈행동, 부적응행동 그리고 범죄, 지위범행 등의 의미를 종합적으로 포함하고 있다고 볼 수 있다. 다시 말하면, 청소년비행이란 다소 가벼운 위반을 포함해서 지위범행이나 일탈 그리고 형법을 위반하는 중대한 범죄 등을 포함하는 의미로 볼 수 있다.

2 청소년비행이론

비행이론은 거시적 또는 미시적으로 분석하는 경향이 있다. 사회학은 거시적 측면에서 비행과 범죄를 분석하는데, 주로 비행에 미치는 사회적·환경적 영향을 연구한다. 심리학적 이론은 비행을 개인적 수준, 즉 비행의 원인이 되는 개인차를 밝히려는 경향이 있다.

가. 청소년비행에 관한 심리학적 관점

프로이트는 누구나 선천적으로 반사회적인 행동들을 가지고 있다고 믿었다. 왜 어떤 사람들은 일탈행동을 통하여 그러한 반사회적인 충동들을 밖으로 나타내 보이며, 다른 사람들은 억제하는가? 왜 어떤 사람들은 범죄자가 되는데, 대부분의 사람들은 법을 잘 지키는 시민들이 되어 가는가?

프로이트는 인간본성의 어두운 면을 표출하는 충동은 인간정신의 원초적 부위인 이드(Id)에 의해 조종된다고 말한다. 이드, 즉 원초적인 충동은 방치되어 통제받지 않을 경우 인간을 폭력, 무분별한 성행위, 그리고 다른 비행을 포함한 본능적 충동을 충족시키는 쪽으로 밀고 나간다. 그런데 이러한 이드의 충동은 인간이 성숙됨으로써 통제된다고 말한다. 아이들은 비이성적이고 폭력적이다. 그러나 나이가 들수록 그들은 그런 행위를 통제할 줄 알게 된다. 사회가 그들을 가르치며 그들의 정신은 새로운 측면, 즉 초자아(Superego)를 발전시킨다. 보통 이를 양심이라고 부른다. 프로이트에 의하면, 범죄자 그리고 다른 일탈자들은 강한 초자아 혹은 양심을 발달시키지 못하고 사회화과정에서 실패함으로써 생겨난다고 말한다. 즉, 일탈자는 총체적이고 효과적인 사회적 양심을 내면화시키지 못했다는 것이다(안병환, 2012).

무어(Moore, 2011)는 청소년비행에 관한 심리학적 관점을 학습이론, 지능이론, 성격특성이론, 정신장애이론 그리고 발달이론 관점으로 나누어 설명하였다.

첫째, 학습이론가들은 비행은 학습되는 것이라는 입장을 취한다. 행동은 모델링, 수업 및 사회적 설득에 의해 학습되며, 강화에 의해 시간이 흐르면서 행동은 조건화된다. 따라서 또래, 부모로부터 비행과 태도를 관찰할 수 있으며, 강화되는 특성이 있다.

둘째, 지능이론가들은 낮은 지능이 낮은 학업성취도를 가져오고, 이것이 개인을 비행에 취약하게 한다는 것이다. 비행 행위자와 일반인들의

IQ 차이는 오랫동안 연구되어 왔다. 학교의 요인들은 IQ와 비행관계를 중재하는데, 즉 IQ가 낮은 사람은 학교수행도가 낮으며, 교사와 동료들에 의해 제대로 대우받지(treated poorly) 못한다. 이러한 것은 학교에서의 정적 강화에 대한 접근을 제한하고, 또래들과의 친사회적 관계형성을 방해한다.

셋째, 성격특성이론은 구체적인 특성과 대처유형(방어기제)이 비행을 가져온다는 것이다. 성격은 아동기에 발달되며, 이드(Id), 에고(Ego), 슈퍼에고(Superego)가 중요한 역할을 한다. 고통스러운 내적 갈등은 이드와 에고 사이에서 발달된다. 문제행동이 될 수 있는 방어기제는 갈등에 대처하기 위해 발달된다.

넷째, 심리장애 또는 정신장애이론(psychopathy theory)은 개인의 정신질환(심리장애)이 비행에 영향을 준다는 측면에 초점을 두고 있다. 이 이론은 역기능적인 스트레스 또는 개인의 문제와 사회적 규범을 위반하는 비정형적인 행동(atypical behavior)의 관계를 지적한다. 개인의 정신장애가 행동을 통하여 나타난다는 것이다.

다섯째, 발달이론가들은 사회 · 인지발달에서 비행의 원인을 찾고 있다. 인지발달과 추리력은 아동기에 발달하고, 발달은 유형화되며 예측가능하다는 입장이다. 시간이 경과함에 따라 비행적 사고와 행동도 발달한다. 청소년발달에서 위험요인들은 비행행동을 유발할 수 있다.

나. 청소년비행에 관한 사회학적 관점

청소년비행에 대해 사회학에서도 다양한 이론이 제시되고 있지만, 여기서는 기능주의 입장에서의 아노미이론, 상호작용주의이론, 통제이론 측면에서 알아보기로 한다(Giddens & Sutton, 2013; Zembroski, 2011).

1) 아노미이론

아노미(anomie)란 프랑스의 학자 뒤르켐(Durkheim)의 1951년의 저서「자살론(Suicide)」에서 처음 사용되었는데, 근대사회에서 전통적 규범과 표준이 약화되는 현상을 말한다. 아노미는 일정한 사회생활의 영역에서 행동을 안내하는 명확한 기준 또는 표준이 없을 때 일어난다. 그러한 환경에서 사람들은 혼란에 빠지고 불안하게 된다. 뒤르켐은 범죄와 일탈을 사회적 사실(social facts)로 간주하면서, 이것은 피할 수 없다고 주장하였다. 왜냐하면 근대사회는 이전 사회보다는 개인의 선택여지가 더 많기 때문에 제약이 덜 따르므로 비순응과 일탈이 있을 수 있다는 것이다. 이것은 어떠한 사회든지, 그 사회를 지배하는 가치와 규범에 대한 완전한 합의는 어렵기 때문이다.

아노미란 무규범상태(normlessness)라고도 한다. 급속한 사회변화로 인해서 사회의 규범이나 표준이 약화되거나 파괴될 경우 마치 규범이 없는 상태인 것처럼 보일 수 있다. 뿐만 아니라 규범이 있어도 사람들이 따르지 않을 때는 규범이 없는 것과도 같다. 따라서 사회구성원들이 사회에서 일정한 규범과 기준에 맞는 행동을 하려는 노력이 필요하다. 그렇지 않을 경우 사회는 분열되고 통합을 이루기 어려울 것이다.

뒤르켐에 의하면, 더 단순한 사회일수록 업무가 단조롭고 규범에 순응하며, 강력하고 집단적인 의식이 사회에 스며드는 기계적 유대(mechanical solidarity)에 의해 통일된다. 이러한 사회는 응집상태, 강한 사회적 유대 그리고 복종 등의 통합(integration)이라는 특징이 있다. 그런데 노동의 분업이 증가할수록, 사회는 점점 더 복잡하게 되어 개인들 사이에 독립성을 기반으로 한 유기적 유대(organic solidarity)에 의해 영향을 받는다. 이러한 사회는 상호도덕적 지지(mutual moral support)의 붕괴, 사회의 집단적 힘의 약화 그리고 극도의 개인주의 때문에 규제(regulation)가 강조되는 특징을 띠게 되는데, 이것이 오히려 일탈행동으로 이르게 한다는 것이다(Zembroski, 2011).

2) 하위문화이론

코헨(Cohen)은 재산범죄(acquisitive crime)의 주요 원인을 미국사회의 모순 때문이라고 보았다. 그는 생활에서 자신의 위치에 욕구불만을 가진 더 낮은 노동계급의 소년들은 갱과 같은 비행의 하위문화(subculture)에 참여한다고 주장하였다. 이러한 하위문화는 중류계급의 가치를 부정하고, 반항과 비순응적인 행동을 선호한다. 대부분의 비행청소년들은 하층 노동계급으로부터 나타난다는 것이다. 그러나 대부분의 위험에 처한 소년들은 중류계급의 가치를 내면화하고, 능력을 토대로 한 중류계급의 미래를 열망한다. 그들은 자신의 목표를 달성할 수 없을 때 비행활동을 하는 경향이 있다. 갱은 도심지에서 소수민족 집단과 같은 합법적으로 성공을 성취할 수 있는 기회가 적은 하위문화 공동체에서 일어난다는 것이다.

3) 명명이론

명명이론(labelling theory)은 가장 중요한 상호작용주의 이론(interactionist theory)의 하나로서, 상호작용주의적 관점은 일탈과 범죄의 사회적 구성에 초점을 두고, 타고난 그리고 객관적으로 '일탈된' 행위를 하는 유형이 있다는 것을 거부한다. 상호작용주의자들은 그러한 행동이 어떻게 일탈행동으로 규정되는가 그리고 왜 어떤 집단은 일탈자로 명명되고, 어떤 집단은 그렇지 않은지에 의문을 제기한다.

명명이론은 일탈을 일탈자와 비일탈자 사이의 상호작용 과정의 산물로 해석한다. 그러므로 일탈의 성격을 이해하려면 왜 어떤 사람이 일탈자라는 이름의 꼬리표가 붙는지 찾아내야 한다. 명명과정은 사회의 권력구조를 나타내는 경향이 있다. 대체로 일탈로 정의되는 규칙은 가난한 사람보다는 부자에 의해, 여자보다는 남자에 의해, 젊은 사람보다는 나이든 사람에 의해 그리고 소수민족 집단보다는 주류층에 의해 부여된다. 예를 들어, 어린이들이 어떤 사람의 정원에 들어가서 과일을 훔치거나 무단결석하는 경우를 보자. 부유한 지역에서 이러한 행위는 교사, 부모 그리고 경찰에 의해 소소한 에피소드로 간주되지만, 더 가난한 지역에서는 범죄적 경향으로 간주된다. 어린이가 일단 잠재적 비행자로 명명되면, 신뢰할 수 없는 사람으로 간주될 가능성이 높다. 이 두 가지 경우에, 행위는 동일하지만 다른 의미를 부여받는다. 베커(Becker, 1963)는 일탈자가 되는 것은 일탈적 동기(deviant motivation)에 의해서라기보다는 명명과정(labelling process)에 의한 것으로 보았다. 즉, 일탈행동은 사람들이 그렇게 이름붙인 행동이라는 것이다.

명명은 다른 사람들이 한 개인에게 영향을 미칠뿐만 아니라 개인의 자아정체감에도 영향을 미친다. 일탈의 최초 행위를 원초적 일탈 또는 1차적 일탈(primary deviance)이라 한다. 대부분의 경우에, 이러한 행동은 자아정체감에 경미한 부분으로 남아 있기 때문에 문제가 되지 않으며, 일탈행위는 정상적인 성장과정의 일부로 여겨진다. 그러나 이것이 널리 알려지거나 문제가 있는 것으로 명명되면, 자신에게도 많은 영향을 미치게 되고 스스로 그러한 사람으로 행동하게 될 가능성이 높아진다. 이러한 경우에 사람들은 1차적 일탈을 정상적인 것으로 수용하지 않으며 범죄나 비행으로 명명한다. 개인이 스스로 비행이라는 명명 또는 이름을 받아들이는 경우를 2차적 일탈(secondary deviance)이라 한다.

4) 통제이론

통제이론(controlling theory)은 범죄를 범죄활동에 대한 충동과 범죄활동을 중지하게 하는 사회적 · 물리적 통제 사이의 불균형의 결과로 간주한다. 통제이론가들은 범죄를 저지르는 개인의 동기에는 관심이 덜하다. 그들은 사람들이 합리적으로 행동하기 때문에 일탈행위가 개인에게 이득이 된다면 일탈행위를 할 수도 있다고 주장한다. 범죄의 많은 유형은 그러한 상황적 결정의 결과이다. 즉, 어떤 사람은 기회를 포착할 때, 그것을 이용하기 위하여 동기가 유발된다. 허쉬(Hirschi)는 성격과 관련된 인간의 내적 요인을 강조하기보다는 사회적 관계를 지속하는 데 관련된 외적 요인, 즉 사회적 유대(social bonds)에 관심을 가졌다(Zembroski, 2011).

초기 통제이론가인 허쉬(1969)는 인간은 근본적으로 범죄를 저지를 것인지 아닌지에 대해 계산된 결정을 하는 이기적 존재라고 주장하고, 사람과 사회를 연결시킴으로써 법을 준수하는 행동을 하게 하는 네 가지 사회적 유대의 유형을 제시하였는데 애착, 몰입, 참여, 신념이 그것이다.

첫째, 애착(attachment, 가족, 학교, 또래)이다. 애착유대는 가족, 학교, 또래와 관련된 것이다. 가족의 경우 부모와 자녀 간의 유대의 강도는 비행을 억제시키는 주요 요인이며, 전통적인 규범과 가치를 고취시켜 주는 메커니즘이다. 그리고 학교에서 원만하게 수행할 수 있는 능력과 더불어, 또래들과의 유대관계는 비행예방에 중요하다.

둘째, 몰입(commitment, 전통적인 생활양식)이다. 몰입은 활동을 함에 있어서 개인의 사리사욕이 개인과 사회의 도덕적 코드와 관련되는 정도를 말한다. 개인적 헌신이 크면 클수록, 전통적인 사회질서에 대한 유대는 더 큼으로 비행에 참여할 가능성은 더 적을 것이다.

셋째, 참여(involvement, 주류 활동)이다. 참여는 전통적 사회의 가치를 반영하는 특정 활동에 헌신하는 시간과 에너지의 양과 관련된다.

넷째, 신념(belief, 법과 권위에 대한 존경)이다. 신념은 어떤 가치와 규범에 대한 승인 정도를 말한다. 신념은 끊임없는 사회적 강화를 필요로 하는 도덕적 지위(moral positions)이다. 본질적으로 사람들이 법이 정당하다고 믿지 않을수록, 비행에 대한 관심을 더 갖게 될 것이다.

이러한 유형들의 유대가 충분히 강하다면 동조적 행동을 하도록 함으로써 사회통제를 유지하는 데 도움을 준다. 그러나 만약 사회와의 유대가 약하면, 비행과 일탈은 증가할 것이다. 허쉬의 접근은 가정이나 학교에서 사회화가 충분히 이루어지지 않음으로써 자기통제의 수준이 낮은 사람들에게서 비행이 일어난다는 것이다. 허쉬의 통제이론은 왜 사람들이 범죄를 저지르는가에 대한 물음이 아니라, 왜 사람들이 법을 깨뜨리지 않는가에 초점을 두고 있다. 사람들의 법규준수는 법 자체가 합법적이라고 하는 그들의 개인적 도덕성 및 지각과 밀접히 관련되어 있다는 것이다.

파슨즈(Parsons, 1937)는 이미 이 질문에 대한 사회학적 해결책을 제공하였다. 허쉬보다 앞서서 그는 대부분의 사람들은 적극적으로 사회규범에 동조하며, 사회구성원들은 이미 사회화와 사회성(sociability)에 대한 열망의 결과로 법을 준수하는 시민이 되기를 원한다고 말했다. 실제로, 파슨즈는 기능주의 입장에서 사회화의 중요성을 주장한 초기 학자로 널리 알려져 있다.

허쉬의 관점은 비행에 대한 모든 유대를 고려해 볼 때, 부모에 대한 애착, 규범에 대한 사람들의 관심, 사회의 규칙이 사람의 행위에 구속력이 있다는 신념이 연쇄적으로 관련되어 있는 것이다.

여기서 사회통제란 부정적이고 억압적인 의미라기보다는 한 사회를 유지하기 위해서 사회구성원들이 그 규범에 동조하게 함으로써 사회통합을 가져오려는 것이다. 따라서 사회구성원들이 사회화를 통해 자기 스스로를 통제할 수 있는 능력을 기를 때 비행은 줄어들 것이다.

3 청소년비행의 위험요인

청소년비행은 다양한 요인들에 의해 영향을 받을 수 있다. 청소년비행은 가족요인, 또래 요인, 학교 요인 그리고 지역사회의 요인 등으로 나누어 볼 수 있다.

청소년비행을 연구하는 많은 학자들은 일탈행동이 공통의 배경요인을 공유한다는 사실에 주목하고 있는데, 청소년비행을 예측할 수 있게 하는 변인들을 위험요인으로 명명하였다. 위험요인이란 청소년의 발달단계에서 문제행동을 일으킬 수 있는 가능성이 높은 개인적·환경적 요인으로, 지금까지 밝혀진 위험요인들을 개인, 가정, 학교, 사회변인으로 분류하여 정리하면 표 6-1과 같다(이애령, 2004).

표 6-1 청소년비행 위험요인

개인 요인	가족체계 요인	학교 및 지역사회 요인
우울 및 불안 반사회적 성향 공격성(충동성) 조기비행(비행경력) 지배성 동조성 모방성 감각추구성향	학대적 양육태도 문제행동에 대한 허용적 태도 부모에 대한 애정결핍 가정불화 비일관적 양육태도 가족의 비행경력 가족의 구조적 결손	학습에 대한 부정적 태도 낮은 학업성취 낮은 학습의욕 비행또래 접촉(비행유대) 학습긴장 학교중도탈락 비행허용 사회환경

스미스(Smith, 2008)는 비행에 관련된 요인들을 크게 개인 요인, 가족체계 요인, 학교 요인, 또래 요인 그리고 지역사회 요인으로 나누어 제시하였다.

첫째, 개인 요인들로는 충동성, 과잉행동, 기질장애, 신경, 인지장애와 같은 문제들을 들 수 있다.

둘째, 가족체계 요인으로는 가혹하고 학대하는 양육, 훈육의 부족 또는 비일관적인 훈육, 지원과 애착의 부재, 가족 갈등이 포함된다.

셋째, 학교 관련 요인으로는 학교에의 참여문제, 학업성취도(school attainment) 부족, 주의력결핍 장애, 학습문제 등이 포함된다.

넷째, 또래 관련 요인은 비행과 가장 관련성이 높은데, 비행친구 또는 비행을 승인하는 친구와 시간을 보내게 될 경우 비행가능성이 훨씬 더 높아진다.

다섯째, 지역사회 요인에는 이웃과 학교에서의 만성적인 폭력과 조직해체가 포함되지만 다양한 요인들의 상호작용 결과로 나타날 수 있다.

샌트록(Santrock, 1993)은 청소년비행 관련 요인을 정체성, 자기통제, 교육에 대한 기대, 부모의 영향, 또래 및 사회경제적 지위 등을 들었다. 각각의 요인에 따른 특징을 표 6-2와 같이 제시하였다(안병환, 2012).

표 6-2 청소년비행 관련 요인 및 특징

요 인	특 징
정체성	• 부정적 정체성 • 에릭슨(Erikson)은 비행이란 청소년이 역할정체성을 해결하지 못할 때 발생한다고 지적함
자기통제	• 낮은 정도 • 어떤 아동과 청소년은 다른 사람들이 성장하는 과정에서 획득한 기본적인 통제를 획득하지 못함
연 령	• 초기에 시작됨 • 초기의 반사회적 행동의 출현은 청소년에 있어서 나중에 중대한 비행과 관련되나 모든 아동이 그런 것은 아님
성 별	• 남성 • 소년들은 여성보다 반사회적 행동을 더 많이 함 • 물론 여성들도 가출 등이 있을지라도 남성이 폭력행위에 더 많이 참여
교육에 대한 기대	• 낮은 기대 • 비행청소년들은 종종 낮은 교육적 기대를 가지고 있다. 언어능력 또한 약함
부모의 영향	• 감독 소홀, 낮은 지원, 비효과적 훈육
또래의 영향	• 강한 영향, 낮은 저항 • 비행 또래가 있을 경우 비행의 위험성은 크게 증가함
사회경제적 지위	• 낮음 • 심각한 비행은 보다 낮은 계층의 남성에 의해 더 빈번하게 일어남
이웃의 질	• 도시, 높은 범죄, 높은 이동 • 지역사회가 종종 범죄를 양산함

출처: J. W. Santrock(1993). Adolescence. 안병환(2012) 재인용.

앞의 내용을 토대로 볼 때, 청소년의 비행을 일으킬 수 있는 위험 요인으로는 개인적 측면에서는 우울, 불안, 충동, 모방 등을 들 수 있다. 따라서 청소년의 비행을 예방하기 위해서는 우선 개인적 측면에서 정신적으로 건강한 자신을 형성할 수 있는 자기 스스로의 노력이 필요하다. 다음으로 바람직한 부모-자녀관계형성이 중요하다. 특히, 어린 시절의 부모와 자녀 간에 안정적인 애착을 통해 자녀의 안정적인 사회생활의 기초를 다져 주어야 할 것이다. 학교 및 사회에서도 또래들과의 건전한 대인관계형성과 긍정적 태도를 가질 수 있는 학교문화형성이 필요하다.

C·H·A·P·T·E·R 07

청소년상담

1. 청소년상담에 대한 접근
2. 청소년상담의 사회적 지원
3. 청소년의 자살

1 청소년상담에 대한 접근

청소년들이 학교생활을 통해 배우는 집단에 적응하는 가장 일반적인 방법은 가능한 한 부정적으로 눈에 띄지 않도록 하고 주변 사람들의 질책, 비난, 징계 등에서 벗어나는 것이다. 예를 들어, 복장을 규정된 색깔이나 형태에서 벗어나지 않도록 하고 신발, 양말, 머리 모양도 학교에서 허용하는 범위에서 갖춘다. 학용품이나 소지품도 지정된 것만을 사용하고, 불필요한 장식을 붙이거나 포장을 하지 않는다. 행동하는 데 있어서도 시간을 준수하고 눈에 띄어서는 안 되고 수다스럽게 굴지 말아야 하며, 지시된 일에 이의를 제기하거나 거부하기보다는 순응하는 행동을 한다. 이처럼 개성을 표출하는 것을 줄이고, 집단 속에 녹아들어 교사나 또래로부터의 부정적 평가에서 벗어나는 것이 징계나 처벌, 따돌림 등으로부터 벗어나는 가장 일반적인 방법이며, 많은 청소년들이 이처럼 학교생활에 적응하고 있다.

주변의 눈에 띄지 않게 자신의 색깔이나 상태를 맞추어 적응해 나가는 방법은 생물이 그 포식자나 위협으로부터 벗어나기 위해 기본적으로 취하는 방법이다. 인간도 집단에 적응해 가는 과정에서 판단이나 행동이 집단에 무의식적으로 동의하게 되는 것을 '동조행동'으로 정의한다. 문제는 청소년들의 학교생활을 통한 적응이 지속되면서 이러한 동조행동이 그들의 인격형성에 중대한 영향을 미친다는 데 있다. 어린 시절부터 적응의 노력으로 취한 행동들이 청소년의 성격 그 자체가 되어 버리는 것이다. 이것은 자신의 생각을 명확하게 표현하기 어려워하는 성격을 형성하고 개인 간의 구별이 어려워지는 문제를 낳는다. 또한 교사의 의도에 학생들이 충실하게 되어, 대리적 행동이 뚜렷해지는 현상이 나타난다. 동조행동에 적응한 학생은 동조하지 않는 학생에 대한 비난이나 위협 등을 하게 되고, 학생 상호 간에 스트레스를 주는 상황이 나타나기도 한다. 이러한 청소년의 현상을 깊이 있게 이해하고 적절히 개입하기 위해서 상담적 접근이 요청된다.

행동의 의미에 대한 이해를 프로이트(S. Freud)는 증상의 의미를 분석함으로써 밝히고자 하였다. 프로이트는 환자가 나타내는 행동은 무의식적이기 때문에 자신은 인식하지 못하지만, 나름대로의 의미가 있다고 주장하였다. 병원에서는 전통적으로 진찰과 문진에 의해 의사가 필요한 정보를 수집하지만 이것은 외부에서의 이해이다. 프로이트는 환자의 증상을 이해하기 위한 방법으로 이러한 외부적 이해방법보다는 환자에게 편안한 자세를 취하게 하여 마음에 떠오른 것을 무엇이든 자유롭게 말하게 하였다. 이러한 자유연상법을 통해 환자의 내적 시각으로 증상의 이해를 시도하였다. 그러나 스스로 말하려고 하지 않거나 치료를 요구하지 않는 환자는 치료의 대상이 될 수 없었다.

그 후 미국의 아동정신의학의 창시자인 캐너(L. Kanner, 1894~1981)는 프로이트의 정신분석적 행동이해를 아동의 행동에 적용하여 문제행동의 의미를 분석하고자 하였다. 그는 아동의 문제행동의 의미를 출입을 위한 증상, 위험 신호로서의 증상, 안전장치로서의 증상, 문제해결 수단으로서의 증상, 말썽쟁이로서의 증상 등으로 정리하였다.

출입을 위한 증상은 문제상황의 발생이 질병으로서가 아니라, 의료기관이나 상담기관 등 특수한 장소에 방문하기 위한 목적으로 나타나는 것을 말한다. 즉, 문제행동이 상담기관의 출입증이 되는 것이다. 위험 신호로서의 증상은 아이의 심신에 문제가 일어나고 있다는 것을 경고한다는 의미이다. 안전장치로서의 증상은 문제가 되는 행동을 취함으로써 자신의 의사나 감정의 표현이 더 이상 과격해지지 않는다는 의미이다. 때문에 문제행동은 더 심각한 행동에 대한 안전장치가 된다. 문제해결의 수단으로서의 증상은 자신이 처해있는 문제를 해결하기 위한 노력으로 나타나는 행동들을 말한다. 예를 들어, 가출은 부모의 허락 없이 가정에서 벗어나는 문제행동으로 간주되었지만, 아이는 부모의 학대로부터 자신을 지키기 위한 노력으로 그러한 행동을 한다는 것이다. 마지막 말썽쟁이로서의 증상은 빈번하게 주위의 관심을 모으고자 일으키는 행동을 의미한다. 이러한 청소년 행동에 대한 이해는 문제행동을 원천적으로 부정적인 방식으로 이해하고자 하는 전통적 인식에서 벗어나게 해주었고, 청소년의 눈을 통해 문제를 이해하고자 한 것으로 볼 수 있다.

한편 직관적으로 사람을 이해한다는 것은 기성의 개념으로 판단하거나 사회 통념에 의해 평가하지 않는 것이다. 관찰자의 고정된 마음을 비우는 것을 통해 행위자의 마음을 짐작할 수 있다. 로저스(Rogers)는 성장과 적응의 과정에 있는 개인의 능력을 신뢰하고 지적인 면보다 정서적 양상, 과거보다 지금-현재를 강조하는 비지시적인 접근을 주장했다. 상담은 평가적 요소를 배제하고 내담자가 두려움이나 방해를 받지 않고 자유롭게 자신을 표출하여, 자신의 실태를 보다 명확하게 인식하도록 지원하고 내담자가 스스로 문제를 해결할 수 있도록 돕는다. 로저스는 내담자가 자신을 표현할 수 있는 수용적인 공간을 통해 스스로 해결의 실마리를 찾아내 해결할 수 있다고 보고, 비지시적 심리치료를 주장하였다. 이러한 상담에서 가장 중요한 것은 해석이나 지침, 조언을 주는 것이 아니라 내담자와의 수용적인 관계를 만드는 것이다. 상담자가 갖추어야 할 조건으로서 내담자에 대한 무조건적인 긍정, 공감적 이해, 상담자가 자신의 내부에서 경험하는 것을 일치되게 잘 표현하는 진실성 등이 요구된다. 이로써 진솔한 생각과 감정을 내담자와 교환할 수 있다.

로저스는 직관에 의한 행동의 이해는 설득을 통한 심리치료와 달리 내담자 중심의 상담(client centered counseling)이라고 보았다. 로저스는 사람들이 편집증이나 분열증 등 다양한 가면을 쓰고 있지만, 그 속의 진짜 자신의 모습을 만날 수 있을 때 상담이 성공적일 수 있다고 지적한다. 그러나 돕고 싶다는 마음으로 상담하기보다는 진정한 한 사람을 만나고자 하는 것이 더 중요하며, 그 가운데서 도움이 일어날 수 있다고 주장하였다. 청소년상담 영역에서도 반드시 치료, 교정을 하겠다는 접근보다는 성인들이 눈치채지 못한 성인사회에 대한 청소년들의 메시지를 이해하는 역할이 필요하다(会田元明, 2005).

가. 상담의 기본 원리

상담의 기본 원리는 자기결정, 감정처리, 개별화, 비판단적 수용 등이 있다.

① 자기결정의 원리: 자기결정의 원리는 내담자를 자신의 삶의 주체로 보고, 내담자의 선택을 격려하고, 존중하며, 보장하는 것을 말한다. 이때 상담자는 선택과 결정의 과정을 원만하게 진행할 수 있도록 도움을 제공하는 역할을 한다.

② 감정처리: 내담자의 불안, 분노, 기쁨, 우울, 슬픔 등의 감정은 해당 문제를 왜곡할 가능성이 높다. 따라서 내담자가 현재 가지고 있는 감정의 표현, 감정의 이해, 감정의 해소 과정을 통해 감정이 적절히 처리될 수 있어야 한다.

③ 개별화: 개별화는 내담자를 구별 가능한 개성의 존재로서 상대하는 것이다. 이를 통해 내담자 개인의 말이나 행동에 주목하고 경청한다.

④ 비판단적 수용: 상담을 실시할 때, 상담자의 개인적인 가치관에 따라 내담자를 평가하거나 판단해서는 안 된다. 내담자를 주체로 인정하고 내담자 언행의 개별성을 인정하여, 그 환경과 성격, 특수성을 바탕으로 수용하도록 노력해야 한다.

이 외에도 상담의 일반적 원리로서 상담관계형성의 원리와 지속적 상담유발 원리가 있다.

① 상담관계형성의 원리: 상담자는 내담자의 이야기를 공감적으로 이해할 수 있어야 한다. 적절한 공감을 통해 이해하는 모습이 확인될 때, 상담관계가 원만히 형성될 수 있다. 상담자의 신뢰를 확보하기 위해서 유능함이나 인격적으로 성숙한 모습, 진지한 모습 등을 보여야 한다. 또한 무조건적인 존중을 해야 하는데, 내담자에 헌신하는 자세와 판단을 유보하고 경청하는 자세가 중요하다. 마

지막으로 상담의 과정이 안전하다는 믿음을 가질 수 있어야 한다. 비밀이 보장되고, 전문적인 상담을 통해 원하는 문제의 해결을 할 수 있다는 확신을 주어야 한다.

② 지속적 상담동기 유발의 원리: 지속적인 상담을 이어가기 위해서는 현실적인 목표의 설정이 중요하다. 상담목표를 명료하게 설정하고, 내담자와 공유함으로써 상담의 실효성을 예상할 수 있어야 한다. 보다 상세하게 성취 가능한 목표를 여러 단계로 구분하여 상담을 통해 변화되는 상황, 모습, 태도, 인식 등을 구체화할 수 있다. 이를 통해 자기성장과 발전에 대한 느낌을 가지고 문제해결이 현실화되는 것을 점진적으로 느낄 수 있다.

상담을 받는 청소년들은 상담자에 대하여 반항적일 수 있다. 상담자를 불신하여 관계형성이 어려울 수 있기 때문에 많은 시간과 노력을 투입해야 한다. 주변 인물인 부모, 교사로부터의 영향이 크기 때문에 직접적인 청소년상담과 더불어 부모, 교사, 청소년지도자를 대상으로 한 상담, 교육, 자문도 중요하다. 또한 또래의 영향이 크므로 집단 상담을 적절히 활용할 수 있다.

나. 청소년기의 방어기제

청소년기에 경험하는 심리적 불안에 대처하는 양식은 합리적 반응과 비합리적 반응으로 구분해 볼 수 있다. 합리적 행동반응은 스트레스의 원인을 찾고 사회적으로 용납될 수 있는 방법으로 욕구충족하는 것이다. 구체적인 행동양식은 지식과 기술의 연마, 타인의 도움 요청, 욕구와 목표의 현실적 재조정 등이 이에 해당한다. 비합리적 행동반응은 목표달성의 현실적 방안을 모색하기보다 도피적·방어적·공격적인 행동반응을 보인다.

앞선 장에서 일부 설명한 바 있으나, 방어기제(defense mechanism)란 스트레스의 원인을 제거하기보다는 자아를 감싸고 있는 신체적 고통, 심리적 갈등, 불안, 긴장감 등을 완화시키려는 자동적인 적응 반응을 말한다. 자신의 심각한 불안을 처리하여 심리적 평형상태를 회복함으로써 자아를 보호하려는 반응으로 볼 수 있다. 즉, 방어기제의 사용은 무의식적이다.

방어기제를 과도하게 사용하거나 습관화하는 것은 신경증과 같은 이상행동을 유발할 수 있다. 청소년기에 주로 나타나는 방어기제는 주지화, 반동형성, 억압, 금욕주의, 전위 등이 있으며, 청소년기를 지나면서 점차 감소한다. 다음은 방어기제의 유형이다.

① 주지화(intellectualization): 추상적으로 사고하거나 일반화, 지적 분석 등을 통한 갈등이나 스트레스 회피

철학, 문학 등의 지적 활동에 몰입함으로써 욕망에서 벗어나고자 하는 방어기제이다. 청년기의 추상적 사고도 주지화에 도움이 된다. 청년기에 새로이 획득한 추상적 사고를 이용하여 청년들은 비교적 개인감정을 드러내거나 욕구를 드러내지 않고 토론에 참여한다.

② 반동형성(reaction formation): 인정받기 어려운 생각이나 감정을 정반대의 행동이나 생각으로 대치시키는 것

반동형성은 용납하기 어려운 충동이 의식적으로 억압되어 완전히 반대로 나타나는 것을 말한다. 예를 들면, 10대 미혼모가 아기에 대한 적개심을 지나친 애정과 과잉보호로 표현하는 경우이다. 또 범죄 성향이 있는 사람이 반동형성을 통하여 용감한 경찰관이 되는 경우가 그것이다. 극단적인 방어적 정서형태, 강박증 등은 반동형성의 결과로 여겨진다.

③ 억압(repression): 감당하기 어려운 기억이나 생각을 무의식 속에 은폐하는 것

억압은 내부의 충동에 관한 것으로, 대부분의 방어기제에는 이 억압의 요소가 있다. 억압은 충격적인 경험, 스트레스를 유발하는 사건 또는 용납될 수 없는 충동을 무의식적으로 거부하는 것을 말한다. 억압은 합리화에 비해 비현실적이다. 그 이유는 충동은 의식으로부터 차단되지만 무의식 속에서 역동적으로 작용하고 있기 때문이다.

④ 금욕주의(asceticism): 본능적 욕구 자체를 거부하는 것

금욕주의는 욕구에 대한 두려움에서 나오는 것으로 철저한 자기부정을 의미한다. 청년기의 금욕은 본능적 욕구에 대한 불신에 기인하는 것이며, 이 불신은 성욕뿐만 아니라 모든 욕망을 억제하고 원초아를 완전히 무시한다.

⑤ 전위(치환, 전치, displacement): 해소될 수 없는 충동을 다른 대상에게 표현하는 것

전이는 어떤 대상에 대한 에너지가 다른 대상으로 전이되는 것을 말한다. 예를 들면, 청년기에 이성에 대한 강한 욕망이 강박적으로 어떤 사물에 집착하는 행위로 전이될 수 있다. 얼른 보기에 두 행위 간에는 관련이 없어 보일지 모르지만, 집착행위를 통해 이성적 욕망을 무의식적으로 거부하는 것일 수 있다.

⑥ 보상(compensation): 부족함을 숨기기 위해 다른 능력이나 특성을 강조하여 대리만족하는 것

보상은 어떤 분야에서 특별히 뛰어나 인정을 받음으로써 다른 분야에서의 실패나 약점을 보충하고자 하는 방어기제다. 예를 들어, 지적으로

열등하다고 느끼는 사람들은 신체를 단련하는 데 과도할 정도로 에너지를 사용하기도 하며, 사회적으로 무능하다고 느끼는 사람들은 그들의 지적능력을 개발하는 데 힘쓰기도 한다.

⑦ 퇴행(regresssion): 유치한 행동을 함으로써 어려운 상황을 회피하는 것

퇴행은 스트레스를 심하게 받거나 극단적인 곤경에 직면할 때 안정감을 느꼈던 어린 시절로 돌아가고자 하는 방어기제다. 퇴행은 어린이가 동생을 볼 때 주로 사용하는 방어기제로, 동생의 출현으로 부모의 사랑과 관심을 잃어버릴까 봐 두려워한 나머지 손가락 빨기나 오줌 싸기 등의 어릴적 행동을 함으로써 부모의 관심을 끌려고 하는 경우에 볼 수 있다.

⑧ 투사(projection): 자신의 떳떳하지 못한 욕망, 동기, 감정을 타인에게 전가하는 것

투사는 자신의 내부에서 일어나는 용납하기 어려운 충동을 다른 사람의 탓으로 돌리는 것을 뜻한다. 투사는 어떤 면에서 합리화와 비슷하다. 예를 들면, 어떤 청소년은 친구들이 아무도 자기를 좋아하지 않는다고 불평하지만, 사실은 그 자신이 자신을 포함한 어느 누구도 좋아하지 않는 것이다. 이 방어기제에는 이중적인 목적이 있다. 첫째, 용납될 수 없고 좌절을 안겨주는 감정으로부터 자신을 해방시킬 수 있다. 둘째, 자신의 용납될 수 없는 행동을 다른 사람에게 전가하고, 그 사람이 나쁘다고 불평함으로써 긴장과 좌절을 해소하고 자신은 무결할 수 있다.

⑨ 동일시(identification): 자신이 달성하고자 하는 특성을 가진 사람을 동경하고 자기화하는 것

동일시는 다른 사람의 태도, 신념, 가치 등을 자신의 것으로 채택함으로써 다른 사람의 특성이 자신의 성격에 흡수되는 것을 말한다. 오이디

푸스콤플렉스의 성공적인 해결은 같은 성의 부모와의 동일시를 통해서 이루어진다. 그리고 동일시를 통해서 초자아가 형성된다. 그러나 청소년기에는 부모에 대한 동일시는 크게 감소하는 대신 영화배우나 운동선수 같은 유명인사에 대해 동일시하는 것이 보편적인 현상이다. 이 과정은 부모로부터 독립하고 개인적인 정체감을 형성하는 데 도움을 준다.

⑩ 승화(sublimation): 욕구불만을 사회적으로 용납되고 가치 있는 방법으로 충족하는 것

승화는 본능이 신경증적인 행동으로 전이되지 않고 오히려 사회적으로 바람직한 행동으로 나타나는 것이다. 프로이트는 르네상스 시대의 유명한 누드화는 성적 충동이 승화되어 나타난 것이고, 문명의 발달 또한 성적욕구가 승화의 형태로 나타난 결과라고 주장한다.

⑪ 합리화(rationalization): 자신의 무능력과 욕구불만을 사회적으로 용납될 수 있는 그럴듯한 이유를 붙여 인정받으려는 것

가장 보편적인 방어기제는 합리화로, 자신의 행위나 생각을 합리화하기 위해 진짜 이유나 동기는 감추고 그럴듯한 이유를 제시하는 것을 말한다. 이 방어기제는 '신포도 반응'이라고도 한다. 이것은 퐁텐의 유명한 우화에서 여우가 맛있는 포도가 달린 포도나무에 손이 닿지 않자, 결국은 포도가 시기 때문에 먹고 싶지 않다고 생각했다는 '여우와 포도' 이야기에서 따온 것이다. 합리화는 이룰 수 없는 것, 불쾌한 것, 용납될 수 없는 것에 대한 구실을 제시함으로써 자아를 돕는다. 특히 용납될 수 없거나, 바람직하지 못한 행동으로 비난을 받거나, 그에 대한 설명을 요청받았을 때 이러한 합리화가 사용된다. 우리는 종종 우리 자신보다 주변의 환경을 탓함으로써 실패를 합리화한다. 그렇게 함으로써 자신의 실패와 역량부족을 인정할 때 초래될지 모를 불안과 죄책감을 회피할 수 있게 된다.

2 청소년상담의 사회적 지원

전국 청소년상담복지센터 및 한국청소년상담복지개발원 등을 통해 확인된 청소년의 고민, 고충 등 상담내용에 대한 연도별 현황을 정리하면 표 7-1과 같다. 2013년 위기청소년들이 호소하는 주요 문제는 학업 및 진로(26.3%), 대인관계(19.5%), 일탈 및 비행(11.9%), 정신건강문제(9.7%), 가족관계(7.4%), 컴퓨터 · 인터넷사용(7.0%), 성격문제(6.9%) 등의 순으로 나타났다.

표 7-1 전국 청소년상담 내용 현황

(단위: 건)

구분	2006	2007	2008	2009	2010	2011	2012	2013
가정	99,753	153,949	221,870	259,158	244,347	262,479	283,934	294,675
일탈 · 비행	177,479	373,298	622,267	425,959	438,492	485,852	514,258	474,855
학업 · 진로	375,555	571,520	579,993	681,393	770,181	885,205	973,773	1,047,704
성	72,155	100,556	144,422	93,674	101,843	89,495	80,169	99,081
대인관계	250,465	337,182	487,131	529,874	552,594	612,295	745,781	779,740
성격	179,649	193,784	231,796	266,379	253,482	268,427	275,955	273,305
정신건강	39,373	82,684	149,760	202,276	241,282	269,756	354,045	385,107
생활습관	44,187	19,919	29,789	71,013	31,462	32,608	26,708	30,335
활동	34,974	189,494	229,704	141,798	85,124	83,597	58,703	51,243
컴퓨터	80,112	170,470	231,895	381,085	405,256	493,146	277,977	280,788
단순정보제공	215,637	309,878	319,768	349,159	311,038	276,545	249,133	272,159
계	1,569,339	2,502,734	3,248,395	3,401,768	3,435,101	3,759,405	3,840,436	3,988,992

출처: e-나라지표.

지원대상의 유형을 보면 2013년에는 초등학생 18.7%, 중학생 27.3%, 고등학생 23.2%, 대학생 1.9%, 기타(무직 청소년, 학부모 등) 28.8%로 나타났다. 지역사회의 청소년통합지원체계가 위기청소년들의 사회안전망으로서의 역할을 보다 더 충실히 하고, 위기청소년들의 접근성 강화 및 운영의 내실화를 통해 질 좋은 서비스가 신속하게 제공될 수 있도록 전국 청소년상담복지센터를 확대하여 운영할 필요가 있다.

표 7-2 연도별 전국 청소년상담 대상 현황

(단위: 명)

구분	2006	2007	2008	2009	2010	2011	2012	2013
초등	249,057	399,047	804,135	971,993	951,990	1,024,467	927,515	896,951
중등	507,222	786,778	1,192,669	1,102,538	1,097,846	1,307,888	1,293,211	1,306,459
고등	434,873	625,097	859,855	810,411	771,727	970,430	1,032,836	1,113,199
대학	46,362	75,638	113,828	67,062	62,457	71,864	68,953	91,449
기타	331,825	616,174	1,038,116	1,119,473	1,133,222	1,216,286	1,284,226	1,379,952
계	1,569,339	2,502,734	4,008,603	4,071,477	4,017,242	4,590,935	4,606,741	4,788,010

출처: e-나라지표.

지역사회 청소년통합지원체계인 CYS－Net(Community Youth Safety-Net)은 위기청소년 보호지원을 위한 프로그램으로서 지역사회 시민 및 청소년 관련 기관·단체들이 위기상황에 빠진 청소년을 발견·구조·치료하는데 참여하여 건강한 민주시민으로 성장하도록 지원하기 위해 협력하는 연계망을 말한다. 즉, 지자체를 중심으로 지역 내의 청소년 관련 지원을 연계하여 학업중단, 가출, 인터넷 중독 등 위기청소년에 대한 상담, 보호, 자립 등의 맞춤형 서비스 제공을 목적으로 한다. 지역사회 청소년 통합지원체계 구성은 운영기관인 청소년상담복지센터를 중심으로 하여 청소년의 발견 및 보호를 위한 필수 구성기관인 학교, 교육청, 경찰관서, 노동관서, 국·공립의료기관, 보건소, 청소년쉼터, 청소년지원시설을 연계기관으로 지정하여 운영하고 있다. 청소년상담복지센터에서는 위기청소년에 대해 상담 등 서비스를 우선적으로 제공하고, 청소년상담복지센터의 서비스 제공 범위를 벗어난 취업·의료·보호 등의 서비스가 필요한 경우 본인이나 보호자의 희망여부를 확인한 후에 연계기관으로 의뢰한다.

그러나 청소년복지지원법에 의거하여 기초자치단체를 중심으로 설치가 의무화되어 있는 CYS-Net이 100% 설치 및 운영되고 있는 지역은 전국 17개 시도 중에서 7곳뿐이고, 특히 대전과 대구의 설치율은 전국에서 가장 낮은 수준이며, 광주, 부산, 경북, 강원도 전국 시·군·구 역시 설치율 80%에 미치지 못하고 있다(2014년 11월 기준, 전국 232개 시·군·구 중 184개 지역에서만 운영).

급변하는 사회와 경기 침체로 위기가정이 증가하면서 가정폭력, 가출 등 위기청소년문제도 나날이 심각해지고 있는데, 지역사회의 미래를 이끌어갈 청소년들이 밝고 건강하게 성장할 수 있도록 사회 전반의 관심과 동참은 필수이다. CYS-Net와 같은 시스템을 구축한 것이 내실 있게 추진될 수 있도록 지역사회의 관심과 지원이 필요하다.

Help Call 청소년전화 1388은 기존에 운영되던 다양한 지역사회 청소년연계자원을 통합하여 일반 심리상담, 위기상담, 긴급구조 및 자원봉사 정보제공 등 청소년상담 및 정보제공 전화로서 2005년 9월 6일부터 운영하고 있다. 2013년 12월 현재 전국 196개 청소년상담복지센터에서 24시간 365일 운영하고 있다.

Help Call 청소년전화 1388은 위기에 처한 청소년들에게 다급한 위기해결에서부터 근본적인 심리상담까지 종합적인 서비스를 제공하고 있으며, 누구나 청소년 유해환경 신고, 정보제공, 전문가와의 상담 등이 가능하다. 전국 청소년상담복지센터뿐만 아니라, 각 지역의 경찰, 학교, 병원 등 여러 기관과 연계하여 의료, 법률, 학업, 취업, 경제적 지원 등의 서비스를 제공한다.

2006년 본격적으로 Help Call 청소년전화 1388이 홍보되기 시작하였다. 자살 위험에 놓인 청소년이 직접 전화하거나 주변을 통해 자살에 관한 상담이 접수될 경우, 전문적인 심리상담과 더불어 청소년상담복지센터 내의 위기 개입팀이 경찰과 연계하여 출동하는 등 직접적으로 개입하게 됨에 따라 자살 위험에 무방비로 노출되었던 청소년들이 도움을 받을 수 있는 지원체계가 구축되었다. 2006년도 98,466건에서 2013년

413,231건으로 전화 상담 이용건수가 계속해서 증가 추세이다. 이것은 지역사회 청소년사회안전망(CYS-Net)의 확대 구축의 일환으로, Help Call 청소년전화 1388의 접근성을 높이기 위한 다양한 홍보활동의 확대와 청소년들의 고민상담 이외에도 일시보호, 의료지원, 복지지원, 자활지원, 학업지원, 법률지원 등 다양한 지원서비스가 제공됨에 따라 이용하는 청소년의 수가 증가한 것으로 보인다. 향후 Help Call 청소년전화 1388을 운영하는 청소년상담복지센터를 보다 확대하고, 상담 운영 요원에 대한 지속적인 교육 및 모니터링을 통해서 접수의 양적 증가와 더불어 질적인 측면 역시 향상되도록 해야 할 것이다.

한편, 청소년이 어떤 고민이 있을 때 주로 누구와 상담을 하는가도 중요하다. 청소년 고민상담 대상을 보면 표 7-3과 같다(청소년백서, 2017).

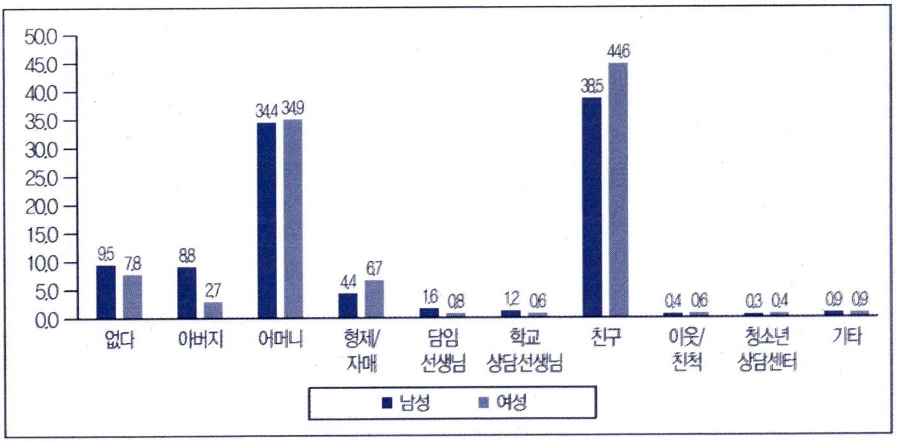

출처: 한국청소년정책연구원(2016).

그림 7-1 청소년 고민상담 대상

표 7-3 청소년의 고민상담 대상

(단위: %)

구분	부모	형제자매	친구동료	스스로 해결	기타	계
2010년	20.7	6.2	51.1	16.9	5.1	100.0
2012년	24.0	5.2	44.5	21.9	4.5	100.0
2014년	26.1	5.5	46.2	17.6	4.7	100.0
2016년	24.1	5.1	44.4	21.8	4.5	100.0

주: 기타에는 스승, 선·후배 포함.

출처: 통계청(2010, 2012, 2014, 2016).

표 7-3과 같이 청소년 고민상담 대상에서 부모와의 질적인 관계를 간접적으로 엿볼 수 있다. 2010년 청소년의 상담대상은 친구동료가 51.1%로 과반수를 약간 상회하였고, 다음으로 부모, 스스로 해결, 형제자매 순으로 많았다. 2012년, 2014년, 2016년에도 유사한 분포를 보였다. 부모와 고민상담을 하는 청소년의 비율은 2010년부터 지속적으로 증가했다가 2016년에는 다소 감소한 것이 특징이다. 형제자매, 친구동료, 스스로 해결이라는 응답은 증감을 반복하고 있어서 특이사항을 발견하기 어렵다. 그러나 2010년과 2016년을 비교해 보면, 부모와 고민상담하는 비율이 증가한 것과는 대조적으로 친구동료나 형제자매와 고민상담하는 비율이 감소했다는 것을 알 수 있다. 이것은 청소년 자녀 중 1/4 정도는 부모와 어느 정도 신뢰와 소통이 이루어지고 있음을 보여 준다.

청소년이 행복하지 않은 이유를 질문한 결과, 학업부담과 미래에 대한 불안이 압도적으로 높았다. 앞서 살펴본 상담 유형에서도 나타난 바와 같이 청소년들의 가장 큰 고민거리는 학업과 진로로 볼 수 있다. 이에 대한 상담 시스템을 강화할 필요가 있고, 더불어 획일적인 학교교육과 대학진학 시스템의 개선도 함께 고민되어야 할 것이다.

표 7-4 청소년들의 행복하지 않은 이유(2013)

(단위: %)

구분	학업 부담	미래 불안	가정불화	친구불화	가정경제난	외모 불만	기타
남자	40.9	23.3	9.8	6.6	4.1	5.3	10.1
여자	33.5	22.4	11.5	11.8	5.0	7.2	8.7
초등학교	37.0	5.6	17.8	16.9	5.0	7.3	10.4
중학교	37.4	15.5	13.5	11.4	3.4	7.7	11.1
일반고	42.8	33.9	4.4	4.1	3.4	4.1	7.3
특성화고	13.8	36.9	12.3	7.3	12.6	7.1	10.0
대도시	36.8	23.7	10.7	8.2	5.0	7.6	8.1
중소도시	37.3	22.1	10.3	9.9	4.2	5.5	10.8
읍면지역	39.1	22.7	11.2	9.6	4.1	4.2	9.0
양부모가정	38.3	22.8	10.3	9.6	3.5	6.2	9.3
한부모가정	28.3	24.3	14.8	3.9	10.7	6.9	11.1
조손가정	45.4	18.0	7.7	12.1	8.9	4.3	3.6
기타	43.1	17.6	2.3	16.5	7.6	3.2	9.6
학업 성적 상	40.7	17.6	11.0	10.4	4.8	5.1	10.4
중	43.1	19.6	9.7	9.6	3.5	6.0	8.6
하	30.8	28.4	11.1	8.1	5.1	6.9	9.6
경제 수준 상	44.8	17.6	10.0	12.2	0.7	4.7	10.0
중	40.6	22.1	8.1	9.2	1.6	7.9	10.4
하	26.4	28.7	14.0	5.9	11.6	5.6	7.8
소계	37.3	22.8	10.6	9.1	4.5	6.2	9.4

출처: e-나라지표.

한편, 급격한 사회변화에 따라 심각해지고 있는 청소년문제를 적극적으로 해결하고 체계적인 청소년활동을 위하여 청소년활동분야에 전문인력을 확보하기 위한 목적으로 국가자격제도를 통해 청소년상담사 및 청소년지도사를 양성하고 있다. 청소년상담사는 청소년기본법 제22조에 근거하여 상담 관련 분야를 전공하고 상담실무 경력이나 기타 자격을 갖춘 자로서, 자격 검정에 합격하고, 소정의 연수를 마친 자에게 여성가족부장관이 부여하는 국가자격을 말한다. 청소년지도사는 청소년기본법 제21조에 근거하여, 청소년 관련 분야의 경력 및 기타 자격을 갖춘 자로서 청소년지도사 자격검정에 합격하고, 청소년지도사 연수기관에서 실시하는 연수과정을 마친 자에게 여성가족부장관이 부여하는 국가자격증을 말한다. 청소년지도사는 청소년수련활동(프로그램, 사업)을 전담하여 청소년들의 신체단련, 정서함양, 자연체험, 예절수양, 사회봉사, 전통문화활동 등을 지도하는 역할을 한다.

청소년상담사 국가자격제도는 청소년보호육성 및 청소년상담인력의 전문성 확보를 목적으로 우리나라 상담분야에서 시행된 최초의 국가제도이고, 청소년지도사 국가자격제도는 청소년 분야 최초(1993년)의 국가자격제도이다. 2013년 현재까지 배출된 청소년상담사는 총 7,324명으로, 1급 316명, 2급 2,333명, 3급 4,675명이며, 청소년지도사는 1급 1,511명, 2급 22,686명, 3급 9,732명이 배출되었다.

청소년지도사 및 청소년상담사의 지속적인 배출과 보수교육을 통해 청소년분야의 영역별 대처능력을 향상시키고 청소년지도인력의 전문성을 제고해 나가야 한다.

표 7-5 청소년상담사 양성현황

(단위: 명)

	2008	2009	2010	2011	2012	2013
계	691	771	486	735	1,292	1,227
1급	47	15	14	19	29	12
2급	194	239	140	298	335	225
3급	450	517	332	418	928	990

출처: e-나라지표.

표 7-6 청소년지도사 양성현황

(단위: 명)

	2004	2005	2006	2007	2008	2009	2010	2011	2012	2013
계	1,317	1,392	1,248	909	2,744	2,931	3,295	3,051	3,262	3,837
1급	74	31	90	31	27	34	53	82	8	41
2급	663	456	792	695	2,086	2,165	2,374	2,262	2,502	3,041
3급	580	905	366	183	631	732	868	707	752	755

출처: e-나라지표.

3 청소년의 자살

한국은 사회 전체적으로 1980년대 중반 이후 20년간 자살 사망자 수가 3.5배 증가하였다. OECD 국가 중에서 가장 눈에 띄는 자살 증가율을 보이고 있다. 한국은 2003년 이후 12년간 OECD 국가 중 자살률 1위를 이어오고 있다. 이것은 한국사회의 정신건강에 심각한 문제가 있음을 말해 준다.

미국의 경우, 2012년 40,600명의 자살자 중 5,183명이 청소년 자살자이며 매일 평균 14명이 자살하는 것으로 나타났다. 2013년에는 고등학생들의 29.9%가 거의 매일 슬프거나 희망이 없다고 느끼는 것으로 나타났다. 고등학생들의 17%는 심각하게 자살을 고려하고, 13.6%는 자살계획을 세운 것으로 나타났다(Schmidt, 2016). 이것은 특정 국가의 차원이 아니라 전 세계적으로 청소년들이 자살에 취약하다는 것을 말해 준다.

성인기로 갈수록 자살시도에 따른 치명적 자살률이 증가하는데, 실제 자살 시도 비율이 가장 높은 시기는 청소년기이다(Fremouw, Perczel & Ellis, 1990). 미래사회의 주인인 청소년들의 자살은 그 잠재력을 고려할 때 더 충격적이다. 청소년 자살의 경우, 15세 전후로 크게 증가하여 23~25세에 절정에 이르는 것으로 알려졌다(송동호 · 이홍식 · 전여숙 · 정유숙, 1996). 청소년기의 삶과 죽음에 대한 개념형성, 인지발달, 충동성, 우울증, 학업스트레스, 약물, 학교폭력, 진학 등이 자살을 초래하는 주된 요인이다.

청소년 초기에는 주로 학교성적과 진학문제로 자살충동을 경험했다는 비율이 가장 높고, 청소년 후기에는 경제적 어려움, 직장문제 등으로 자살충동을 경험했다는 비율이 가장 높았다.

표 7-7 자살 충동 원인(2012)

(단위: %)

구분	남자	여자	13~19세	20~29세	계
자살충동 있었다	7.5	10.6	12.1	9.3	9.1
- 경제적 어려움	44.2	36.2	16.7	28.7	39.5
- 이성문제	4.7	3.9	1.4	5.4	4.2
- 신체적 · 정신적 질환, 장애	10.9	12.8	2	8.7	12.1
- 직장문제	9.5	5.5	0.4	21.4	7.1
- 외로움, 고독	10.3	14.9	12.5	17	13
- 가정불화	11.4	15.1	16.9	7.9	13.6
- 학교성적, 진학문제	6.3	6.3	39.2	4.2	6.3
- 친구, 동료들과의 불화 및 따돌림	0.8	1.7	7.1	1	1.4
-기타	1.9	3.5	3.7	5.9	2.9
자살충동 없었다	92.5	89.4	87.9	90.7	90.9

출처: e-나라지표.

특히 감수성이 예민한 여학생이 남학생보다 자살 시도율이 높고, 과거부터 지속적으로 중고등학생의 일정한 비율이 자살을 시도하고 있는 것으로 조사되고 있다.

표 7-8 자살시도율(최근 12개월 동안 자살을 시도한 적이 있는 사람의 분율) (단위: %)

구분	남학생						여학생					
	2013	2012	2011	2010	2009	2008	2013	2012	2011	2010	2009	2008
전체	2.8	2.8	3.0	3.8	3.3	3.7	5.5	5.4	5.6	6.3	6.0	5.9
중1	2.7	2.6	3.0	4.0	3.5	3.6	8.3	6.2	6.6	8.1	8.4	7.2
중2	3.7	3.1	3.3	4.1	3.6	4.3	7.9	6.9	7.7	7.4	6.5	6.8
중3	3.1	3.2	3.5	3.8	3.1	3.4	5.8	6.2	6.5	6.7	6.2	6.4
고1	2.7	3.2	2.8	3.9	3.2	3.5	4.2	5.4	5.1	6.2	5.8	5.6
고2	2.7	2.3	2.4	3.4	3.4	3.5	3.9	4.6	4.4	4.8	4.8	4.9
고3	2.2	2.4	3.2	3.7	3.1	3.8	3.3	3.4	3.6	4.4	4.1	3.9

출처: e-나라지표.

2016년 유행처럼 번진 말 중 하나가 '헬조선'이다. 이것은 한국 청소년들이 사회를 어떻게 바라보고 있는지 여실히 보여 준다. 한국사회의 정신건강 수준이 열악한 것은 개인만의 문제로 보기 어렵다. 사회 전체의 정신건강 수준을 높일 수 있는 노력이 필요하며, 특히 자라나는 청소년들에 대한 관심이 요구된다.

청소년들이 바라보는 한국사회

"젊은이들에게 한국에서 사는 것은 지옥에서 사는 것과 마찬가지다. 금수저를 물고 태어난 사람들은 좋은 대학에 들어가고 근사한 직업을 보장받는 대신 흙수저로 태어난 사람들은 장시간 노동에 저임금을 받고 혜택 없이 살아간다"

지난달 31일 미국 일간 워싱턴포스트(WP)가 조명한 '헬조선'의 모습이다. WP는 '한국 청년들은 자신의 나라를 지옥으로 부르며 탈출구를 찾는다'는 제목의 기사에서 "'헬조선'이 유교적 계급질서가 사회를 단단히 틀어쥐고 누가 앞서갈지는 봉건제도로 결정되는 조선왕조를 떠올리게 하는 말"이라고 설명했다.

WP는 헬조선 현상의 배경을 주로 경제적 요인으로 분석했다. WP는 "부모세대는 1960~70년대는 경제 발전, 80년대 민주화 등 사회가 발전하는 과정을 살았지만, 이후에 태어난 2030세대는 부정적인 면들만 겪었다"며 "2008년 글로벌 금융위기에 따른 사회·경제적 어려움과 상실감이 눈부신 산업화의 경험과 대비되면서 다른 나라들보다 훨씬 더 클 것"이라고 분석했다.

그러면서 "한국경제는 지난해 성장률 2.6%를 찍으며 미끄러졌고 안정성도 없고 혜택도 없는 비정규직을 양산했다"고 덧붙였다.

한국의 청년들이 현실을 개탄하는 모습에 대해서도 WP는 상세히 소개했다. WP는 페이스북의 '헬조선 페이지'를 예로 들며 "장시간 노동, 높은 자살률, 심지어는 높은 과자 값 등이 언급되는 등 한국의 끔찍한 상태가 계속 포스팅되고 있다"고 전했다. WP는 특히 "많은 온라인 커뮤니티에서 헬조선을 떠날 방법을 소개하고 있다"며 미군에 입대해 미국 시민권을 얻는 방법, 북미에서 수요가 많은 용접 기술을 익히는 방법 등을 예로 들었다.

WP는 한국 청년들과의 인터뷰를 통해 기사의 현실감을 더했다. 이에 따르면 방송작가인 황민주(26)씨는 월요일 아침에 짐을 싸서 방송국에 간 뒤 목요일까지 그 곳에서 숙식을 해결하며 일한다. 일은 밤 9시쯤에야 끝나지만 비정규직이라 항상 해고에 대한 두려움을 안은 채 일한다. 비정규직 노조원인 이가현(22)씨는 "한국에서 파트타임이라고 하면 일은 정규직과 똑같이 하고 대신 월급은 적게 받는 걸 뜻한다"고 자조하며 "비슷한 환경에 있는 다른 사람들을 돕기 위해 전문 노동변호사가 되겠다"고 말했다.

WP는 헬조선 열풍이 단순히 사이버공간에서만의 유행은 아니라고 강조했다. 이와 관련, WP는 장강명 작가의 '한국이 싫어서'가 지난해 베스트셀러에 올랐고, 손아람 작가가 한 일간지에 기고한 '청년망국선언문'이 폭발적인 관심을 모았다고 전했다.

이어 WP는 한국 청년들을 더 좌절시키는 요인으로 사회의 구조적 문제 대신 노력 부족만을 지적하는 기성세대를 든 30대의 불만을 전한 뒤 "이곳은 출구 없는 지옥"이라는 그의 한탄으로 기사를 마무리했다(한국일보 2016.02.01. 기사).

인간은 누구나 정서적 탄력성을 가지고 있고, 특히 청소년기는 정서적으로 미성숙한 시기이기 때문에 성장과정에서 자살충동을 느끼더라도 충분히 다시 회복할 수 있다. 따라서 청소년이 자살위기에 처했을 때 이를 극복할 수 있도록 지원하는 사회적 예방과 개입이 매우 중요하다(홍봉선, 2010).

가. 자살의 개념과 특징

자살의 영어표현인 'suicide'는 라틴어에서 자신을 뜻하는 'sui(self)'와 죽이다는 뜻의 'caedo(kill)'가 합해진 것으로, 세계보건기구(WHO)는 자살의 개념을 '자살행위로 죽음을 초래하는 행위'라 하였으며, 프로이트(Freud)는 자살을 '자신에게 향해 있는 죽음본능의 활동요소가 극적으로 표현되는 것'이라고 하였다(이윤주, 2008). 결국 자살은 자발적으로 그리고 의도적으로 자신의 생명을 끊거나 끊으려고 시도하는 행동 또는 그러한 경향으로 정의할 수 있다(한국청소년상담원, 2007).

자살관련 행동은 자살사고(suicidal thoughts), 자살의도(suicidal intent), 자살제스처(suicidal gestures), 자살시도(suicidal attempts), 완료된 자살(completed suicidal) 등의 다섯 가지 범주로 구별된다.

첫째, 자살사고는 무심코 죽고 싶다고 생각하는 것부터 심각하게 고려해 본 것을 포함한다.

둘째, 자살의도는 죽고 싶다는 생각만 하는 것이 아니라 자살을 실행할 구체적 계획과 동기가 포함된다.

셋째, 자살제스처는 준 자살행동(parasuicidal behavior)으로, 팔이나 다리를 칼로 긋는 것 같은 치명적이지 않은 자기 손상 행위를 포함한다. 준 자살행동은 흔히 자신의 고통을 다른 사람에게 알리고자 하는 욕구에 의해서 일어나며, 도움이 필요함을 알리는 행위이다. 이러한 자해는 심한 정서적 어려움이 있는 청소년들이 신체적 고통을 통한 정서조절의 방법으로도 사용한다. 그리고 자살제스처는 더 심각한 시도의 전조가 되는 연습실행(practice run)일 수 있다.

넷째, 자살시도는 치명성이 낮은 시도와 높은 시도로 구분한다. 치명성이 낮은 시도는 집에서 약을 먹는 것처럼 발견이 비교적 쉬운 상황에서 서서히 작용하는 방법을 사용하는 것을 말한다. 이러한 행동은 대인갈등이나 스트레스 요인에 의해 가장 많이 일어난다. 치명성이 높은 시도는 즉각적으로 치명적인 결과를 초래하는 방법을 말한다. 따라서 더 심각한 후유증을 낳는다.

다섯째, 완료된 자살은 자살시도를 통해 실제 그 결과로 죽음에 이른 것을 말한다.

뒤르켐(Durkheim, 1997)은 사회학적 관점에서 자살 유형을 이기적 자살(egoistic suicide), 이타적 자살(altruistic suicide), 아노미적 자살(anomic suicide)로 분류하였다.

첫째 이기적 자살은 지나친 개인주의로 상호유대가 약해진 사회에서 개인이 소외되어 일어나는 자살이다. 정서적 유대가 단절되면 소외와 고독감을 느끼게 되고, 이는 우울감을 높이게 되어 결국 자살로 이어진다. 즉, 자신의 어려움을 회피하기 위한 수단으로 자살을 선택한다.

둘째 이타적 자살은 개인이 특정 사회집단에 과도하게 몰입되어 집단을 위해 본인을 희생하는 자살이다. 사회관습이나 도덕에 따른 자살로, 관습에 따라 사회를 위해, 상급자를 위해, 남을 위해 자살을 한다. '수티'나 '할복'이 이에 해당한다. 인도의 수티(Suttee)는 '깨끗한 방법' 또는 '정숙한 아내'라는 뜻의 화장법(火葬法)을 가리키는 말로, 죽은 남편의 시신을 장작더미에 올려 태울 때, 아내도 산 채로 함께 태우는 인도의 장례풍습이다. 할복은 10세기 이후 일본의 무사 계급인 사무라이들이 사용한 자살방법이다. 17세기 이후에는 무사의 명예를 존중한 사형제도로서 형식을 갖추게 된다.

셋째 아노미적 자살은 사회가 병적으로 혼란스럽고 무질서하여 무규율상태가 될 때 욕망이 통제되지 못해 발생하는 자살이다. 생활질서, 생활규범, 심리균형, 가치질서의 붕괴로 인해 삶의 의욕이 저하되고, 삶의 방향을 상실하게 되어 결국 자살하게 된다.

최근 우리나라 청소년들의 자살행동은 뒤르켐의 자살분류 중 이기적 자살과 아노미적 자살에 속하는 경우가 대부분이라 할 수 있다(홍봉선, 2010).

한편 정신분석학에서는 본능적 공격욕구가 자기를 대상으로 할 때 자살이 일어나고, 타인을 대상으로 할 때 살인이 일어난다고 보았다. 이러한 욕구가 억압되면 우울증의 증상이 나타난다.

자살에 대한 오해와 진실

1. 오해: 자살에 대해 말하는 사람은 실제로 자살을 행하지는 않는다.
   진실: 자살하는 사람 10명 중 8명은 자살하려는 의도를 명확하게 언급한다.
2. 오해: 자살은 특징적인 징후 없이 행해진다.
   진실: 자살하려는 사람은 자살의도에 대해 주변 사람들에게 여러 단서와 경고를 준다.
3. 오해: 자살하려는 사람은 정말로 죽고 싶어 한다.
   진실: 자살하려는 사람의 대부분은 삶과 죽음에 대해 결정을 내리지 못한 상태이다. 그들은 다른 사람들이 그들을 구할 여지는 남겨둠으로써 '죽음을 담보로 한 도박'을 벌인다. 자살하려는 사람의 대부분은 다른 사람에게 자신이 어떻게 느끼는지를 알린다.
4. 오해: 한 번 자살을 한 사람은 평생 동안 자살하려는 경향이 있다.
   진실: 자살을 하려는 사람은 단지 한정된 기간 동안만 그러한 경향을 보인다.
5. 오해: 자살위기 이후에 감정상태가 호전되는 것은 자살의 위험이 끝났음을 의미한다.
   진실: 대부분의 자살은 상태의 호전이 시작되고 나서 세 달 이내에 일어난다. 이 시기에는 음울한 생각과 감정을 행동으로 옮길 수 있는 기운이 생기기 때문이다.
6. 오해: 자살은 부유층에게 훨씬 자주 일어난다. 혹은 반대로 빈곤층에게 자주 일어난다.
   진실: 자살은 부유층 혹은 빈곤층 어느 하나의 전유물이 아니다. 자살은 사회의 모든 계층에서 골고루 일어난다.
7. 오해: 자살하려는 모든 사람은 정신적으로 문제가 있으며, 자살은 항상 정신이상자의 행동이다.
   진실: 자살하려는 사람들이 불행을 느끼는 것은 사실이지만, 그들이 꼭 정신이상인 것은 아니다.

출처: 수원시자살예방센터 홈페이지

1) 자살의 성차

모든 연령에서 자살시도는 여성이 남성보다 더 많이 하는 경향이 있지만, 남성이 자살에 성공하는 비율은 더 높다. 여성은 남성보다 3배 이상 자살을 시도하는 반면에, 15~19세 남성은 여성의 6배 정도 자살을 완료한다(CDC, 2002). 이것은 성별에 따라 자살방법이 다르기 때문이다. 남성은 총이나 흉기를 이용한 자살을 시도하는 경우가 많은 반면, 여성은 다량의 약을 먹는 것과 같은 치명성이 낮은 방법을 사용하는 경우가 많다.

2) 자살의 문화적 차이

자살 통계치의 전 세계적인 공통점은 지난 수십 년 동안 그 수치가 계속 증가했다는 점이다. 그러나 국가별 문화에 따른 자살률은 다양한 특징을 나타낸다. 세계보건기구 자료에 따르면 미국, 캐나다, 서부유럽, 호주, 뉴질랜드에서는 남자 청소년이 더 많이 자살시도를 하는 반면에, 일부 아시아 국가에서는 성별 차이가 거의 없고, 그 외 국가에서는 여자 청소년이 더 많이 자살시도를 한다. 예를 들면, 중국의 시골지역에서는 청소년 자살완료자의 대부분이 여자이다. 이것은 현대적인 응급치료가 어려운 시골이기 때문에 여성이 선호하는 약물 복용과 같은 방법이 낮은 치명성을 갖지 않기 때문이다(Gould, Shaffer & Greenberg, 2003).

3) 자살의 원인 - 개인 내적 요인

가) 우울증

자살한 청소년의 대다수인 90%가 진단 가능한 정신 병리를 가지고 있다(Could et al., 2003). 우울증은 자살 완료자와 자살시도자 모두에게 가장 흔히 내려지는 진단이며, 청소년 자살시도자의 20~30%가 우울증을 갖고 있다(Apter & Wasserman, 2003). 자살시도는 우울한 성인들보다 우울한 청소년들에서 더 높은 비율로 일어난다(Mitchell et al., 1988). 남자 청소년들보다 여자 청소년들이 정서적 장애를 더 많이 갖는다(Flisher, 1999).

나) 공격성과 충동성

우울증 외에도 청소년 자살의 중요한 예언요인으로 공격성이 있다(Apter & Wasserman, 2003; Wolfsdorf et al., 2003). 자살충동을 느끼는 청소년의 약 70%가 품행장애와 반사회적 행동을 보인다(Berman & Jobes, 1991). 그리고 청소년의 품행장애는 우울증과는 관계없이 성인기의 자살을 예언하였다(Harrington et al., 1994). 남자 청소년에게서 품행장애와 자살이 가장 강하게 연결되며, 우울증과 품행장애의 결합은 특히 해롭다(Apter & Wasseman, 2003). 품행문제는 법적인 문제를 만들고(Gould et al., 2003), 또래 거부, 비행 청소년과의 연결, 물질남용을 증가시키기 때문에 자살에 기여한다(Prinstein et al., 2000).

그리고 충동성이 자살에 중요하게 작용한다(Esposito et al., 2003). 충동성은 좌절에 대한 낮은 인내심, 계획의 부족, 빈약한 자기통제, 훈육문제, 낮은 학업성취 등과 같은 여러 측면에서 나타날 수 있다. 충동성은 자살을 시도하는 청소년의 35~100%에서 발견되는데(Mehlenbeck et al., 2003), 판단력을 흐리게 하고, 자기파괴적 행동을 증가시킴으로써 자살을 돕는 역할을 한다.

다) 인지요인

자살행동과 관련된 인지적 요인으로 무망감(hopelessness)과 낮은 문제해결력이 있다(Esposito et al., 2003). 청소년들은 희망을 가지지 못하고, 살아야 할 이유를 찾지 못할 때 자살을 고려하게 된다.

라) 자살행동의 반복

청소년이 자살사고 및 자살의도에서 자살행동으로 넘어가게 되면, 이후에 다시 자살을 시도할 가능성이 높아진다. 이전의 자살 경험은 미래의 자살에 대한 강한 예측요인이다. 청소년 자살완료자의 25~100%는 이전에 자살시도를 한 경험이 있었다(Gould et al., 2003).

4) 자살의 원인 - 가족 요인

부모의 정신병리는 청소년의 자살과 관련이 있는데, 부모의 물질남용과 우울증(Brent et al., 1994), 특히 어머니의 우울증(Klimes-Dougan et al., 1999)은 강한 위험요인이다. 12세 이전의 부모상실도 자살위험을 증가시킨다(Brent & Mann, 2003). 부모가 제대로 부모역할을 하지 못해 낮은 의사소통과 정서적 반응, 높은 폭력성과 훈육, 일반적인 가족갈등, 학대 등으로 청소년 자살을 예측할 수 있다. 그러므로 긍정적인 부모-자녀 관계는 위기에 처한 청소년들의 자살을 막을 수 있는 요인이 된다.

자살과 관련이 있는 또래나 성인의 자살에 노출된 청소년은 자살위험이 더 크다(Gould et al., 2003). 이것을 접촉효과(contagion effect)라고 한다. 자살에 노출되면 매우 부정적인 심리적 효과를 가진다. 자살 노출은 자살에 대한 충분한 원인이라기보다는 기존의 위험요인을 가속시키는 것이다.

5) 자살의 원인 - 사회관계 요인

청소년들이 또래의 지지를 받지 못하거나(Harter & Marold, 1994) 대인관계기술이 부족한 것은(Asarnow et al., 1987) 자살의 위험요인으로 보고되고 있다. 자살충동을 느끼는 청소년들은 다른 사람들보다 또래에게서 무시당하고 괴롭힘을 당하기가 더 쉽다. 그리고 사회관계적 실패, 거부, 비하, 실연은 청소년 자살의 공통적인 요소로, 청소년 자살시도의 1/3을 일으키는 원인이다(Prinstein, 2003).

6) 자살의 원인 – 문화적 요인

사회경제적 지위가 낮은 것도 자살과 관련되는데, 빈곤한 청소년들은 자살사고, 자살시도, 자살완료에 더 위험하다(Kessler, Borges & Walters, 2001).

일반적이지 않은 성문화를 가진 청년들도 자살위험이 증가한다(Faulker & Cranston, 1998). 동성애, 양성애 청소년들의 자살 관련 행동이 더 높은 것으로 보고되고 있다(Fergusson et al., 1999; D'Augelli et al., 2001). 자신들의 성적 지향을 밝힌 후에 다른 사람들로부터 수용되지 않을 때 이러한 경향이 높아진다. 다른 사람들의 반응은 거부에서부터 언어적 희롱, 폭력까지 다양하다.

대중매체가 자살을 다루면 청소년들의 자살이 증가한다(Stack, 2000). 청소년들의 접촉효과, 동일시화, 우상화와 관련하여 대중매체가 청소년에게 미치는 영향은 매우 크다. 때문에 매체에서 자살을 다룰 때에는 유의해야 할 사항이 있다. 첫째, 지나치게 단순화한 자살설명은 판단을 그르치게 한다. 이것은 자살을 하게 만든 심각하고 누적된 심리적 · 사회적 문제를 정확하게 표현하지 못하기 때문이다. 둘째, 매체의 반복적이고 부풀린 자살보도는 청소년들이 그 문제에 몰두하게 만들 수 있다. 셋째, 매체는 자살이 문제해결의 방법인양 제시하는 것을 피하고, 자살을 유발하는 정신병리를 강조해야 한다. 넷째, 자살한 사람을 찬사하거나 공적을 추도하는 것을 조심해야 한다. 그런 행위가 존경할 만하고 훌륭하다는 것을 암시할 수 있다.

표 7-9는 청소년의 다양한 자살심리를 나타낸 것이다.

표 7-9 청소년의 다양한 자살심리

도피성 자살	불량친구의 협박이 두렵고 등교거부를 하자니 부모님이 무서운 상황으로 이와 같은 어려운 상황을 죽음으로 도피하려 한다. 주로 수동적이며 타인과의 의사소통이 단절된 청소년들에게서 흔히 볼 수 있다.
보복성 자살	부모나 선생님의 꾸중에 대한 반발, 억울한 누명에 대한 결백을 증명하기 위해 자살을 선택하는 경우, 부모나 교사에 대한 복수심이 깔려 있다. '내가 죽음으로서 당신도 고통받으라'는 내면심리가 작용한다.
자기 처벌적 자살	성취욕은 높은데 현실이 자신의 기대수준에 못 미칠 때 죄책감으로 '못난 자신'을 응징하는 방법으로 자살을 선택한다. 입시경쟁의 도태, 우울증, 독립성 부족 등의 요인들로 비현실적 자아상을 가진 청소년에게 나타난다.
욕구좌절에 의한 자살	'휴대폰을 안 사줘서', '명품 운동화를 안 사줘서' 등의 대수롭지 않은 이유로 자살을 하는 경우로 아동기적 의존욕구가 남아 있어 자기중심적이며 인내심이 부족한 청소년에게 나타난다.
죽은 이와의 재결합을 소망하는 자살	현실이 고달프고 불행할 때 사별한 가족이나 친구를 따라 세상을 등지고 그들과 저세상에서 결합하고자 하는 의도로 자살을 한다.

출처: 이홍식 등(2008).

나. 청소년 자살 중재와 예방

자살충동을 느끼는 청소년의 82%는 자신이 죽기 1주일 전에 다른 사람들에게 자신의 자살의도를 말했다(Berman & Jobes, 1991). 하지만 주위 사람들은 그들의 위협을 심각하게 받아들이지 않고 그것을 부정하거나 중요성을 이해하지 못한다. 예를 들어, 친구가 자살하고 싶다고 이야기를 하면 그것을 다른 사람에게 알리는 것은 친구가 비밀스러운 이야기를 한 것에 대한 배신으로 생각하는 경향이 있다. 그리고 전문적인 도움을 찾아보지도 않고 도움을 지연시키거나 방해하기 쉽다. 때문에 청소년의 자살을 예방하기 위해서는 부모, 또래 등 주변 사람들에게 관련 교육을 하는 것이 중요하다.

위기에 처한 청소년이 도움을 받으러 오면 즉각적으로 해야 할 것은 자살 위험 정도를 평가하고, 중재(intervention)를 통해 자해하지 못하게 하는 것이다. 가장 기본적인 접근은 자살을 수행하는 도구를 차단하는 것이다. 집안의 흉기를 없애고, 약품을 수거하고, 기간을 명기하여 그 기간 동안 자신에게 위험한 행동을 하지 않겠다는 협약하기(위기시간을 넘기면 안정을 찾을 수 있으므로), 친분이 있는 가족이나 친구가 함께 지내기, 약물치료 등이 포함된다.

가장 일반적으로 사용되는 자살 예방활동은 상담전화와 대중 캠페인을 벌이는 것이다. 하지만 실제 전화상담을 실행한 지역의 자살률이 감소하긴 했지만 제한적인 효과만 있다. 캠페인 활동은 청소년의 관심을 자살로 끌어오는 역효과를 가져올 수도 있다. 몇몇 연구들은 TV나 신문에서 자살에 대한 캠페인 후에 청소년들의 자살률이 증가하는 것으로 보고하였다.

학교에서 이루어지는 자살예방프로그램은 널리 보급되어 많이 쓰이고 있다. 프로그램의 목표는 청소년 자살문제에 대한 경각심을 높이고, 위기에 처한 청소년을 구분하는 훈련과 지역사회의 유용한 자원들에 대해 교육하는 것이다.

학교에서 실시하는 자살예방프로그램의 문제는 가장 위험에 처한 청소년에게는 도달하지 못한다는 것이다. 왜냐하면 가출한 청소년들, 입원자 등은 그 수업에 참가하지 않기 때문이다. 그리고 접촉효과에 대한 고려가 부족하여 무심코 자살행동을 일상화하는 문제가 있다. 그리고 자살예방프로그램이 자살에 대한 지식을 높여주지만 자살에 대한 태도를 변화시키는 데에는 한계가 있는 것으로 보고되고 있다(Overholser et al., 1989).

보다 근본적인 해결방안은 청소년들 생활주변에 있는 스트레스 요인들을 관리하는 것이다. 즉, 자살예방프로그램에서 자살에만 초점을 두는 것이 아니라, 불안정한 관계 개선, 자존감, 정서조절 등과 같은 발달적 역량을 향상시키는 것이 필요하다. 더불어 물질남용, 충동성, 우울증, 가정불화, 사회적 고립 등과 같은 위험요인들을 다루어야 한다(Wenar & Kerig, 2011).

C·H·A·P·T·E·R 08

청소년과 교육

1. 교육의 목표와 청소년
2. 이끌어 냄과 조형의 조화
3. 청소년의 학교생활
4. 학교교육의 변화
5. 대학입시와 대학교육
6. 청소년에 대한 부모의 교육지원

1 교육의 목표와 청소년

인간이 어떠한 것을 학습하고자 할 때 가장 자연스럽고 효과적인 접근은 스스로의 관심과 동기를 바탕으로 충분한 관찰과 탐구가 이루어질 때이다. 다시 말하면 학습은 청소년의 자발성과 자유로운 탐구를 바탕으로 할 때 효과적으로 일어난다. 이는 교육의 기본 원리 중 하나로서 오랫동안 주지되어 왔는데, 특히 이러한 원리를 바탕으로 현대 교육에 큰 영향을 준 두 사상가로 루소(Rousseau)와 듀이(Dewey)를 소개할 수 있다.

루소의 교육 사상은 페스탈로치, 프뢰벨, 헤르바르트 등 많은 교육자들에게 영향을 주었으며, 현대 교육 사상에 선구적 역할을 하였다. 루소는 그의 저서 「사회계약론」(The Social Contract, 1762)의 시작 부분에서 "사람들은 자유로운 존재로 태어났지만 도처에 사슬로 묶여있다"고 하였고, 「에밀」(Emile, 1762)의 시작 부분에서도 역시 "창조자의 손에서 나올 때 일체는 선이지만 인간의 손에 있어서 일체가 타락한다"라고 말하면서, 사람은 태어날 때부터 자유로우며 선하지만 사회에 들어가면서 사슬로 얽매이고 나빠진다고 주장하였다. 즉, 인간의 성선(性善)과 사회악을 표현한 것이다. 루소는 교육이 사람의 선천적인 선함, 즉 아이가 가지고 있는 본성과 사고를 기본으로 교육해야 한다는 것이다.

이것은 기존의 교육관에 큰 충격을 주었다. 왜냐하면 기존의 일반적인 가치관은 사람은 태어날 때부터 무지하고 선을 모르기 때문에 사회의 가치와 지식을 전수해야 한다는 성악설에 기반하고 있었기 때문이다. 성인이 아이에게 가르치는 것은 아이에게 지식과 예의를 가르치기 위한 것이다. 여기에서 아이의 개성, 사고, 학습동기 등은 중요하지 않고 이미 정해진 내용을 주입하는 교육이 주를 이루게 된다. 아이의 경험은 존중되지 않고, 성인에 의한 규제는 당연한 것으로 생각된다. 자유로운 아이를 가정하지 못하는 까닭의 기저에는 아이에 대한 불신이 자리 잡고 있다. 청소년은 불완전한 성인이고, 성인이 되기 위한 준비 단계로 생각했던 것이다.

루소의 교육 사상은 이러한 성악설에 기초한 주입식 교육, 언어주의에 의한 교육을 본질적으로 뒤집는 것이었다. 자연이 선이라는 아동관은 인간의 발달단계를 존중하고 그에 따라 교육을 하자는 생각으로 이어진다. 그에 따르면 이러한 어린이의 관점을 바탕으로 한 교육은 구체적으로 세 가지를 강조한다. 자연에 의한 교육, 인간에 의한 교육, 사물에 의한 교육이 그것이다. 자연은 아동의 내재적 인간성, 즉 그의 소질과 성장의 힘을 말하고, 인간과 사물은 이에 영향을 끼치는 외적 환경을 의미한다. 이를 주관적 자연주의라고 하는데, 그는 인간 내부의 자연성에 따르는 것이 참다운 교육이라고 주장하였고, 감각의 훈련, 경험이나 활동에 의한 학습 등을 강조하였다. 구체적인 교육방법으로 제시한 것은 첫째, 합자연의 원리로 인간의 발달단계에 맞는 교육, 둘째, 주정주의의 교육으로, 서적을 통한 주지주의 교육방법이 아니라 생활의 원리를 통한 교육과 감각훈련을 통해 느끼고 깨달아 가는 방법, 셋째, 실물을 바탕으로 시청각방법에 의한 직관적 교육방법, 넷째, 아동의 흥미위주의 자발성을 존중하고 개성을 존중하는 것 등을 제시하였다.

자연에 의한 교육은 인간을 인위적으로 좌우하지 않는 자연적 발달에 의한 교육을 말하고, 인간에 의한 교육은 인간에 대한 존중을 바탕으로 본성에 따라 희망하는 방향, 원하는 내용을 중심으로 교육이 이루어져야 함을 말하며, 사물에 의한 교육은 직접적인 경험과 직관에 의한 교육을 의미한다. 인간에 의한 교육, 주위의 사물에 의해 배우는 교육은 모두 자연적 교육에 순응하는 것으로, 교육은 아동발달의 정도가 중요하게 여겨지며 이에 따라 이루어진다. 규제나 의무는 사라지고 자유로운 생각과 행동의 기회가 부여된다. 그런 의미에서 자연주의적이며 경험주의적이다.

학력중심사회는 청소년의 자발성과 경험을 인정하지 않는 일방적인 주입식 교육이 주류가 되고 있다. 청소년의 사고와 풍부한 경험, 사물에 대한 자유로운 탐구와 학습동기보다는 상급학교 진학과 취업이 우선시된다. 이에 따라 일정한 지식과 행동이 강요되고 엄격한 규제가 마련되어 평가되는데, 이러한 교육은 청소년보다는 사회를 기준으로 하는 것이다.

존 듀이는 교육의 목적에 대해 "교육목적이 교육과정 속에 포함되어 작용하는 때와 교육목적이 교육과정에 분리되어 설정될 때"가 있다고 지적하였다. 이 중 후자는 개개인의 사회적 관계가 평등한 균형을 유지하지 않을 때이다. 왜냐하면 이 경우 사회구성원들이 외부에 의해 결정된 교육목표를 바탕으로 교육을 받게 되는데, 이것은 자신의 경험의 자유로운 성장을 위해 설정된 목적이 아니기 때문이다. 즉, 교육이 다른 사람들이 원하는 수단이 되는 것이다.

이 점을 고려해 볼 때 교육목적은 후자의 경우가 아니라, 개개인의 사회관계가 평등한 균형을 유지하는 민주주의 사회의 목적을 분명히 하는 것이어야 한다. 이러한 민주주의의 원칙을 기반으로 한 교육은 교실에서 교사와 학생의 관계에도 영향을 미친다. 듀이는 모든 학생들의 행동 혹은 행위의 순서가 교사에 의해 명령될 때 그리고 교과의 지도에 따르는 것일 때 교육의 목적에 대해 토론하는 것은 무의미하다고 하였다. 자신이 하고 있는 행동의 결과가 무엇인지 스스로 예상하고 적절한 자극과 기회를 주는 것이 허용되지 않는 경우는 교육의 목적에 대해 토론하는 것이 무의미하다.

교육은 청소년들의 자유롭고 풍부한 경험을 기반으로 해야 하며, 그렇게 사고하고 행동할 수 있는 많은 기회가 보장되어야 청소년의 자립과 성장을 기대할 수 있다. 물론 그런 상황이 자유방임을 의미하는 것은 아니다. 청소년은 안내자로서의 교사의 도움을 받아야 하며, 행동의 결과에 따른 적절한 자극이 이뤄져야 한다. 교사는 청소년의 학습상태나 현황을 바탕으로 교육목표를 만들어 가야 한다.

예를 들어, 강한 군인을 만드는 것을 목적으로 한 교육에서 교사는 청소년들에게 자유롭게 생각하고 행동할 수 있는 기회를 보장할 수 없다. 강한 군인의 양성이라는 교육목적이 외부에서 정해져서 교육과정으로 형성되었기 때문이다. 강한 군인 양성은 청소년 스스로의 의지에 부합하지 않을 수 있고 자유로운 관심을 유발하지 않는다. 일률적으로 가르치고 배우는 교육, 아이들의 학습의욕을 고려하지 않고, 많은 규제를 포함하는 교육은 진정한 의미의 교육이 될 수 없다.

루소와 듀이의 교육 사상이 말해주는 것은 교육의 주류가 결코 효율적으로 가르치는 방법에 집중될 수 없으며, 자유와 민주주의 속에 진정한 인간의 성장·발달이 되어야 한다는 것이다. 즉, 민주주의 사회에서 청소년의 성장·발달·능력의 신장을 추구하는 교육은 청소년을 위해 존재하고 원만한 성장을 위해 봉사하는 데 중심이 있어야 한다.

2 이끌어 냄과 조형의 조화

아동의 양육과 청소년의 교육은 개인적인 영역인 동시에 공적인 것이다. 개인에게 주어지는 책임과 행복인 동시에 사회의 유지와 발전에 필수적인 것으로, 부모의 역할이자 사회의 역할이다. 이러한 육아와 교육은 가정, 학교, 지역사회, 국가를 넘어 국제 사회를 통해서도 이루어지고 있다.

청소년이 부모의 직업을 이어가거나 부모의 삶을 모델로 하였던 전통사회에서는 육아와 교육도 비교적 단순하였지만, 지금의 사회에서는 청소년이 부모의 직업을 이어가거나 부모와 유사한 삶을 경험하려는 경우는 적다. 또한 사회가 급속도로 변화하고 있고, 가치관의 다양화와 세대 간의 갈등도 표면화되고 있다.

현대의 청소년 양육이나 교육은 개인이 타고난 소질에서부터 인간관계, 문화, 경제, 정치, 국제 정세 등이 관련된 매우 복잡한 현상이다. 각 시대의 사회의 모습과 가치가 양육이나 교육에 반영되고, 또한 그 시대의 청소년이나 교육을 보면 사회와 문화의 특성을 이해할 수 있다.

우리는 청소년이 사회와 문화와의 관계 속에서 어떻게 성장하고 있는지를 지속적인 관심을 가지고 살펴보아야 한다. 현대 청소년의 생활과 성장은 가정, 학교, 대학, 사회에 의해 크게 영향을 받는다. 집단과 조직의 문화 속에서 청소년들은 성인에게서 어떤 교육을 받고 그것을 어떻게 받아들이며 생활하고 있는지, 또 무엇을 생각하고 어떤 문화를 형성하고 있는지를 살펴보아야 한다.

청소년의 양육과 교육을 생각할 때, 크게 두 가지 관점을 중심으로 이야기할 수 있다. 하나는 청소년이 태어날 때부터 가지고 있는 소질이나 잠재력을 성장시켜 나간다는 관점이고, 다른 하나는 인류의 문화유산을 전달하고 이를 바탕으로 사회가 원하는 성인으로 성장시키려는 관점이다. 청소년의 본성이 선하다고 보는 입장은 이러한 본성이 잘 발휘되도록 이끌면 되지만, 청소년을 백지상태로 보거나 본성이 악하다고 보는 입장은 엄격한 훈육과 지도가 요구된다.

까마귀는 그 종 특유의 울음소리를 배우기 위해서 성장과정 중에 같은 종의 수컷 울음소리를 들어야 한다고 한다. 즉, 어떤 소리를 낼 수 있는 기관과 잠재성은 유전적으로 타고난 것이지만 동시에 모방하고 학습해야 할 대상과의 원만한 접촉이 없다면 제대로 울 수 없는 것이다. 이것을 인간의 발달과 학습에도 적용해 본다면, 인간의 발달과 학습 역시 타고난 성향이나 특성과 외부와의 작용에 의해 나타난다고 볼 수 있다. 음악적인 재능이 있는 청소년이 그 재능에 대한 조력과 교육을 받는다면 더욱 성장할 수 있을 것이다. 새끼가 껍질을 깨고 나올 때 어미가 밖에서 껍질 깨는 것을 도와주는 줄탁동시라는 말은 적시성을 강조하는 말임과 동시에 내부의 힘과 외부의 힘이 조화되어야 함을 이야기해 준다. 어미가 너무 빠르거나 늦게 껍질을 깬다면 새끼는 원만히 부화할 수 없다. 청소년의 내적인 성숙과 발달, 성인과 사회의 외적인 호응 관계가 적합할 때 청소년의 이상적인 성장을 기대할 수 있다(武内 清, 岩田弘三, 2011).

3 청소년의 학교생활

청소년들은 점차 가정의 한정된 범위에서 벗어나 학교를 중심적인 사회적 공간으로 형성해 나간다. 청소년들은 학교에서의 생활을 통해 다양한 것을 배우는데, 사회에서 필요한 지식과 기술뿐만 아니라 요구되는 행동양식과 규범도 습득해 나간다. 학교에서는 수업을 중심으로, 학급 활동, 학교 행사, 동아리 활동, 진로지도, 시민 교육, 봉사 활동 등 다양한 활동이 운영되고 청소년들은 이를 통해 개별적으로 경험할 수 없는 많은 것을 배우고 있다.

가. 가정과 학교의 차이

유치원이나 가정에서 처음으로 초등학교에 입학하게 되면 아이들은 기존의 생활과 크게 다른 학교생활에 당황하게 된다. 다만 요즘은 학원이나 유치원에서의 교육 경험이 늘어나고 그곳에서 보내는 시간 또한 증가하면서 가정에서 벗어나 학교에 가는 낯설음이 줄어들었다고 볼 수 있지만, 가정과 학교는 그 구성적 원리에 근본적인 차이가 있다.

첫째, 가정에서는 성별과 출생 순위 등 청소년의 개별 특성이 중시되지만, 학교는 학습과 생활의 토대가 되는 교육과정을 바탕으로 학교규칙에 따라 행동하는 공공의 도덕과 태도를 중시한다.

둘째, 가정에서는 부모가 자녀에 대한 애정을 근간으로 양육하는 개별적 교육을 한다면, 학교는 누구나 같은 기준으로 평등하게 대우하는 보편적 교육을 실시한다.

셋째, 가정에서 청소년은 동시에 여러 가지 일을 하거나 깊이 있게 혹은 장시간 참여할 수 있는 확산성을 가지지만, 학교에서는 시간표나 교육과정 등 제한된 기준으로 한 가지 과업을 중심으로 하는 한정성을 가진다.

넷째, 가정에서 청소년은 기쁨, 슬픔, 분노 등의 감정을 비교적 자유롭게 표출하지만, 학교에서는 감정을 빈번하게 억제당하거나 이성적인 행동을 지속적으로 요구받는다.

다섯째, 가정 안에서 부모는 청소년에 대해 다양한 역할을 동시에 수행하는 유일한 존재인 반면, 교사는 담당교과나 역할에 따라 여러 사람들이 제각기 다르게 학생들에게 영향을 미친다.

이처럼 청소년들은 가정과는 다른 특성을 지닌 학교에 보내지고 학교의 가치 규범을 배운다. 학교에서 배우는 가치와 규범은 현재와 미래의 사회생활에 필요한 것으로 전제된다. 학교와 마찬가지로 사회는 일과 그에 대한 성과를 요구하고, 보편성에 따른 공정한 규칙, 한정된 역할 분담, 자신의 좋고 싫음을 벗어난 중립적 과업처리 등을 요구하기 때문에 이러한 사회화를 학교교육에 반영하고 있다.

나. 학교의 특징

1) 학교문화

학교는 사회에서 일정한 목적을 가지고 의도적으로 만든 하위조직으로, 사회의 필요와 요구에 따라 그 존재가 보장된다. 그러나 동시에 전문적 조직으로서의 자율성도 가지고 있다. 학교는 하나의 자치 조직으로서 일상 활동이 영위되고 특정한 문화와 행동양식을 생성한다. 형성된 문화는 또한 구성원들의 행동을 규정해 나간다.

학교문화는 학교라는 조직과 구성원의 일상적인 활동 속에서 형성된 행동양식으로 간주되는데, 이는 단순히 눈에 보이는 것만을 의미하지 않고 조직과 행동의 기저에 있는 의식과 가치관, 습관 등을 포함한다. 이러한 학교문화는 학교의 구체적인 행동과 형성된 규범과 원리 그리고 이에 대한 구성원들의 인식과 해석을 통해 파악될 수 있다.

학교문화는 구체적으로 세 가지 차원에서 형성된다.

① 전통, 교풍, 교육과정, 교육목표, 시간표, 학교 행사 등으로 구현되는 제도적 문화
② 교사의 성향, 협력유형과 정도, 과업유형 등에서 나타나는 교사 문화
③ 학생들의 행동, 정서, 상호작용에서 나타나는 학생문화

이 하위문화들은 상호 조화를 이루거나 갈등의 과정을 통해서 실제적인 학교교육을 실천하고 있다.

2) 교과 내용

청소년들은 학교에서 다양한 교과 학습과 경험들을 하지만, 그것이 그들에게 어떤 의미가 있는지, 현재의 삶과 미래의 삶에 어떻게 연관되는지 알지 못하는 경우가 많다. 이것으로 인해 흥미를 잃기도 하고 학교교육을 부담스러워하기도 한다. 학교는 학생들에게 이러한 의미와 가치를 충분히 전달하는 것을 소홀히 하는 경향이 있고 교육하는 당사자도 그 의미를 이해하지 못하는 경우도 있어, 표면적으로는 삶과 무관한 내용들을 가르치는 데 많은 시간을 들여 가르치고 있다.

학교에서 배우는 지식은 다음과 같은 특징을 가진다(Young, 1971).

① 구두에 의한 것보다 문자화된 것을 중시한다(literacy).
② 교육내용은 일상생활보다 추상화되어 있다(abstractness).
③ 학생이 가지고 있는 지식과 무관하게 교육내용이 구성되고 전달된다(unrelatedness).
④ 학습은 개인적인 과업이 주가 되고, 개인 단위의 평가를 한다(individualism).

즉, 학교는 문자화된 내용을 바탕으로 일상생활보다 추상화된 내용을 가르치고 개인별로 그 성과를 평가한다. 그리고 학습내용이나 진도가 개별 학생의 지식이나 요구와는 별도로 구성되어 전달된다.

3) 학교 조직의 특성

현대의 학교는 관료적인 조직으로서의 특성을 갖고 있다. 관료제는 엄격하게 위계화된 조직의 성격도 있지만 합리성, 효율성, 공정성의 특징을 가지며 표준화, 직무 전문화, 권한의 계층화를 추구한다. 구체적으로 다음과 같은 특징을 갖는다.

① 분업과 전문화로 조직의 구성원들이 단일 업무에 전념하게 함으로써 전문성을 향상시켜 준다. 그러나 이에 대한 역기능으로, 반복되는 일로 인해 권태감이 누적될 수 있다.

② 조직을 위계적인 구조로 편성하여 업무의 원활한 조정이 이뤄질 수 있다. 그러나 이에 대한 역기능으로, 상하간 의사소통에 장애가 생길 수도 있다.

③ 업무의 합법적 처리로 업무의 통일성과 안정을 이룰 수 있다. 그러나 규정과 규칙에 대한 지나친 강조는 형식적인 참여로 나타날 수 있다. 이를 동조과잉현상 또는 목표전도현상이라 한다.

④ 규정의 엄격한 적용으로 몰인정성은 합리적인 의사결정이 가능하다. 그러나 심리적 · 정서적인 면이 무시되어 사기저하를 초래할 수 있다.

⑤ 경력이 많은 자를 우대하는 경력지향성은 조직원들을 조직에 충성하도록 유인할 있다. 그러나 능력이 있어도 경력에 막혀 진급할 수 없으므로 무사안일주의에 빠지게 한다.

이러한 특성은 학교에도 반영되어 나타나는데, 예를 들면 교육감, 교장, 교감, 교사 등의 직위 체제를 갖고, 이에 따른 권한의 계층이 있으며, 교사들은 전문화된 교육을 받아 자격을 취득하고, 분업하여 직무를 수행하고 있다. 학생의 학습에서도 이러한 조직적 특성이 나타나는데, 예를 들면 학습활동이 표준화되고 문서화되어 학교규칙, 교육과정, 시간표, 성적 평가 등으로 나타나고, 연령이나 수준에 따라 위계적 구조를 학년제 등으로 실행하며, 교육내용을 전문화하여 수준별 반편성이나 특성화 학교로 운영한다.

그러나 학교는 비관료적인 특성도 아울러 갖고 있다. 직위의 수가 매우 제한적이고, 교사는 전문가로서 자율성을 갖는다. 분업의 정도와 유형도 적으며, 교사는 담당 교과뿐만 아니라 생활지도, 공문서처리 등의 복합적인 과업을 수행한다. 교사와 학생의 관계는 관료적인 특징으로 정의할 수 없고 인간적이며 유동적인 특성을 지닌다.

학교는 관료적인 특성과 비관료적인 특성을 아울러 가지고 있는 독특한 기관이다. 이것이 가능한 까닭은 학교교육의 목표가 장기적이고 추상적이며 뚜렷하게 확인하기 힘든 내용을 담고 있어서 그것을 수행하는 합리적인 수단과의 관계가 느슨하기 때문이다. 교단에 서기 위해서는 전문적인 자격이 필요하지만, 그 기능이 일상적으로 분화되어 확인되지 않는다. 이것은 전문성의 발휘가 다양하고 복합적으로 이루어지기 때문이다. 코헨(Cohen)은 학교조직의 특성으로 목표의 모호성, 불분명한 과학적 기법, 유동적 참여를 지적하였다. 학교의 목적은 모호하여 구체적으로 실행에 옮기기 어렵다. 그리고 학교의 교수-학습활동에 참여하는 교사·행정가·장학 담당자들 간에 활용하는 관련 기술이 분명하지 않다. 학교조직구성원들의 참여가 유동적이고 간헐적인 것도 학교조직의 특징이다. 학교조직이 느슨한 결합(loosely coupled system)이라는 것은 구조적으로 느슨하게 결합되어 있고, 하위체제 간에 독립성을 보존하고 있다는 것과 교수-학습상황에서 자율성이 보장되기 때문이다. 마이어와 로완(Meyer & Rowan)은 학교조직이 고도로 통제되고 조정되는 측면과 느슨하고 약하게 결합된 측면을 동시에 가지고 있다고 보았다. 즉, 학교조직은 느슨한 결합요인과 관료적인 요인이 존재하는 이원적 구조이다.

한편, 보통 교실은 직사각형을 이루고 교단이 형성되어 있다. 이것은 19세기 초 영국의 교육에 도입된 모니터링 시스템에서 유래된 것이다. 이것을 일망감시구조라고도 한다. 교실을 이렇게 만듦으로써 교사가 일시에 모든 학생들을 통제하는 데 보다 용이하다. 교실의 이러한 구조는 학생들에게 실제 감시가 없어도 감시를 의식하게 하는 시스템 역할을 하고 있다(Foucault, 1977). 이는 학생들이 교실에서 언제나 감시되고 있다는 의식을 만들어 주고 자유로운 행동에 제약이 있음을 의미한다.

학급에서 종종 일어나는 소지품 검사나 범죄 예방이라는 명목으로 감시 카메라를 설치하는 것 등은 인권침해의 소지도 있고 학교를 감시 공간으로 만든다는 우려를 낳고 있다. 교육에 있어서 권위는 필수적으로 요구되는 것이지만 남용되어서는 안 될 것이다.

다. 잠재적 교육과정

청소년들은 학교에서 계획한 교육내용, 교과내용뿐만 아니라 문화적 특성, 사회관계, 교류와 갈등 등 많은 것을 동시에 배울 수 있다. 이것은 정적으로 작용하는 것일 수도 있고, 반대로 부적으로 작용할 수도 있으며, 학생이나 교사가 의식하지 못하는 것까지 포함된다. 이것을 흔히 잠재적 교육과정(hidden curriculum)이라 한다. 잠재적 교육과정이란 말은 1968년에 출판된 잭슨(P. W. Jackson)의 저서 「교실에서의 생활(Life in Classrooms)」에서 처음으로 사용되었다. 잭슨이 잠재적 교육과정이란 용어를 사용하기 전에도 용어만 사용되지 않았을 뿐, 몇몇 사람들이 학교교육의 잠재적 교육과정에 많은 관심을 가지고 있었던 것은 사실이다. 그러나 잭슨이 잠재적 교육과정이라는 용어를 사용하기 시작하면서부터 그것이 하나의 개념으로 등장하게 되었다. 잠재적 교육과정은 흔히 표면적 교육과정과 대립되는 개념이며, 표면적 교육과정과 함께 잠재적 교육과정은 교육과정의 하위개념으로 이해되고 있다.

학교에서 학생들이 배우는 것으로서 중요하고도 비중이 큰 것은 표면적 교육과정이라는 데에 이의를 제기할 사람은 없다. 그러나 최근의 연구들은 잠재적 교육과정도 표면적 교육과정에 못지않게, 특히 정의적 측면, 즉 가치적 · 도덕적인 측면과 관련된 특성들이 학습에 크게 영향을 미치고 있음을 밝히고 있다.

학교는 분명히 교육이라는 목적을 수행하기 위하여 설립된 기관이며 이 목적의 구체적인 내용은 시대와 사회에 따라 다르다. 그러나 이러한 목적들이 어느 정도 달성되느냐 하는 것은 실제적인 목적과의 일치 정도에 달려 있다. 예를 들어, 어떤 학교가 그 학교의 명성이 운동부로 알려지기를 원한다면 리더가 되는 학생들은 대부분 운동선수로 이루어지며 공부를 잘하는 학생들은 무시된다. 학교교육의 실질적 효과는 표면적인 목표보다 실제적인 목표에 의해 좌우된다.

청소년들이 학교생활을 하는 동안에 학교가 그들에게 강요하는 것은 수없이 많다. 학교의 건물, 시설, 설비는 청소년들의 자유로운 학습활동을 돕는 목적이 있는가 하면 그들의 활동을 제한하고 통제하는 기능도 있다. 그리고 의무교육, 학년제도와 같은 제도적인 측면이나 담임 배정, 시간표와 같은 행정적 측면, 교사와 학생 사이, 학생 상호 간의 인간관계에서도 강제적인 특성이 나타난다. 수업에서는 교사의 지시에 따라야 하고 학교에서 권장하거나 금지하는 사항은 지켜야 하며, 이를 어기면 질책되거나 처벌이 가해진다. 청소년들은 오랜 기간에 걸쳐 이와 같은 강요 속에서 생활을 하고 인내, 순종, 반항, 불안, 무시와 같은 것을 학습해 나가고 있다.

학교는 몸의 생김새, 지능, 학업 성취, 성격, 태도 등 개인적 특질이 서로 다른 청소년들이 모인다. 그리고 가정 배경이 서로 다른 학생들이 한곳에 모여 생활하는 과정에서 자기 가정이나 이웃에게서 배울 수 없는 여러 가지를 배우게 된다. 서로 이질적인 존재가 한곳에 모여서 생활하는 동안에 서로 다양한 것을 배우게 되며, 계층 문화가 융해되어 상호작용하게 된다.

라. 학교교육에 대한 관점

학교교육은 바라보는 입장에 따라 기능적으로 이해되기도 하고, 갈등적으로 이해되기도 한다. 즉, 학교교육이 사회 발전과 개인의 성장에 기여할 수 있다는 입장과 특정한 가치와 태도를 주입하는 역할을 하여 기존의 사회 구조를 재생산한다는 입장이다. 전자를 기능적 관점이라 하고 후자를 갈등적 관점이라 한다.

기능론은 학교교육의 기능을 긍정적으로 파악한다. 학교는 사회에서 필요한 역할을 수행할 수 있도록 기존 사회의 규범, 기술 등의 문화를 전달한다. 그리고 학교에서 다루는 교육내용은 사회적으로 합의된 보편적인 것으로 누구에게나 의미 있고 가치 있는 것으로 본다. 또한 사회 각 분야의 역할을 가장 잘 담당할 수 있는 사람을 분류하고 선발하는데, 학교는 능력에 기초한 자유 경쟁의 대표적 기관으로 장래의 직업 및 사회적 지위를 배분하는 사회적 선발기관으로서의 역할을 한다.

기능론은 교육이 개인의 능력을 증진시킬 수 있으며 교육을 통한 사회적 계층의 상승이동이 가능하다고 본다. 따라서 교육의 기회가 확대되면 될수록 사회가 평등해질 수 있다고 가정하여 학교교육의 정당성을 지지한다. 이 관점의 특징을 정리하면, 사회의 구성요소들은 비교적 지속적이고 안정된 구조를 가지고 잘 통합되어 있으며, 사회의 모든 요소들이 가진 기능들은 사회체제 유지에 공헌하고 있다. 이러한 모든 기능적인 사회구조는 구성원 간의 가치에 대한 합의에 그 토대를 둔 것이다. 따라서 학생들의 학업성취 수준에 따라 사회적으로 배분되는 것은 사회 전체의 합의를 통해 성립된 것이며, 교육의 기회가 공정하게 주어진다면 학력 수준에 따른 사회적 지위의 수준의 차이는 공정한 것으로 본다. 그리고 전문화된 교육이 증가할수록 사회 전체의 통합을 위한 보편교육이 강화되어야 함을 주장한다. 학교의 사회적 기능으로써 가르치는 교육의 기능, 이 과정에서 이루어지는 문화전달의 기능, 구성원들의 사회 적응능력을 조력하는 기능 등을 강조한다.

학교교육에 대한 갈등적 입장은 학교교육이 보편적이고 가치중립적이지 못하다고 여긴다. 사회는 자본 계층이나 권력 계층에게 유리한 태도와 가치관을 가르침으로써 기존의 계층구조를 정당화하고 지속시킨다고 보며, 이에 따라 학교교육에서의 개인적 성공이나 우수한 성적은 개인의 계층배경과 밀접히 관련되어 있고 기존 사회구조를 재생산하게 된다고 본다. 학교에서 가르치는 교육내용은 누구에게나 의미 있는 보편적인 것이 아니라 당시의 정치적 과정을 주입하게 되어 결국 지배층에게 유리한 방향으로 교육내용이 편향되어 결정된다. 교육내용이 지배층의 입장을 반영하고 있어 이에 기초한 평가 역시 지배층의 자녀들에게 유리하게 이루어지기 때문에, 이러한 평가에 의해 이루어지는 선발은 평등의 원리를 구현하기보다는 사회의 불평등을 야기시킬 뿐이다.

각각의 입장에서 학교교육을 바라보는 것은 현실적으로 적합하지 않지만, 학교교육에 대한 많은 통찰을 제공해 준다. 사실 청소년들에게 주입되는 학교문화는 중산층의 문화가 대부분이다. 지역적인 차이도 존재하여 어느 지역에서나 긍정적으로 통용되는 교육과정을 실천하기란 매우 어려운 일이다. 이러한 학교교육의 특성과 문화가 청소년의 성장과 미래에 어떤 의미가 있는지 지속적으로 검토하고 개선해 나가는 노력이 요구된다.

마. 교사와 학생 관계

교사와 학생의 관계란 교사가 학생들 개개인에 대한 인지적 이해의 기반 위에서, 학생들의 심리적 · 행동적 변화에 민감하게 반응하고 대처하는 능력을 통해 유지되는 교사와 학생 간의 정서적 유대감을 말한다(김남희, 2011). 청소년이 학교에 다니게 되면 교사가 청소년의 전인적인 성장과 발달 그리고 심리적 상호작용의 대상으로 등장하게 된다. 학교에서 학생에게 주어진 환경적인 조건 중에서 가장 중요한 것은 교사이며, 바로 그 교사에 의해 학습지도의 방법과 능률이 결정될 뿐만 아니라 학습의 지적 · 정의적 발달을 촉진하는 여러 가지 환경조건이 좌우된다(정원식 등, 1985). 특히 교사는 학생과 외부세계를 연결짓는 매개자이면서 동시에 스스로 학생과 관계를 수행하는 관계자라는 중요한 역할을 가지고 있다(지은림 등, 2003). 우블스 등(Wubbles et al., 1988)은 교사의 행동은 학생들의 행동에 영향을 주는 동시에 받는 관계이며 교사가 일방적으로 학생에게 영향을 미치기보다는 상호작용한다고 하였다. 때문에 교사와 학생의 관계를 연구하는 것은 교과 내용을 가르치고 배우는 과정에서 나타나는 가시적인 영향력을 연구하는 것은 물론, 학급 내부의 교육적 환경과 정서적 유대, 관계망 등 비가시적인 특성을 총체적으로 이해하는 것이다.

교사와 학생의 관계는 동기적 관점, 사회문화적 관점, 애착 관점에서 개념화된다(Davis, 2006). 동기적 관점이란 교실에서 학생이 학습하고자 하는 학습동기와 실제적인 학생의 학습을 지원하는 관계를 의미한다. 이 관점은 교사가 교사-학생 간 관계의 질을 주도하는 측면에 초점을 두며, 교수적이고 정서적인 상황에 대해서 학생이 지각하고 교사가 지원하는 활동을 통해서 이루어진다. 사회문화적 관점이란 교실이나 학교 체제에서 관계 패턴이 반복적으로 나타나는 것에 관심을 갖고, 교사와 학생 간에 사회적 관계가 분리되지 않는 것임을 인식하는 것에서 출발한다. 이 관점에서는 학습 중재가 교사-학생관계에서 공동의 의미를 구축하여 상호이해의 기저를 마련하는 기능을 하기 때문에 단순하게 학습동기를 지원하거나 어떠한 개념을 변화시키기 위해 필요한 것 그 이상이다. 즉, 교실에서 지식은 교사와 학생이 상호관계 속에서 함께 구성해 나가는 것이다. 애착 관점은 부모-자녀관계가 확장된 것을 교사-학생관계로 보고 이 관계에서는 교사와 학생 간에 높은 수준의 친밀감을 갖고, 지지 수준이 높으며 상호 간에 낮은 의존성을 보이는 것이 그 특징이다(이은정, 2014).

교사와 학생의 관계를 구성하는 요소는 이해공감, 친밀감, 신뢰감, 존중감, 유능감 등으로 구분할 수 있다(김희정, 2012).

① 이해공감: 교사가 학생의 입장에서 학생의 감정과 경험들을 이해하려고 노력하는 것을 말한다. 교사와 학생 간의 조화로운 상호작용을 통해서 학생이 가진 태도, 신념, 개념과 가치 그리고 경험이 학생에게 어떤 의미를 가지는지 오직 학생의 지각 방식으로 교사 자신이 알아보려는 시도이다.

② 친밀감: 교사와 학생 간에 존재하는 상호 친절, 온정과 개방적인 의사소통의 정도를 말하는 것으로, 소속감을 갖고 애정을 나누며 감정적 조화를 이루는 행동을 말한다. 이는 학교에 대한 긍정적인 정서와 태도를 조장하는 것과 관련이 있다.

③ 신뢰감: 교사로서 자신의 역할을 생각하여 엄격하게 행동하기보다는 학생들과의 상호작용에서 교사의 언행에 대해 학생들이 마음속으로 지각하는 것을 말한다. 교사는 학생들로 하여금 '충분히 인간적인 사람'으로서의 자신의 느낌과 사고를 솔직하게 표현하는 것이 필요하다. 그렇게 함으로써 교사는 효율적이고 자연스럽게 학생들과 인간관계를 맺을 수 있게 된다.

④ 존중감: 존중감이란 학생을 하나의 고유한 인간 그리고 가치 있는 개인으로서 학생들이 어떠한 상태에 있든지 교사가 무조건적으로 긍정적이고 수용적인 태도를 보이는 것을 말한다. 존중감은 학생의 현재 상태 그대로를 존중하는 것을 포함하며, 학생에 대한 존경은 학생에게 내적인 에너지를 싹트게 하여 자신감을 고조시킨다.

⑤ 유능감: 유능감은 교사가 가지고 있는 전문성을 의미하는 것으로 전문적인 지식과 교수방법에 대해 학생이 신뢰할만한 것으로 평가하는 수준을 말한다. 교사가 학생들에게 가능한 한 많은 예시를 제시하고 새로운 자료와 다양한 수업활동을 포함한 구성요인이라 할 수 있다. 이와 같이 교사와 학생관계를 구성하는 요인들은 다양하며 이 구성요인들이 상호 연관하여 영향을 미침으로써 학생의 지적 · 사회적 · 전인적 성장을 가능하게 한다.

교사와 학생의 관계가 청소년에게 얼마나 중요한 영향을 미치는지 많은 연구를 통해 보고되고 있다(이은정, 2014). 바람직하게 형성된 교사와 학생의 관계는 학생들의 학습 참여도를 높이고 학습동기를 향상시켜서 학습의 효율성을 높인다(김희정, 2012; 황매향, 여태철, 2006; Liew, Chen & Hughes, 2010). 학습 면에서 뿐만 아니라 심리적인 면에도 교사와 학생의 관계는 유의한 영향을 미치는데, 교사와 학생의 관계가 원만하게 형성되면 우울이나 불안과 같은 부적응적인 심리적 증상이 감소하였다(Wang & Luh, 2009). 또한 교사와의 관계가 원만한 청소년들은 또래를 괴롭히는 행동이나 공격성과 같은 행동문제를 보일 가능성이 낮았다(Crosnoe, Johnson & Elder, 2004; Howes & Hamilton, 1994; O'Connor, Collins & Supplee, 2012; Shin & Kim, 2008; Troop-Gordon & Kuntz, 2013). 그렇기 때문에 교사와 학생의 관계가 원만한 청소년들은 긍정적인 또래관계를 형성하고 성공적으로 학교생활에 적응할 수 있으며 궁극적으로는 사회적으로도 잘 적응할 수 있다(구본용, 2012; Al-Yagon & Mikulincer, 2006; Ewing & Taylor, 2009; Howes & Hamilton, 1994; Ladd & Burgess, 2001; Pianta & Stuhlman, 2004).

학교교육은 신뢰와 사랑으로 맺어진 교사와 학생의 관계를 전제로 학습자의 소질이나 특성 그리고 그 수준 등을 고려하여 가르치고 배우는 활동이라고 할 수 있다. 따라서 교사와 학생 간의 관계가 올바르게 정립될 때 학생들의 자발적인 학습참여와 더불어 높은 수준의 교육 효과를 기대할 수 있을 것이다. 학생이 학교라는 사회에서 자아실현을 경험하고 한 인간으로써 인정을 받으며 학습과정에서 진정한 행복을 추구할 수 있도록 하는 것은 기초적인 관계 정립을 통해 가능해진다.

한편, 청소년들에게 학교에서 인격을 얼마나 존중받고 있는지 질문한 결과, 남학생일수록, 상급학교일수록, 한부모가정이나 조손가정일수록, 학업성적이 낮을수록, 경제수준이 낮을수록 존중받지 못한다고 인식하는 경향이 높았다.

표 8-1 학교에서 학생의 인격 존중 정도 인식

(단위: %)

구분	2013			
	전혀 존중받지 못한다	존중받지 못하는 편이다	존중받는 편이다	매우 존중 받는다
남자	6.1	15.0	61.3	17.5
여자	3.0	15.6	66.0	15.3
초등학교	2.6	10.5	60.0	27.0
중학교	5.3	16.0	63.9	14.8
일반고	5.3	17.3	67.7	9.7
특성화고	7.1	24.8	60.1	8.0
대도시	4.8	15.1	63.6	16.5
중소도시	4.4	15.0	63.6	17.0
읍면지역	5.0	17.0	63.7	14.3
양부모가정	4.4	14.8	63.8	17.0
한부모가정	5.2	18.7	64.6	11.5
조손가정	12.9	31.4	47.6	8.1
기타	8.2	14.7	59.5	17.6
학업 성적상	3.9	10.7	60.6	24.8
중	2.9	13.9	67.8	15.4
하	8.0	22.4	60.7	8.9
경제적 수준상	3.9	12.1	61.5	22.6
중	4.3	16.5	66.6	12.7
하	7.4	21.4	62.8	8.4
소계	4.6	15.3	63.6	16.5

출처: e-나라지표.

4 학교교육의 변화

부모의 고학력화로 부모의 학교 의존 경향은 감소하고 가정에서 주도적인 역할을 하는 경향도 나타나고 있다. 최근 미국에서는 학교 교육에 불신을 가진 부모들이나 개인적 의도에 의해 아이들을 학교에 보내지 않고 집에서 부모가 가르치는 홈스쿨링이나, 교사와 부모가 학교 설치를 요구하여 자체적인 교육을 하는 차터스쿨(Charter School) 등이 활발히 운영되고 있다.

가. 홈스쿨링

자녀를 학교가 아닌 가정에서 교육하는 홈스쿨링이 미국을 중심으로 각국에서 확산되고 있다. 이러한 현상은 현재 학교교육에 대한 비판인 동시에 청소년교육방법의 새로운 제안이기도 하다. 현재 미국의 각 주는 특정 연령의 청소년 취학을 의무화하고 있지만, 집에서 가르치는 홈스쿨링에 대해서 학습시간, 표준 평가, 부모의 교수자격 등의 다양한 조건에 따라 합법적인 교육방법으로 인정하고 있다.

홈스쿨링이 성장하는 이유는 크게 두 가지이다. 첫 번째는 교육적 차원에서 청소년의 잠재적 영역에 대한 관심과 창의성을 중시하고 학습자의 학습속도에 맞춰 자연스럽게 학습해야 한다고 보기 때문이다. 또한 학교에서 일어나는 비행이나 범죄로부터 자녀를 보호하고자 하는 이유도 있다. 두 번째는 종교적인 차원으로, 부모가 믿는 종교를 기본으로 자녀에게 교육하고자 하는 이유이다.

홈스쿨링에 대한 정의는 다양한데 대표적인 것을 살펴보면 다음과 같다(육권인, 2012). 자녀를 학교에 보내지 않고 가정에서 아이들을 가르치는 것(이병환, 2002; 이혜영, 2000), 국가에서 제공하는 획일적 교육체제에서 벗어나 부모 주도로 가정에서 이루어지는 교육(김민환, 권동택, 2000), 학령기의 아동을 학교에 보내지 않고 학부모가 직접 또는 다른 사람들과 자원의 도움을 받아 가정을 중심으로 학교가 하는 일을 수행하는 활동(김재웅, 2010), 학부모 및 가이던스가 자기 자녀의 교육에 대해 기본적인 책임감을 갖는 교육적인 대안(Preiss, 1989) 등으로 정의되고 있다. 이를 종합하면 홈스쿨링이란 학부모나 가이던스가 가정을 중심으로 직접 교육시키는 개념으로 볼 수 있다. 그러나 홈스쿨링이 가정과 학교와의 유대관계를 완전히 단절한 상태에서 이루어지는 것은 아니며, 부모가 학교에서 제공되는 여러 가지 다양한 프로그램에 참여하여 가정과 학교 사이의 교육적 관계를 계속 유지하는 것을 전제로 활동하기도 한다. 이러한 점에서 홈스쿨링을 전적으로 부모가 학교에 다니지 않는 자녀를 대상으로 가정에서만 교육하는 것으로 이해하는 것은 매우 협소한 의미이다(김민환, 권동택, 2000).

제도화된 의무교육을 시작한 미국에 홈스쿨링이 다시 확산된 것은 1960~1970년대 공립교육에 대한 비판이 최고조에 달했을 때부터였다. 개인의 특성을 고려하지 않는 획일화된 공립교육에 대한 비판이 거세어지면서 자유학교(Free school)운동이 활발히 일어나는 한편 아예 자녀들을 학교에 보내지 않겠다는 부모들이 점점 늘어나기 시작했다. 공립교육에 반기를 드는 사람들이 학교교육의 대안으로 홈스쿨링을 선택한 것이다.

한국에서도 1980년대 후반부터 많은 병폐를 낳고 있는 기존의 학교교육에 대한 대안적 교육이념과 형태를 모색하려는 움직임이 일기 시작하였고, 1990년대에 들어서는 여러 대안학교가 설립되어 운영되었으며, 아울러 자녀를 학교에 보내지 않고 홈스쿨링을 실천하는 가정이 등장하기 시작하였다(이혜영, 2000).

학부모가 홈스쿨링을 선택하는 데에는 복합적인 이유가 있다(육권인, 2012). 메이베리 등(Mayberry et al., 1995)은 학부모가 홈스쿨링을 운영하고 있는 이유로 첫째, 자녀교육은 '하나님이 주신 권리'라고 믿는 기독교 가정의 신앙과 철학적 지향에 의한 종교적인 선택이다. 둘째, 뉴에이지(New Age) 또는 반문화 운동의 일환으로 선택하는 대안적인 삶의 형태이다. 셋째, 학교의 안전, 학문과 도덕의 훈련, 사회화 등에 대한 불만의 적극적인 해결방식이다. 넷째, 학교의 획일적인 교육프로그램 및 교수 방법에 대한 불만 등으로 인하여 홈스쿨링에 참여하고 있다고 보았다.

현재 한국의 경우 학교는 신성한 장소이며 누구나 가지 않으면 안 되는 곳이라는 인식이 일반적이다. 홈스쿨링제도를 공식화하고 확신시킨다면 교사의 전문적 교육활동에 대한 회의를 품게 만들 수 있고, 사회적 기관으로서의 학교의 기능도 재검토되어야 한다. 그리고 교육평등화를 위해 추구되어 온 공교육 체제를 새로 정립해야 하는 문제가 발생한다. 이러한 문제를 생각해볼 때 홈스쿨링과 같은 개별적 교육체제는 많은 제한을 가지며 적용에 신중할 필요가 있다.

나. 부모의 교육 참여

교육공동체로서 학교교육에 부모가 참여하기 위해서는 부모의 교육에 대한 높은 관심과 신뢰가 요구된다. 그러나 한국의 경우 생활영역뿐만 아니라 교육에 있어서도 개인주의가 강화되는 경향이 있고, 사회공동체로서 교육을 실천하려는 의식은 낮다. 부모는 자녀에게서 문제를 발견할 때, 다른 학부모나 교사와 협력하여 문제를 해결하기보다 학원에 다니게 하거나 별도의 집단을 통해 문제해결을 도모하려는 경우가 많다. 학교는 학부모와 지역과의 연계를 통해 교육의 주체로서 학교운영과 수업에 적극 참여하여 청소년들에게 좋은 학교로 만들어 가기 위한 노력이 필요하다.

학부모의 학교교육 참여는 학부모가 교육기관과 긴밀한 유대를 통해 자녀를 바르게 이해하고 학부모가 자녀의 학습현장에 직접 참여함으로써 효율적인 교육을 이루려는 것이다. 즉, 학부모가 의사결정자, 지원자, 교사 보조자 등의 여러 가지 형태로서 교육현장에 개입되는 것이다(교육학 용어사전, 2004). 이러한 학부모 참여의 형태를 첫째, 학교의 교육활동에 학부모가 참여하는 것, 둘째, 학부모가 학생을 위한 교육 프로그램이나 지역사회 서비스에 영향력을 행사하는 정책 결정에 참여하는 것, 셋째, 학생과 가정을 위한 모든 프로그램에 걸친 부모 통제 등으로 구분하기도 하였다(Knitzer, 1972).

교육은 학교에서만 이루어지는 것이 아니라 가정과 사회에서 통합적으로 이루어진다고 할 수 있다. 이에 학교와 가정은 교육을 하는데 있어서 공동의 책임이 있고, 학부모도 적극적으로 학교를 운영하는 데 참여를 해야 한다.

과거에는 학부모의 교육 참여를 육성회나 기타 어머니회 참여 활동 등 학교의 재정적 후원 및 교육 보조자로서 역할하는 좁은 의미로 이해된 경향이 있다. 그러나 학부모는 학생들이 학교에 가기 이전부터 교육자의 역할을 수행하며, 입학 후에는 학교교육에 대한 감독과 원조, 봉사자 역할을 수행하며, 학교교육 이상의 교육적 목적을 위해 여러 가지 교육 시설이나 자료를 획득하고 지도하는 역할을 한다.

자녀들의 학교 입학 이후에 일부 학부모들은 자녀교육에 대한 의무를 학교에 위임하려는 경향이 있다. 그리고 일부 교사들 역시 자신의 교육적 활동에 대한 독점적 경향을 보이기도 한다. 현대사회의 복합적인 상황과 문제들을 해결하고 원만한 교육활동과 그에 따른 결과를 기대하기 위해서는 교육에 필요한 지식, 기술, 태도 등에 있어서 지원과 공유가 이루어져야 한다. 학교와 가정, 사회의 통합된 노력을 통해 교육 효과가 극대화될 수 있을 것이다. 학부모의 교육 참여는 교육기관 의사결정과정의 공유를 통해 학생의 학습을 촉진시키고, 교육의 민주화를 이룩할 수 있는 기반이 될 것이다.

교육기본법 제5조 제2항에 의하면 “학교의 자율성은 존중되며, 교직원, 학생, 학부모 및 지역주민 등은 법령이 정하는 바에 의하여 학교운영에 참여할 수 있다”고 규정하고 있으며, 제13조 제2항에서는 “부모 등 보호자는 보호하는 자녀 또는 아동의 교육에 관하여 학교에 의견을 제시할 수 있으며, 학교는 그 의견을 존중하여야 한다”고 규정함으로써 학부모의 교육 참여를 보장하고 있다. 그러나 한국 학부모들의 교육열은 매우 높으나 실제 교육에 대한 참여에 있어서는 수동적이고 소극적인 역할을 수행해 온 경향이 있다(오정희, 2011). OECD(1997)의 교육 관련 보고서인 '학교교육의 파트너로서 학부모(parents as partners in schooling)'에 의하면 세계 선진국들이 교육문제에 대한 하나의 대안으로 학부모 참여를 강조하고 있다. 학부모 참여는 학교교육의 책무성을 강화하고 학습자의 전반적인 학력을 향상시킬 뿐만 아니라 소비자로서 학부모의 요구에 만족도를 높이는 데에도 크게 기여할 것으로 기대된다(김혜진, 2006).

학부모의 교육 참여 유형은 비참여 수준, 자문의 수준, 동반자 관계의 수준, 권한 이양의 수준으로 구분할 수 있다(정충혁, 2003). 첫째, 비참여의 수준은 학부모가 교육기관의 의사결정에 전혀 관여하지 않으며, 의사결정에서 학부모의 영향력이 작용하지 않는다. 정보제공의 수준은 교육기관에서 학부모로 전해지며, 학부모들은 정보를 제공할 통로가 없다.

둘째, 자문의 수준은 학부모가 교육기관의 의사결정에 필요한 정보와 제안을 제공하며 의사결정은 교육기관이 한다. 학부모는 자신의 요구와 의견을 제시하지만, 근본적인 문제에 관하여 잘 알지 못한다.

셋째, 동반자 관계의 수준은 학부모가 교육기관과 동등한 지위에서 협상하며 의결에도 관여하여, 의사결정의 책임을 공유한다. 여기서 학부모의 영향력은 교육기관과 동등하다. 이러한 형태가 실행되기 위해서는 교육기관이 학부모들과 의사결정 권한을 공유하려는 태도를 가지고 있어야 하며, 학부모들도 교육기관 운영의 주체이고 교육의 당사자라는 인식을 가지고 적극적으로 참여해야 한다.

넷째, 권한 이양의 수준은 학부모들이 교육기관으로부터 제안과 자문을 얻지만, 결정적인 의사결정 권한을 가지며 교육기관 운영 계획을 주도한다. 학부모와 교육기관 간의 협상에 의하여 결정되지 못하는 사항에 대해서는 학부모들이 최종적인 결정권을 행사하게 된다.

이러한 학부모의 교육 참여 유형은 관점에 따라 다양하게 분류될 수 있으며, 교육기관이 처한 여건에 따라 이상적인 형태는 달라질 수 있다.

교육 및 행정 차원에서 전문적인 역할이 요구되는 사안에는 교육기관의 역할이 더 크게 요구되고, 수요자의 요구와 만족이 요구되는 사안에는 부모의 참여가 더 크게 요구될 것이다. 그러나 일반적으로 동반자적 관계에서 교육기관과 학부모가 함께 교육에 참여해야 한다.

김현욱, 이주영, 권동택(2012)의 연구에 따르면, 첫째, 학부모의 학교교육참여는 청소년의 성별에 따라 좌우되지 않는 것으로 나타났다. 남아에 대해 더 많은 지원과 관심이 일반적이었던 한국의 유교적 전통이 이제는 많이 퇴색되어, 특정한 성을 선호하거나 단순히 성별에 따라 학부모의 관심이 달리지지 않는 것과 같은 맥락에서 해석할 수 있다.

그리고 둘째, 학부모의 수입에 따라 학부모의 학교활동에 차이가 나타났는데, 월 소득이 높은 가정이 그 이하인 가정보다 학부모의 학교참여가 더 많이 나타났다. 이는 가정의 경제적 수준이 비교적 안정적인 경우에 학교활동에 적극적으로 참여할 수 있는 것으로 해석할 수 있다. 이는 곧 학부모의 경제적 여건이 넉넉하지 않더라도 자녀의 교육을 위한 학교활동에 참여가 보장될 수 있는 방안이 마련되어야 함을 말해 준다.

셋째, 학부모의 학력에 따라 학부모의 학교활동에 차이가 나타났는데, 대학 졸업 이상의 학력을 가진 경우에 그 이하의 학력을 가진 학부모보다 학교활동에 더 참여하는 것으로 나타났다. 이 역시 다수의 선행연구에서도 밝히고 있는 내용으로, 학력에 따른 소득의 차이를 고려해볼 때 경제적 요인과 함께 맞물려 해석할 수 있고, 학력이 높아질수록 자녀의 교육활동에 보다 적극 참여한다고 해석할 수 있다.

넷째, 청소년의 자아개념이나 학업성취도, 교우관계, 학교만족도가 낮을수록 학부모의 학교 참여가 더 일어나는 부적관계가 있었으나, 영향력은 낮았다. 즉, 학생요인에 의해서 학교 참여가 영향을 받기보다는 학부모요인에 의해 영향을 더 많이 받는 것으로 볼 수 있다.

다섯째, 학부모의 학교 참여는 종단적 자기회귀 효과가 높았는데, 이는 학교 참여가 일회적으로 일어나지 않고 지속적으로 이루어지는 경향이 있으며, 전년도 참여를 통해 고무될 가능성이 높음을 말해 준다.

오늘날 청소년을 위한 학교교육에 있어 학부모의 참여는 그 구성원으로서 강조되고 있으며, 교육의 구성원으로서 명확한 목적의식과 그에 대한 확실한 권한 및 의무감이 수반되어야 한다. 세계적으로 OECD가입 국가들의 교육개혁 방향에 있어서도 청소년의 학교교육에 대한 학부모의 권한과 의무를 강조하고, 이에 관한 법적·제도적 방안들이 계속 강구되고 있는 실정이다.

이러한 사회적 변화에 부응하여, 학부모의 학교참여는 이제 과거에 불합리한 관행적 행태를 벗어나, 올바른 교육적 인식을 바탕으로 교육공동체적 참여의 길로 인도되어야 할 것이다. 때문에 원활한 학부모의 학교참여를 위하여 적극적인 여건의 조성과 사회적 인식의 전환이 요구된다. 여기에는 학부모의 책임의식의 정립이 선결되어야 하며 학교교육의 주체로서, 공동체 구성원으로서 그 역할을 다 하여야 할 것이다. 학교 역시 이러한 학부모의 참여가 적극적으로 일어날 수 있는 방법을 적극적으로 고민해야 할 것이다(김현욱, 이주영, 권동택, 2012).

5 대학입시와 대학교육

과거에는 사농공상과 같은 신분 계층이 존재하여 태어나는 단계에서부터 신분이 결정되어 있었다. 즉, 성과나 실력보다 특성, 출생에 의해 자신의 위치가 정해졌다. 그러나 근대에 접어들면서 실력에 따라 지위를 획득할 수 있는 사회로 변해갔는데, 그 실력을 증명하기 위한 수단으로 좋은 학교에 입학하여 졸업장을 획득하는 것은 여러 국가에서 공통적으로 큰 의미를 가지고 있다.

그러나 인생의 특정 시점에서 실력을 평가하고 그에 따라 지위를 결정하는 방법은 국가에 따라 다르고, 좋은 대학에 입학했다는 사실이 무엇을 의미하는지도 다르다. 예를 들어, 과거 영국처럼 11세의 이른 시점에서 사회적인 선발이 이루어져 거기서 선택된 엘리트들에게 좋은 대학교육, 좋은 직업이 보장되는 사회가 있는 반면, 미국처럼 평생 경쟁을 통해 실력을 검증하는 사회도 존재한다. 엘리트로서의 지위와 신분을 보장받기 위해서 좋은 대학을 졸업해야 하고, 사회에 진출한 이후에도 지속적으로 경쟁에서 이겨야 하는 것이다.

터너(Turner, 1963)는 전자와 같은 엘리트 선발 형태를 후견적 사회이동(sponsored mobility)이라고 불렀고, 후자와 같은 형태를 경쟁적 사회이동(contest mobility)이라고 불렀다. 후견적 사회이동은 사회에서 조기에 엘리트로 선정된 사람은 다양한 후원을 받으면서 엘리트의 지위를 확보해 나간다는 의미이고, 경쟁적 사회이동은 공정한 규칙을 바탕으로 개방적인 경쟁에 의하여 개인의 노력의 결과로서 이루어진다는 의미이다.

한국의 경우 학력중심 사회로서 후견적 사회이동의 성격보다는 경쟁적 사회이동을 통해서 학생선발과 사회적 지위가 결정된다고 볼 수 있다. 물론 고등학교를 졸업하는 시점의 시험 또는 그 후의 몇 년 안의 경쟁을 통해서 대학 입학과 취업이 결정된다는 점에서 논란이 될 수 있으나, 일생을 통해 사회적 지위가 변화될 수 있다는 데에 대부분 동의할 수 있다. '20살 이후에 또 한 번의 출생'을 한다는 평가가 가능하다는 점에서 대학입시는 한국사회에서 큰 위치를 차지해 왔다.

가. 고등교육의 발전

학력과 고등교육이 가지는 의미는 어느 정도의 사람들이 고등교육에 진학하는가에 따라 달라진다. 특히 근대에 와서는 거의 대부분의 나라가 기본적으로 고등교육을 확대해 왔다. 고등교육이 확대되고 그 진학률이 높아진다는 것은 근대 이전에는 고등교육 진학을 생각하지 않은 사람들이 고등교육의 기회를 가진다는 것을 의미한다. 즉, 근대 이전과는 다른 가정 배경, 출신 계층, 문화, 동기, 의욕을 가지고 있다는 측면에서 과거와는 다른 사람들이 고등교육에 진학하게 된다. 이러한 학습자가 일정한 규모에 도달할 때 고등교육의 본연의 자세는 크게 변화하지 않을 수 없다. 이러한 변화의 분기점의 기준을 트로우(Trow)는 고등교육의 진학률을 기초로 15~50% 수준이라고 생각했다.

트로우(Trow, 1976)는 고등교육의 발전단계에서, 고등교육 진학률이 15%에 미달하는 경우 고등교육이 소수에게만 허락된 특권에 머물고 있는 단계로서 엘리트(elite) 단계라고 불렀다. 이것은 특권으로서의 교육이라는 의미를 가진다. 이어 고등교육 진학률이 15~50% 상태일 경우 고등교육이 많은 사람들에게 권리로 간주되는 단계로서 매스(mass) 단계라고 불렀다. 이것은 권리로서의 교육의 의미를 가진다. 그리고 고등교육 진학률이 50%를 넘는 단계는 고등교육이 비진학자보다 더 많아져서 모두가 진학할 수 있는 상태가 되어 고등교육이 의무에 가깝게 되는 단계로서 유니버설(universal) 단계라고 불렀다. 이것은 의무로서의 교육의 의미를 가진다. 유니버설 단계를 다르게 표현한다면, 대학진학이 소수인 단계와 달리 대학에 진학했다고 해서 이후의 경력에 유리해진다기보다는 진학하지 않으면 불리해지는 단계로 볼 수 있다.

한국은 의무교육의 강화와 중등교육의 보편화로 과거 30년간 급진적인 취학률 및 진학률의 향상을 이루었다. 특히 21세기로 접어들면서 고등교육 취학률도 50%를 넘어서서 현재는 70%에 육박하고 있다. 즉, 트로우의 관점에서 본다면 고등교육이 유니버설 단계에 위치하는 것으로, 더 이상 일부를 위한 교육이 아니라 거의 의무적 과정으로 변화되었음을 의미한다. 우리나라의 학교급별 진학률을 보면 표 8-2와 같다.

표 8-2 학교급별 진학률

(단위: %)

구분	초등학교 → 중학교 과정	중학교 → 고등학교 과정	고등학교 → 고등교육기관						
	계	계	계	일반계고	전문계고	일반고	특성화고	특목고	자율고
1980	95.8	84.5	23.7	39.2	5.0	-	-	-	-
1985	99.2	90.7	36.4	53.8	9.9	-	-	-	-
1990	99.8	95.7	33.2	47.2	6.3	-	-	-	-
1995	99.9	98.5	51.4	72.8	17.2	-	-	-	-
2000	99.9	99.6	62.0	83.9	42.0	-	-	-	-
2005	99.9	99.7	73.4	88.3	67.6	-	-	-	-
2010	99.9	99.6	75.4	81.5	71.1	-	-	-	-
2011	99.9	99.7	72.5	-	-	75.8	61.0	67.4	69.3
2012	99.9	99.7	71.3	-	-	76.6	50.0	64.2	72.6
2013	99.9	99.7	70.7	-	-	77.7	41.7	60.0	74.7
2014	99.9	99.7	70.9	-	-	78.7	37.9	59.6	75.7
2015	99.9	99.7	70.8	-	-	78.9	36.1	58.4	75.8
2016	99.9	99.7	69.8			78.0	35.0	55.9	74.9

주: 1) 진학률(%)=(해당 연도 졸업자 중 진학자/해당 연도 졸업자)×100
2) 2011년 고등학교 유형이 일반고, 특성화고, 특목고, 자율고로 개정되어 기존 유형 졸업자는 2013년까지 발생함. 2014년 이후 개정된 고등학교 유형 졸업자임
3) 고등교육기관 진학자는 전문대학, 일반대학, 산업대학, 교육대학, 방송통신대학, 기술대학, 각종 학교 진학자 포함(2005년부터 국외진학자 포함)
4) 중학교 과정: 중학교 및 중학교 과정의 기타학교
5) 고등학교 과정: 고등학교 및 고등학교 과정의 기타학교
6) 대학 진학자 기준: 2010년까지 대학 합격자 기준이었으나, 2011년부터 등록자 기준으로 변경됨
7) 소수점 둘째자리에서 반올림하면 100이 넘으므로 절사하였음
자료: 교육부·한국교육개발원. 교육통계연보. 각 년도.

출처: 여성가족부(2018). 2017 청소년백서.

표 8-2와 같이 2016년 초등학교 졸업자의 중학교 과정 진학률은 99.9%이며, 중학교 졸업자의 고등학교 과정 진학률은 99.7%로 거의 대부분의 학생들이 상급학교로 진학하고 있는 것으로 나타났다. 2016년도 고등학교 졸업자의 고등교육기관으로의 진학률은 69.8%로 2010년 이후 꾸준하게 감소하였다가 2014년에 소폭 상승한 후 다시 감소하고 있는 것으로 나타난다.

고등학교 유형별로 대학 진학률을 살펴보면, 일반계고는 2005년(88.3%) 이후 2010년(81.5%)까지 감소하는 경향인 반면, 전문계고는 2005년(67.6%)부터 2010년(71.1%)까지 증가하는 경향을 보였다. 2011년 이후에는 일반고와 자율고의 진학률은 2015년까지 증가하였다가 2016년에는 소폭 감소한 것으로 나타났고, 특성화고와 특목고의 고등교육기관으로의 진학률은 지속적으로 감소하였다. 특히 특성화고의 경우, 2011년 61.0%에서 2016년 35.0%로 26.0%p 감소한 것으로 나타났는데, 이는 특성화고의 마이스터고를 취업중심 학교로 개편한 것이 영향을 미친 것으로 볼 수 있다.

고등교육 진학률의 상승과 광범위한 학습자로 그 선발 대상이 확대됨에 따라 고등교육의 실제 모습에 변화가 불가피하다고 한다면 그에 따라 대학 입시 또한 변화해야 할 것이다. 진학률과 취학 대상 범위의 확대는 대학교육의 다양화와 개별화를 요구한다. 과거보다 더 많은 대학의 자율성의 보장과 전문성의 신장이 요청된다. 고정된 입시과정 또한 변화가 필요한데, 특출한 능력이나 소양, 성취 등을 바탕으로 선발하기보다는 기본적인 역량 검증을 통해 선발이 이루어져야 하고 세분화되고 구체적인 교육이 대학과정을 통해 이루어져야 할 것이다. 이것은 융통성 있는 고등교육체제가 뒷받침되어야 하는데, 기존의 2~4년제 형태의 학제에서 벗어나 다양한 학습자와 전공영역에 따라 융통성 있는 체제 운영도 함께 고민할 필요가 있다.

엘리트 고등교육 단계에서는 공평성의 원칙을 중심으로, 입학시험 성적 등의 능력주의적 기준을 기초로 '엘리트 선발' 방식에 의해 입학자 선발이 이루어진다. 매스 고등교육 단계에서는 능력주의적 기준을 채택하면서도 지적 능력과는 관계없는 선발 기준도 함께 적용된다. 유니버설 고등교육 단계에서는 수많은 지원자 중에서 훌륭한 인재를 찾기 위한 노력보다는 부적격자를 판별하는 차원이 보다 적합하다. 교과 중심의 입시에서 벗어나 대학의 특성, 전공의 특성 등에 따라 부적격의 기준을 마련하고, 이를 통해 입학자를 결정하는 등의 근본적인 입시 성격의 전환이 필요하다.

대학입시가 다양화된다는 것은 필연적으로 대학 입학자의 학력 수준도 다양화된다는 것을 의미한다. 그 결과 표면화된 것이 기초 수학문제를 해결하지 못하고 맞춤법 표기도 모르는 것으로 드러난 대학생의 학력저하 문제이다. 이것은 대중화된 대학교육시대에서, 입학자의 학력 수준 유지에 중점을 두고 특정한 입학기준(규제)을 부과할 것인지, 아니면 대학 입시의 다양화를 위한 규제 완화(자유화)을 추진할 것인지 하는 두 가지 정책의 혼란을 야기한다.

그러나 이러한 혼란은 다음과 같은 논의를 통해 정리될 수 있을 것이다. 첫째, 대학이 무엇을 목적으로 하고, 어떤 교육을 실시하는 것을 목표로 하는지를 우선적으로 검토하고, 둘째, 그 목적에 따라 누구를 대학에 입학시키는 것이 적절한지에 대한 판단과, 셋째, 그 목적을 달성하기 위해 어떠한 입시 기준을 마련하는 것이 좋을지에 대한 단계별 논의가 필요할 것이다. 이 역시 대학이 추구하는 기준에 부적합한 대상을 선별하는 차원에서 적용될 수 있을 것이다.

더불어 대학은 대학교육의 과정을 중등교육, 대학원교육과 달리 어떠한 역할을 담당하게 할 것인지, 어떻게 이러한 교육을 연결시켜 나갈 것인지에 대해서도 명확히 정의할 필요가 있다. 이를 통해 입시의 문제뿐만 아니라 우리 사회 속에서 대학교육이 갖는 의미와 개인의 삶에 있어서의 의미도 더 명확하게 할 수 있을 것이다.

앞서 살펴본 바와 같이 고등교육의 진학률과 그 수용력의 변화는 수직 상승하였다. 대학 진학률을 결정하는 요인은 학생의 진학 동기, 부모의 기대, 대학 입학 정원, 국가의 대학정책, 경기 및 취업상황 등 다양한 요인이 작용하고 있다. 그리고 대학졸업 시까지 고액의 학비와 생활비가 필요하여 '반값 등록금'이라는 슬로건이 정치적인 이슈가 되고 있다. '2015년 OECD 교육지표'에서 한국 대학 등록금의 민간부담률이 경제협력개발기구(OECD) 국가 가운데 1위를 기록했다(http://oecd.org). 정부가 꾸준히 반값등록금 정책을 펼쳐왔지만 다른 선진국에 비해 여전히 민간부담 비율이 높다. OECD 발표 내용에 따르면 한국의 국내총생산(GDP) 대비 공교육비 비율은 6.7%(2012년 기준)로, OECD 평균인 5.3%보다 1.4%p 높고 지난해(7.6%)에 비해서는 0.9%p 낮았다. 공교육비 비율은 유치원과 초·중등학교, 고등교육에서의 교육비를 모두 합한 금액으로, 정부부담과 민간부담으로 구성되어 있다. 이 중 한국은 GDP 대비 민간부담 공교육비 비율이 OECD 평균보다 크게 높게 나타났다. 한국 GDP 대비 민간부담 공교육비 비율은 2.0%로, OECD 평균(0.7%)의 3배가량 높은 수치를 기록했다. 반면 정부부담 공교육비 비율은 OECD 평균과 동일한 4.7%였다.

표 8-3 교육단계별 GDP 대비 공교육비 구성(2012)

(단위: %)

구분	초등교육~고등교육			초·중등교육			고등교육		
	계	정부부담	민간부담	계	정부부담	민간부담	계	정부부담	민간부담
OECD 평균	5.3	4.7	0.7	3.7	3.5	0.2	1.5	1.2	0.4
칠레	6.1	3.9	2.2	3.6	2.8	0.8	2.5	1.0	1.5
한국	6.7	4.7	2.0	3.7	3.2	0.5	2.3	0.8	1.5
미국	6.4	4.7	1.7	3.6	3.3	0.3	2.8	1.4	1.4
일본	5.0	3.5	1.5	2.9	2.7	0.2	1.5	0.5	1.0
뉴질랜드	6.9	5.4	1.5	5.0	4.2	0.8	1.9	1.2	0.7
이스라엘	6.5	5.1	1.3	4.4	4.0	0.4	1.6	0.9	0.7
캐나다	6.0	4.7	1.3	3.6	3.2	0.3	2.5	1.5	1.0
호주	5.6	4.3	1.3	4.0	3.4	0.6	1.6	0.9	0.7
영국	6.3	5.2	1.0	4.5	4.0	0.5	1.8	1.2	0.6
포르투갈	5.9	5.0	0.9	4.5	3.9	0.5	1.3	0.9	0.4
멕시코	5.4	4.6	0.8	3.9	3.4	0.5	1.3	1.0	0.4

나. 고등교육의 의미

현대사회의 대학과 청소년의 생활 속에서 앞으로의 대학 교육의 의미에 대해 몇 가지로 정리해 볼 수 있다.

1) 통과의례의 장으로서의 대학

대학생활은 문화인, 지성인, 사회인, 세계인으로서의 성장과 인격을 형성한다는 측면에서 통과의례의 장으로 이해할 수 있다. 통과의례는 고대사회에서부터 전해져 오는 교육적 의미의 인간형성 형식이다. 대학에서 수학하는 기간은 아이에서 어른이 되는 과도기이며, 입시(입구)와 취업(출구)의 통로가 된다. 이 통로의 앞부분과 끝부분을 잘 맞추기 위해서는 근원적인 자아에 대한 탐구, 지식 형성, 사회적 가치관 확립, 역량 형성의 과정을 통과해야 한다. 학생의 주체성과 선택이 존중되고 시행착오를 통해 자신의 정체성을 확립할 수 있는 다양한 활동이 허용됨과 동시에 이러한 것을 성공적으로 완성해야 하는 시련의 장소로서 통과의례의 의미를 가진다.

2) 대학 특성에 따른 교육

대학은 이제 보편적 교육기관으로 변화되었지만 각각의 특성은 보편적이지 않다. 학생들의 특성, 진로, 대학 특성화, 대학 이미지 등에 따라 학생들은 차별화된 교육을 받는다. 따라서 자신에게 적합한 대학인지 여부에 따라 성공적인 통과의례를 보장받을 수 있다. 배출되는 졸업생의 모습은 대학 특성을 규정하는 가장 중요한 요인이 되며, 이에 따라 학생은 스스로의 모습을 예상하고 장차 사회에서 역할을 할 자신의 역량을 성장시켜 나간다.

3) 공동체로서의 대학

대학 시절은 제한적이고 반복적인 생활과 안내된 일과를 보내던 초·중등학교 시절과는 달리, 다양한 활동에 참여하고 여러 가지 역할을 하는 구성원들과 소통의 기회가 마련되어야 한다. 단순히 체험으로서의 소통 및 참여가 아니라 자신의 지식, 교양, 역량을 시험하고 적용하는 차원에서 인간 형성의 경험이라고 할 수 있다. 초·중등학교가 공동체에 대한 부분적인 소양을 쌓아가는 과정이었다면, 이제 대학은 학생 자신이 살아갈 사회에 대한 공동체를 경험하고 실험하는 장소가 된다. 협력과 경쟁, 지원과 조력, 토론과 의사결정 등의 실제적인 과정을 경험할 수 있어야 하고, 대학은 이러한 것들이 다각도로 풍부하게 일어날 수 있는 공동체가 되어야 한다.

6 청소년에 대한 부모의 교육지원[1)]

부모의 교육지원은 부모가 자녀의 교육을 위해 제공하는 가시적·비가시적 제반 여건 및 활동을 뜻하는 것으로(심재영, 1996), 금전적·시간적·정서적 지원을 통칭한다. 금전적·시간적 교육지원은 자녀의 교육에 경제적·물질적으로 요구되는 가시적인 측면의 지원을 말하며, 정서적 교육지원은 자녀의 심리적 안정성과 학습의욕을 고취하는 등의 비가시적 측면의 지원을 말한다(임정순, 2002). 즉, 정서적 교육지원은 자녀가 안정적으로 학습할 수 있도록 분위기 및 환경을 조성해 주는 일이나, 부모의 격려와 애정 표현 등이 포함된 활동으로 볼 수 있다.

이러한 부모의 교육지원은 자녀와의 관계성을 바탕으로 한다. 부모는 자녀를 자신과 중복된 부분이 많은 일종의 관계적 자아로 인식하고 있

1) 김현욱(2012) 인용.

으며(박영신, 김의철, 2004), 때문에 자녀의 슬픔, 기쁨, 성취, 희망 등을 통해 대리적 경험을 할 수 있다. 부모는 자녀에 대한 지원을 통해 교육열을 해소하려고 하며(이종각, 2005), 자녀의 교육적 성취나 성공을 통해 대리적인 성취감을 얻을 수 있다(Park, 2008). 한국 청소년들은 부모를 신뢰하는 이유로 부모가 자신들을 위해 희생하기 때문이라고 인식하는 경향이 있는데(김의철, 박영신, 2004; 박영신, 김의철, 한기혜, 2003), 이것이 부모에 대한 신뢰와 존경, 고마움의 바탕이 되는 것으로 나타났다(박영신, 김의철, 한기혜, 2003). 즉, 청소년들은 부모의 희생과 지원에 감사하는 마음을 갖는 동시에 그에 부응하지 못할 때 죄송함을 느낀다는 것이다(박영신, 김의철, 2003; Han, Park & Kim, 2010). 부모 역시 가장 받고 싶은 효도로 학업충실을 들었고, 학생들도 효도의 가장 좋은 방법으로 학업충실을 들었다(신영이, 박영신, 김의철, 2009). 이것은 한국의 청소년들이 학업의 중요한 목적과 근거의 하나로 '효도'라는 심리적 요인이 크게 작용하고 있음을 말해 준다(박영신, 김의철, 2003). 때문에 부모의 자녀에 대한 정서적인 유대관계와 지원은 자녀들의 학습에 대한 의무감과 실행력에 상당한 영향을 미치며, 그러한 학습에 대한 실행양상에 따라 부모의 지원도 다양화될 수 있음을 추측해 볼 수 있다.

부모의 교육지원은 자녀의 인지적, 정의적인 특성과 밀접한 관계가 있어서, 공교육 위기에 대한 해결책으로 강조되고 있다(Fantuzo et al., 2000). 부모의 학습지원으로서 학습환경 조성, 학습활동 조력, 격려 등이 학업성취도에 유의미한 정적 영향을 미친다는 것이 밝혀지고 있다(Shumow & Miller, 2001; Gottfried, Fleming & Gottfried, 1994; Henrich, 2001; Fan & Chen, 2001). 특히 부모의 교육지원 효과는 종단적인 영향력을 미치고 있음이 보고되고 있는데, 헨리히(Henrich, 2001)는 초등학교에서 중학교에 진학했을 때까지 자녀의 성취동기 및 학업 성취도에 유의한 영향을 주고 있음을 보고하였고, 고트프리트와 플레밍(Gottfried & Fleming, 1994)은 아동을 대상으로 한 연구에서 학습 과정의 즐거움, 호기심, 새로운 학습 경험 등을 격려하는 부모의 교육지원이 다음 해까지 영향을 미치고 있음을 보고하였다. 결국 부모의 정서적 격려와 공감, 지원, 위로 등이 자녀의 학습동기와 학업성취도에 많은 영향을 미치는 것을 확인할 수 있다(김연옥, 1992; 김정숙, 1983; 임은미, 1998).

박영신 등(2000)에 따르면 초등학생에서 고등학생으로 성장함에 따라 한국 부모들의 교육지원 양상에 큰 변화가 있는 것으로 나타났다(박영신, 김의철, 2000). 초등학교 시기에 부모의 교육지원이 가장 활발하고 공유시간도 가장 많았으나, 중 · 고등학교로 갈수록 줄어들었다. 또한 교사나 친구의 지원보다 부모의 지원이 아동기에 빈번하고 집중됨이 보고되고 있다(박영신 · 김의철 · 정갑순 · 이상미 · 권혁호 · 양계민, 2000). 학생들 역시 초 · 중 · 고등학생으로 발달해 감에 따라 친구나 선후배를 지원자로서 중요하게 인식하고 있다는 연구결과와 그 맥을 같이 한다(이지아, 위광휘, 2000).

이처럼 부모의 교육지원이 중요하다는 일반적인 연구결과와 학생들이 점차로 부모의 지원을 중요하게 인식하지 않게 된다는 연구결과는 특히 중고등학교 시점의 부모의 교육지원의 의미와 역할 등에 분명한 이해를 어렵게 만든다.

부모의 교육지원이나 거부는 청소년의 자아개념의 적절성을 판단하는데 주요 준거로서 작용할 수 있다. 높은 자아개념을 가진 학생들은 부모가 꾸준한 관심과 애정을 나타냈고 적절한 지원을 통해 행동을 수정하지만, 낮은 자아개념을 가진 학생들은 부모의 정서적인 보상이나 존중, 일관성 있는 훈육이 이루어지지 않은 경우가 많다(오성심, 이종승, 1982). 부모로부터 이해와 격려 등의 정서적 지원을 많이 받은 자녀일수록 긍정적인 자아개념은 물론 생활만족도와 성취동기가 높았고 인간관계 및 자기조절 효능감이 높았다(민병기, 2002; 안영순, 1999). 가정요인이 학생 및 학업에 미치는 중요성은 재론할 필요가 없으나, 가정의 지위환경, 과정환경을 벗어나 부모의 기대와 유대, 정서적 관련성이 학업성취에 직접적인 영향을 미친다는 연구결과들은(윤경희, 1999; Walberg & Paik, 1997) 부모의 교육지원에 주목하게 한다.

김현욱(2012)의 연구결과에 따르면 부모의 교육지원은 높은 종단적 자기회귀 영향력을 나타내었다. 즉, 과거에 교육지원을 하는 것은 미래의 교육지원에 높은 긍정적 영향을 미치고 있었다. 이것은 부모가 청소년기 초기부터 교육지원에 주력해야 함을 시사한다. 그리고 부모의 교육지원은 청소년의 학업자아개념에 점차 높은 영향력을 나타냈다. 즉, 청소년이 어떠한 학업자아개념을 가지고 있느냐에 따라 부모의 교육지원이 이루어진다기보다는 부모의 교육지원에 따라 청소년의 학업자아개념이 영향을 받는다고 볼 수 있다. 이는 청소년의 학업 상태나 태도를 바탕으로 부모의 교육지원이 이루어지지 않고, 외부요인이나 부모가 가진 교육관 등에 의해서 이루어질 가능성을 시사한다. 또한 부모의 교육지원에 따라 청소년의 앞으로의 자아개념이 좌우될 수 있음을 알려 준다.

부모의 교육지원이 학생들에게 긍정적인 영향을 미친다는 연구결과(Christenson, Rounds & Gorney, 1992; Epstein, 1991; Keith et al., 1993)와 큰 영향을 미치지 못하거나(Keith et al., 1986; Natriello & McDill, 1989), 부정적인 영향을 미친다는 상반된 연구결과가 동시에 보고되고 있다(Astone & McLanahan, 1991; Ho & Willms, 1996; Lee, 1994; Madigan, 1994; Milne et al., 1986; Muller, 1993). 이 중 부정적 효과는 부모가 숙제를 돕거나 방과후 활동을 세밀하게 감독하는 것, 빈번한 학교와의 접촉 또는 교사와의 면담, 그리고 높은 빈도의 자녀와의 대화 등과 관련이 있는 것으로 나타났다(김경근, 2000). 그리고 연령에 따라서도 다른 연구결과가 보고되고 있는데, 초등학생을 대상으로 한 연구(Epstein, 1991)에서 부모의 교육적 지원이 학업성취에 긍정적인 영향을 미치고 있음을 보고한 바 있으며, 중학생을 대상으로 한 연구에서 부모의 자녀교육에 대한 기대가 학업성취에 가장 큰 영향을 미친다는 연구(Singh et al., 1995)가 보고되고 있는 반면, 고등학생들을 대상으로 한 연구에서 부모의 관여가 학업성취에 큰 영향을 미치지 못하고 있음을 보고하고 있다(Natriello & McDill, 1989). 국내연구에서도 그 결과가 분분한데, 아동을 대상으로 한 연구에서 부모가 갖는 기대와 자아개념 간에 상관이 거의 없다는 연구(강영철, 2003; 노옥희, 2004)가 보고되고 있는 반면, 부모의 교육적 관여가 자녀의 학습동기와 학업성취에 긍정적 영향을 미친다는 연구와(임은미, 1998), 초등학생에 비해 중학생 부모의 지원이 보다 영향력이 높은 것을 보고한 연구도 있다(문은식, 김충회, 2003).

이상의 연구결과들이 횡단적 분석을 주로 하였다는 데 그 한계가 있는 것으로 보인다. 특히 부모의 교육지원은 한 시점에서 분석되기 어렵고, 지원의 주체와 객체 간의 유기적인 상호작용을 전제로 하기 때문에 종단 연구결과에 주목할 필요가 있다.

부모의 교육지원에 대한 효과를 종단적으로 분석한 연구들을 살펴보면, 학생의 성취동기, 학업성취 등에 긍정적인 영향을 미치는 것으로 보고되고 있다(Gottfried & Fleming, 1994; Henrich, 2001). 국내의 종단연구 결과(김현욱, 2012; 변수용 · 김경근, 2006; 이경화 · 유경훈 · 김은경, 2012)를 살펴보더라도 부모의 교육지원이 학생의 학업성취, 자기조절전략, 동기 등에 중요한 요인으로 영향을 미치는 것으로 보고되고 있다.

학업성취와 밀접한 관련이 있는 학업자아개념에 있어서 부모의 교육지원이 주요하게 작용한다는 것은 청소년과 학부모를 비롯한 우리 사회가 학력, 학업에 대해서 각별한 주의집중을 하는 데 따른 것으로 보인다. 학업, 출세나 진학을 위한 기대가 부모로부터 강하게 드러나고 있음을 말해 주는 것이다. 따라서 청소년에 대한 부모의 교육지원의 중요성이 더욱 강조될 필요가 있으며, 보다 긍정적인 자아개념을 형성하기 위한 부모의 역할과 방안에 대한 구체적인 연구가 계속 이루어져야 할 것이다.

C·H·A·P·T·E·R 09

청소년과 사회화

1. 청소년의 사회화 관점
2. 사회화와 자립
3. 청소년의 사회화 담당자

1 청소년의 사회화 관점

사회화(socialization)의 대상인 청소년을 이해하는 범주는 고정된 것이 아니다. 아이리스(Aries)는 프랑스 현대 가정의 진화에 관한 연구에서 아동기에 대한 개념이 시대에 따라 어떻게 변천하였는가를 설명하였다. 10세기 이전에는 아동을 작은 성인으로 묘사하였지만, 그 이후에는 아동기를 독특한 인격체이며 그들의 개성은 그대로 인정되고 존중되어야 한다는 입장으로 변화하였다. 아이리스는 아동기를 두 가지로 개념화하였다(M. Berarley et al., 1969; 손직수 역, 1991).

첫째, 아동을 연약한 보호의 대상으로 보고 성인세계와 아동세계는 엄격한 단절이 있는 것으로 인식하는 경향이다. 아동이 부모나 보호자의 계속적인 배려 없이 살아갈 수 없는 한, 아동의 모든 세계는 성인에 종속된다. 아동은 성인에게 의존하는 동안 연약한 존재로서 사랑을 받고, 성인이 이끄는 방식대로 행동하게 된다.

둘째, 아동을 보호와 재형성의 필요가 있는 신의 나약한 창조물로 보는 것이다. 즉, 아동은 자신의 원죄를 씻어야 하는 것처럼 사회의 악으로부터 보호되어야만 한다. 이러한 보호를 향상시키기 위해서는 아동에 대한 심리학적 연구가 필수적이다. 따라서 아동 전문가가 나타나고, 아동에 대한 자료가 증가해야 하며, 아동을 올바르게 사회화하려는 방법이 제시되어야 한다.

청소년의 사회화과정에 대한 지배적인 관점은 파슨즈(1951)의 연구로 대표되는 수동적 사회화 혹은 기능주의적 관점이다. 즉, 사회화란 학습과 마찬가지로 평생을 통해 계속되는 것으로, 청소년기에 가장 특징적인 것은 다음과 같다(M. Berarley et al., 1969; 손직수 역, 1991).

청소년은 성장과 함께 그의 목표달성의 과정에서 계속적으로 좌절감을 경험하게 되는데, 이는 청소년에 대한 부모의 요구의 증가와 이에 상반되는 현실, 더불어 부모의 사랑을 잃게 될지도 모른다는 위협을 느끼기 때문이다. 그래서 청소년들은 부모의 사랑을 얻으려는 목표의 달성을 위해 계속 새로운 대응 전략을 채택하게 된다. 이렇게 새로운 요구들에 대응할 수 있는 확장된 유형유지 전략을 배우게 되는데, 이렇게 함으로써 청소년들은 새로운 행동들을 자신의 자아에 통합시킨다. 인성체제는 다시 목표획득, 적응, 유형유지, 통합이라는 순환 과정을 통해 안정된다. 이러한 수동적 사회화의 관점은 청소년을 외부의 자극에 반응하는 존재로 가정한다. 청소년 스스로 자신의 행동에 대해 갈등하고 선택할 가능성을 고려하지 않는다는 문제점이 있다.

기능주의적 관점에서 다루어진 연구들은 사회집단 간의 학업성적의 차이를 인정하고, 그러한 차이를 청소년의 사회화와 관련지어 설명하고 있지만, 이것을 통해 청소년 특성을 모두 설명할 수는 없다. 이러한 청소년의 수동적 사회화 이론에 대한 새로운 관점은 미드(Mead)의 연구를 통해 제기된 능동적 사회화이다. 그녀는 행위가 어떤 요소들에 의해 이미 존재하고 있는 심리적 구조에서 도출되는 것이 아니라, 세계와의 대결 속에서 형성되는 것이라고 보았다. 사람들은 단순히 그들의 역할, 가치성향, 경제적 하위구조에 반응하는 것이 아니라 그들이 살고 있는 물리적 환경 속에서 자신들의 행동을 창출해낸다. 그러나 능동적 사회화 이론은 개인이 자신이 원하는 대로 행동할 수 있는 자유를 갖는다는 점과 어떤 사람이나 대상이 타인의 행위를 구속하는 권력을 가질 수 있다는 점을 간과하고 있다.

미드는 자아의 일부분으로서 주관적 자아가 일상생활에서의 객관적 자아에 반영되면서 정체감 형성을 계속적으로 감시한다고 보았다. 이러한 과정을 통해서 성장하는 동안 의미있는 타자들로부터 내면화되어 온 모습들을 거부하고 자신에 대한 통일적 관점을 형성해나간다. 의미있는 타자들에 의해 관점이 결정되는 것이 아니라, 스스로의 자아개념에 의거하여 세계관을 평가한다. 내면적으로는 주관적 자아와 객관적 자아 사이에서, 외면적으로는 일상생활 속에서 획득한 경험을 교환하는 가운데서 자아가 변증법적으로 형성된다.

사실 청소년의 수동적 사회화와 능동적인 사회화는 분리되어 있다고 보기 어렵다. 청소년들은 수동적으로 적응하기 위한 존재이면서 세계를 개척하고 능동적으로 탐색해가는 존재이기 때문이다. 그러나 청소년의 성장과 발달에 있어 외부적 환경요인의 절대적 영향력에 대한 이견은 없다. 청소년들이 경험하는 문화, 환경, 교육 등의 영향 속에서 자신들의 생존 환경을 구성하고 문화를 형성해 나갈 수 있다. 외부적 환경요인에 대한 전제가 이루어지지 않고서는 문화실조라는 개념을 논의할 수 없다.

2 사회화와 자립

앞서 산업화를 중심으로 한 사회의 변화 속에서 청소년에 대한 관점의 변화를 살펴보았다. 청소년을 자원으로 보는 관점, 소비자로 보는 관점, 그리고 청소년의 삶, 성장, 발달이 그들의 현재 생활과 미래에 이바지하는 것이어야 한다는 교육적 관점이 그것이다. 청소년의 올바른 성장과 역량의 개발을 위해서는 청소년의 삶과 생활이 그들에게 주체적으로 주어져야 한다는 교육적 관점이 필수적으로 공유되어야 한다. 이러한 청소년의 인간으로서의 자립은 청소년 생활의 중추가 되는 가정과 교육을 담당하는 사람들이 함께 협력해 나갈 때 성취될 수 있다.

그러면 청소년이 자립해 나간다는 것은 무슨 의미를 갖는지 살펴볼 필요가 있다. 자립의 사전적 정의는 남에게 예속되거나 의지하지 않고 스스로 서는 것이다(네이버사전, http://terms.naver.com). 이를 청소년 자립에 적용해 본다면, 건강하고 인간다운 문화적인 생활을 유지하는 데 필요한 것들을 자신의 힘으로 실현하는 것으로 정의할 수 있다. 자립의 차원은 구체적으로는 다음 세 가지로 집약할 수 있다. 기본적인 생활 자립, 문화적 자립 그리고 경제적 자립과 시민적 자립을 포함하는 사회적 자립으로 구분해 볼 수 있는데, 이러한 자립의 차원은 철저히 구분되는 것이 아니라 서로 밀접한 관련 속에서 성립된다(朝倉征夫, 1996).

가. 기본적인 생활 자립

기본적인 생활 자립은 건강한 생활을 유지하기 위해 안전하고 건강한 음식을 선택하고 조리하거나, 추위나 더위 등으로부터 몸을 지키는 수단을 아는 것, 위험을 감지하여 피하거나 예방하는 것 그리고 그것을 다른 사람에 의존하지 않고 스스로 해결할 수 있는 능력을 갖추고 실제 실천할 수 있는 것을 말한다. 안타깝게도 청소년을 비롯하여 많은 성인들조차도 이러한 기본적인 생활 자립 역량을 획득하지 못한 상태에 있다. 이러한 자립 역량이 부족하게 되면 항상 신변을 보살펴 주는 사람을 필요로 하기 때문에 타인에게 많은 것을 의존하게 되고 스스로 행동하는 데 많은 제약을 받게 된다. 또한 기본적인 음식이나 신변을 남에게 의존한다는 것은 중대한 위기를 초래하거나 건강을 크게 해칠 위험이 존재함을 의미한다.

기본적인 생활 자립이 이루어진 상태는 건강하고 문화적인 생활을 유지하기 위해 필요한 것들을 자급하는 비율이 높은 생활 상태라고 할 수 있다. 특히 음식과 생활에 필요한 도구 마련, 안전한 환경조성 등을 스스로 마련하고 활용할 수 있어야 할 것이다. 현대사회에서는 음식이나 도구 등을 모두 돈을 통해 해결할 수 있지만, 돈만 있다고 해서 자립했다고 말하기는 어렵다. 돈이 있으면 뭐든지 할 수 있다고 생각하는 최근 청소년들의 생각은 역으로 돈이 없으면 아무것도 할 수 없음을 의미하는 것이다.

대도시의 경우 생활환경이 이미 잘 갖추어져 있어 이러한 생활 자립 역량을 확인하기 어렵거나 그러한 역량을 갖추는 것이 무의미한 경우도 있다. 물건이나 음식 등을 구입하고 시설물 등에 의존하는 것은 다른 사람이 마련한 것을 사용하는 것으로서 일종의 타인에 대한 의존을 의미한다. 이러한 점을 고려해 볼 때, 원시적 차원의 자급자족형 자립이 아닌 이상, 현대사회의 기본적인 생활 자립의 개념이 모호해진다. 따라서 현대적 차원의 기본 생활 자립의 개념 정립이 요청된다.

이러한 차원에서 현대적 차원의 기본 생활 자립이란 각자의 주어진 자원과 환경을 이해하고 이를 활용하여 안전하고 건강한 생활을 할 수 있는 역량으로 정의할 수 있다. 즉, 보편적이고 객관적인 개념이 아니라 특수하고 주관적인 개념으로서 이해해야 한다. 예를 들어, 원재료 차원의 식재료를 활용한 섭식에서부터 가공식품이나 완제품의 음식을 언제 어떻게 획득하고 섭취할 수 있는지 등을 아는 것을 포함한다. 또한 스스로 몸을 보호하는 차원에서부터 다양한 시설물이나 장비를 어떻게 이용하는지 등을 알고 실천할 수 있는 능력을 포함한다. 다만 그 자립성의 정도에는 차이가 있을 것인데, 예를 들어 완제품 장난감만을 가지고 놀 수 있는 아이와 장난감 부품을 조립하여 가지고 놀 수 있는 아이의 자립성의 정도에는 차이가 있기 때문이다. 자립성이 비교적 높다 혹은 낮다는 것이 자립성이 충분하다 혹은 불충분하다로 해석되기는 어렵다. 청소년 각자의 삶과 미래를 충분히 검토하고 대비하는 가운데서 자립성의 충분성이 논의될 수 있다. 이것은 청소년들의 반성적 사고와 자신에 대한 성찰을 전제로 하는 것이다. 즉, 기본적인 생활 자립을 위해서는 자신에 대한 충분한 성찰이 바탕이 되어야 한다.

또한 기본적인 생활 자립은 건강하고 문화적인 생활을 유지하기 위한 기반이 되기 때문에 남녀의 차이는 존재하지 않는다. 음식과 생활 용품을 마련하고 활용하는 것, 추위나 더위 속에서 건강하게 생활하는 것, 식품이나 의약품 등을 올바로 선택하고 이용하는 것, 여행 등에서 만나는 다양한 환경 속에서 신변의 안전을 도모하면서 목적에 따라 행동하는 것 등은 남녀의 구분 없이 필요한 능력이다. 청소년들을 가르치면서 남자 혹은 여자라는 이유로 갖추어야 할 기능에 차이를 두는 것은 이러한 차원에서 지양되어야 한다. 물론 성역할 차이에 따라 심화될 수 있는 내용이 있겠으나, 일반 생활 속에서 필요한 행동이나 지식은 남녀차원에서 벗어나 충분히 교육되어야 한다(朝倉征夫, 1996).

나. 문화적 자립

문화적 자립을 논의하기 위해서 문화의 의미를 생각해 보아야 한다. 문화는 사회구성원 간에 공유하고 있는 사물, 지식, 언어, 가치관, 규범 등을 포함한다. 문화는 생활 속에 주어진 환경에 적응하는 모든 수단(means)이고(Linton, 1936), 세계를 의미 있게 해석할 수 있는 이념체계이며(Parsons, 1954), 사회구성원 간에 공유되는 의미와 규범체계(윤덕중, 1992; Geertz, 1973)이다. 이러한 문화는, 예를 들어 신발과 옷을 착용하는 것, 세 끼의 식사를 하는 것 등 기본적인 것에서부터 삶을 풍요롭게 하는 음악이나 공연, 철학, 표현방법, 도구 등 매우 광범위한 내용을 포함한다.

따라서 여기서 말하는 문화적 자립은 이러한 광범위한 생활양식에 대해 얼마나 경험하고 수용하며 향유하고 창출할 수 있는가에 대한 것이다. 음악을 예로 들면, 문화로서 음악을 얼마나 가지고 있는가 하는 것은 상업적인 음악이나 유행에 좌우되지 않고 자신이 향유할 수 있는 음악을 가지고 있는가 하는 것이다. 책에 대해서도 같은 차원에서 이야기할 수 있다. 책은 세상에 대한 정보와 사고의 단서를 제공하고 자신의 삶을 발견하게 해 주며 어떻게 삶을 살아야 하는지 제시해 주는데, 이러한 책을 통해 자신의 삶의 문제를 해결하고 얼마나 풍요롭게 할 수 있는가에 관한 것이다.

청소년에게 있어 문화는 공통적인 이해를 바탕으로 한다. 청소년들이 기존의 문화에 대해 비판하고 변화를 추구하고자 할 때도 그 문화에 대한 올바른 이해가 선행될 때 그것이 가능하다. 따라서 청소년들로 하여금 다양한 문화를 올바르게 이해하고 경험할 수 있도록 하는 것이 선행되어야 하며, 유구한 역사 속에서 창출된 인류의 문화를 그들의 삶 속에서 유의미하게 경험할 수 있도록 안내해야 한다. 이를 바탕으로 그들의 건전한 문화가 창출될 수 있다. 즉, 청소년들의 문화적 자립이란 기존의 다양한 문화에 대해 올바로 이해하고 경험할 수 있으며, 이를 바탕으로 자신의 문화를 건설적으로 개척해 나가는 역량으로 정의할 수 있다. 청소년들은 이러한 문화적 자립을 통해서 사회구성원으로 올바르게 자리매김 할 수 있다.

사회구성원은 필연적으로 그가 속한 문화에 영향을 받게 된다. 문화의 영향으로 말미암아 그 사회의 가치관과 신념과 규칙과 이념 등은 사회구성원의 인간성의 한 부분이 되고, 그의 행위를 형성하게 된다. 따라서 청소년들이 사회구성원으로 성장하기 위해서는 문화에 대한 포괄적인 이해와 자립이 선행되어야 한다. 문화적 자립은 청소년들의 삶에 대한 의욕과 삶의 실제, 그리고 이를 위해 필요한 기능과도 깊은 관련을 갖고 있는 것이다.

다. 사회적 자립

사회적 자립은 문화적 자립과 마찬가지로 매우 광범위하게 이야기할 수 있는 내용이지만, 여기에서는 시민적 차원과 경제적 차원을 중심으로 살펴보고자 한다.

시민적 자립은 민주주의 사회를 담당하는 시민으로서의 권리와 의무를 수행할 수 있는 자립성을 의미한다. 이러한 자립성을 갖추는 것은 자신에게 주어진 민주주의의 의미를 이해하는 것은 물론, 타인의 권리와 의무를 이해하는 것을 포함한다. 그리고 사회적 분란을 야기하는 불확실한 가치에 흔들리지 않고 민주주의 사회를 지켜나갈 수 있는 판단과 실천력도 요구된다. 이를 위해서는 사회의 구조, 과제, 방향성 등에 대해 생각하는 힘을 갖추어야 하며, 더불어 다른 사람과의 유대관계를 형성하고 적절한 사교활동을 해 나가는 것, 다른 사람의 태도를 이해하고 자신을 표현하면서 대인관계를 조정하는 능력도 아울러 요구된다.

경제적 자립은 생활에 필요한 자본을 보장하기 위한 것이다. 현대사회에서 경제적인 자립이 이루어지지 않을 때 인간으로서의 가장 근본적인 생활을 영위하는 데 많은 어려움을 겪는다. 또한 자신의 의견이나 권리를 주장할 기회도 줄어들 수 있으며, 행동에도 제약이 따른다. 따라서 사회적인 자립과 경제적인 자립은 상호 연계되어 이루어질 수 있도록 지도되어야 한다. 이것은 일에 대한 가치를 아는 것에서부터 직업의 종류, 자신의 적성, 사회경제적 현상 등에 대한 이해를 필요로 한다.

청소년에게 시민적 자립과 경제적 자립을 완전히 적용하기에는 한계가 있다. 학령기 청소년들이 일반 시민으로서 자립할 수 없으며, 더욱이 경제적인 자립을 기대하기도 어렵다. 그러나 이러한 자립은 성인이 되었을 때 저절로 성취되는 것이 아니기 때문에 청소년기부터 원만한 자립이 이루어질 수 있도록 조력해야 한다. 이 말은 청소년기가 성인기를 위한 준비 기간으로서 역할을 해야 됨을 말하는 것은 아니다. 청소년기부터 인간의 권리와 의무에 대해서 의미를 알아가야 하며, 자신의 적성을 알고 미래를 설계할 수 있도록 함으로써 주체적인 자립을 도와야 한다. 지식적 차원뿐만 아니라 경험적 차원으로서 학생회 활동, 봉사활동, 동아리 활동, 체험활동 등을 통해 이러한 경험을 쌓아간다면 올바른 사회적 · 경제적 자립을 기대할 수 있을 것이다. 더 좁게는 어린 시절의 친구와의 사귐, 놀이 활동, 가족 여행 등을 통해서도 이러한 자립성의 기초를 마련할 수 있다. 청소년 시기부터 인간으로서의 권리와 의무, 일(직업)이 가지는 의미에 대해 알고 생각하도록 하는 것이 이러한 차원에서 매우 중요하다(朝倉征夫, 1996).

3 청소년의 사회화 담당자

인간은 태어날 때 자연적 존재로 세상에 태어난다. 그러나 사회의 구성원들과 상호작용을 하면서 새로운 지식, 기술, 태도, 규범, 가치 신념 등을 학습함으로써 점점 사회문화적 존재로 성장, 발달하고 있다. 사회화에 대한 관점도 인류학자들은 문화전달(enculturation), 사회학자들은 사회적 역할 학습이나 자아형성과정으로 보기도 한다. 이처럼 개인이 한 사회의 구성원으로서 갖춰야 할 것을 배워나가는 과정을 사회화라고 한다. 즉, 자신이 속한 사회의 행동양식이나 생활방식, 즉 문화를 학습하는 과정을 말한다.

청소년의 사회화를 촉진하는 요인은 여러 가지가 존재한다. 이를 사회화의 담당자나 담당기관(agents of socialization) 또는 기제(mechanism) 등으로 부르고 있다. 청소년의 사회화를 촉진하는 기제에는 가정, 지역사회, 학교, 또래집단, 대중매체, 사회기관 등 다양한 요인을 들 수 있다. 이러한 사회화 기제는 사회의 문화와 생활양식의 변화에 따라 특정한 기제가 중요하게 부각되기도 하고 새로운 기제가 등장하기도 한다. 과거 전통사회에서는 가정과 지역사회가 청소년의 사회화의 거의 모든 것을 담당했지만, 현대에 와서는 그 역할이 축소되고 학교나 학원, 대중매체, 인터넷 등의 역할이 크게 작용하는 것을 그 예로 들 수 있다.

가. 가정

인간의 생물적 재생산, 자녀의 양육, 약자의 보호, 정서적 안정, 애정 등 기본적인 욕구가 충족될 때 인간은 생존할 수 있고 지속적인 사회발전을 기대할 수 있다. 이러한 목적의 달성은 그 수단이나 절차 등에 독립적이지 않고 인간의 존엄성을 전제로 할 수 있어야 한다. 이를 위해 사회적으로 구축된 기초적인 인간관계가 가정이다.

가정은 직접적인 혈연 관계를 지닌 사람들의 집단만을 의미하지는 않고, 공동의 생활목적과 의식을 지닌 가까운 인간관계나 집단도 포함하여 이야기할 수 있다. 가족의 형태는 여러 가지로 나눌 수 있지만 가장 일반적인 방법은 부부와 자녀를 중심으로 결합된 형태로 부부가족(conjugal family) 또는 핵가족(nuclear family) 형태이다. 부모와 자식 이외에 형제 등 혈연으로 결합된 형태로 혈연가족(consanguine family) 또는 대가족(extended family) 형태이다. 핵가족 형태는 그 중심에 부부가 있으며 보통 남자와 여자 또는 부모와 자녀관계가 대가족 형태보다 평등하다. 그러나 대가족 형태는 같은 혈통의 부모, 형제, 친척들이 함께 모여 살며, 젊은부부가 노년부부를 봉양한다.

가족형태에 바라봄에 있어 주의해야 할 점은 자문화 중심주의이다. 자신이 속한 문화나 가족 형태를 중심으로 다른 가족이나 문화를 바라보는 것은 경계해야 할 점이며 문화상대주의 입장에서 어느 가족 형태가 좋다고 이야기할 수 없다.

가정의 사회적 기능은 대략 다음과 같이 요약할 수 있다(차경수, 최충옥, 이미나, 1998).

첫째, 성질서 유지기능이다.

가정은 생물학적인 성적 욕구를 충족하고 2세를 출산한다. 성적 욕구는 인간의 기본욕구지만 이를 충족하는 방법이나 형태가 무분별하게 이루어질 경우, 사회의 기본 질서가 무너지고 큰 혼란을 초래할 수 있다. 혼전 성관계를 금기시하는 사회도 있지만 어떤 사회는 이를 허용하며, 성 욕구 만족뿐만 아니라 출산능력의 증거로서 허용되기도 한다. 네덜란드를 비롯한 일부 유럽 국가의 경우 성문화가 매우 개방적이고 성 욕구충족이나 표현이 광범위하게 인정되지만, 그 역시 기본적인 규범을 가지고 있다. 하지만 기본적으로 부부관계를 통해 이러한 욕구가 충족되는 것을 합리적인 것으로 인정하는 것이 보통이다.

둘째, 정서적 안정과 애정 형성 기능이다.

가정은 인간의 기본적인 발달을 위해 필요한 정서적 안정을 제공하고 애정을 형성하여 긍정적인 사고와 건강한 성장을 도모할 수 있다. 많은 사례를 통해 확인된 바와 같이 정서적으로 불안하고 애정을 받지 못한 사람은 성격적 문제나 신체적인 문제뿐만 아니라 질병도 야기한다. 가정을 통해 가장 필수적인 교류와 인정, 교감이 이루어지며, 이것은 정서적인 안정과 애정의 기초를 형성한다.

셋째, 사회적 계층 부여 기능이다.

가정은 사회적 지위나 계층을 부모로부터 이어받는데, 성역할, 인종, 종교, 문화자본, 경제자본, 사회자본 등이 여기에 해당된다. 부모로부터 물려받은 사회계층적 특성은 청소년들의 성장과 사회생활에 많은 영향을 미친다. 가정을 통해 그 사회계층에 속하는 생활양식이나 가치관을 학습하기 때문이다.

넷째, 보호의 기능이다.

인간 사회집단의 최소단위인 가정을 통해 물리적 환경이나 외부의 위협으로부터 보호받는다. 가정은 경제적 · 육체적 · 정신적으로 자립하여, 의식주를 해결하고 건강한 생활을 통해 청소년의 원만한 성장을 위한 토대를 제공한다. 가정의 이러한 보호기능이 원만하지 못하다면 사회 전체의 기반이 흔들리게 되기 때문에 각종 사회정책은 가정이 제 기능을 발휘하도록 지원해야 한다.

여러 연구를 통해 확인되고 있는 것처럼 청소년의 사회화에 결정적인 영향을 미치는 가정의 중요한 역할을 정리하면 다음과 같다.

첫째, 자신이 소중한 존재로 여겨지고 있음을 느낄 수 있어야 하고, 따뜻하고 부드러운 분위기로 심신의 안식처가 되어야 한다.

둘째, 부부간 관계가 원만하고 각자의 역할이 수행되는 가정이어야 한다.

셋째, 대화가 단절되지 않고 언어적 상호작용이 풍부한 가정이어야 한다.

넷째, 청소년들에게 다양한 경험을 제공하고 그들을 위한 환경을 제공해 주는 가정이어야 한다.

다섯째, 청소년의 발달과정을 이해하고 그 단계에 맞는 양육 태도를 지녀야 한다(김영숙, 1978).

나. 학교

학교는 사회의 문화유산을 전수하면서 사회를 통합하고, 사회적 역할과 지위를 배분해 줄 뿐만 아니라 사회의 변화와 혁신을 이끄는 중요한 기능을 수행한다. 현대사회에서 모든 사람에게 교육이 권리이자 의무로 여겨지게 되면서 청소년기의 대부분을 학교에서 보내게 되었고, 이것은 학교가 인간의 성장과 사회화에 결정적인 역할을 하도록 만들었다.

학교의 기능을 다양하게 분류할 수 있지만 본질적 기능과 부차적 기능으로 나누어 살펴볼 수 있다.

본질적 기능은 사회적 통합기능, 문화유산의 전달 기능, 사회화 기능으로 분류할 수 있는데, 모두 교육의 사회화 기능으로 이해할 수 있다. 학교가 과거로부터 내려오는 문화유산, 즉 행동양식, 가치관, 축적된 지식, 사회규범 등을 사회구성원들에게 조직적이고, 계획적으로 전달함으로써 그들의 의식을 일정한 방향으로 형성하는 것을 문화유산의 전달 혹은 사회적 통합(social integration)기능이라고 한다. 이러한 학교의 사회통합기능 혹은 문화유산 전달기능은 변화보다는 현상유지에 중점을 둔다는 점에서 보수적 기능으로 논의되기도 한다.

문화는 한 마디로 사회구성원의 행동양식, 내면화된 가치관, 그 사회에 축적된 지식 및 사회적 규범 등을 뜻한다. 따라서 학교의 문화유산 전달기능이란 청소년들이 어떻게 행동하고 무엇을 기대하며 무엇을 해야 하고 하지 않아야 함을 가르쳐 주는 일이다.

학교는 다양한 사회화 기관 중에서도 특히 중요하다. 급속히 변화하고 발전하는 사회에서 전문적이고 의도적인 사회화 기관이 요청되는데, 이것을 학교가 맡고 있는 것이다. 즉, 학교는 개인이 사회에 적응할 수 있도록 도와주고, 사회가 계속하여 발전할 수 있도록 통합해 주며, 개인과 사회 간에 존재하는 갈등을 해소해 줄 뿐만 아니라, 전체 사회의 기능이 원활하게 수행될 수 있도록 돕는다. 또한 학교는 정치 사회화의 중요한 수단이 된다. 개인이 사회의 정치적 행동, 가치, 태도를 습득하는 것을 정치 사회화(political socialization)라고 한다. 정치적 사회화의 실패는 사회에 정치적 불안정을 가지고 올 수 있다(김대종, 1997).

학교의 사회화 방법은 네 가지로 구분해 볼 수 있다. 직접적인 교수, 사회적 집단 활동, 모델을 통한 방법, 제재 및 칭찬 등이 있다. 학교는 직접적인 교수활동을 통해 그 사회의 행동양식, 지식, 가치 등을 가르친다. 그리고 교실수업 외에 체험활동, 클럽활동 등을 통해서도 학습하며, 모델로 제시된 인물 및 대상을 통해서도 학습한다. 더불어 직·간접적인 칭찬과 제재를 통해서도 사회화된다.

학교는 청소년들이 함께 어울릴 수 있는 동료와 장소를 제공해 준다. 청소년들은 또래를 통해서 공동의 의식을 형성하고 다양한 행동양식을 배운다. 정서적인 교류를 위한 인간관계 및 어떤 목적을 위한 수단으로서의 인간관계를 배우고, 다양한 인간관계 기술을 습득한다. 건전한 또래집단의 경우 평등하고 자발적인 형태로 형성되기 때문에 집단 속에서 민주적 태도와 리더십을 기를 수 있다. 또래집단의 큰 장점은 인간관계를 연습할 수 있다는 점이고, 실수를 하더라도 비교적 큰 피해를 받지 않는다는 것이다.

사회화는 다른 대상을 관찰하고 모방함으로써 많이 이루어진다. 가정에서 부모가 청소년들의 모델이 된다면, 학교에서는 교직원, 또래 학생들이 모델이 되어 언어, 복장, 취미, 가치관 등의 형성에 중요한 영향을 미친다. 어렸을 때 사회화의 모델이 된 인물은 일생 동안 많은 영향을 미칠 수 있다. 학교의 여러 모델은 장기간에 걸쳐 빈번하게 접촉하기 때문에 청소년들에게 오랫동안 모델로 남는 경우가 많다.

학교는 청소년들에게 다양한 정적 강화, 부적 강화를 함으로써 행동을 통제한다. 이러한 강화가 인간의 행동발달에 직접적인 영향을 미친다는 것은 스키너(Skinner)의 연구에 통해 널리 알려져 있다. 학교에서 서열을 매기고, 상장을 주는 일부터 잘못을 지적하고 벌을 주는 행동, 규칙 및 신호 체계 등을 통해 학생들의 특정한 행동을 유도한다.

학교는 사회구성원을 선택하고 분류하는 기능도 수행한다. 사회는 다양한 사회적 지위 및 직업체계로 이루어져 있다. 하지만 이들 사회적 지위와 직업에 따른 이익과 보수는 동일하지 않을 뿐만 아니라 책임도 각각 다르다. 결국 직업의 종류에 따라 기능, 훈련, 어려움 등이 다르기 때문에 보수와 지위가 달라진다. 학교는 다양한 방법을 통해 사회구성원을 선택하고 분류하는 기능을 지원한다(김신일, 1993).

이러한 본질적 기능 이외에 부차적인 기능으로서 청소년을 돌보아 주는 역할, 이성에 대한 이해와 관계형성을 할 수 있는 기회제공, 소수 문화와 종교 등의 경험, 사회개혁의 수단 등이 있다. 이런 학교의 기능은 고유의 목적은 아니지만 실제적으로 학교가 수행하고 있고, 사회에서 기대하는 부분이기도 하다(차경수, 최충옥, 이미나, 1998).

다. 대중매체

오늘날 대중매체는 우리의 삶에 깊숙이 스며들고 있다고 해도 과언이 아닐 것이다. 오늘날 세대를 면 대 면(face to face)이 아니라 영상매체 세대라고도 한다. 특히 TV나 인터넷 등은 현대인의 삶에 많은 영향을 미치고 있다. 따라서 청소년의 사회화 과정에서도 대중매체는 강력한 영향을 미치고 있다. 어떤 사회과학자들은 텔레비전을 제1의 교육과정(first curriculum)이라고도 한다. 왜냐하면 텔레비전이 어린이들의 학습기술을 발달시키고, 지식을 획득하고 이해하는 데 영향을 미치기 때문이다(Ornstein et al., 2014).

일찍이 캐나다 미디어학자인 맥루한(McLuhan, 1964)은 미디어가 메시지(the medium is the message)라고 하였다. 이는 미디어의 형태는 사회에 매우 다른 영향을 미친다는 것이다. 즉, 사회는 미디어의 유형에 의해 많은 영향을 받는다. 뿐만 아니라 전자매체는 지구촌(global village)을 가속화시키며, 인간세계는 점점 더 단일한 운명공동체로 통합되고 있다.

대중매체가 청소년의 사회화에 어떤 영향을 미치는가를 살펴보기 위해서는 대중매체의 본질 및 속성, 대중매체의 기능, 효과 등을 고찰하고 교육과의 관계를 검토해야 한다.

대중매체라고 하면 일반적으로 텔레비전, 라디오, 영화, 신문, 잡지, 인터넷 등을 연상한다. 그러나 이러한 것은 대중매체의 기술적 수단을 언급하는 것이지 그 본질을 말하는 것은 아니다. 대중매체는 그것이 운영되는 특이한 조건과 관련하여 생각해야 그 본질을 알 수 있다.

대중매체는 그 정도를 추정하기 어렵지만 비교적 수요가 많고 특정한 계층에 국한된 것이 아니다. 또한 대상을 지정하여 전달되지 않고 불특정 다수를 그 대상으로 한다. 때문에 특정인을 대상으로 한 매체는 대중매체에 속하지 않는다. 그리고 다수의 대중에게 알리는 것이므로 공개적이며, 지속성보다는 시기성을 강조하고, 신속하게 전달하는 것을 특징으로 한다. 대중매체가 가지는 이러한 상황적 조건은 내용의 질에도 영향을 미치는데, 내용은 전문적이기보다는 이해하기 쉽고 감각적인 내용으로 구성된다(김지운, 1980). 따라서 대중매체는 익명의 다수에게 공감을 목적으로 공개적이고 신속하게 전달하는 매체로 정의할 수 있다.

슈람(Schramm)에 의하면 대중매체의 기능은 ① 대중에게 정보를 제공하고, ② 대중을 교육시키며, ③ 오락을 제공하고, ④ 대중을 설득하는 기능을 가지고, 대중의 입장에서는 ① 주어진 정보를 획득하고, ② 대중매체가 전달하는 것을 학습하며, ③ 오락을 향유하며, ④ 대중매체의 제안 및 주장을 수용하거나 비판하는 양상을 나타낸다. 이는 대중매체가 가지는 사회화의 기능을 유형별로 표현한 것으로 볼 수 있다.

박진규(2008)는 대중매체의 기능을 네 가지로 분류하였다. 첫째, 문화

전승 및 보급기능은 집단 내 혹은 집단 간에 만들어진 독특한 삶의 형태는 대중매체를 통해 세대 간 혹은 지역 간에 전달하고 보급하는 기능이다. 둘째, 새로운 문화의 창출기능이란 대중매체는 기존의 문화를 단순히 전달하기도 하지만, 기술공학의 발달로 인한 첨단 미디어의 등장으로 새로운 삶의 형태를 지향하는 일반 대중의 욕구를 채워주고 있다. 셋째, 문화통합기능이란 현대의 매스미디어의 발달은 지리적·계층적·연령적 경계에 따른 이질적 특수문화를 어느 정도 동질적으로 변화시키고 있다. 즉, 농촌과 도시의 문화가 유사하게 되어가고, 남성과 여성의 문화 차이를 찾아보기 어렵고, 청소년과 기성세대가 동세대의 연대를 형성하게 되는 등 획일성과 공통성이 매스미디어에 의해 형성되고 있다. 넷째, 문화의 간접적 체험기능으로, 매스미디어, 특히 텔레비전은 인간이 직접 경험할 수 없는 여러 생활양식을 간접적으로 경험할 수 있게 하고 다른 사회 상황에 있는 가치들을 수용자에게 제공한다. 특히 과학기술의 발전과 첨단통신기술을 바탕으로 한 텔레비전의 사실성은 시청자들에게 생생한 경험을 제공함으로써 상상력을 더 높이기도 한다. 매스미디어는 이러한 순기능도 있는 반면에, 수용자 자세의 획일화, 가치관 혼란으로 인한 물질주의, 폭력물로 인한 모방행위 등의 역기능적 요소도 있을 수 있기 때문에 청소년대상의 교육적 기능이 항상 고려되어야 할 것이다.

또한 매스미디어 중에서도 과도한 텔레비전의 시청은 청소년들에게 시력을 감퇴시키거나 활동적 여가시간이나 학습시간을 빼앗을 수도 있다. 미국어린이들은 하루 평균 3~4시간의 텔레비전을 시청하는데 이들이 시청하는 프로그램의 많은 부분은 폭력에 대한 것이라는 점이다(Gilovich, Keltner & Nisbett, 2006). 2004~2009년 영국의 경우, 4~15세 연령층과 16~24세 청소년들의 하루 평균 텔레비전 시청 시간은 각각 2시간 30분 정도인 것으로 나타났다(Giddens & Sutton, 2013). 우리나라의 경우 2013년 기준으로 볼 때, 주말과 주중 합하여 하루 평균 초등학생(216분), 중학생(213분), 고등학생(168분)으로 나타났다(통계청, 2013).

매스미디어의 발달은 대중문화(mass culture)형성에도 많은 영향을 미치게 되었다. 일반적으로 중산층이 사회에 영향력을 행사하는 사회를 대중사회라고 하는데, 이 또한 매스미디어의 발달로 가속화되었다 할 수 있다. 대중사회에 접어들면서 일반 대중들에게 존재하는 행동양식이나 가치관을 대중문화라고 하는데, 이러한 대중문화의 형성에 대중매체의 영향은 매우 크다. 대중의 행동양식은 전통적인 엘리트 집단에 비하여 격정적이며 비합리적이고 소외적일 수 있다. 즉, 대중을 움직이기 위해서는 정서적·감각적인 면에 호소하게 되는데, 때문에 대중매체는 이러한 속성을 지닌다(박흥수, 1980). 정서적·감각적 속성에 기반한 대중문화는 청소년에게 순기능 못지않게 역기능이 큰 것으로 지적되고 있다(차경수 등, 1998).

라. 또래집단

또래집단 또는 동료집단(peer group)은 비슷한 연령층으로 구성되는 어린이들의 집단을 지칭하는 말이다. 어린이가 가정에서 벗어나 점점 또래들과 생활하는 시간이 길어짐으로써 서로 영향을 받게 된다. 거의 같은 연령층인 친구집단으로 비슷한 사회적 지위를 가진 집단이다. 가정은 대체로 자녀에 대한 권위 측면에서 보면 위계적 집단이지만 또래집단은 평등적 관계로, 이러한 주고받는 관계(give-and-take)는 어린이들이 협동적인 상황 속에서 다른 사람들과 관계형성 방법을 학습하는 기회를 제공한다(Sullivan, 2009).

또래집단은 동일한 연령, 성 및 사회경제적 지위를 가지고 있으며 동일한 관심을 공유하고 있다. 자아 및 정체성 촉진뿐만 아니라 사회적 상호작용, 소속감 및 독립심을 증대시켜 주기 때문에 중요하다(안병환, 2012). 일반적으로 가정과는 달리 또래들과의 관계가 수평적이며 자유롭게 의사소통이 이루어질 뿐만 아니라 그들이 공유하고 있는 경험도 비슷하기 때문에 이 집단 속에서는 상당히 안정감을 느끼게 된다. 이러한 분위기 속에서 청소년들은 자신들의 생각을 거리낌 없이 말하고, 하고 싶은 것과 하기 싫은 행동을 자유롭게 선택을 하게 된다. 이러한 과정을 통하여 청소년들은 아직은 부족하지만 해야 할 것과 하지 말아야 할 것 등을 배우며, 자신이 어떻게 해야 다른 사람들에게 수용될 수 있는가 하는 방법을 배우게 된다.

청소년들은 두 개의 세계에서 성장하고 있다. 하나는 부모, 친척, 교사, 클럽의 지도자 및 가족의 친지들과 같은 어른의 세계이다. 다른 하나는 친구, 놀이집단, 학교집단과 같은 또래의 세계이다. 또래집단은 사회화 담당자로서 많은 부분 청소년들에게 도움을 준다. 일반적으로 어른들은 또래집단이 청소년에게 다른 사람과 함께 어울리는 방법을 가르치기를 기대한다. 또래집단은 중요한 정보원으로서 청소년들에게 그들의 성역할을 가르치기도 한다. 한편, 또래적응이 부족한 청소년들은 위험할 수 있는데, 또래관계가 원만하지 못할 경우 또래들로부터 이탈될 우려가 있다.

성인의 세계에서 청소년들은 복종적인 위치에 머물지만 또래와의 사이에서는 동등한 관계에 놓인다. 따라서 그들의 관점에서 논의하고 참여함으로써 민주적 태도도 배울 수 있다. 실제로 한 연구에 의하면 청소년들이 고민이 생길 때 상담 상대로서 부모와 또래들이 높은 비중을 차지하였다(여성가족부, 2017).

이상에서 간단히 살펴본 또래집단은 청소년들에게 민주적 태도, 사회적 역할학습, 집단에의 소속감으로 인한 자아정체감 그리고 독립심 등을 기를 수 있는 기능을 수행한다. 특히 오늘날 따돌림이나 비행청소년 등의 문제의 상당부분은 바로 또래집단과 관련하여 이해할 수 있다. 따라서 또래집단이 청소년들에게 미치는 영향에 대한 연구 필요성이 증대되고 있다.

C·H·A·P·T·E·R **10**

청소년과 놀이

1. 놀이의 의미
2. 놀이의 특징과 관련 이론
3. 놀이의 기능

1 놀이의 의미

과거 아이들의 놀이 중심지였던 길거리나 공터는 대부분 도로로 바뀌었고 늘어난 차량으로 생활주변 곳곳에 위험을 초래한다. 일부 놀이터를 제외하고 아이들이 놀 수 있는 공간이 줄어들어 자연스럽게 야외 놀이가 감소하게 된 것이다. 야외 놀이가 감소한 이유는 TV, 장난감, 게임 기구 등이 증가한 것에도 그 원인이 크다.

텔레비전이나 장난감, 게임 기구 중심의 놀이 문화는 아이들이 창조적인 사고와 활동을 제한한다. 텔레비전의 시청은 정보를 받는 수동적인 활동이 주가 되고, 장난감이나 게임도 주어진 조작법 내에서 활동이 이루어진다. 아이들은 주어진 것을 통해서만 놀이를 해 탐구나 발견, 창의력을 학습할 기회가 크게 줄어들었다. 아이들의 놀이 활동의 특징을 살펴보면, 발견, 발명, 학습, 창조 등의 요소가 줄어들고 단순 재미, 흥분, 자극에 집중되는 특징을 볼 수 있다. 이는 아이의 올바른 성장과 잠재력을 기를 수 있는 기회가 크게 줄어들게 만들어 현대 청소년의 위기 중 하나로 여겨진다.

놀이는 재미와 더불어서 연구, 발견, 발명, 학습, 창조 등의 요소가 포함된다. 이뿐만 아니라 최근의 동물 행동학의 연구에서는 놀이가 가지는 의미에 대해 새로운 몇 가지 특성을 제시하고 있다. 영장류인 원숭이의 놀이를 살펴본 결과, 성인 원숭이에게서 나타나는 특징적인 행동의 거의 대부분이 놀이 속에 포함되어 나타났다. 먹는 것, 사회적 교류, 공격성, 성에 관한 행동, 육아, 권력, 분쟁 해결방법 등이 그것이다. 처음 놀이를 시작할 때는 이러한 행동이 다소 어색했지만, 시간이 지날수록 실제 어른의 행동에 가까운 것이 되었다. 그리고 다양한 세대의 무리 속에서 자란 원숭이가 더 사회적인 행동을 하고 무리와 융화되는 모습을 보였다. 동료와 고립된 원숭이나 함께 노는 기회가 적은 원숭이는 불필요하게 공격적으로 되거나 동료와의 관계를 형성하지 못하였고, 따돌림을 당하거나 다른 원숭이의 공격 대상이 되기도 하였다. 바로 놀이가 사회화되어 가는 과정으로서 중요성을 가짐을 보여 주는 사례이다.

인간 역시 집단에 의한 놀이 속에서 사회적 관계를 형성하고 교류하는 것의 중요성과 그것을 만드는 능력을 형성해 나가야 한다. 물론 집단의 놀이도 즐거움, 흥미 등을 추구한다는 점에 있어서는 개인 놀이와 다르지 않지만, 문제는 이 같은 집단에 의한 놀이의 기회가 감소하여 그 안에 즐거움이나 흥미, 학습을 경험할 기회가 크게 줄어든 것에 있다.

현대의 아동 놀이의 특징을 정리하면 다음과 같다.

① 놀이의 과정에서 발명, 발견, 창조, 연구 등의 요소가 현저히 줄어들었다.
② 기성화된 놀이기구와 장소에서 한정된 놀이를 한다.
③ 새로운 놀이기구에 대한 아이들의 수용력이 높고 또 쉽게 싫증을 느낀다.
④ 놀이 활동이 즉각적인 재미나 흥미를 불러일으키는 것에 집중된다.
⑤ 개인이 혼자서 놀이하는 도구가 증가하고 집단의 놀이가 감소하고 있다.
⑥ 실내 놀이기구가 크게 증가하고 야외 놀이의 기회가 감소하였다.
⑦ 놀이를 통해 연구, 발명, 발견, 학습, 창조의 요소가 줄어들었고, 동시에 놀이를 통해 획득될 수 있는 사회성의 성장 기회가 감소하였다.

기술혁신에 의해 구현된 생활양식은 아동기부터 정신적으로나 육체적으로 수동적인 상태로 만들고 있다. 그런 생활이 스스로 배우고 탐구하려는 의욕을 저하시키고 범람하는 정보 속에서 건강한 선택과 성장을 방해한다는 것은 불 보듯 당연한 일이다. 아동기부터 문화적 자립, 사회적 자립, 생활 자립의 기초를 마련해야 한다(朝倉征夫, 1996).

2 놀이의 특징과 관련 이론

놀이와 일을 구분하는 것은 쉽지 않다. 일 이외의 것을 놀이라고 할 수도 없고, 놀이 이외의 것을 일이라고도 하기 어렵다. 실제 일과 그 이외의 활동을 구분하는 것은 분명하지 않다(Hughes, 1999). 프뢰벨(Fröbel)은 놀이를 인간의 가장 순수한 정신적 활동이라고 했으며, 듀이는 어떤 결과를 위해 의도적으로 행하는 것이 아닌 모든 활동이라고 광범위하게 진술하고 있다.

보통 놀이라고 불리려면 다음의 특성을 지녀야 한다(Rubin, Fein & Vandenberg, 1983).

첫째, 놀이는 내적으로 동기화되어야 한다. 즉, 그 활동 자체가 목적이며 그것을 함으로써 만족을 느끼는 것을 말한다.

둘째, 놀이는 누군가에 의해 부과된 것이 아니라, 참가자 스스로 선택한 것이어야 한다. 이러한 점에서 청소년들에게 놀이 활동을 하도록 유도하면 그들은 일로 받아들이고, 반면에 놀이를 선택하도록 해주면 그것을 놀이로 받아들였다는 연구결과가 있다.

셋째, 놀이 경험을 즐겁게 즐길 수 있어야 한다. 그렇지 않으면 그 경험을 놀이로 받아들이지 않는다.

넷째, 놀이는 임의적이다. 현실을 왜곡하거나 특정한 규칙을 가지거나 놀이에 참여하는 사람의 흥미에 따라 조정되고 규정된다.

다섯째, 놀이는 놀이를 하는 사람이 주체가 되어 활동적으로 참여한다. 즉, 놀이는 외부에서 부여되는 것이 아니라 주체가 스스로 목적을 정하고, 즐거움을 느끼며, 참여하는 것이라고 할 수 있다.

일 역시 즐겁게 스스로 할 수도 있지만 외적으로 동기화되어 있다는 점에서 다르다. 주체적으로 일을 할 수도 있지만 일을 하지 않을 선택권까지 주어지지는 않는다. 그리고 임의적인 성격을 일에서는 찾기는 어렵다.

보다 구체적으로 놀이에 관해 다양한 이론들이 제시되고 있다(윤성수 등, 1994).

가. 잉여에너지론(surplus energy theory)

인간이 일을 하고 난 후 에너지가 남으면 이것을 사용하기 위해 놀이를 한다는 관점이다. 이 이론의 핵심적인 가설은 사람이나 동물은 일차적인 욕구를 충족시키기 위해 노동을 하는데, 이러한 일차적 욕구가 만족되고 난 후 에너지가 남으면 이 에너지를 사용하기 위해 놀이를 하게 된다는 것이다. 어린 동물이나 아동은 자신의 생존을 위해 노동할 책임이 없으므로 잉여에너지가 더 많이 남게 된다. 그러므로 성인에 비해 놀이를 하면서 보내는 시간이 많다는 것이다.

그러나 이 이론은 청소년들이 지친 상태에서도 놀이를 한다는 점에서 비판을 받는다. 즉, 청소년들은 기존의 활동 때문에 지쳐 있어도 새로운 자극을 주면 다시 놀이 활동을 시작한다. 또 개가 양을 몰아오는 경우나 공을 쫓아가고 물어뜯는 것에 동일한 에너지가 소모된다고 한다면 잉여에너지로 놀이를 한다고 규정하기 어렵다. 이 경우 외형적인 모습으로 추론하여 놀이 여부를 판정하게 되는데, 이러한 점에서 비판을 받는다.

나. 레크리에이션론(recreation theory)

레크리에이션 관점은 놀이가 에너지의 잉여보다는 결핍 때문에 나타나는 것으로 본다. 즉, 노동으로 쌓인 피로를 풀기 위해 놀이를 한다는 것이다. 이러한 관점은 힘든 노동을 하고 나서 정신적·육체적으로 고갈되면 휴식과 수면을 통해 이를 충전시키게 되는데, 이때 완벽한 재충전을 위해서는 현실에서 벗어나 일과 반대되는 활동을 할 필요가 있어서 이러한 놀이 활동을 한다고 본다.

그러나 놀이가 일의 스트레스를 풀고 재충전하기 위해 필요한 것이라면 청소년들은 왜 일보다 놀이를 즐겨하는지를 설명해 주지 못한다.

다. 연습론(practice theory)

동물의 놀이기간은 계통에 따라 다른데, 고등동물일수록, 생존기간이 길수록 놀이기간도 길다. 이러한 동물은 미성숙 기간이 긴데, 이 긴 시간 동안 성인기 활동을 연습한다. 즉, 놀이는 성인기의 활동을 연습하기 위해 존재한다는 것이다. 종종 청소년의 놀이가 실제 성인기의 활동과 무관해 보이는 활동으로 구성되는 경우가 있는데, 이것은 놀이를 하면서 활동의 결과보다는 과정에 더 많은 관심을 갖기 때문이다. 이 관점에서 놀이를 연습이라고 보는 것은 놀이내용이 성인기의 활동을 그대로 모방한다는 것이 아니라, 놀이경험을 통해 각 발달시기마다 필요한 과업을 적절히 이룰 수 있어야 한다는 것을 말한다. 따라서 청소년의 발달에 따라 놀이 활동의 종류가 달라진다.

그러나 성인기에 필요한 여러 기술이 특정한 놀이 활동에 의해 획득된다는 증거를 찾기 어렵고, 검증하기도 매우 복잡하다는 점에서 비판을 받는다.

라. 반복론(recapitulation theory)

반복론은 놀이를 통해 인류의 진화과정을 반복함으로써 원시본능을 제거하고 진화에 유용한 행동은 계승한다고 본다. 미국의 심리학자 홀(Hall)은 청소년의 놀이에서 인류역사의 과정이 재현된다고 보았는데 구체적인 놀이 유형을 다음과 같이 설명하였다. 먼저 동물단계는 기어오르기 등의 놀이에 반영되고, 야만단계는 사냥, 숨기, 추적하기 등의 놀이에서, 부족단계는 무리지어 하는 놀이에 나타난다는 것이다. 이러한 놀이의 목적은 현대생활에는 불필요한 원시적 본능을 제거시키고 정화하는 것이다. 예를 들어, 청소년은 야구를 통해서 원시생활에서 있었던 사냥 본능을 제거할 수 있다.

그러나 진화과정의 많은 활동이 간과되고 있고, 현대사회에서 놀이가 급격히 변화되고 있다는 점에서 비판을 받는다.

마. 프로이트 이론

프로이트는 놀이가 욕망의 충족과 더불어 충격을 받은 사건을 이겨내는 데 필요한 것으로 보았다. 놀이가 욕망(Id)을 충족시키기 위한 것이라고 보았는데, 놀이는 상상 속에서 원하는 바를 표현하여 자신의 바람을 충족시키는 수단이 된다. 이런 의미에서 놀이의 반대 개념은 진지한(serious) 것이 아니라 실제적(real)인 것이다. 다음으로 놀이가 충격을 받은 사건을 이겨내는 측면은 반복충동과 관련된다. 청소년은 놀이를 통해서 실제 생활에 크게 영향을 받았던 것을 재현한다. 불쾌한 경험을 놀이에서 여러 번 반복하면서, 그 경험을 자신이 다룰 수 있는 작은 부분으로 나누게 된다. 이렇게 함으로써 자신에게 정서적인 상처를 주는 사건의 영향력을 약화시키고 상황을 점차 극복하게 된다. 이런 의미에서 놀이는 청소년이 수동적인 희생자였던 상황에서 능동적인 극복자가 되도록 해 준다. 실제 병원에 있는 아동이 그렇지 않은 아동보다 더 병원과 관련된 놀이를 많이 한다는 것이 보고되었는데, 이는 이런 놀이를 통해 아동은 병원과 관련된 상황을 자주 접함으로써 불안을 극복할 수 있다고 해석할 수 있다.

바. 빗슨(Beatson)이론

빗슨(Beatson)은 놀이를 의사소통 차원에서 주목하였다. 초의사소통적(meta-communicative)인 측면이 의사소통체계와 연계되는 것으로 보았다. 아동이 경찰놀이를 하면서 경찰의 역할이나 행동을 배운다기보다는 그러한 역할이 존재한다는 사실을 배운다는 것을 강조하였다. 교육학에서는 주로 청소년들이 놀이를 통해 특정한 역할행동을 배울 수 있다는 점을 강조하지만, 여기에 덧붙여 역할의 존재, 역할의 선택성, 역할의 융통성 등이 놀이를 통해 학습된다. 행동의 종류나 범주, 행동양식을 배우는 것과 더불어 어떤 행동양식이나 역할의 선택이 행동의 틀이나 맥락과 관계가 있다는 사실을 학습하는 것이다. 이러한 관점에서 빗슨은 놀이의 중요성은 놀이의 내용보다도 어떤 역할을 형성하고 재형성하는 과정을 배우는 것이 중요하다고 보았다. 역할의 내용보다도 역할의 맥락을 배우면서 하나의 문화체계를 만들어낸다. 청소년들은 이러한 방식으로 놀이를 통해 하나의 문화를 배우게 되며 청소년발달에 중요한 의미를 갖는다.

사. 서튼 스미스와 부르너의 이론

서튼 스미스(Sutton-Smith)와 부르너(Bruner)는 놀이가 적응력 향상에 기여한다는 점에서 중요하다고 보았다. 이 관점에 따르면, 개인은 놀이를 통하여 새로운 행동과 아이디어의 조합을 시도해 볼 수 있다. 이렇게 함으로써 개인은 더 다양한 맥락에 적용할 새로운 행동이나 전략을 발달시킬 수 있다. 예를 들어, 청소년들의 상징놀이에서 대상이나 사람을 원래의 것이 아닌 다른 것으로 상징하는 것을 볼 수 있다. 이런 놀이에서 지팡이는 총을 상징하고 친구는 선생님이 될 수 있다. 이러한 상징을 통해 청소년들은 기존의 의미구조에서 벗어나 다양한 사고능력을 개발시킬 수 있다. 상징적 표상에 의해 청소년의 지적 융통성이 증가하고, 그 결과로 창의적 아이디어나 연합이 촉진되는 것이다.

부르너는 놀이가 운동기술의 행동적 유연성을 개발시키는 데 기여한다는 점을 강조하였다. 아동은 놀이를 할 때 목적달성에 대해서는 걱정을 하지 않는다. 따라서 이들은 새롭고 일상적이지 않은 행동을 해보면서 실험을 할 수 있다. 일단 새로운 행동이 놀이에 병합되면 아동은 실제 생활에서 문제를 푸는 데도 그러한 방법을 사용할 수 있게 된다. 따라서 놀이를 통해 아동은 행동선택의 여지가 많아지며 융통성이 커진다.

이상에서 제시한 내용과 놀이에 관한 다양한 이론을 종합하면 표 10-1과 같다.

표 10-1 놀이이론에 관한 비교 분석

이론	특징	학자
잉여에너지설 (surplus energy)	생물에는 일정량의 에너지가 있어서 이 에너지를 소비하려고 하지만 생존을 위하여 에너지를 모두 소비하지 못하였을 때 놀이라는 행동을 일으킨다.	Schiller Spenser
준비설 (preparation for life)	놀이는 본능에 의하여 일어나지만 현재의 적응 행동은 아니고 장래를 위한 준비로서 도움이 된다.	Gross
반복설 (recapitulation)	개체 발생은 계통발생을 반복한다는 사고방식으로부터 인류의 역사상에서 행해졌던 행동이 현재 인간의 놀이로 되어 있다.	Hull
본능설 (instinct)	놀이는 인간의 본능이다.	James Colvin
휴양설 (relaxation)	사람이 신체적·정신적으로 피로하였을 때도 무엇인가 휴양적인 활동을 취하여 피로에서 벗어나려고 한다. 그 활동의 하나가 놀이이다.	Partrick
재창조설 (re-creation)	휴양설을 닮은 것으로 일의 피로를 푸는 것이 놀이이다.	Kams Muts
정화설 (catharsis)	놀이는 인간에게 있어서 유해한 활동을 무해한 가운데에서 방사시키는 것이다.	Aristoteles
자기표현설 (self-expression)	인간은 본능적으로 자기를 표현하려 한다. 그 자연적 발로가 놀이이다.	Mitchell
보상설 (compensation)	사람이 이룰 수 없는 요소나 소망이 놀이의 행동으로 된다.	Sloveson
발달학습설 (developmental & Learning)	놀이는 생체의 발달을 기반으로 한다. 어린이는 놀이에 의하여 사회사상을 학습하는 극히 자연적인 모습을 갖는다.	Erikson Piaget
문화결정설 (cultural determinism)	놀이 그 자체의 설명은 하고 있지 않지만 놀이는 문화 발달의 원동력이며 문화와의 관계를 강조한다.	Huizinga Caillois
현대설 (modern concepts)	놀이는 생체의 기능과 환경 간의 상호작용에 의한 것이다. 놀이는 이들 양자의 균형을 최적 상태로 하게 한다.	White

출처: 박원임(1990).

3 놀이의 기능

놀이는 전체적이고 조화로운 인간으로 성장할 수 있는 통로 역할을 한다. 따라서 청소년기에 있어서 놀이는 중요한 활동 중의 하나이다. 즉, 청소년들은 놀이를 통해 자신의 경험을 재구성하고 사고와 정서를 나타내는 것이다. 창의성을 표출하고 발달시키기도 하며 억압된 감정을 해소하기도 한다. 놀이의 신체적 · 지적 · 정서적 · 사회적 · 인성적 측면에서의 기능을 다음과 같이 설명할 수 있다(윤인호, 1980).

가. 신체적 기능

청소년의 모든 행동은 크고 세분화되지 않은 동작에서 작고 정확한 동작으로, 또 협응 능력이 발달됨에 따라 단순한 운동에서 복합적인 운동으로 발달하여 간다. 이것은 신체의 발달과정과 밀접한 관련성을 지닌다. 놀이에 의한 신체 활동은 근육과 골격의 발달은 물론, 혈액순환과 내부기관의 활동을 촉진하며, 호흡, 소화, 배설 등의 기능을 자극해 건강을 향상시킨다. 또한 놀이에서 이루어지는 달리기, 뜀뛰기, 던지기, 균형잡기, 순발력 등은 전신적인 운동기능의 발달을 촉진한다.

나. 지적 기능

놀이를 통하여 주변의 사물을 인식하고, 사회적 환경과 문화적 차원의 지식을 얻는 것은 청소년에게 자연스러운 지적 성장을 가져온다. 외부 세계에 대한 적응과 자신감을 획득하고, 창의성과 상상력이 포함된 놀이는 청소년이 자신의 경험을 재구성하는 데 도움이 된다. 놀이가 사회적인 형태로 발전됨에 따라 놀이에 필요한 지식도 주변의 직접적 환경을 넘어서서 점차 확대된다. 이를 통해 새로운 놀이가 발생하고 문제해결을 위한 추리와 판단력이 길러진다. 이러한 기능에 따라서 학습활동에서도 놀이를 접목하여 지적 기능을 성장시키고자 하는 시도가 많이 이루어지고 있다.

다. 정서적 기능

놀이는 다양한 형태의 즐거움을 추구하는 과정으로서 기쁨을 체험하는 기회가 충족된 활동이다. 따라서 유희, 만족감, 안정감 등을 체험할 수 있다는 점이 바로 놀이의 중요한 특징이라고 하겠다. 그러나 반드시 즐거움의 정서만을 느끼는 것은 아니다. 놀이의 경쟁에서 졌을 때, 다른 활동이나 관계를 목적으로 불만을 인내할 때, 불합리하게 놀이가 진행될 때 등의 상황을 통해 노여움, 불안, 공격성 등의 다양한 정서를 경험하고 연습하게 된다.

라. 사회적 기능

실제 놀이 활동에 참여할 때 청소년들은 자신만의 의도로 진행되지 않는다는 것을 알게 된다. 이런 경험을 통하여 자기의 요구와 상대방의 요구를 조화시키며 조절해야 할 필요성을 느낀다. 가족 규모의 축소와 스마트폰의 확산, 개별 놀이 활동의 보편화 등으로 인해 최근 청소년들의 교류적 사회활동이 크게 위축되어 있다. 놀이는 단지 노는 것이 아니라 이러한 사회적 관계의 이해와 연습, 성숙을 위한 중요한 장이다. 청소년들은 또래의 친구들과 어울리고, 친구들로부터 자기의 존재를 인정받고 싶어 하는 욕구를 가지고 있다. 놀이는 이러한 욕구를 해소하고 안정감과 만족의 기회를 제공한다.

마. 인성적 기능

놀이에는 상호작용할 대상과 일정한 규칙이 전제되어 있다. 자신의 뜻대로만 진행되지 않고, 또 다른 친구의 뜻대로만 진행되지 않으며, 주어진 규칙 속에서 다양한 상황에 직면하면서 인성을 발달시켜 나간다. 실제로 놀이의 활동을 관찰해 보면 개인의 행동을 사회학적 환경에 잘 적응하도록 습관화시키는 기회가 많이 제공된다. 원만한 참여자, 경쟁심, 독립심, 책임감, 배려, 공정성 등은 대부분의 놀이에서 찾아볼 수 있는 인성적 요소이다. 청소년들은 놀이를 통해 이러한 다양한 인성을 경험하고 성숙시켜 나간다.

어렸을 때 충분히 놀았다고 생각하는 청소년일수록 '지금도 행복하다'고 생각하는 것으로 조사됐다. 유니세프한국위원회는 "아이들의 절반가량은 놀이가 자신의 권리인 사실을 모르고 있다"며 국가적인 놀이 전략을 수립해야 한다고 공식 제안했다(2014.11.19.). 유니세프 한국위원회와 한국아동권리학회는 유엔아동권리협약과 관련하여 서울·경기지역 초·중·고 학생 564명을 상대로 조사·분석한 '한국 아동의 놀이권리 증진 방안 연구' 보고서를 내놓았다.

현재 아이들이 느끼는 행복감은 유아기·초등학교·중학교 시기 등 과거 모든 시점에서 놀이와 여가를 충분히 경험했는지와 관계가 깊은 것으로 분석됐다. 연구진은 아이들의 주관적인 행복감을 10단계 척도로 측정하고, 과거 놀이·여가 경험의 충분도, 놀이유형, 놀이대상 등과의 상관관계를 측정했다. 유·초·중 시기 놀이 경험과 현재의 행복감은 유의미한 상관도(.330~.396)를 보였다. 놀이·여가 유형별로는 취미·미디어·오락 활동은 아이들의 행복감과 관련이 없었으나, 사교와 야외활동에 보내는 시간이 많은 아동일수록 행복하다고 느끼는 것으로 나타났다. 놀이와 창의성·사회적 기술의 상관관계도 높았다.

하지만 놀이와 여가가 자신의 권리인 것을 모르는 어린이가 50.4%로 나타났다. 현재의 놀이 · 여가에 불만을 느끼는 어린이들은 그 이유로 학업 부담(25%), 부족한 시간(21%), 부모님의 이해 부족(18%)을 꼽았다. 친구 3~4명이 함께 노는 경우가 55%로 가장 많고, 5명 이상 23%, 혼자 논다는 답은 4.5%였다.

보고서는 모든 사람들이 놀이의 가치에 대해 인식하고 놀이공간과 놀이시간, 공평한 놀이기회를 확보하며 안전하고 자유로운 놀이 · 여가 환경을 만들기 위해 범부처 차원의 공동정책 수립과 지자체 단위의 실행사항이 필요하다고 제안하였다. 유엔아동권리협약에도 모든 어린이는 충분히 쉬고 놀아야 한다고 명시되어 있다. 한국교육의 극심한 경쟁 환경은 이러한 아동들의 권리를 제대로 유지시켜주기 힘들다. 청소년들이 유년기부터 충분한 놀이를 통해 행복한 인간으로 성장해 나가기 위해서는 정부 차원의 대책이 필요하다(경향신문. 2014. 11.19.).

C·H·A·P·T·E·R **11**

청소년과 부모

1. 청소년에게 가정의 의미
2. 청소년의 성장과 가정의 역할
3. 부모와 청소년 관계형성의 시기
4. 현대 가정교육의 특징
5. 가정환경의 구조

1 청소년에게 가정의 의미

사람이 살아가는데 있어서 가정의 중요성은 말할 필요가 없을 것이다. 사람이 태어나서 첫 번째로 마주치는 가정은 아동과 청소년들의 성장과 발달을 지원하는 것은 물론이고, 가정생활을 통하여 아동이나 청소년 스스로 가정의 의미와 역할을 학습하기도 한다. "문제아는 없고 문제가정이 있을 뿐이다"라는 말은 가정의 환경적 · 교육적 기능이 얼마나 중요한지를 단적으로 표현한 것이다. 청소년의 문제행동은 바로 그의 가정이 지니고 있는 문제를 반영한다는 뜻이다. 가정환경은 청소년의 성장과 발달, 적응 등과 밀접한 관계를 가지고 있다(정원식, 1985).

청소년은 가정의 문화와 환경 속에서 태어나서 자라며 교육받게 되어 하나의 인간으로 성장해 간다. 이러한 차원에서 가정의 교육적 가치는 늘 강조된다. 가정은 그 특수성과 규모로 인해 다른 사회화 기관과 비교할 때 과소평가될 수 있지만, 청소년에게 직접적이고 지속적인 영향력을 행사한다는 것을 늘 상기해야 한다(유안진, 1994).

제나와 폴(Jena & Paul, 2016)에 의하면, 가정환경(home environment)은 아동의 인지발달현상 중 사회적 기술측면에 대한 예언요인으로 나타났다. 왜냐하면, 가정에서의 자녀에 대한 부모의 보호, 사랑, 애정은 자녀들의 사회적 기술발달에 도움을 주기 때문이다. 학생들의 언어획득에 있어서 가정환경의 지위(home environment status)는 중요한 예언요인이었다. 사회경제적 지위(socio-economic status)의 한 부분인 가족의 수입은 뇌의 표면적(brain surface area)과 높은 관계가 있었다. 부모의 교육은 연령, 성별, 유전적 혈통에 따라 달라지지 않고 동일하게 의미 있는 관계가 있었다. 이러한 연구 외에도 가정의 심리적 환경과 지위환경이 가족구성원들에게 미치는 영향은 매우 크다는 연구가 많이 보고되어 왔다.

가정이 갖는 독특한 특성을 정리하면 다음과 같다(유안진, 1994; 정원식, 1985).

첫째, 가정환경은 학교환경이나 사회환경에 비하여 보다 강력한 영향력을 지니는 환경이다. 인간형성의 기초가 대부분 취학 전의 가정에서 이루어진다는 점과 취학 전의 발달이 다른 시기에 비하여 가장 왕성하게 성취된다는 점은 이러한 주장을 뒷받침한다.

둘째, 가정의 구조적 환경은 물적 요인과 인적 요인으로 구성된다. 일반적으로 환경적 요인으로서 물적 요인과 인적 요인 중 인적 요인이 개인에게 미치는 영향이 더 크다. 이런 점에서 가정환경의 주요 요인은 바로 인간이며, 인간이 어떠한 특징을 지니고 있고 어떻게 행동하느냐에 따라서 환경적인 특징이 결정된다. 따라서 가정환경의 인적 요인 중에서 부모가 차지하는 비중이 대단히 크다.

셋째, 가정은 최소 단위 사회로서, 가족생활의 경험을 바탕으로 확대된 사회에서의 사회적 행동을 확립하게 된다. 원만한 가정환경에서 배운 인간관계의 지식, 태도, 기술 등은 학교, 지역사회 등에서의 사회적 행동의 기초가 된다.

넷째, 환경은 심리적 차원과 물리적 차원을 양 극으로 하는 연속선으로 개념화할 수 있다. 순수하게 물리적인 성질만 지닌 환경은 있을 수 없고, 심리적 차원의 정도에 따라 환경에 차이가 있다. 가정환경은 다른 환경에 비해 심리적 차원의 정도가 크게 작용하는 환경이다.

다섯째, 가정환경은 교육적 차원과 비교육적 차원을 양극으로 하는 연속선으로 개념화할 수 있다. 가정의 환경과 문화를 진단하면서 그 질을 판단하게 되는데, 일방적으로 나쁜 환경이나 좋은 환경으로 진단하기는 어렵다. 그보다도 진단결과는 양극을 연결하는 연속선상의 어느 정도에 위치하느냐를 판단하게 된다.

여섯째, 가정환경은 개인에게 교육적인 의미를 부여하는 경우와 그 환경이 개인과의 상호작용을 통해서 의미를 발휘하게 되는 양면이 있다. 흔히 가정환경은 주어지는 형태에 의미가 있는 것으로 생각되어 왔다. 동일한 환경에서 자라나는 여러 개인은 약간의 차이는 있으나, 거의 동일한 영향을 받는 것으로 해석하는 경우가 이에 해당한다. 그러나 이러한 전제는 많은 오류가 확인되고 있다. 동일한 환경에서 양육된 형제나 자매가 상당한 차이를 보이는 것에서도 쉽게 확인할 수 있다. 그렇다고 개인차를 유전적인 요인으로 해석할 수도 없다. 개인의 특성에 유전적 관련성이 적은 경우 역시 많이 발견되기 때문이다. 따라서 가정환경은 매우 역동적인 성격을 갖는다고 할 수 있다.

일곱째, 가족 개인에게 지위와 역할을 규정해 준다. 가정환경은 성인이나 청소년에게 가정이라는 단위 사회의 생득적인 지위를 부여하고, 그 지위에서 요구되는 가족으로서의 역할을 요구한다. 가족은 성별과 연령이 서로 다른 사람들로 이루어진 혈연집단이기 때문에 시대나 사회문화가 규정하는 바에 따라 알맞은 역할을 수행해야 한다. 이러한 역할을 배우는 것 역시 사회화의 주요 내용이 된다.

이상과 같이 가정은 다른 기관과 구별되는 정서적·환경적·문화적 특징을 지니고 있다. 특징을 검토하면서 확인한 바와 같이 가정이 일방적으로 청소년의 성장과 발달에 영향을 미치는 것이 아니라, 상호작용하기 때문에 누구에게나 동일한 가정환경이란 존재하지 않는다. 따라서 가정환경은 객관적으로 확인되어야 할 요소가 아니라 개별화된 특성으로 이해되어야 한다.

2 청소년의 성장과 가정의 역할

과거 어느 때보다 자녀양육과 교육에 대한 관심이 높아지고 있다. 이와 더불어 가족의 중요성 또한 지속적으로 강조되고 있다. 청소년의 문제행동과 관련하여 그 원인으로 가족구성, 가족관계, 양육방식 등은 빠질 수 없는 주요 요인으로 다루어진다.

가족은 가장 기본적인 사회 단위로서 친밀한 인간관계로 이해된다. 가족에 대한 대표적인 정의는 부부관계를 기초로 부모와 자식, 형제, 자매 등 가까운 친척을 주요 구성원으로 하는 일차적인 정서적 융합 집단으로 설명된다. 그러나 현대의 가족은 그 형태가 다양화되고 있으며, 구성원 모두가 감정적 융합에 의해 형성된다고 하기 어렵다. 원거리에 이격되어 생활하는 경우, 사회기관이 가족의 역할을 하는 경우, 입양가정, 다문화가정, 한부모가정, 맞벌이가정 등 그 형태와 상호작용이 보다 복잡해지고 있다. 이러한 가족의 다양화를 배경으로 가족이나 부모와 자식에 대한 객관적인 정의는 해체되었고, 가족이란 어떤 사람들의 집단을 가리키는지 그 정체성을 확인하는 것이 쉽지 않은 일이 되었다.

가족의 기능적 차원, 즉 가족은 우리에게 어떤 일을 해 주고 있는가? 일반적으로 가족은 기본적인 기능을 다양하게 제시할 수 있지만 크게 재생산기능, 사회화 및 교육기능, 사회적 역할부여, 보호기능으로 나누어 볼 수 있다.

첫째, 재생산기능(reproduction)은 부모가 자녀를 출산하여 사회인구가 유지되도록 함으로써 세상을 떠난 사람들을 충원해 주는 기능을 말한다. 즉, 가정에서 자녀가 출생됨으로써 그들이 사회를 구성하는 사회구성원이 되도록 함으로써 사회를 존속·발전시키는 것을 말한다.

둘째, 사회화 및 교육기능은 가족이 사회의 가치, 신념, 태도, 지식 등을 청소년들에게 전달함으로써 청소년들을 교육하고 사회화시키는 것이다.

셋째, 사회적 역할 부여는 가족이 인종적·민족적·사회경제적 그리고 젠더(gender)의 역할을 제공하는 것을 말한다. 즉, 가족이 자녀들에게 정체성을 제고하는 것이다.

넷째, 보호기능은 가족이 자녀들이 성장하여 원만한 사회활동을 할 수 있을 때까지 신체적·심리적 그리고 경제적으로 안정을 유지하도록 도와주는 기능이다. 다시 말하면 가족의 자녀 보호와 양육기능을 말한다.

특히 인간은 다른 동물에 비해 매우 무기력한 개체로 출생하는 소위 '생리적 조산' 상태로 태어나기 때문에 성장을 위한 장시간의 보호와 지원을 필요로 한다. 새로 태어난 개체를 그 사회와 문화에 맞는 '인간'으로 길러내는 데에는 가족이 중요한 역할을 담당하고 있다. 아이에게 있어 가족은 생활 속의 다양한 것을 보고 탐구하고 학습하는 최초의 공간이며, 가정에서 이루어지는 최초의 사회화를 통해 그 사회의 문화와 가치, 규범, 행동양식 등을 배우고 안정된 인성을 형성할 수 있다(武内清, 岩田弘三, 2011).

가족의 화목은 정신건강에서부터 신체 면역력까지 건강상태에 큰 영향을 미친다. 특히 성장기 청소년들은 가족 간에 형성된 유대감이 건강한 삶을 살아가는 데 중요한 요소가 되기도 한다. 가족과 긴밀한 유대감을 지니고 있는 사람들은 학교에서 문제를 일으키는 경우가 적고 운전도 점잖게 한다는 연구결과도 있다. 미국의 인터넷 매체 허핑턴포스트(www.huffingtonpost.kr, 2014.11.14.)가 화목한 가정이 건강에 좋은 이유를 소개했다.

첫째, 식사를 함께 하면 언어능력이 발달한다. 한 연구에 따르면, 일주일에 세 번 이상 가족들과 식사를 하는 청소년들은 과체중, 잘못된 식습관, 좋지 않은 음식을 먹을 확률이 낮은 것으로 나타났고, 일주일에 두 번 가족과 함께 식사를 하는 청소년의 경우 담배나 마약을 시도하는 사례가 더 적다는 연구도 있다. 또한 식사를 함께하는 동안 청소년들은 언어능력을 발달시킬 수 있다.

둘째, 아버지의 관심은 성적을 향상시킨다. 아버지와 유대감을 가진 자녀들은 수업, 과외활동 등에서 평균보다 높은 점수를 받는 것으로 나타났다. 또한 차분한 성격에 스트레스를 잘 이겨내며 활동적이고 스스로를 통제하는 능력도 뛰어났다. 반면 아버지와 유대관계가 없는 자녀들은 학교에서 말썽을 일으키거나 자퇴를 하고, 사회적으로 문제를 일으키는 사례가 많은 것으로 나타났다.

셋째, 사이좋은 부부는 면역력이 증가하였다. 정신의학 관련의 한 연구에 따르면, 결혼생활이 원만한 부부는 간단한 질환의 회복 속도가 빨랐다. 원만한 관계를 갖지 못한 부부는 원만한 관계의 부부보다 질병의 회복 속도가 40% 더딘 것으로 나타났다.

넷째, 어머니 애정은 면역력을 증진시키는 효과가 있다. 최근의 한 연구에 따르면, 어머니의 따뜻한 보살핌을 받은 청소년들은 일생동안 면역력이 더 강한 것으로 나타났다. 또한 어머니와 밀접한 관계를 형성하고 있는 사람들은 염증을 유발하는 단백질 분비가 낮게 나타났다. 특히 염증은 심혈관 장애, 우울증, 천식 같은 질병과 연관되기 때문에 어머니의 사랑과 관심을 받으면 질병에 걸릴 확률이 낮아진다는 것을 알 수 있다.

3 부모와 청소년 관계형성의 시기

어머니와 자녀와의 관계가 어떻게 성립되는지를 알기 위해서는 다음 두 가지의 근본적인 물음에 답변을 해야 한다. 첫 번째는 왜 사람을 포함하여 일반적으로 동물의 어미는 아이를 낳아 방치하거나 버리지 않느냐 하는 것이다. 두 번째는 왜 아이는 어머니를 회피하거나 두려워하지 않는가 하는 것이다. 인간의 경우에는 출생 후 일어나서 걷기 시작까지 일 년 전후의 기간을 필요로 하기 때문에 출생 직후 성인의 접근을 회피하는 것을 생각하기 어렵다. 그러나 초원의 많은 동물들은 출생 후 20분 정도면 스스로 다닐 수 있음에도 부모를 두려워 피하거나 다른 곳으로 도망가지 않는다.

첫째 물음과 관련하여 클로퍼(Klopfer)의 염소를 대상으로 한 실험에서 단서를 찾을 수 있다. 이 연구는 어미 염소가 출산 후 새끼와 접촉을 하게 한 경우와 그렇지 않은 경우를 관찰하였는데, 출산 후 5분간 새끼와 접촉할 수 있도록 한 염소는 2시간이 지난 후에 새끼 염소를 돌려주어도 계속적인 유대관계를 보였다. 그러나 태어나자마자 새끼를 격리한 다음 2시간 후 어미에게 돌려주면 어미 염소는 새끼 염소를 공격하였다. 또한 새끼 염소도 거부 반응을 보였다. 클로퍼는 어미 염소의 이 짧은 민감한 기간의 원인으로 염소의 혈중 자궁수축 호르몬인 옥시토신의 분비가 출산 직후에 매우 높지만, 5분 후에는 낮게 감소하는 것을 지적하고 있다. 이 옥시토신이라는 물질은 인간에게도 존재하는데, 옥시토신은 출산 때뿐만 아니라, 호감이 가는 상대를 보았을 때도 뇌하수체에서 혈류로 분비된다. 옥시토신이 혈류에 분비되면 서로 안고 싶은 충동이나 성욕을 느끼게 되고, 산모에게는 아기에 대한 모성본능을 일으킨다. 클로퍼는 어머니의 호르몬 작용으로 인해 출산 후 아이를 받아들이고 보호하게 된다고 주장하였다.

그러면 아이는 왜 어머니의 접근을 두려워하지 않는지 생각해 보아야 한다. 이 이유에 대한 답은 주로 각인(imprinting)이라는 특수한 학습 능력의 결과로 이야기되고 있다. 이 특수한 학습 능력을 발휘하기 위한 시간은 한정되어 있는데, 이를 결정적 시기(critical period)라고 한다. 로렌츠(Lorenz)는 이러한 특성을 기러기를 통해 입증하였는데, 부하기에서 태어난 기러기 새끼들은 처음 본 사람을 어미로 인식하였고 다른 기러기나 실제 어미를 따르지 않는 것을 발견하였다. 새끼들은 성체가 될 때까지 사람의 곁을 떠나지 않았다. 기러기 새끼들은 각인이라는 특수한 학습 능력에 따라 다른 종임에도 불구하고 부모와 자식으로서의 관계를 형성할 수 있었다. 비슷한 사례로 태어난 직후부터 청둥오리와 시간을 보낸 닭은 성체가 되었어도 청둥오리와 함께하기 위해 발목까지 물에 담그는 모습을 보이기도 하였다. 닭은 본래 물가에 들어가지 않는 특성이 있지만 초기 유대관계로 인해 이런 독특한 모습이 나타난 것이다(朝倉征夫, 1996).

일반학습에서는 습득한 것을 망각하기도 하고, 새로운 학습으로 인해 이전의 학습내용이 보완 및 대체되기도 하지만, 결정적 시기에 학습된 것은 그 기간 이후의 학습으로 교정될 수 없다는 불가역성의 원리가 밝혀졌다.

이러한 초기 학습의 힘이 강조되면서, 조기 아동교육 바람이 불어 그 시비를 둘러싸고 논쟁이 계속되고 있다. 우리가 깊이 생각해 보아야 할 점은 아동을 위한 조기 문자 교육, 수학, 외국어 학습 등이 그들의 정서나 인성, 지능발달에 도움이 된다는 검증이 충분히 이루어지지 않았고, 오히려 폐해가 우려된다는 것이다. 그리고 결정적 시기의 학습은 개체의 생존과 발달을 위한 학습으로서 작용하지만, 조기교육은 다른 것을 배우고 얻기 위한 2차적인 학습으로서 그 의미 자체가 다르다는 점이다.

결정적 시기의 학습 원리에는 불가역성의 원리 이외에도 학습한 것에 평생 강하게 집착하거나 관심을 보이는 애착의 원리가 있다. 이것은 오리와 함께 시간을 보낸 닭의 경우에도 드러나지만, 폭스(M.W. Fox)의 실험에서 잘 나타나고 있다. 폭스는 사회화의 중요한 시기에 있는 3주 된 개 한 마리와 4주 된 고양이를 함께 그룹을 만들고, 이 그룹 다섯 쌍에 대해 실험을 실시하였다. 그 결과, 새끼 고양이와 함께 자란 강아지는 거울에 비친 자신의 모습에 사회적 반응을 하지 않는다는 것이 밝혀졌다. 종의 인지 능력을 잃어버려 자신이 개라는 종에 속하는 것이 아니라 고양이에 속한다고 생각하게 된 것이다. 실험의 대조군으로서 분리되어 있던 강아지와 함께 있게 하였더니 동종의 강아지와 함께하는 것보다 고양이와 함께 지내는 것을 좋아하였다. 한편, 강아지와 함께 자란 고양이 역시 전형적인 고양이로 성장하지 않았고 개에 대해서도 우호적이었다. 이와는 대조적으로, 초기에 강아지와 만난 경험이 없는 고양이는 강아지와의 접촉을 회피하였다.

이 실험은 비록 종이 다르더라도 결정적 시기에 학습한 종에 대해 강하게 집착하는 것을 보여주고 있다. 그러나 이러한 학습이 무제한으로 가능한 것은 아니다. 많은 종은 분명히 자신의 종의 목소리를 선호하고 흉내 내며, 그 종류에 사회화함으로써 종의 보존을 위한 원리를 소유하고 있다.

이처럼 어머니의 생리적 작용과 아이의 특수한 학습 능력이 함께 부응하여 긴밀한 관계가 형성되는 것이다. 결정적 시기의 특수한 학습 능력이 인간에게서도 존재하는가 하는 것은 논란이 되고 있으나, 일반적으로 각인은 인간에게도 존재하며 보육과 관계하고 있는 것으로 보고 있다. 그 예로, 자궁에서 태아가 어머니의 심장 소리에 각인되어 탄생 후에 심장 소리를 들을 때 평온함을 느끼는 것이 확인되고 있다. 병원 신생아실에 있는 신생아들에게 심장 박동 소리를 녹음해서 들려 준 결과, 우는 아기가 38%로 줄었지만, 심장 박동 소리를 들려주지 않았을 때는 우는 아기가 60%로 증가하였다. 또한 심장 소리를 들려 준 그룹은 섭취한 음식물의 양이 동일한 양임에도 불구하고 체중 증가가 더 컸다(朝倉征夫, 1996).

인간에게도 결정적 시기가 있으며, 특수한 학습 능력을 바탕으로 부모와의 관계를 형성해 나간다. 이것은 부모와 자식 간의 본연의 자세에 대해 많은 것을 시사해 주고 있다. 처음 부모와의 관계 형성에서 목소리를 듣게 하고 모습을 보여 주거나 안아 주는 것 등의 직접적인 접촉부터 필수적이며 중요하다.

그러면 인간의 경우 결정적 시기가 얼마나 지속되는지의 문제가 제기된다. 결정적 시기의 시작은 앞서 심장 소리에 대한 실험에서 살펴본 바와 같이 자궁 속이다. 아기는 청각을 통한 학습으로 이미 태내에서부터 적응을 준비하고 있다. 그것은 또한 태아가 이미 부모의 목소리나 대화에 대한 음성 학습을 시작하였음을 의미한다. 원숭이를 대상으로 한 실험에서 출생 직후 아기 원숭이를 어미로부터 떼어 놓고, 300일이 지난 후에 다시 만나게 하였는데, 여러 원숭이 중에서 정확히 어머니 원숭이를 선별해 내었다(朝倉征夫, 1996). 이것은 태내에서 어미 원숭이에 대한 학습이 이루어진 결과로 풀이된다. 인간의 경우도 자궁에서 부모의 목소리가 잘 전달된다는 것이 증명되고 있다. 그리고 태아가 그 목소리나 특정 소리에 반응하는 것을 통해 자궁에서부터 음성을 듣고 있고 기억하고 있다는 것이 확인되었다. 따라서 부모의 자녀에 대한 학습은 태아 때부터 시작된다고 할 수 있으며, 결정적 시기는 이미 어머니의 자궁에서 시작되는 것이다.

출생 후에는 학습 능력이 빠른 속도로 발달하여 더욱 많은 학습이 진행된다. 출생 전후의 학습 능력의 발달로 인해 미각을 통해 모유의 맛을 알고, 시각의 발달로 응시하는 모습을 보이며, 사람의 윤곽을 확인하고 기억하기 시작한다. 얼굴표정 변화나 울음 등을 통해 감정을 표현하기도 하는데 이러한 변화는 학습의 성과임과 동시에 사회화의 진전으로 풀이할 수 있다.

하버드대학의 아동발달센터에 따르면 인간의 뇌의 발달에 있어서 태어난 첫해에 언어, 감각, 인지적 차원의 민감한 신경세포의 발달이 이루어진다. 즉, 이 시기에 말, 사회적 관계, 상징체계, 감각기관, 인지적 기능의 폭발적인 발달이 이루어지기 때문에 언어적, 감각적 접촉이 중요하다. 그러나 3세 이전에 뇌발달의 정도가 크지만 50대에 이르기까지 시냅스의 연결이 높은 지속성을 보인다. 이러한 뇌발달은 50대에 이르기까지 고조되기 때문에 인간발달에 대한 확대된 시선이 필요하다.

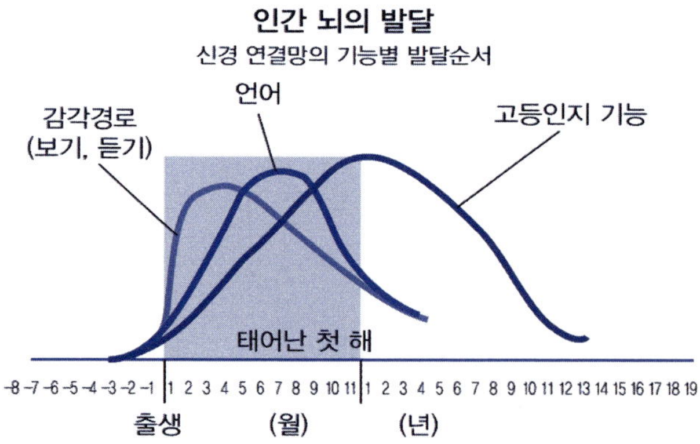

출처: THE CENTER on the DEVELOPING CHILD at HARVARD UNIVERSITY 2015.5.5. 인출

그림 11-1 인간발달의 결정적 시기

아이는 부모와의 접촉과 애착관계형성을 통해 표정이나 몸짓, 음성 대화 능력, 사회적 습관 등을 차차 익혀 나가며 점차 자립의 과정을 거친다. 결정적 시기의 각인이나 애착은 영구적인 영향을 미칠 수 있음을 살펴보았다. 흥미롭게도 조류 등의 실험을 통해 몇 주 이내에 애착 대상을 제거 혹은 변경할 경우에도 애착형성이 가능하였는데, 이는 특정 기간이 계속적으로 결정적 시기임을 말해 준다. 물론 인간의 경우와는 차이가 있겠으나 지속적인 관계형성이 중요함을 시사해 준다. 기본적인 말과 의사표현, 자율적인 활동이 시작되는 서너 살 무렵까지는 특히 중요한 시기로 볼 수 있을 것이다. 물론 이 결정적 시기는 인간 개체로서 최소한의 자립을 위한 결정적 시기이고, 다양한 학습이나 정서적 차원으로 생각할 경우는 그 시기가 다양해질 수 있다.

늑대가 키운 아말라와 카말라의 경우를 살펴보면, 약 7년 가량 늑대에 의해 길러진 카말라는 인간으로서의 변화가 무척 어려웠지만, 아말라의 경우는 2년밖에 되지 않아 언니에 비해 인간다운 식사, 배변, 표정 변화가 더 쉽게 인간적으로 나타났다. 이러한 사회화의 모습은 아말라가 결정적 시기에 학습한 것이 수정되었음을 의미한다. 카말라 역시도 어린 소녀였지만 인간사회에서 7년을 지나는 동안 배운 것은 극히 일부분에 불과하였다. 즉, 사회화를 위한 특수한 학습은 적어도 3~4세 이전에 이루어져야 하며, 그 이후가 되면 수정하기 매우 어려워질 수 있음을 시사한다.

인간은 태아기부터 시작하여 부모와의 상호작용을 바탕으로 결정적 시기에 특수한 학습 능력에 따라 학습하고 애착을 형성한다. 부모에 대한 학습은 미각 · 시각 · 청각 · 촉각 · 후각 등을 통해 통합적으로 만들어진다. 어머니, 아버지를 구분하고 그 용모와 냄새, 음성, 옷, 모양, 분위기 등을 알게 되며 음식의 맛, 냄새 등을 학습하고, 자기가 속한 사회 특유의 생활양식을 몸에 익혀가는 것이다. 일반적으로 부모는 자녀를 양육하면서 때로는 힘들 수는 있어도 대체로 따뜻하고 부드럽게 대하며 보호하려고 하기 때문에, 아이는 그런 따뜻함, 부드러움, 인간다움을 바탕으로 성장한다. 이러한 생활 속에서 견실한 부모와 자녀의 관계가 형성되고, 아이도 정신적 안정과 건강을 유지하면서 올바른 생활양식과 문화를 획득할 수 있다. 그렇지 못한 부모나 양육에 장애가 있을 때는 어김없이 아이가 올바르게 성장하지 못하고 많은 문제를 일으키는 것을 주변에서 쉽게 찾아볼 수 있다.

4 현대 가정교육의 특징

현대사회의 가정교육의 특징으로서 성별 분업, 양육불안 현상 등이 부각되고 있다. 한국사회에서 자녀의 양육에 대한 책임은 어머니를 중심으로 이루어지며, 이러한 성별 분업 현상이 지속되고 있다. 어머니는 육아 전반의 대한 책임을 수행하고 있는데, 먹는 것에서부터 놀이, 교통, 소비 등에 이르기까지 다양한 장면에서 어머니는 자녀와 함께 한다. 이것은 아버지의 양육 역할의 소외와 불공평한 양육부담을 의미하는데, 표 11-1을 보면 남성과 여성 모두 이러한 현실을 인정하고 그대로 수용하고 있음을 알 수 있다.

표 11-1 자녀양육 분담 공평성 인지(2010년 조사)

(단위: 명, %)

구분	사례 수	공평한 편	남편에게 불공평한 편	아내에게 불공평한 편
전체	2,741	32.8	3.3	63.9
남자	1,418	34.8	2.2	62.9
여자	1,323	30.7	4.3	65
취학 전 자녀 있음	468	26.8	1.2	72
취학 전 자녀 없음	315	24	4.9	71.1
맞벌이	769	28.2	2.7	69.1
홑벌이	1,934	34.6	3.5	61.8

출처: 2014 국가통계포털.

그리고 이러한 특성은 부부간 의사결정에 관한 조사결과와 육아휴직 현황에서도 확인된다. 다른 문제와는 달리 생활 경영과 자녀교육에 있어서 어머니에 의해 결정되는 경향이 뚜렷하며, 아버지의 양육 소외는 육아 휴직률에서도 직접적인 확인을 할 수 있다.

표 11-2 부부의사결정(2010)

(단위: %)

구분	주로 남편이	대체로 남편이	부부가 함께	대체로 아내가	주로 아내가	부부 각자
자녀교육	0.6	1.5	56.7	17.6	23	0.6
주택구입	2.8	5.6	77.2	9.2	4.8	0.3
재산관리	2.7	8.5	70.8	11.6	5.9	0.5
생활경영	1.3	3.2	43.9	29.9	21	0.7
취업, 직장	4.4	11.4	65.2	12	4.5	2.6

출처: 2014 국가통계포털.

꾸준히 출산장려정책을 펼친 결과 육아휴직자 수는 늘어나고 있으나, 여전히 남성 육아 휴직자 비율은 여성에 비해 약 3%에 그치고 있다. 10년 전의 수치에서 1%에 그쳤던 비율이 꾸준히 증가한 것이지만 여전히 낮다.

표 11-3 육아휴직 현황(2014)

(단위: 명)

	2005	2006	2007	2008	2009	2010	2011	2012	2013
여성근로자	10,492	13,440	20,875	28,790	34,898	40,914	56,735	62,279	67,323
남성근로자	208	230	310	355	502	819	1,402	1,790	2,293

출처: 2014 국가통계포털.

여성의 인력 수요의 증가, 학력신장, 취업 장려 등으로 아버지의 자녀 양육참여에 대한 기대가 높아지기 시작하여, 과거의 아버지 역할과는 달리 현대의 이상적이고 바람직한 아버지상으로서 자녀양육에 대한 책임의식은 물론, 구체적인 참여가 요구되고 있다(허경옥, 1994). 아버지의 양육참여에 대한 역할은 경제력을 기반으로 물리적 환경을 제공하는 역할, 사회전통과 가치를 전달하는 역할, 어머니와 협력하여 가정의 조화를 위한 역할, 자녀의 지적·사회적 능력을 개발하는 역할, 자녀와 놀이 및 운동을 함께하는 역할 등이 포함된다(설경옥, 문혁준, 2006; 송민선, 2009).

실제로 연구결과에 의하면 아버지의 양육참여가 자녀 성취나 사회성 발달 등에 있어서 보다 효과적이라고 보고되고 있다. 아버지가 적극적으로 자녀양육에 참여할수록 자녀의 친사회적 도덕 판단 능력이 향상되고(김정신, 2000; 임현수, 2007; 최경순, 1992), 자녀의 성격 및 자아개념발달에 중요한 역할을 하였으며(이희숙, 1984), 인지능력의 촉진, 학업성취의 향상, 감정이입 능력, 정서기능이 발달되었다(김광웅, 이인수, 1998; 김은정, 2002; 송민선, 2009; 오미경, 1990; 이영환, 1992; 이현숙, 1990; 최경순, 1992). 또한 성취동기의 함양을 통해 과업에 대한 적극적인 태도를 길러주는 것으로 나타났다(성수현, 1996; 최경순, 1992). 즉, 아버지의 양육참여는 자녀의 인지, 사회성발달, 자아개념, 정서발달 등에 중요한 영향을 끼치고, 특히 적극적이고 능동적으로 자녀양육에 참여할 경우 긍정적인 영향을 미칠 수 있음을 알 수 있다.

이러한 점이 최근 부각되어 남성들 역시 육아에 대한 관심이 증가하고 자녀와 함께 보내는 시간을 더 갖고자 노력하지만, 산업구조, 승진구조, 사회적 통념, 직장에 양해를 구해야 하는 문제 등으로 좀처럼 실현되기 어려운 것이 현실이다. 자녀의 교육에 있어 아버지의 중요성이 강조되고 있는 만큼 일과 양육의 균형적인 역할이 이루어질 수 있는 지원과 보장이 요구된다.

자녀양육과 관련된 현대사회의 특징 중 또 다른 하나는 양육불안의 증가이다. 양육불안은 자녀와 양육에 대해 형성된 막연한 두려움의 정서 상태를 말한다(武内 清, 岩田弘三, 2011). 양육불안의 문제가 사회적으로 주목 받기 시작한 것은 1970년대 이후이다. 고도경제성장기를 거치면서 여성에게 전업 주부로서의 역할이 확대되었지만 양육불안과 사회적 지원의 부족은 올바른 양육으로 이어지지 못하고 가정불화, 폭력, 유기 등의 사회문제를 일으켰다. 1990년대 이후에는 주로 아동학대라는 문제를 통해 다시 한 번 양육에 대한 문제가 주목받게 되었다.

최근의 양육과 관련된 어려움으로 경제적 부담, 학업성적, 진로문제 등이 압도적인 비율을 나타냈다(표 11-4). 즉, 학력중심사회에서 자녀의 교육비 부담, 자녀의 성취와 관련하여 부모들이 가장 어려움을 겪고 있다고 볼 수 있으며, 이는 곧 자녀에 대한 성취압력 또한 증가하였음을 짐작하게 해 준다.

표 11-4 자녀양육의 어려움(2010)

(단위: %, N= 1,051)

구분	경제적 부담	학업 성적	대화 단절	권위 하락	진로 문제	친구 관계	생활 태도	게임 중독	기타	없음
아버지	37	27.5	1.9	0.7	11.9	0.8	0.3	1.3	0.9	17.8
어머니	28.2	26.4	1.4	1	26.8	1.2	0.3	1.3	0.9	12.5

출처: 2014 국가통계포털.

이러한 사회적 요인에 의한 양육불안 외에도 심리적 차원의 양육불안이 유발될 수 있다. 양육불안의 배경에는 일정한 양육 공간 속에서 어머니와 자녀가 일체가 되어 생활해야 하는 문제가 지적된다. 어머니는 가정에서 매 순간 양육에 묶여 자아를 상실하고 사회로부터의 고립을 경험하게 된다. 가족의 공간이 사적인 곳으로 존중되면 될수록 지역사회를 비롯한 일반 사회와의 관계성은 낮아진다. 그리고 최근 강조되는 양육의 중요성과 더불어 육아 관련 서적이나 방송에서 제시하는 내용들과 실제 자신의 양육에서의 차이를 경험하고 이에 대한 부담감과 역할 강조가 또 다른 양육불안을 부추기는 측면도 있다(武内 清, 岩田弘三, 2011). 이러한 양육불안은 아버지의 협력적인 양육참여, 대인관계의 개선과 교류, 취업을 포함한 사회 활동 참여 등을 통해서 크게 경감시킬 수 있다.

사회적 격차의 확대와 빈곤층의 증대에 따라 가족의 모습과 청소년의 사회화 환경도 다양화된다. 일부 가정에서는 가정불화, 학대 등으로 위기적인 문제도 발생하고 있다. 단적인 예로 소득별 가정의 안정성이나 건강성을 조사한 결과 소득이 적을수록 자신의 가정을 불안정한 상태로 인지하였고, 반대로 가구 소득이 높을수록 가정은 건강하고 안정적으로 인식되었다(2014 국가통계포털).

표 11-5 가정 안정성/건강성(2010)

(단위: 명, %)

	100만원 미만	100만원대	200만원대	300만원대	400만원 이상	모름
사례 수	426	850	1,228	1,022	1,186	41
가정 안정성/건강성	5.6	6.8	7.2	7.4	7.7	7.2

출처: 2014 국가통계포털.

경제적으로 어려운 가정의 자녀들은 등교거부, 장기 결석, 비행, 저학력, 학교 중퇴, 임신 등의 문제를 더 많은 가진 것으로 나타난다(武内 清, 岩田弘三, 2011). 가난한 가정에서 아동학대의 발생 확률이 높은데, 그중에는 사망 사고를 포함하여 심각한 후유증을 유발하는 사례도 많다. 무엇보다도 아동학대나 양육 포기 등의 문제를 가진 가정의 구조적 문제가 무엇인지 살펴볼 필요가 있다. 저소득가정의 부모 학력은 93%가 고졸 이하이고, 그 영향으로 인해 취업이 불안정한 경우가 32%, 무직 28%, 생활보호수급자 10%로 나타났다. 주위의 사회적 관계에 대해서도 92%가 거의 교류가 없고 지역사회에서 고립되어 있다. 이러한 어려운 생활 실태가 신체 및 정신건강에도 나쁜 영향을 미치고 있으며, 이것은 가정의 불안정성을 야기하거나 가정폭력 및 이혼으로 이어질 수 있다. 즉, 이러한 복합적인 요인에 의해 가정의 불안정성과 양육불안, 청소년문제 등이 재생산되는 것을 볼 수 있다. 학대를 받은 아동과 청소년의 약 60%는 발달 및 정신상의 문제가 나타났고, 불안 · 위협 · 우울증 · 공격성 등의 정서적 문제와 일상 행동상의 문제도 관찰되었다.

부모의 소득 및 학력 수준에 따른 자녀양육의 어려움을 조사한 결과, 부모의 학력이 낮고 소득이 낮을수록 학업성적에 대한 어려움을 느끼지 않는 것으로 나타났고, 반면 진로문제에 있어서는 가장 큰 어려움을 느끼는 것으로 나타났다. 이것은 성적에 대한 부모의 기대수준이 높지 않은 것과 사회경제적 지위를 대물림하고 싶지 않은 마음이 복합적으로 반영된 결과로 해석할 수 있다.

표 11-6 청소년자녀양육 시 느끼는 어려움(2010)

(단위: %, N= 1,051)

구분	경제적 부담	학업 성적	대화 단절	권위 하락	진로 문제	친구 관계	생활 태도	게임 중독	기타	없음
중졸이하 (n=92)	35.5	13.3	4.1	2.8	34.6	0	0	2.5	0	7.3
고졸 (n=633)	38.5	20.9	1.4	0.6	18.4	0.9	0.5	1	1	16.9
대졸 이상 (n=326)	20	42.4	1.4	0.8	17.6	1.4	0.1	1.6	1.1	13.5
100만원 미만(n=35)	37.7	3.6	3	0	46.8	0	0	6.5	0	2.4
100~200만원 (n=85)	47.1	10.1	4.1	0.4	29.8	0	1.1	0	1.4	6.1
200~300만원 (n=318)	38.5	28.9	1.9	0.4	12	0.1	0.4	0.1	1.3	16.5
300~400만원 (n=239)	33.7	23.5	1.1	1.7	17.1	2.5	0	2.3	1.6	16.6
400만원 이상 (n=372)	22.8	33.2	1.2	0.9	22.8	1.1	0.3	1.5	0.1	16.1
무응답 (n=2)	32.3	67.7	0	0	0	0	0	0	0	0

출처: 2014 국가통계포털.

이러한 현상은 가정의 소득수준과 학력 수준에 따른 사교육비 지출정도에서도 반영되어 나타난다. 부모의 학력과 가정의 월 소득수준에 따른 사교육의 유무와 지출정도를 살펴보면, 부모의 학력이 높을수록 사교육을 실시하는 경우가 많고 지출 비용 또한 높았으며, 월 소득수준이 높을수록 사교육을 많이 실시하고 지출 비용이 높았다. 자녀의 보다 높은 학력 수준을 지원하고 진학에 있어 보다 유리한 위치를 유지하기 위해 이러한 관심과 투자가 이루어지는 것으로 볼 수 있으며, 이것은 곧 양육에 있어서 주요 관심거리가 된다. 부모의 교육수준과 경제적 수준에 따라 자녀의 양육과 교육에 차별화된 지원이 이루어짐으로써 청소년들의 성장과 발달에 차별화된 재생산이 이루어지는 것이다.

표 11-7 부모 학력 및 가구 소득별 사교육 현황(2013)

(단위: %)

구분		사교육 받지 않음	50만원 이상
아버지 교육정도	중졸이하	62.8	3.2
	고 졸	39.0	6.9
	대 졸	22.0	18.0
	대학원졸	17.1	26.7
어머니 교육정도	중졸이하	60.2	2.9
	고 졸	37.8	8.5
	대 졸	20.3	19.0
	대학원졸	15.1	29.4
가구 월소득	100만원 미만	68.7	1.3
	100~200만원미만	54.7	2.9
	200~300만원미만	39.9	5.0
	300~400만원미만	28.5	9.1
	400~500만원미만	20.8	15.0
	500~600만원미만	17.5	22.9
	600~700만원미만	15.2	25.9
	700만원 이상	16.5	17.9

출처: 2014 국가통계포털.

한편, 청소년들에게 가정에서 존중받는 정도를 질문한 결과, 중·고등학생일수록, 대도시에 거주할수록, 한부모가정이나 조손가정일수록, 성적이 낮을수록, 경제수준이 낮을수록 존중받지 못한다고 인식하는 경향이 높았다.

보통 아동 및 청소년의 학대 문제와 관련하여 보호자의 심리적 이상과 스트레스 등에 관심을 가지고 논의하여 왔으나, 그 배경에는 불안정한 취업과 빈곤 등의 경제적 문제, 사회적인 고립과 배제 등의 문제가 아울러 작용하고 있음을 간과해서는 안 될 것이다.

오늘날 가정의 교육과 양육을 둘러싸고 육아 불안, 학대, 조기교육, 사교육 등 다양한 문제가 지적되고 있다. 그러나 이러한 문제의 배경을 바탕으로 가정의 위기가 지적되고 있는 것은 가족 자체의 문제도 있겠지만 한편으로 지금까지 우리가 추구해 온 이상적인 가족상의 한계로 볼 필요도 있다. 즉, 전형적인 가정의 모습을 부모와 자녀로 이루어진 것으로 보는 것, 혈연과 애정으로 결합된 가정, 독립적인 개별 공간 등으로 인식하는 것에 여러 가지 한계가 나타나고 있기 때문에 가정에 대한 인식의 변화가 필요하다. 가족은 그 형태가 다양해졌고 구성원 또한 개성이 뚜렷해지고 있으며 역할도 일정하게 정의할 수 없게 되었다.

이것은 청소년의 성장과 발달의 문제를 가정의 책임으로 돌리는 데에 한계가 있다는 점을 알려 준다. 가정의 교육적 역할을 일정하게 강요할 수 없고, 그에 따른 가치를 부여할 수도 없다. 다양한 가족의 모습을 인정하고 연구하여, 보다 효과적으로 가정의 역할이 실현될 수 있도록 구체적이고 실제적인 실업, 빈곤, 육아 지원, 양육, 교육 등의 정책 개발과 재검토가 요구된다.

표 11-8 가정에서 학생의 인격 존중 정도 인식

(단위: %)

구분	2013			
	전혀 존중받지 못한다	존중받지 못하는 편이다	존중받는 편이다	매우 존중 받는다
남자	2.9	7.4	52.2	37.5
여자	1.4	8.1	52.8	37.7
초등학교	1.8	6.0	43.8	48.4
중학교	3.2	9.0	55.6	32.2
일반고	1.2	7.2	56.6	35.0
특성화고	3.4	11.2	56.7	28.7

〈계 속〉

구분	2013			
	전혀 존중받지 못한다	존중받지 못하는 편이다	존중받는 편이다	매우 존중 받는다
대도시	2.4	7.9	51.7	38.0
중소도시	2.2	7.8	52.4	37.6
읍면지역	1.9	6.6	55.0	36.5
양부모가정	1.9	7.3	52.0	38.7
한부모가정	3.5	12.0	56.6	27.8
조손가정	13.9	6.4	59.9	19.9
기타	5.4	9.0	51.4	34.2
학업 성적 상	1.7	5.3	44.9	48.2
중	1.3	6.7	55.6	36.4
하	4.3	11.8	56.0	27.9
경제적 수준 상	1.5	5.0	45.9	47.5
중	1.9	8.1	58.7	31.3
하	4.6	13.9	56.4	25.2
소계	2.2	7.7	52.5	37.6

출처: e-나라지표.

5 가정환경의 구조

가정환경은 그 고유한 특성을 지니고 있는데, 가정이 가지고 있는 구조를 분석해 봄으로써 보다 상세하게 들여다볼 수 있다. 가정환경을 지위환경, 구조환경, 과정환경으로 구분하여 이해할 수 있다. 지위(status) 환경은 가정의 사회·경제적 지위나 부모의 교육수준 같은 변인을 말하고, 구조(structural) 환경은 개인에게 작용하는 외적 조건과 자극이 일정한 법칙에 의하여 조직되어 있는 상태를 의미하며, 과정(process) 환경은 외적 조건과 자극이 개인과의 상호작용에서 관찰될 수 있는 작용을 뜻한다. 이러한 구분은 구조환경과 과정환경이 각각 달리 측정되어야 하고, 또 개인에게 미치는 영향도 다르기 때문에 필요한 것이다. 가정의 지위환경, 구조환경, 과정환경을 예시하면 다음과 같다(정원식, 1985).

표 11-9 가정환경의 유형 및 구성요소

환경의 유형	구성요소	
가정의 지위환경	① 양부모 및 보호자의 상태 ③ 사회 · 경제적 지위 ⑤ 주택의 물리적 상황, 규모 및 상태 등	② 거주지의 생태적 환경 ④ 가족구성
가정의 구조환경	① 문화적 상태 ③ 언어모형 ⑤ 가치지향성 ⑦ 집단특성 등	② 영양 및 위생상태 ④ 강화체제 ⑥ 학습체제
가정의 과정환경	① 수용 – 거부 ③ 보호 – 방임 ⑤ 개방 – 폐쇄 등	② 자율 – 통제 ④ 성취 – 안일(安逸)

이러한 가정환경이 가지는 의의를 이해할 때 보다 적절한 환경을 구성해 나갈 수 있을 것이다. 특히 가족의 구성과 주거 환경, 문화적 환경은 각각의 가족이 가지는 가치관이나 철학과는 독립적으로 이해할 수 있는 환경이다.

첫째, 가족의 구성은 가정의 인적 환경으로서 구성원, 구성상의 특징, 가족관계의 특징 등을 포함한다(유안진, 1994). 먼저 구성원의 특징이란 조부모, 양부모, 형제자매의 유무, 성별, 연령, 교육수준, 직업, 성격, 종교 등을 말한다. 그리고 구성상의 특징으로서는 외조부모 혹은 친조부모인가, 친부모 혹은 계부모인가, 다문화가정인가 등의 문제가 포함될 수 있다. 또한 동거친족의 수와 성별, 연령, 동거 기간도 가족구성 환경에 포함될 수 있다. 청소년들이 함께 생활하면서 동일시 대상이 되어 여러 가지 영향을 미칠 수 있기 때문에 이러한 특성을 이해하는 것이 중요하다. 특히 부모는 청소년의 성장 · 발달에 중요하다. 부모는 일차적이며 직접적인 인적 환경으로서 청소년의 양육, 교육, 사회화의 담당자이기 때문이다. 부모의 유무는 가족구성 환경의 특징을 결정하는 주요변인인 동시에 연쇄적으로 청소년의 인적 환경의 특성에 영향을 미친다. 부모의 유무는 부성실조 또는 모성실조의 환경과 관계되며, 부모가 있다 하더라도 장·단기적 격리, 상호작용 부재 등에 따라서도 실조의 환경이 된다. 부모의 유무나 동거뿐만 아니라 부모 간의 애정, 별거, 이혼, 대리부모의 유무, 대리부모의 역할수행 및 교육수준과 직업 등도 가족구성 환경의 변인으로 고려되어야 한다.

한편 형제자매관계에 따라서 청소년의 생득적 지위가 결정되는데, 출생순위에 따라 부모의 양육태도가 달라질 수 있다. 더구나 형제자매의 성별은 청소년의 남성성과 여성성의 형성 및 발달에 큰 영향을 준다. 가족의 연령도 주요 변인으로서 성년가족인지 미성년가족인지를 결정하게 되고, 가족의 활동성에도 영향을 미친다.

둘째, 주거환경은 가정의 물리적인 모든 환경으로, 가정이 위치한 지역사회환경, 가옥의 규모, 구조적 특징, 가옥 내의 문화시설 등의 일체를 포함한다(유안진, 1994). 주거환경은 가족구성의 특징에 의해서도 결정되는데, 가족의 연령, 직업, 교육수준에 따라 주거지역이 바뀔 수 있고, 수입에 따라 가옥의 규모나 문화시설의 특성이 달라진다. 주거지역은 크게 도시, 농어촌, 도서벽지 등으로 나누어 볼 수 있는데, 대체로 도시는 농어촌이나 도서벽지보다 사회변화의 속도가 상대적으로 빠르고 지리적·문화적 상황이 달라 생활양식이 다르게 작용한다. 이는 청소년의 사회화 및 교육에 중요한 영향을 미친다. 이러한 물리적 환경의 차이가 사회변화의 속도와도 관계가 있기 때문에 농어촌의 청소년은 도시의 청소년보다 전형적인 문화에 더 친숙할 수 있다.

가옥의 규모와 구조, 문화시설 등은 가정의 사회경제적 지위환경에 포함된다고 논의한 바 있다. 중·상류계층의 가정이 모여 사는 지역 및 가옥은 뚜렷하게 구별된다. 청소년에게 독자적인 생활공간을 허용하는 규모와 구조로 된 가옥에서 문화시설을 제대로 갖춘 환경과 혼잡한 상가 및 비교육적 환경에서 생활하는 청소년의 물리적 환경은 협동, 양보, 소유욕, 정서 등 다양한 심리적 발달에도 차별적인 영향을 미친다.

셋째, 문화적 환경은 가족구성과 주거환경의 상호작용으로 형성된다

(유안진, 1994). 따라서 가족구성과 주거환경이 어떠한지에 의해 문화적 환경이 결정된다. 가족구성과 주거환경의 상호작용은 가정의 사회경제적 지위를 결정하고 이에 따른 사회계층문화에 영향을 미친다. 사회계층문화는 가족의 직업, 성격, 종교, 연령, 취향 등에 따른 문화시설, 가옥형태, 거주지역, 생활양식 등과 상호작용을 하는 것과 동시에 그것에 영향을 미친다. 문화적 환경은 가풍이나 가정의 삶의 양식, 가치관 등이 포함될 수 있으며, 청소년에 대한 양육태도, 교육관 등도 포함된다. 이러한 문화적 환경은 가정의 중요한 과정 환경으로서 동적이며 심리적 성격이 짙은 환경이다.

한편, 가정의 과정환경은 성취 - 안일, 개방 - 폐쇄, 수용 - 거부, 자율 - 통제, 보호 - 방임 등으로 구분될 수 있는데, 각각의 특징을 살펴보면 다음과 같다(유안진, 1994).

첫째, 성취 - 안일은 높은 포부수준을 설정하고, 이를 달성하도록 격려하며, 항상 활동하기를 권장하고 박력과 끈기를 가지고 과업의 달성을 요구하는 성취적인 과정의 차원과 무사안일, 현실만족을 강조하는 비성취적인 경향의 차원을 연결하는 연속선상의 개념이다. 성취지향적인 환경이란 가족구성원, 특히 자녀들로 하여금 일상 되풀이되는 과업이 아닌 도전할 만한 가치가 있는 일에 대하여 자신감과 적절한 모험심, 그리고 정열적인 활동성을 바탕으로 발전 · 변화 · 혁신 등을 추구하는 풍토이다.

둘째, 개방 - 폐쇄는 가정에서 편견 없음, 자유스러운 자기표현, 자기중심적 사고의 극복 등의 개방적 차원과 편견적 태도, 자기 은폐, 자기중심적 사고의 경향을 나타내는 폐쇄적 차원을 연결하는 개념이다. 개방적인 환경이란 기존의 사고의 틀에 얽매이지 않고 자유롭게 새로운 가능성을 탐색하도록 권장하는 풍토인데, 이러한 풍토의 가정은 다양한 자원을 활용하고 부모와 자녀가 자유롭게 활동하면서 돕고, 조언하고 토의함으로써 기대한 목표를 달성하고자 한다.

셋째, 수용-거부는 애정, 이해, 존중의 태도로 나타나는 차원과 무시, 학대, 체벌, 거부의 행동으로 나타나는 차원을 연결하는 개념이다. 수용적인 환경이란 가족구성원이 서로 접촉하기를 원하며 상호 간에 애정과 신뢰를 보여주고 협동하며 감정표현이 자유로운 분위기라 할 수 있다. 이러한 풍토에서는 부모와 자녀 간에 정서적으로 친밀한 인간관계를 맺고, 특히 부모가 따뜻하고 애정적인 태도로 자녀를 인격적으로 대한다.

넷째, 자율-통제는 비지시적인 관계를 바탕으로 자녀의 자유를 인정하고 자발적인 참여를 강조하는 차원과 지시·금지의 통제의 차원을 연결하는 개념이다. 자율적인 환경이란 가정의 일상생활에서 가족구성원의 의견을 존중하고, 외부의 권위나 제재 없이 자기결정에 의해 생각하거나 행동하게 하며, 자기행동에 대해서는 책임을 지도록 하는 풍토이다. 이러한 가정에서는 부모가 자녀에게 일반적인 충고나 명령에 의해서가 아니라 자율적이고 능동적으로 문제를 해결하도록 권장한다.

다섯째, 보호-방임은 관심의 표시, 따뜻하게 감싸주는 일, 위험으로부터의 보호, 조력 등을 포함하는 보호적 차원과 무관심·방치 등의 방임의 차원을 연결하는 개념이다. 보호적인 환경이란 가족구성원 간에 따뜻한 관심과 상호존중이 이루어지며, 자녀가 문제에 직면할 때 적절하고 합리적인 조력을 제공하는 풍토이다. 그러나 이러한 보호적인 풍토는 적절한 수준으로 이루어져야 하는데, 만약 이러한 분위기가 지나치게 되면 과보호와 같은 부정적인 양육태도로 형성되기 쉽다.

C·H·A·P·T·E·R 12

청소년 심리평가

1. 청소년의 심리평가 과정
2. 청소년 인지검사
3. 청소년의 신경 · 심리학적 평가
4. 청소년의 사회 · 정서적 평가
5. 행동평가

1 청소년의 심리평가 과정

평가는 가설을 검증하는 과정으로서 수집한 자료를 해석하고 통합하는 과정을 거친다(Johnson & Goldmas, 1990). 하나의 행동으로 판단할 수는 없으나 암시적인 단서로서 역할을 한다. 이 단서들이 모여서 어떠한 평가를 형성하고 청소년의 문제에 대해 진술할 수 있다.

청소년에 대한 심리평가는 단시간 내에 끝나지 않는 경우가 많다. 심리평가자나 상담자는 편향되고 제한된 환경 속에서 관찰하고 있다는 점을 명심해야 한다. 평가과정에서 청소년들은 위축되거나 오히려 과잉행동을 할 수도 있다. 때문에 평가는 맹점을 지닐 수 있다는 점을 명심해야 하고, 청소년과 가족에 대해 이해하려는 노력으로서 평가기법의 제한점을 충분히 고려해야 한다. 심리평가를 위한 초기 자료는 다음의 형태로 수집된다(Wenar et al., 이춘재 등 역, 2011).

가. 의뢰

청소년과 관련된 첫 번째 자료는 교사나 부모와 같은 성인에 의해 지각된 문제를 통해 제공되고, 문제의 지속기간이나 청소년 및 타인에게 미치는 영향, 선행 치료내용 등에서 정보를 얻을 수 있다. 성인과 달리 청소년들은 보통 자신을 치료하기 위해 스스로 의뢰하지 않는데, 그것은 중요한 심리학적 의미를 담고 있다. 청소년들은 변화할 필요를 느끼지 못하고, 왜 검사를 받는지조차 이해하지 못하는 경우가 많다. 때문에 청소년에게 심리검사에 대한 이야기를 어떻게 해야 하는지 전문가와 의논하는 것부터 시작할 필요가 있다.

나. 부모 면접

청소년과 가족에 대한 정보는 통상적으로 부모 면접을 통해 먼저 얻어진다. 전형적으로 드러난 문제를 시작으로 청소년의 발달력과(태아기, 출산력, 초기 발달 등) 사회성, 학업, 가족 관계, 또래 관계 등을 알아본다. 그리고 가족과 청소년이 경험한 스트레스, 주요 병력 등에 관해 질문한다. 이러한 회상적 보고를 신뢰할 수 없다고 지적하는 목소리가 있지만, 부모가 지각하는 바를 아는 것 자체가 중요한 의미를 가진다.

면접과정을 통해 평가자는 부모와의 원만한 관계를 형성해야 한다. 믿음과 존중의 바탕이 면접을 통해 형성되어야 하며 이러한 래포(rapport) 형성은 객관적인 문제이해와 해결에 기반이 된다. 평가자는 부모와 같은 방향으로 가는 동반자라는 사실을 확인시켜 주고 청소년에게 편안한 마음을 갖도록 해 주어야 한다.

가족관계에 대한 정보를 정리하기 위해 가계도(genogram)를 작성하는 것이 효과적이다. 가계도는 가족 간의 관계를 그림으로 나타낸 것으로, 청소년, 부모, 조부모의 삼대를 표현하는 것이 보통이다. 생일, 사망일, 사는 곳, 직업 등의 정보가 표현되고, 이혼, 이사, 외상 경험 등 주요 사건들을 표시한다. 그 후 가족구성원 간의 상호작용 관계를 선으로 표시한다.

다. 비공식적 관찰

평가자는 먼저, 청소년의 종합적인 태도와 느낌에 주목해야 한다. 표면적인 인상을 가지고 청소년을 미리 판단하지 말아야 하지만, 평가자에게 청소년의 사회적 자극에 대한 반응과 가치 중심에 대한 단서를 제공할 수 있다.

청소년이 평가자와 관계하는 방식은 청소년의 성인에 대한 지각의 정보를 준다. 처음에는 평가자가 낯선 사람이기 때문에 겸손하거나 수동적으로 행동하는 것은 자연스러운 일이다. 시간이 지나면서 평가자가 자신에 대해 흥미가 있고 친절한 사람임을 알게 되고, 좀 더 편안하게 많은 이야기를 할 수 있게 된다. 종종 어떤 청소년들은 의자 깊숙이 앉아서, 거의 알아들을 수 없는 정도로 작은 목소리로 이야기를 하고, 형식적으로 대답하거나 무관심한 행동을 하기도 한다. 반대로 과잉행동을 하거나 거짓된 반응을 보이기도 한다. 이러한 반응도 모두 중요한 평가 자료로 활용될 수 있다.

평가자는 다양한 사례 검토와 관찰을 통해 이러한 정보를 수집하고 통찰력을 발휘할 수 있어야 한다. 이러한 특성 때문에 비공식적 관찰은 과학적이라기보다는 예술적 활동에 가깝다.

라. 면접

면접은 청소년으로 하여금 어떤 문제에 대한 그들 자신의 관점을 표현할 수 있는 기회를 주고, 면접자가 여러 영역에 접근할 수 있도록 해주며, 치료적 관계로 발전하는데 필요한 래포를 형성할 수 있는 기회를 제공해 준다. 그리고 청소년이 왜 현재 상황에 있는지 알려줄 기회를 주고, 검사가 어떻게 이루어지는지 설명할 기회가 된다.

면접은 구조화되는지에 따라서 비구조화된 면접, 반구조화된 면접, 구조화된 면접으로 구분된다.

구조화된 면접(structured interview)은 표준화 면접 또는 지시적 면접이라고도 한다. 이것은 사전에 치밀한 계획을 세워 질문의 내용이나 순서를 정하고, 계획에 따라 면접을 진행시키는 방법이다. 장점은 수집된 정보를 서로 비교할 수 있고, 신뢰도가 높으며 경험이 많지 않은 면접자도 실시할 수 있다. 질문 내용이나 전달 방법 등에서 오는 오류를 방지할 수 있어 객관적인 면접을 진행할 수 있다. 단점은 면접 계획에 포함되지 않은 내용은 파악할 수 없고, 상황에 따른 융통성의 발휘가 어렵다.

비구조화된 면접(unstructured interview)은 비표준화 면접 또는 비지시적 면접으로도 불린다. 면접 목적만 분명히 하고 면접 내용이나 방법은 면접자에게 위임하는 방법이다. 장점은 면접 상황에 따라 융통성 있는 면접이 가능하고, 결과의 타당도를 높일 수 있으며, 면접자와 피험자 간의 래포 형성이 수월하다. 고도의 면접기술에 의존하여 집중적으로 진행되는 면접 형태이다. 단점은 면접을 위한 고도의 기술과 경험이 필요하고, 수집된 자료를 표준화하기 어렵다는 점이다.

반구조화된 면접(semi-structured interview)은 일정한 핵심 질문은 구조화하고 그 외의 질문은 위임하는 방법이다. 사전에 면접에 대한 치밀한 계획을 세우되 면접자가 융통성 있게 면접을 진행하는 방법이다.

마. 문화적 다양성

평가자의 문화적 이해 능력은 청소년과 가족을 대상으로 래포를 형성하고 효과적으로 면접하는 데 매우 중요하다. 문화적 가치에 대한 이해는 가족들로부터 수용을 유도하고 다르다는 점을 문제로 보기보다는 이해할 수 있게 한다. 문화권에 따라 공손한 태도, 인사하는 방법, 대답하는 형식 등이 다르기 때문에 제한된 문화적 특성을 바탕으로 해석하는 것을 조심해야 한다.

그러나 실제 면담자가 모든 문화집단의 특성에 대한 전문가가 될 수도 없고 그럴 필요가 있는 것은 아니다. 다만 개인의 문화적 가치를 인정하는 열린 마음을 갖고, 존중하는 마음을 갖는 것이 중요하다. 평가자가 핵심적으로 해야 할 일은 청소년의 주관적인 기준과 문화적 기준이 갈등을 일으킬 때, 어느 정도까지를 적절한 기준으로 반영해야 하는지 결정하는 것이다.

2 청소년 인지검사

임상심리학자들은 신뢰도와 타당도가 보장되고, 객관적으로 실시하여 채점할 수 있는 평가기법을 개발하는 데 노력해 왔다. 많은 검사들이 개발되었지만, 광범위하게 사용되는 몇 가지를 살펴보고자 한다(Wenar et al., 이춘재 등 역, 2011).

인지검사의 목적은 단순히 IQ 점수를 얻는 데 있는 것은 아니고, 청소년의 사고유형에 대한 단서를 찾는 데 있다. 지능은 청소년의 성격과 따로 떨어져 존재하는 분리된 기능이 아니기 때문에 사고의 유형은 심리적 건강이나 장애와 밀접하게 관련되어 있다. 심리적으로 안정되고 잘 기능하는 경우, 분명하게 생각하는 경향이 있고, 자기통제 능력이 약한 경우, 충동적으로 생각하는 경향이 있으며, 강박적인 경우에는 어떤 것을 결정해야 할지 몰라 가능한 모든 대안들을 생각하는 경향이 있다.

그리고 지능검사는 청소년의 수행 습관을 평가할 수 있도록 해 준다. 어떤 청소년은 과업지향적이고 자기 동기화되어 있어 외부로부터의 격려나 도움을 필요로 하지 않지만, 불안정하고 격려나 자극을 주지 않으면 바로 포기하는 청소년도 있다. 이러한 수행 습관이 지능검사를 통해 확인될 수 있다.

IQ 점수 그 자체는 또래관계, 진로 선택, 학업 성공 등의 여러 측면에서 청소년의 생활과 관련되어 있고, 미래의 적응에 대한 예언을 가능하게 한다. 그리고 인지적 강점과 약점을 드러내주는 것 외에 구체적인 지적 기능의 손상 종류와 정도, 성격적 변인들과 연관된 사고 양식의 특징, 정신 질환이나 기질적 뇌 질환을 의미하는 왜곡된 사고의 존재 유무 등에 관한 정보를 제공한다(Sattler, 2001).

IQ검사가 보편화됨으로써, 그 점수가 청소년의 배경이나 경험과는 별개로 존재하는 불변의 지적 잠재력을 나타내는 것으로 잘못 개념화되기도 하였다. 특히 이 검사는 비주류 문화집단의 청소년 능력을 평가절하한다는 점이 지적되고 있다. 따라서 청소년의 독특한 문화와 환경적인 요인과 문화적 요인에 비추어서 검사결과를 해석하는 것이 필요하다.

가. 웩슬러검사

『웩슬러 아동 지능검사(Wechsler Intelligence Scale for Children-Forth Edition, WISC-IV)』(Wechsler, 2003)는 6~16세까지의 청소년에게 가장 폭넓게 사용되는 지능검사이다. WISC-IV는 10개의 하위 소검사와 5개의 보충검사로 구성되고, 각 소검사의 문항들은 난이도가 점차 높아지도록 배열되었으며, 각 하위 검사는 4개의 지수로 구성되어 있다.

언어이해 척도(Verbal Comprehension Index)는 언어적 상징 사용 능력을 요구하며, 3개의 기본 소검사(공통성, 어휘, 이해)와 두 개의 보충검사(상식, 단어 추리)로 구성되어 있다.

지각추리지수(Perceptional Reasoning Index)는 그림이나 토막, 퍼즐조각 같은 구체적인 자료들을 포함하고 있고, 3개의 기본적인 소검사(토막짜기, 그림개념, 행렬추리)와 1개의 보충검사(그림 완성)하기로 구성되었다.

작동기억지수(Working-Memory Index)는 숫자 따라 외우기와 문자-숫자 순서와 산수 보충검사로 구성되어 있다.

처리속도지수(Processing Speed Index)는 2개의 하위검사(기호쓰기, 상징찾기)와 1개의 보충검사(소거하기)로 구성되어 있다.

더욱이 채점은 평균 100, 표준편차 15를 기준으로 한다. 예를 들어, 115의 전체 점수를 얻은 아동은 평균보다 한 표준편차 위이고 백분위로는 84번째에 속한다.

IQ 점수가 중요하지만, 이것은 지능검사에서 얻은 많은 정보 중 한 가지에 불과하다. 평가자는 WISC-IV의 지수 간의 점수가 통계적인 차이가 있는지를 검토해야 한다. 이 차이는 다양한 과제에 대한 차별적인 능력을 알려줌으로써 지적 강점과 약점에 대한 단서를 제공할 수 있다.

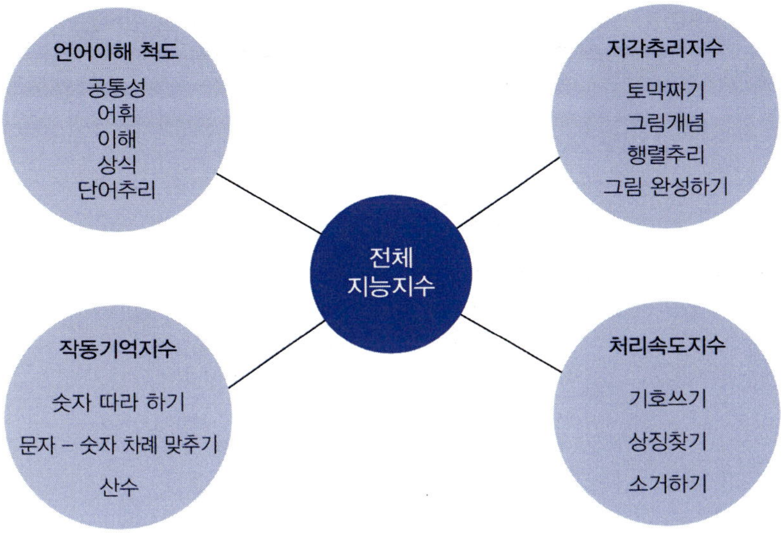

그림 12-1 **WISC - IV의 구조**

나. 스탠포드 - 비네 지능 척도 - 제5판

스탠포드 - 비네 지능 척도(Stanford-Binet Intelligence Scales)는 21세 이상의 연령 범위를 검사한다. 이것은 Cattell - Horn - Carroll의 지능 이론을 바탕으로 5개 인지요인으로 구성되고, 10개의 검사로 이루어져 있다. 각 요인은 언어성과 비언어성 영역에서 평가된다.

WISC - IV처럼 지수는 평균 100, 표준편차 15를 기준으로 한다.

표 12-1 스탠포드-비네 지능 척도 체계

구분		비언어성(NV)	언어성(V)
요인	유동적 추리(FR)	비언어적인 유동적 추리 활동: 대상 차례 맞추기/행렬	언어적인 유동적 추리 활동: 초기 추리 언어적으로 이상한 점 찾기 언어적 유추
	지식(KN)	비언어적 지식 활동: 절차 지식 그림에서 이상한 점 찾기	언어적 지식 활동: 어휘
	양적추리(QR)	비언어적인 양적 추리 활동: 양적 추리	언어적인 양적 추리 활동: 양적 추리
	시공간적 추리(VS)	비언어적인 시공간적 처리 활동: 형태판 형태 패턴	언어적인 시공적인 처리 활동: 양적 추리
	작용기억(WM)	비언어적 작용기억 활동: 지연된 반응 블록 토막 수	언어적 작용기억 활동: 문장기억 마지막 단어

3 청소년의 신경·심리학적 평가

신경심리학적 평가는 일반적으로 지능 및 성취검사와 함께 실행된다. 이 검사는 청소년의 지적수준이나 학업 향상에 대한 정도를 제공해줄 뿐만 아니라, 어떤 심리적인 문제가 뇌 기관 손상에 의한 것인지 단서를 제공해 준다. 뇌손상 징후는 사소한 감각운동능력의 결핍에서부터 지능, 성격 기능의 모든 측면에서 다양한 장애를 포함할 수 있다.

가장 폭넓게 사용되는 검사 중의 하나는 러시아 심리학자인 루리아(Luria, 1980)의 인지이론에 기초한 NPPSY로, 5개 핵심 영역의 기능을 평가한다. 주의/실행기능, 언어, 감각운동, 시공간, 기억/학습 등이 그것이다.

주의/실행기능(Attention/Executive Function) 과제로 Tower가 있는데, 이것은 색이 다른 구슬이 있는 말뚝 보드이다. 청소년은 모델이 제시한 배열과 똑같이 구슬을 옮겨야 하는데, 더 많이도 적게도 아닌 지시한 수

만큼의 움직임으로 옮겨야 한다. 따라서 청소년은 계획을 세우고 비언어적 문제해결기술을 사용해야 할 뿐 아니라 너무 빨리 문제를 해결하려는 충동을 억제해야만 한다.

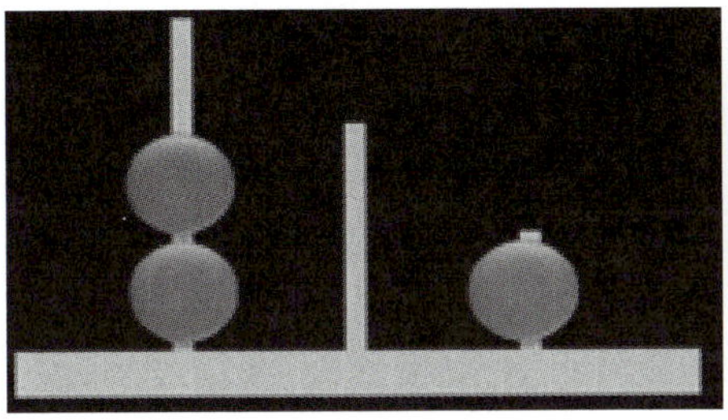

그림 12-2 현재모양

그림 12-3 목표모양

청각 주의와 반응세트(Auditory Attention and Response Set)검사는 색깔 카드 상자와 '빨강'과 같은 무작위의 단어를 제시하는 녹음된 소리로 이루어진다. 첫 번째는 '빨강'이라는 단어를 듣고 상자에서 빨간 카드를 꺼내는 것이다. 두 번째는 '빨강'이라고 들으면 상자에서 노랑을 꺼내고, '노랑'이라는 단어를 들으면 빨강을 꺼내야 하며, '파랑'이라는 단어를 들으면 파란 타일을 꺼내는 것이다. 이 과제는 수행오류(거짓 긍정 – false positive: 잘못된 정보를 옳다고 믿고 이에 따라 행동하지만 실제는 틀린 경우. 즉, 빨강이라고 부르지 않았는데 빨간 타일을 가져다 놓은 경우)와 누락(거짓 부정 – false negative: 주어진 정보를 부정하고 이에 따라 행동하지 않았지만 실제는 맞는 경우. 즉, 빨강이라고 했는데 타일 놓기를 실패한 경우)을 관찰할 수 있다. 수행은 일반적으로 충동성을 나타내며 누락은 부주의한 것과 관련된다.

*
+

더하기 표가 별표 위에 있다. – 거짓 긍정
별표는 더하기 표 위에 있지 않다. – 거짓 부정

언어(language)검사 중에서 지시이해(comprehension of instructions)검사는 청소년에게 검사자의 지시에 따라 수용언어 능력을 확인하는 것이고, 언어 유창성(verbal fluency)검사는 주어진 의미 범위나 음운의 범위에 맞는 말을 가능한 한 많이 빨리 말하도록 한다. 예를 들어, 음식의 종류를 열거하게 한다든지 '오'로 시작하는 말을 열거하게 하는 것이다.

감각운동 기능은 손 위치 모방(imitating hand position)과 같은 하위검사로 측정되는데, 이 과제에서 청소년의 운동 협응력과 모방 능력을 확인할 수 있다.

기억 검사는 얼굴, 이름, 문장, 목록을 제시하고 기억하는 정도를 확인한다.

시공간 처리(visuospatial processing)검사의 예로서, 길 찾기(route finding)는 청소년이 한 지점에서 다른 지점으로 갈 수 있는 길을 추적함으로써 방향, 위치, 공간 관계 능력을 확인한다(Wenar et al., 이춘재 등 역, 2011).

4 청소년의 사회 · 정서적 평가

청소년의 사회 · 정서적 특징에 대한 부모와 교사가 보고하는 척도로서 널리 사용되는 도구 중 하나는 '아동행동 체크리스트(Child Behavior Checklist, CBCI)(Achenbach & Rescolar, 2001)'이다. 부모용(CBCL)과 교사용(Teacher Report From)이 있고, 4~16세 청소년의 문항이 제시되어 있다.

흔히 활용되는 방식은 청소년이 직접 보고하는 평가방법이다. 청소년 보고는 자신의 내면화 증상을 측정하고 확인하는 데 유용하다. 널리 사용되고 있는 '아동우울검사(Children's Depression Inventory, CDI)(Kovacs, 1992)'는 6~17세 청소년에게 실시되는 지필검사로 27개의 문항으로 되어 있고, 슬픔, 우울의 인지적 증상, 신체적 불만, 사회적 문제, 표출되는 행동 등을 평가한다. 또 다른 검사로 '아동 불안검사(Revised Children's

Manifest Anxiety Scale, RCMAS)(Reynolds & Richmon, 1985)'는 37문항으로 되어 있고 심리적 불안 사회적 관심 걱정, 과민성, 방어적 반응 등을 측정한다. '다면적 불안검사(Multidimensional Anxiety Scale for Children, MASC)(March, Parker, Sullivan, Stallings & Conners, 1997)'는 신체적 증세, 사회적 불안, 완벽주의, 공황을 포함한 검사이다.

'자가 인성검사(Self-Report of Personality, SRP)(Reynolds & Kamphaus, 1992)'는 청소년의 학교와 부모, 또래와 자신에 대한 지각을 평가한다. 4개의 요인으로 구성되는데, '임상적 부적응'은 불안과 비정상적인 느낌과 행동, 사회적 스트레스, 통제와 신체화의 근원을 평가한다. '개인적 적응'은 자기존중감, 자기신뢰, 또래관계와 긍정적인 부모-자녀 관계를 평가한다. '정서적 증상'은 일반적 정신병리의 징후를 측정한다. '거짓말 척도'에서는 "나는 결코 화를 내지 않는다"와 같은 가장 평범한 것조차도 부인하는 평가함으로써 과장된 반응들을 찾아낸다. 이 검사는 8세에서 18세까지의 청소년에게 널리 활용할 수 있다.

특히 청소년을 위해서 개발된 '미네소타 다면적 인성검사-청소년용(Minnesota Multiphasic Personality Inventory, MMPI-A)(Butcher et al., 1992)'은 우울, 정신병, 편집증, 정신분열증, 불안, 강박, 품행문제, 낮은 자기 자존감, 음주와 약물남용 경향, 학교와 가족문제 같은 여러 증상을 평가한다. 타당도 척도는 방어적인 것과 반응의 불일치, 자신을 좋게 혹은 나쁘게 나타내려는 것을 평가한다(Wenar et al., 이춘재 등 역, 2011).

투사적 그림검사로서 인물화 검사(Draw-A-Person, DAP)는 가장 널리 사용되는 투사적 그림기법의 하나이다. 청소년은 먼저 사람을 그리고, 그린 그림의 성과 다른 성의 사람을 그릴 것을 요구받는다. 그리고 "이 사람은 무엇을 하고 있지요?", "몇 살이지요?", "이 사람은 무엇을 좋아하고 무엇을 싫어하지요?"라는 일련의 질문이 이루어진다. 이론적으로는 그림에 청소년의 자아상을 투사하는 것으로 본다. 인물화는 현실적인 자아나 이상적인 자아를 표현하는 것일 수 있다.

집-나무-사람(House-Tree-Person, HTP) 그림검사는 보다 풍부한 자료를 획득할 수 있다. 집은 개인의 가정생활과 가족상황을 나타내고 사람은 자아상을 나타내며 나무는 무의식적으로 접근할 수 있는 자아개념을 나타낸다.

그 밖에 투사적 그림검사로는 가족활동그림(Kinetic Family Drawing, KFD) 검사가 있다(Bums, 1982). 이 검사에서 청소년은 무엇인가를 하고 있는 가족을 그리라고 요구받는다. 이를 통해 가족구성원들 간의 관계, 정서 등에 대한 정보를 획득할 수 있다. 그림은 행동, 위치, 신체적 특성, 가족구성원들의 거리감, 격리 등으로 채점하게 된다.

직관에 의존하는 그림검사가 널리 사용되고는 있지만, DAP, HTP, KFT 등의 검사는 경험적인 연구가 거의 이루어지지 않아 그림의 해석에 대한 타당도가 지적되고 있다. 그림의 평정방식은 그 기준이 엄격하지 않아 관련 연구는 타당한 결과를 보고하지 못하였다(Handler & Habenicht, 1994).

특히 DAP와 KFD에 관한 많은 연구들은 청소년의 그림에 대한 평정은 특정한 정신병리와 관련이 없고 행동을 예측하지도 않는다고 지적하였다. 즉, 그림에서 그려진 큰 눈이 의심이 많은 것을 의미하고 나무의 옹이가 학대의 경험을 나타낸다는 등의 해석은 타당하지 않는 것으로 밝혀졌다. 그러나 그림의 평정에 대한 몇 가지 성공적인 사례가 확인되고 있는데, 나글리에리와 파이퍼(Naglieri & Pfeiffer, 1992)의 연구에서 투명화, 신체 일부의 누락, 그림자, 빈 눈, 나체상, 공격적인 상징 등을 통해 정상아와 정서장애아를 변별할 수 있었다.

이상의 논의를 요약해 보면, 그림은 자신에 대한 결정적인 자료를 제공한다기보다 추후의 탐색을 위한 단서를 제공한다는 데 그 의의를 두어야 한다. 투사적 그림은 가설을 타당화하기보다는 의뢰상황에 대한 가설을 생성하는 데 사용되는 것이 좋다(Knoff, 1990).

그리고 청소년의 투사적 그림검사는 그림의 내용보다는 과정에 초점을 맞추는 것이 효과적일 수 있다. 그림그리기를 통해 수줍어하거나 말이 없는 청소년과 래포를 형성할 수 있다. 그리고 직접적인 질문보다 덜 위협적인 방법으로 의식을 드러낼 수 있도록 한다.

주제 통각검사(Thematic Apperception Test, TAT)는 청소년에게 그림을 단서로 이야기를 만들어 보도록 유도한다. 각 그림은 모호하게 구성되어 있는데, 청소년이 여기에 의미구조를 생성함으로써 자신의 욕구와 바람, 갈등을 투사하게 된다. 청소년은 그림 속의 사람이 무엇을 생각하고 느끼는지, 처음－중간－끝의 이야기를 해보도록 지시받는다.

웨스턴(Westen, 1990)은 사회적 인지발달이론을 바탕으로 TAT 해석 방식을 만들었다. 즉, 사회인지 및 대상관계척도(Social Cognition and Object Relations Scale, SCORS)는 4개의 차원으로 평가되는데 첫 번째는 표현의 복잡성에 관한 것으로 낮은 점수는 자신과 타인을 구별하는 데 어려움이 있다는 것을 나타낸다. 두 번째는 사회적 관계의 정서를 나타내는데, 낮은 점수는 사회에 대한 적대성을 나타내고, 높은 점수는 사회적 영향력과 사회적 수용성을 나타낸다. 세 번째는 사회적 관계에서 정서의 개입 정도와 도덕성이 평가되는데, 낮은 점수는 이기적인 차원에서 사회적 관계가 형성되고, 높은 점수는 사회적 관계가 가치가 높고 배려심이 있음을 의미한다.

아동을 대상으로 한 통각검사로 RATC(Roberts Apperception Test for Children)가 있다(McAthur & Roberts, 1982). 이 검사는 부부싸움, 형제 간의 다툼, 또래 갈등 등과 같은 생활상을 묘사하는 16개의 카드로 구성되어 있다. RATC는 사회적 관계에서의 신뢰, 사회적 지지, 자기충족 및 성숙, 금지, 문제상황, 문제해결 능력 등을 채점할 수 있다.

5 행동평가

청소년에 대한 평가의 주요 목적은 청소년의 정신발달에 대해 충분한 이해와 효과적인 중재를 위한 것이다. 이를 위해서 가장 우선되는 것은 행동평가이다. 행동평가는 현재와 직접적으로 관련되어 있는 이전의 행동과 그 이후의 행동 추이를 통해 문제를 파악하고자 한다.

행동평가는 누가 어떤 상황에서 어떤 행동을 보였는지에 질문의 초점을 맞춘다. 그리고 청소년의 문제에 직접적으로 연관되어 있는 부모, 교사, 친인척, 친구 등을 면접해야 한다. 면접을 통해 청소년에 대한 일반적인 기술을 한다. 예를 들면, 근면함, 독단적임, 무관심 등과 같은 행동에 대해 구체적으로 기술한다. 추가적으로 좋아하는 게임, 친한 사람, 취미, 좋아하는 음식 등을 분석하고, 이를 문제해결을 위한 강화요인으로 활용할 수 있다.

특히 부모나 교사 등과 같은 청소년의 주변 인물들은 객관적인 보고자로 보아서는 안 된다. 관찰자는 정보의 정확성을 판단해야 한다. 획득한 정보의 정확성이 의심되면 주변인물을 배제하지 않으면서 실제를 알아내기 위한 방법을 찾아야 한다.

청소년의 행동을 평가하기 위한 많은 척도들이 개발되어 있다. 한 예가 BCS(Behavioral Coding System)으로 이것은 집과 학교에서의 행동을 평가하도록 설계되었다(Reid, 1978). 눈에 띄는 긍정적 · 부정적인 언어적 행동과 비언어적 행동이 평가된다. 관찰자 간의 높은 신뢰도를 가지며, 문제행동에 대한 중재를 실시한 이후에 부정적 행동비율이 유의미하게 변화되는 것을 잘 보여줄 수 있다.

DOF(Child Behavior Checklist Direct Observation Form)는 부모용과 교사용이 있다(Achenbach, 1991). 96개의 행동 문항들이 평정되고 10분기씩 6회기에 걸쳐서 아동을 관찰한다. 관찰하는 동안 사건의 발생과 시간, 문제행동의 강도 등 아동의 행동에 대한 내용을 기록한다. 각 회기가 끝날 때마다 각각의 행동은 4점 척도로 평가된다. 관찰자 간, 교사 및 부모 간의 높은 신뢰도를 보여 준다.

청소년에 대한 직접적인 행동관찰도 유용하게 활용할 수 있다.

먼저 관찰자는 관찰해야 할 목표행동을 명확히 해야 한다. 보통 의뢰인의 요청, 평가지, 면접 등을 통해 도출된 정보를 바탕으로 결정하게 되지만, 처치하는 목표가 세분화될 수 있는 행동이어야 한다. 다음은 치료적 중재의 효과를 평가하기 위한 목표행동의 빈도를 결정하는 일이다. 문제행동은 발생하기 쉬운 기간에 맞추어 관찰이 이루어져야 한다. 그 기간은 하루에 30분이 될 수 있고 특별한 날에만 나타날 수 있고 매일 나타날 수도 있다.

행동관찰을 수량화하는 여러 가지 방법이 있다.

빈도는 특별한 기간 내에 발생한 목표행동의 횟수를 말한다. 시간에 따라 나누어진 빈도는 반응률로 산출된다. 예를 들어, 한 학생이 수업시간 50분 동안 5번이나 허락 없이 자리를 이탈했다면, 반응률은 5/50이나, 10으로 기록된다. 보통 시간 표집방법은 10초 단위로 아동의 행동을 관찰한다. 행동기간은 특정 행동이 시작된 시점과 끝난 시점을 측정한다. 이 방법은 특정한 행동을 반복하는 경우(예: 고개 끄덕이기), 그 행동에 걸린 시간이 증가할 경우에 적절한 관찰방법이다. 그리고 특정행동의 기능성을 분석하기 위한 A−B−C방법이 있다. 이 방법은 문제행동 이전의 상황, 문제행동의 발생, 문제행동으로 인한 결과를 순차적으로 분석한다. 관찰자는 특별한 상황 특성에 주의를 기울여야 하고, 상황이 어떠한가에 따라 행동의 기능적 의미가 달라질 수 있음을 유의해야 한다.

행동평가에서 간과하기 쉬운 것이 청소년의 발달적 차원이다. 종종 성인의 관점에서 발달과정상의 행동을 과민하게 평가하기도 한다. 같은 연령의 아동에게서 기대되는 정상적인 정보를 비교준거로 활용하는 것이 중요하다. 책상에서 오랫동안 앉아 있지 못하는 학생을 과업의 유형이나 시간을 고려하지 않고 과잉행동으로 분류해서는 안 된다. 그리고 행동 패턴에 대한 잘못된 판단을 할 수 있기 때문에 발달적 차원을 고려해야 한다. 같은 행동이라도 성별이나 연령에 따라 다르게 관찰될 수 있다. 말이 없는 여학생은 정상으로 판정되지만, 남학생은 우울증상으로 판정할 수 있는 것이다(Wenar et al., 이춘재 등 역, 2011).

C·H·A·P·T·E·R 13

청소년의 사랑

1. 사랑의 의미
2. 사랑의 유형
3. 청소년의 행복한 사랑 기술

1 사랑의 의미

사람은 누구나 타인과의 관계를 형성하면서 살아간다. 어떤 사람들은 서로 가까운 관계를 형성하는 경우도 있고, 또 어떤 사람들은 다소 소원한 관계를 형성하면서 생활할 것이다. 우리는 음식, 물, 공기가 없으면 살아가기 힘들듯이 사람들의 관계가 없다면 많은 어려움에 처할 수도 있다. 이처럼 사람들이 대인관계형성을 필요로 한다는 것은 인간의 기본 욕구 중의 하나인 소속욕구를 강조하는 말이기도 하다.

기든스와 셔턴(Giddens & Sutton, 2013)은 근대사회에 있어서 친밀한 관계가 어떻게 변화하고 있는지에 주목하였다. 전근대사회(pre-modern society)의 결혼은 성적 매력이나 낭만적 사랑에 의해서가 아니라 가족을 형성하거나 재산상속을 가능하게 하는 경제적 맥락과 종종 더 관련되어 있었다. 낭만적 사랑(romantic love)은 18세기 후반에 발달되었다. 그러나 그것은 상호 매력에 기초한 평등한 관계의 약속에도 불구하고, 실제로 낭만적 사랑은 여성에 대한 남성의 지배를 초래하였다. 이들은 가장 최근에는 성적 측면의 변화로 인해 친밀한 관계에 변화가 생겼다고 지적한다. 왜냐하면 현대사회의 많은 사람들이 누구와 언제, 어떻게 만나느냐에 대해 이전보다 훨씬 선택의 폭이 넓어졌기 때문이다. 즉, 사랑의 성격에 변화를 초래하였다는 것이다. 낭만적 사랑은 서서히 융합적 사랑(confluent love)으로 바뀌고 있다. 융합적 사랑이란 활동적(active)이고 상황에 따라 변화하는 것이다. 예전에는 한 번 결혼하면 이후의 관계가 어떠하든지 지속적인 경향이 많았지만 오늘날은 시대변화로 인해 선택의 폭이 더 넓어졌다. 이로서 융합적 사랑이 출현하게 된 것이다.

그러면 사랑이란 어떤 의미를 지니고 있을까?

현재 사용하고 있는 '사랑'은 15세기 중세 국어에서는 ᄉᆞ랑으로 표기되었다. 이 시기에 ᄉᆞ랑은 애(愛)의 의미만 가진 것이 아니라 사(思), 모

(慕)의 의미도 포함한다. 이때까지는 '생각'의 의미를 가진 사(思)의 경우가 더 많았으나 점차 애(愛)의 의미로 대체된다. 이렇게 보면 우리 시대의 사랑에는 누군가의 안위를 걱정하고 생각(思)하면서, 만나기를 원하고(慕) 그리워(戀)하는 감정과 애(愛)를 기본 감정으로 하는 다양한 층위의 인지적 판단과 정서적 요소, 관계의 양식과 태도가 결합되어 있다고 할 수 있다(김경호, 2015).

한 연구(Fehr & Russell, 1991)에 의하면, 마음속에 와 닿는 사랑의 유형에 대해 질문한 결과 216개 유형의 사랑이 명명되었다는 것이다. 이 중 93가지는 한 사람 이상이 중복 언급하였다. 한 사람에 대한 사랑은 관계(relationship) 속에서 일어났으며, 명명된 사랑은 관계의 유형에 관한 것이었다. 응답자들은 관계 속에서 어떤 사랑의 유형이 전형적으로 나타난다고 믿고 있다.

몇몇 학자들이 제시한 사랑의 특징이나 개념을 보면 표 13-1과 같다.

표 13-1 사랑의 특징 및 개념

학자	사랑의 특징 및 정의
Freud(1922, 1951)	욕망의 좌절(frustrated desire)
Watson(1924)	성적 자극(erogenous stimulation)
Rubin(1970)	사랑은 한 사람에 대하여 어떤 방식으로 생각하며 느끼고 행동하는 성향을 포함하여 한 사람이 다른 사람에 대해 가지는 태도
Swensen(1972)	사랑은 공유된 활동, 드러난 친밀성 등과 같은 행동
Centers(1975)	상호작용보상(rewarding interactions)
Skolnick(1978)	사랑은 감정, 아이디어 및 문화적 상징(cultural symbols)에 의해 형성되어 구성된 경험
Buss(1988)	재생산적 성공을 성취하는 행위(acts that achieve reproductive success)

출처: Fehr, B. & Russell, J. A.(1991). The concept of love viewed from a prototype perspective. Journal of Personality and Social Psychology, 60(3), 425~438. 저자 재구성.

스피노자(Spinoza)에 의하면 사랑의 본질은 '기쁨'이라 할 수 있다. 이런 관점에서 본다면, 사랑의 기쁨은 인간의 작은 완전성에서 더 큰 완전성으로 이행할 수 있게 만드는 동력인 것이다. 이에 비해 오르테가이 가세트(Ortegay Gasset)는 사랑에 빠진 사람이 기쁨을 얻는다는 사실을 수용하면서도 동시에 사랑은 슬픔을 주고 죽을 것 같은 고통을 준다고 하면서, 사랑의 본질은 아픔과 고뇌에 있다고 이해하였다(김경호, 2015).

한편 고대 그리스인들은 사랑을 세 가지 범주로 나누었다. 아가페(Agape)는 조건 없는 사랑으로서 자기희생에 의한 사랑이다. 필리아(Philia)는 자애(charity) 또는 형제애라고도 하는데, 이것은 우리가 좋아하는 것, 또는 건전하거나 건전하지 않은 것에 상관없이 욕구와 욕망에 의한 것이다. 에로스(Eros)는 신체적인 성적 욕망을 말하는 것이다.

이상과 같이 사랑이란 다양한 의미를 가지고 있기 때문에 간단히 정의하기 어렵다. 그러나 사랑이란 한 사람이 다른 사람에 대해 생각하고 느끼는 감정, 태도, 행동 등이라 할 수 있다. 사랑은 기쁨의 원천이자 자신을 보다 더 성숙한 존재로 이끌기도 하지만, 때로는 아픔의 고통도 있을 수도 있다. 따라서 우리는 사랑을 통해 서로의 아름다움을 위하여 인내하고 노력하며 격려와 행복을 주고, 보다 더 나은 존재로 성숙할 수 있도록 노력해야 할 것이다.

2 사랑의 유형

사랑은 정의하기도 어렵지만 그 유형을 나누는 것 역시 매우 어려운 일이다. 사랑의 유형은 다양하게 나타날 수 있으나 대체로 동료애(companionate love), 낭만적 사랑(romantic love) 그리고 연민 또는 동정적 사랑(compassionate love)으로 나누고 있다(Berscheid, 2010).

첫째, 동료애 혹은 동반자적 사랑은 좋아함(liking), 우애(friendship love), 필리아(philia)와 유사하게 사용되고 있는 말이다. 동료애는 많은 관계를 위한 기본 양식이고, 낭만적 사랑보다 만족스러운 결혼을 위해 더 좋은 토대라고 초기 사회학자들은 말했다. 동료애는 낭만적 사랑보다 관계만족도, 파트너 존경 및 친밀감과 매우 높은 관련성이 있다. 동료애는 전형적으로 친구와 가족구성원들이 경험하는 사랑으로서, 일반적으로 신뢰하며, 활동과 흥미를 공유하고 주위에 있고 싶어하는 것이다.

둘째, 낭만적 사랑은 열정적 사랑, 에로틱 사랑(또는 에로스), 중독성이 강한 사랑, 강박적인 사랑 등으로 불리기도 한다. 낭만적 사랑은 시와 낭만적 소설을 통해 감동받는 사랑도 포함한다. 낭만적 사랑은 강한 정서와 성적 욕망과 관련되어 있으며, 흔히 어떤 사람과 사랑에 빠진 것을 의미한다.

그런데 초기 단계의 낭만적 관계와 후기 단계의 낭만적 관계 사이에서 행동은 차이가 있다. 초기 단계에서 낭만적인 연인들은 흥분, 극도의 행복감, 높은 열정, 친밀감, 강박 관념, 중독과 유사한 집착 그리고 불안정 등의 특징을 보인다. 또한 경쟁과 소유를 다루기 위해 위험한 행동이 계속된다. 후기 단계에서의 애착사랑(attachment love)은 안전, 감정의 균형, 평온, 헌신, 친밀감, 공감과 같은 안전하고 영적인 유대감을 발생시키는 낭만적인 사랑을 동반하고 이행하게 된다(Chen et al., 2017).

셋째, 동정적 사랑은 연민으로 불리기도 하는데 이것은 아가페(agape), 부양 또는 보호적 사랑, 이타적인 사랑, 희생적 사랑, 순수한 사랑, 진실한 사랑, 조건 없는 사랑, 헌신적 사랑 등으로 불린다. 이 사랑은 상대방의 욕구를 파악하여 반응하고, 어머니가 자녀를 보살피는 것과 같은 유대관계와 유사하다(Berscheid, 2010).

이상과 같이 사랑의 유형은 크게 세 가지 유형으로 나누는 경향이 있으나, 여기서는 스턴버그(Sternberg)와 리(Lee)의 유형을 중심으로 더 구체적으로 살펴보고자 한다.

가. 스턴버그의 사랑의 유형

스턴버그(Steinberg, 1986)는 사랑은 친밀성(intimacy), 열정(passion), 의사결정/헌신(decision/ commitment)이라는 세 가지 요소로 구성되어 있다고 하였다. 이를 사랑의 삼각형이론(triangular theory of love)이라고 한다. 이 삼각형의 꼭짓점에는 친밀성, 삼각형의 왼쪽에는 열정, 삼각형의 오른쪽에는 의사결정/헌신이 자리하고 있다.

첫째, 친밀성은 사랑하는 관계에서의 유대감과 친밀성의 감정을 말하는 것이다. 따라서 이것은 사랑하는 관계에서 본질적으로 온정의 경험을 불러일으키는 감정을 포함한다.

둘째, 열정이란 낭만적·신체적 매력, 성관계 및 사랑하는 관계를 촉진시키는 동인(drive)을 말한다. 따라서 열정은 사랑관계에서 열정의 경험을 불러일으키는 동기와 다른 각성유형의 원천이 된다.

셋째, 의사결정/헌신은 단기적으로는 한 사람이 어떤 사람을 사랑할 것인가 하는 결정을 내리는 것을 말하고, 장기적으로는 그 사랑을 유지하기 위해 헌신하는 것을 말한다. 따라서 의사결정/헌신은 사랑하는 관계의 존재에 대한 의사결정과 사랑관계에 대한 잠정적인 장기적 헌신을 포함한 인지적 구성요소를 말한다.

일반적으로 친밀성은 상호관계에서 정서적 관여(involvement)로부터 도출되는 것으로 볼 수 있고, 열정은 동기적 구성요소로 도출되며, 의사결정/헌신은 인지적 의사결정과 헌신에 관한 것이다. 다시 말하면, 친밀성은 온화한(warm) 사람으로, 열정은 강렬한(hot) 사람으로, 의사결정과 헌신은 냉철한(cold) 사람으로 생각할 수 있다. 관계에 있어서 헌신을 유지할 수 있도록 하는 가장 좋은 방법은 관계의 중요성을 인식하여 유지하고, 관계를 통해 성취하는 행복을 극대화하는 것이다. 이렇게 하기 위해서는 사랑의 요소인 친밀성과 열정에 대한 노력이 필요하며, 특히 행동을 통하여 관계에 대한 헌신을 표현하는 것이다.

스턴버그는 친밀성, 열정 및 의사결정/헌신이라는 세 가지 요소가 어떻게 관련되어 있는가를 기초로 8가지의 사랑의 유형을 제시하였다.

1) 사랑부재(nonlove)

간단히 말하면, 이 유형은 친밀성, 열정 및 헌신이라는 사랑의 세 가지 요소가 모두 없는 상태이다. 이 유형의 사랑은 개인적 관계의 대부분이 단순히 인과론적 상호작용으로서 전혀 사랑에 참여하지 않는 것이다.

2) 좋아함(liking)

열정과 의사결정/헌신이라는 요소는 없고 단지 친밀성만 있을 때 일어나는 것이다. 즉, 어떤 사람이 대인관계에서 경험하는 감정으로서 우정이 될 수 있다. 사람들은 강열한 열정의 감정 없이도 타인에 대한 친밀성과 유대관계 그리고 따듯함을 느낄 수 있다.

3) 열병적 사랑(infatuated love)

이 사랑의 유형은 첫눈에 반하는 사랑이다. 이 유형은 친밀성과 의사결정/헌신이라는 사랑의 요소 없이 열정적인 각성의 경험으로 나타나는 것이다. 이 유형의 사람들은 높은 정도의 정신생리적 각성, 심장박동 또는 심장의 두근거림의 증가와 같은 신체증상, 호르몬분비의 증대, 생식기의 발기 등의 특징을 갖는 경향이 있다. 이것은 집착이라고도 하는데 어떤 상황에서는 매우 오랫동안 지속될 수도 있다.

4) 공허한 사랑(empty love)

이 유형은 한 사람이 다른 사람을 사랑하겠다고 결정함으로써 생기는 것으로서 열정과 친밀성은 없고 헌신에 의한 사랑을 말한다. 이것은 침체된 관계에서 가끔씩 찾는 사랑의 유형으로서 수년간 관계가 계속되어 왔지만 상호 간의 정서적 개입과 육체적 매력을 모두 잃은 것이다.

5) 낭만적 사랑(romantic love)

친밀성과 열정으로부터 나오는 것이다. 이 사랑의 유형은 서로에 대해 육체적으로 이끌릴 뿐만 아니라 정서적으로도 친밀하다. 낭만적 사랑의 유형은 고전문학작품 속의 로미오와 줄리엣과 유사하다.

6) 동반자적 사랑(companionate love)

친밀성과 의사결정/헌신으로부터 발전된 것이다. 이것은 본질적으로 열정의 주요 원천인 신체적 매력을 잃은 결혼에서 자주 나타나는 장기간의 헌신적 우정이다.

7) 어리석은 사랑(fatuous love)

친밀성은 없고 의사결정과 헌신에서 나오는 것이다. 헌신이 친밀성 없이 열정만을 기초로 이루어진다는 점에서 어리석은 것이다.

8) 완전한 사랑(consummate love)

완전한 사랑은 친밀성, 열정 그리고 의사결정과 헌신이라는 사랑의 세 가지 요소가 조화를 이룬 결과로 나타난 것이다. 이것은 목표를 달성하는 것보다도 유지하기가 쉽지 않다.

이상과 같이 사랑의 세 가지 요소와 사랑의 유형을 그림으로 나타내면 그림 13-1과 같다.

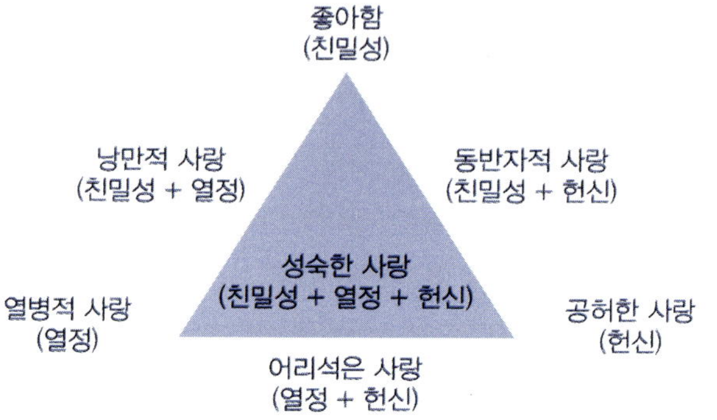

출처: Triangular theory of love(wikipedia, 2018 인출).

그림 13-1 스턴버그의 사랑의 유형

나. 리의 사랑의 유형

리(Lee, 1977)는 사랑을 6가지 유형으로 나누어 설명하였다.

1) 열정적 사랑 또는 낭만적 사랑(eros)

이 유형은 정서적으로 열정적이며, 심리적으로 친밀성을 추구하고, 개방적이며 적극적이다. 자신의 마음속에 이상적으로 생각하는 신체적 이상형을 가지고 있으며, 사랑을 인생에서 중요한 것으로 생각한다. 파트너와 밀접하고 친밀한 관계를 갖고자 노력하지만 소유하려 하지 않고 사랑에 대해 두려움보다는 자신감을 갖고 있다.

2) 유희적 사랑(ludus)

사랑을 게임이나 유희(playful)라고 보면서, 문란하다기보다는 부담이 덜한, 허용적이고 다원적인 사랑이다. 신중하게 자제하며, 질투하는 것도 싫어한다. 관계는 종종 비교적 단기적이다. 사랑에 대해 열정적이지 않고 헌신적이지도 않다. 이 유형의 사랑은 하나의 열린 게임과 같은 것이고, 질투나 경쟁의식을 거의 가지지 않고, 상대방을 최소한의 질투 대상으로도 보지 않는다. 성적 친밀감은 깊은 정서적 래포(rapport)의 표현이라기보다는 그저 즐기는 것으로 볼 수 있다.

3) 우정적 사랑(storge)

우애적 사랑으로서 애정과 우정은 서서히 발전하게 되며, 자신을 점진적으로 노출하는 유형이다. 자의식적인 열정(self-conscious passion)은 피하고 장기간 헌신을 기대한다. 안전한 가족배경과 여러 형제자매들로부터 나타나는 것이다. 삶은 좋은 것이며 친구에게 의존하는 것이기도 하다. 사랑이란 깊은 우정을 확대하는 것이라고 기대한다. 공통적인 관심과 활동의 공유는 상대방을 결합하게 하고, 우정적 관계의 발달에 있어서 성적 자기표현은 매우 점진적으로 늦게 일어난다.

4) 소유적 사랑(mania)

강박적이며, 질투가 심하고, 정서적으로 강렬한 사랑유형이다. 사랑하는 사람에 대한 집착과 사랑받는 것에 대한 반복적인 확신(reassurance)을 요구하는 특징이 있다. 이 사랑의 유형은 열정적 사랑과 유희적 사랑(eros와 ludus)이 결합되어 나타나는 에로틱한 사랑으로서 강력함과 집착을 보인다.

5) 이타적인 사랑(agape)

호혜성을 기대하지 않으며, 사랑을 의무로 생각하며, 온화하고 배려하는 이타적인 사랑이다. 아가페는 친구와 같은 우정적 사랑과 열정적인 사랑이 결합되어 나타난다. 이타적 사랑은 친화적 관계의 성취라기보다는 하나의 이상으로서 나타나는 것이다. 대부분 금욕적이며 사심이 없는 사랑으로서, 어떠한 유형의 사랑 관계보다도 정서적으로 성숙한 것이다. 사랑은 의무이며 의지에 의한 것으로 본다.

6) 실용적 사랑(pragma)

상대가 적합한지에 대하여 의식적인 계산을 통해 이루어진다. 사랑하고자 하는 상대의 교육수준, 직업, 종교, 나이 등의 수많은 특성들을 고려한다. 이러한 사랑의 유형은 유희적 사랑과 우정적 사랑과의 결합으로 나타난다. 예를 들면, 실용적 사랑은 좋은 품질을 찾는 쇼핑목록(shopping list)과 같은 것이다.

다. 청소년의 사랑유형 연구

여기서는 앞에서 살펴 본 스턴버그와 리의 사랑의 유형을 활용하여 청소년이나 대학생들을 대상으로 연구한 사랑에 관한 선행연구 결과들을 살펴보고자 한다.

리(Lee, 1977)의 사랑유형을 토대로 한 서울 및 경기지역 대학교 1~4학년 총 6개 대학교 남녀대학생 연구결과를 보면 다음과 같다(김향숙, 2000). 대학생의 사랑 유형별 정도는 이타적인 사랑이 가장 많았고, 다음으로 실용적인 사랑, 우정적(동료적)인 사랑, 열정적인 사랑, 소유적인 사랑, 유희적인 사랑 순으로 나타났다. 남학생은 열정적인 사랑, 소유적인 사랑, 이타적인 사랑에서, 여학생은 유희적인 사랑, 논리적인 사랑에서 그 정도를 더 높게 나타냈다.

대학 재학생과 졸업생 커플 542명과 싱글 382명을 대상으로 한 연구에 의하면(강진경, 정태연, 2001), 사랑에 대한 태도는 남성들이 여성보다 열정애와 유희애 그리고 이타애의 수준이 높게 나타난 반면에, 여성들은 남성들보다 실용애의 수준이 높게 나타났다. 싱글보다는 커플이 더 강한 열정애와 이타애 경향을 보인 반면에, 싱글은 더 강한 유희애 경향을 보였다. 여성들에 비해 남성들이 보다 더 긍정적인 자아개념을 가지고 있었으며, 높은 열정애, 유희애와 이타애 그리고 낮은 실용애 특성을 보였다.

파라 등(Parra et al., 2000)의 남녀 성인을 대상으로 연구한 결과, 6개의 사랑유형 중에서, 남성들이 여성들보다 아가페와 에로스의 사랑유형을 더 지지한 것으로 나타났다.

고등학교 졸업 이상의 싱글이나 결혼한 18~35세 대상 연구결과에 의하면(Sanamnejad et al., 2011), 사랑에 실패한 경험이 있는 사람들은 그렇지 않은 사람들과 비교할 때 더 낮은 정도의 정서지능을 가지고 있었다. 사랑에 실패한 경험이 있는 사람들은 더 낮은 가치, 특히 정서지능의 구성요소인 유연성, 문제해결, 스트레스 인내, 충동통제와 행복, 자아개념을 보였다. 더 낮은 자아개념과 정서지능은 개인적 사회환경의 산물이기 때문에, 원만한 가족환경과 생활기술 훈련의 결핍 및 부재는 이러한 실패에 영향을 준다. 개인의 심리적 장애가 이러한 실패의 본질은 아니지만, 정서지능, 자아개념, 기타 심리적 요인은 개인이 실패에 반응하는 방법을 결정한다.

이창식, 김윤경(2003)의 연구에서는 고등학생과 대학생 510명을 대상으로 청소년들의 사랑과 성 태도 간의 관계를 분석하였다. 청소년의 사랑은 친밀감과 열정/헌신의 두 요인이 추출되었다. 사랑(친밀감, 열정/헌신)과 개방주의적 성 태도 간의 긍정적인 관계가 확인되었다. 사회인구학적 변인과 자존감을 통제한 상태에서 사랑이 성 태도에 미치는 영향력을 살펴본 결과, 남학생의 성 태도에 가장 큰 영향을 미치는 변수는 자존감이었고, 여학생의 성 태도에 가장 큰 영향을 미치는 변수는 사랑의 하위요인 중 친밀감으로 나타나, 남학생과 여학생의 성 태도를 결정짓는 변수가 서로 다르게 나타났다.

대학생을 대상으로 연구한 결과, 사랑유형으로는 열정애, 친구애와 헌신애가 전체의 69%를 차지하였고, 남학생이 여학생보다 더 열정적이고 헌신적인 사랑을 하는 것으로 나타났다. 낭만애착에 따른 사랑유형을 성별로 살펴본 결과, 두려움형 애착유형의 남학생들이 소유적 사랑을 할 가능성이 가장 높았으며, 안정형 애착의 여학생들이 열정적 사랑을, 몰두형 애착으로 분류된 여학생들은 소유적 사랑을 그리고 두려움형의 애착을 보이는 여학생들이 유희적 사랑의 점수가 높았다(주은지, 2010).

성인기의 사랑에 관한 경험적 연구들에서 밝혀진 사실들을 종합하여 보면, 인간이 성인이 되어 경험하는 사랑의 특성과 유형은 아동기 애착 경험과 밀접히 관련되는 것으로 나타났다(유가효, 2010). 즉, 아동기에 안정적인 애착(attachment)을 가졌던 사람이 사랑의 3요소에서 모두 높은 점수를 보이고, 사랑유형에 있어서는 우애적 사랑, 열정적 사랑, 이타적 사랑을 더 많이 하는 경향을 보이나, 애착경험과 사랑유형의 관계는 다소 비일관적인 결과를 나타냈다. 사랑은 인간관계의 축복인 동시에 성격의 건전성을 나타내는 지표이며 인간행복의 핵심적 조건이다. 그런데 사랑하는 능력도 학습되는 것이며 적극적으로 성장·발전시켜 나가야 한다는 관점에서 볼 때, 이에 영향을 주는 요인 및 발달과정에 대해 충분히 이해하는 것은 매우 중요한 일이다. 또한 영향요인을 밝히는 것과 더불어 친밀한 인간관계를 유지하고 사랑할 수 있는 능력을 향상시키는 방안에 대한 연구도 필요하다. 가령, 생후 초기에 불안정 애착이 형성된 경우 안정된 성인애착유형으로 변화시키고 자아존중감을 향상시켜 친밀한 인간관계를 맺고 유지하도록 할 수 있는 자기성장 및 교육프로그램의 개발과 보급이 요구된다. 이런 측면에서 보면 부모들의 자녀관계나 양육태도는 건전한 사랑이나 결혼관에도 영향을 미칠 수 있다.

3 청소년의 행복한 사랑 기술

사람들은 누구나 행복한 사랑을 추구하려고 한다. 어떤 사람은 이를 잘 실천하기도 하고, 한편으로 그렇지 못한 경우도 있을 것이다. 어떻게 하면 행복하고 아름다운 사랑을 유지할 수 있을까?

오늘날 급속한 사회변화와 과학기술발달은 생산성과 성과를 중시하는 경향을 증가시켰다. 이러한 기술시대에 가장 결여되어 있는 것은 인간의 감성이다. 그런데 인간의 감성에 바탕을 두면서 동시에 기술시대에 가장 필요로 하는 인간의 능력은 사랑이다(박인철, 2004). 왜냐하면 사랑은 생리적 동기부여이며, 뇌를 변화시킨다. 인간의 뇌발달과 항상성(homeostasis)은 사랑을 필요로 한다(Burunat, 2016). 이러한 사랑을 통해서 우리는 삶의 활력소를 찾아야 할 것이다. 건강하고 건전한 사랑을 통하여 행복을 추구하기 위해서는 사랑에 대한 학습도 필요하다. 따라서 여기서는 건전한 사랑의 기술을 학습하기 위해 사랑에 대한 몇 가지 관점을 알아보고자 한다.

첫째, 사랑의 출발점이나 시작을 정확히 말하기란 어려운 일이지만 이를 애착이론(attachment theory)에서 찾아볼 수 있다. 즉, 부모들과의 초기 애착은 일생 동안의 관계를 형성하는 데 영향을 미칠 수 있다. 애착이란 사람들 사이의 지속적인 유대관계를 말한다. 애착이론의 선구자인 보울비(Bowlby)는 어린 시절 부모-자녀관계에 있어서의 애착은 유아기에서 성인기까지의 모든 삶에 있어서 행동, 인지 및 정서에 영향을 줄 수 있다고 하였다. 그런데 이러한 관계가 깨어지면 고통스럽고 슬픔의 원인이 될 수 있다(Honari & Saremi, 2015).

대부분의 사람들의 행복의 원천과 삶의 의미는 성공적인 관계형성이다. 이러한 이유로 사람들은 자신의 삶에서 서로 신체적·정서적 관계를 형성하고 싶어 한다. 애착이론에 의하면 개인이 주요 양육자와 형성하는 정서적 애착유형은 성인기의 대인관계에도 영향을 주며 긍정적이든 부정적이든 낭만적 경험과 관계에 영향을 미친다. 더욱이 개인의 안정적 또는 불안정적 애착은 부부관계에도 영향을 줄 수 있다(Halata & Hovardaoğlu, 2011). 애착유형은 안정적일 수도 있고 불안정적일 수도 있다. 불안정적 애착유형은 불안, 회피, 두려움으로 이루어져 있다. 애착의 주요 특징은 안정과 소속감이기 때문에 안정과 소속감을 가진 사람들은 외로움과 슬픔을 느끼지 않을 수 있다.

부모와 가족과의 초기 경험을 통한 안정적 애착경험(secure attachment)은 친밀하고 낭만적 관계를 형성하고, 정서문제를 해결하는 데 중요한 역할을 수행한다. 반면에, 불안정적 애착(insecure attachment) 유형은 강박적 사랑유형을 가져온다. 따라서 사람들의 애착유형을 평가함으로써 사람들의 사랑유형을 예측할 수 있으며, 사람들의 대인관계의 질과 심리적 웰빙을 증대시키는 데 필요한 상담과 교육자료를 제공할 수 있다(Honari & Saremi, 2015).

이와 같이 어린 시절의 부모와 자녀 간의 상호작용 유형이나 관계형성이 어떠한지에 따라 미래자녀의 대인관계나 타인과의 상호작용 방법 등에 영향을 미칠 수 있다. 따라서 가정에서 부모의 자녀에 대한 바람직한 양육방법이 중요하다. 애착유형과 사랑은 유의미한 관계가 있다. 더 안전한 애착유형일수록 더 확실한 사랑유형이 진행된다는 것이다. 사람들과의 더 긍정적인 관계는 심리적 건강과 삶의 질에 직접적으로 영향을 줄 수 있다.

둘째, 부부관계 측면에서 자녀의 발달을 살펴볼 필요가 있다. 부부 간의 문제는 자녀양육에 문제를 야기함으로써 아동과 청소년에게 영향을 미칠 수 있다(Harold & Conger, 1997). 즉, 부모들의 악화된 정서상태는 자녀들과의 상호작용에서 더 큰 과민성(irritability)을 가져올 수 있다. 부모들 간의 적대감을 목격한 어린이들은 그렇지 않은 어린이들보다 부모-자녀갈등을 더 적대적이고 위협적인 것으로 해석한다. 이를 통해 볼 때, 부부관계가 어떠한지에 따라 자녀의 대인관계나 사랑관에도 영향을 미친다는 것을 알 수 있다.

셋째, 청소년의 사랑을 예견적 사회화(anticipatory socialization) 측면에서 접근할 수 있다. 예견적 사회화란 사람들이 현재는 갖고 있지 않으나 미래 갖게 될 지위, 직업 그리고 사회적 관계 등을 미리 준비하거나 연습하는 사회화 과정을 말한다. 즉, 어린이나 청소년들이 미래 성인의 위치에서 수행하게 될 역할이나 책임 등을 미리 알도록 하는 것이다. 이런 측면에서 가정에서의 초기 사회화과정은 매우 중요하다.

강석기(2007)는 청소년의 사랑은 사회화의 준비단계인 예견적 사회화 과정에서 감정, 사고, 행동의 통합적인 성장으로서 이루어진다고 보았다. 청소년의 성공적인 사랑과 관련된 예견적 사회화의 기본적 상호작용으로써 대인관계 태도와 문제해결의식의 효과적인 학습과 훈련을 할 수 있다면 청소년의 사랑은 성공적으로 이루어질 것이다. 이 연구결과에 의하면, ① 예견적 사회화는 청소년의 사랑에 직접적인 영향력을 가지는 것으로 나타났다. ② 예견적 사회화가 청소년의 사랑에 긍정적인 영향력을 줄 때 문제해결의식과 대인관계태도가 예견적 사회화와 각각 상호작용하여 조절효과를 가진 것으로 나타났다. 따라서 예견적 사회화는 청소년의 사랑에 직접적인 영향력을 주고는 있지만 문제해결 의식과 태도와 각각 상호작용을 하면서 청소년의 사랑에 영향을 줄 때 더 커다란 영향력이 주어진다는 것을 확인할 수 있다. 이와 같은 결과에서 예견적 사회화는 문제해결 의식과 대인관계 태도와 상호작용을 거치면서 더욱더 성공적인 사랑을 할 수 있도록 한다는 것을 유추해 볼 수 있다.

넷째, 프롬(Fromm, 1956) 역시 사람들의 관계형성의 중요성을 언급하고 있다. 프롬에 의하면 인간은 태어나면서부터 분리감을 경험하는데, 이 분리경험(experience of separateness)은 불안을 일으킨다는 것이다. 이러한 분리는 모든 불안의 원천이 된다. 따라서 인간의 가장 깊은 욕구는 이러한 분리를 극복해서 고독에서 벗어나려는 것이라 하였다. 분리된다는 것은 나의 인간적 힘(human powers)을 사용할 수 있는 어떠한 능력없이 단절되어 있다는 것을 의미한다. 따라서 분리된다는 것은 세계-개인-사람을 능동적으로 파악할 수 없고 무기력하다는 것을 의미한다. 따라서 분리는 강렬한 불안의 원천이자 수치심의 원천이 된다. 프롬은 이러한 불안을 극복하고 인간상호 간의 건전한 상호결합을 가져 올 수 있게 하는 것이 사랑이라고 보았다. 나아가 프롬은 사랑의 구성요소를 보호(care), 책임(responsibility), 존경(respect) 그리고 지식(knowledge)의 네 가지로 보았다.

① 보호는 자녀에 대한 어머니의 사랑에서 명백히 나타나 있다. 유아기에 어머니의 보호가 부족하거나 음식을 주거나 목욕을 시키는데 소홀하고 신체적 편안함을 제공하지 않는다면 진실한 어머니의 사랑이라고 보기 어려울 것이다. 사랑은 우리가 사랑하는 사람의 삶과 성장을 위한 적극적인 관심이다. 이러한 적극적인 관심이 부족한 경우에는 사랑도 없는 것이다.

② 책임은 의무를 의미하기도 하는데, 이것은 외부로부터 부과될 수도 있지만 진정한 의미에서의 책임은 완전히 자발적인 행동이다. 책임이란 표현되었든 표현되지 않았든 다른 인간존재의 요구에 대한 나의 반응이다.

③ 존경이란 말의 어원은 respicere(to look at it)로서, 어떤 사람을 있는 그대로 보고 그의 독특한 개성을 지각할 수 있는 능력이다. 존경은 다른 사람이 성장하고 그 자신이 뜻을 펼쳐 가는데(unfold as he is) 대한 관심을 의미한다. 따라서 존경은 이용하려는 것이 아니다. 사랑받는 사람이 자기 자신을 위해서 성장하고 뜻을 펼쳐가기를 원하는 것이지 나에게 봉사하기를 원하는 것이 아니다.

④ 우리는 자신을 알고 있는 것 같지만 할 수 있는 모든 노력을 기울여도 우리 자신을 다 알지는 못한다. 우리는 동료를 알고는 있지만 동료의 모든 것을 알지는 못한다. 따라서 인간은 자기 자신을 더 이해하려는 노력은 물론이고 타인을 진정으로 이해하려는 노력이 필요하다.

어떤 사람을 존경하려면 그 사람에 대한 지식이 없이는 불가능하다. 보호와 책임은 지식에 의해 안내되지 않으면 맹목적일 것이다. 지식은 관심에 의해 동기가 유발되지 않으면 공허할 것이다. 자신의 분리감에서 벗어나기 위하여 다른 사람과 융합(fuse)하려는 기본적인 욕구는 인간의 비밀을 알려고 하는 또 다른 인간의 욕망과 밀접히 관련되어 있다. 이를 통해서 볼 때 프롬이 말한 사랑의 네 요소는 분리된 별개의 것이 아니라 모두 상호관련되어 있음을 알 수 있다.

또한 프롬은 사랑을 성숙한 사랑(mature love)과 미성숙한 사랑(immature love)으로 나누어 설명하기도 하였다. 성숙한 사랑은 '내가 사랑하기 때문에', '나는 사랑받는다'라는 원리를 따르게 되고, 미성숙한 사랑은 '나는 당신을 필요로 하기 때문에', '당신을 사랑한다'는 원리를 따르게 된다고 한다. 성숙한 사랑은 나는 당신을 사랑하기 때문에 당신을 필요로 한다는 의미이다. 따라서 진정한 사랑을 위해서는 자아도취를 버리고 상대를 객관적으로 이해하려는 노력이 필요하며 인내심이 필요하다.

다섯째, 사랑을 매력(attraction)이라는 것과 관련지어 접근하는 관점도 있다. 즉, 어떤 관계를 형성하기 위해서는 신체적이든지 성격측면이든지 어떤 유형의 매력이 있어야 한다는 것이다(Braxton-Davis, 2010). 따라서 사랑은 서로를 배려하며 존중하고 책임질 줄 하는 태도를 갖는 것이 중요하다.

여섯째, 사랑을 표현과 관련지어 접근해 볼 수 있다. 거의 모든 사람들은 사랑을 추구하기 위하여 많은 에너지를 쏟는다. 그러나 다른 사람에 의해 사랑받고 싶은데도 서로의 감정을 충분히 이해할 수 있는 소통이 부족하다는 것이다. 관계발전의 가장 중요한 것 중의 하나는 첫마디가 "사랑해요"라는 말이다(Owen, 1987).

일곱째, 관계는 본질적으로 일시적이다. 관계는 강물처럼 시간의 흐름에 따라 변화한다. 관계는 정적이지 않으며, 관계를 둘러싸고 있는 사회적 · 물리적 환경은 변화한다. 사람이 나이가 듦에 따라 생물학적 변화가 일어나고, 배우자도 변하며 그러한 상호작용의 산물인 사랑도 변화한다. 또한 대인관계에 실패하거나 스트레스를 가져오는 요인 중의 하나가 갈등일 것이다(Berscheid, 2010). 따라서 우리는 항상 갈등이 발생할 경우에 이를 해결하기 위하여 원인을 찾아 서로 개선하려는 노력이 필요하다. 사랑이란 가장 심오하고 의미있는 감정(sentiments)이다(Rubin, 1970). 우리는 사랑을 너무 쉽게 생각하지는 않는지 또는 쉽게 판단하고 자아도취적이며 객관성을 잃는 우를 범하지는 않는지 곰곰이 생각해 볼 필요가 있다. 진정한 사랑은 서로 존중하고 노력하는 것이다.

C·H·A·P·T·E·R 14

4차 산업혁명과 청소년

1. 4차 산업혁명의 이해
2. 4차 산업혁명과 직업세계의 변화
3. 4차 산업혁명과 교육

1 4차 산업혁명의 이해

과거의 사회는 사회변화가 그렇게 빠르지 않았기 때문에 사람들이 다소 여유를 가지면서 생활해 왔다고 할 수 있다. 그러나 오늘날 사회는 그 어느 때보다 급속한 사회변화로 인해 사람들은 마음이 쫓기고 가만히 앉아 있을 수 없는 상태로 만들어 버렸다. 그 무언가를 하지 않으면 불안하고 남에게 뒤질 것 같은 불안감이 항상 우리를 감싸고 있다. 이러한 환경은 급변하는 사회에 대비해야 하는 긴박감을 불어 넣고 있다. 미래사회변화에 대비하고 또 준비해야 할 필요성이 부각되고 있다.

이러한 시점에서 오늘날 빈번하게 등장하는 용어가 4차 산업혁명(The Fourth Industrial Revolution)이라는 말일 것이다. 4차 산업혁명이 주목받는 이유 중 하나는 인간의 능력과 고유의 영역이 위협받기 때문이다. 인공지능이란 합리적이고 이성적인 판단이나 행동 또는 인간과 유사한 방식의 사고와 행동이 가능한 학습체계를 말한다. 인공지능이라는 용어는 1956년 맥카시(McCarthy)가 처음 사용했으며, 1966년 MIT에서 심리치료 사용 프로그램으로 개발한 엘리자(Eliza)가 최초로 볼 수 있다. 인공지능의 첫 시도는 체스 게임이었으며, IBM에서 1997년 최초로 세계 체스 챔피언을 제압한 바 있다. 이후, IBM이나 Google이 퀴즈 쇼와 바둑에서도 승리를 거두면서 일반적인 이성적 사고에서도 인간에 버금가는 체계가 등장하지 않을까 기대하고 있다(조현국, 2017).

4차 산업혁명이란 개념은 2011년 독일의 산업 4.0(Industrie 4.0)에서 처음 사용되었으나, 2016년 세계경제포럼의 설립자인 슈밥(Klaus Schwab)의 다보스포럼 연설 이후 한국과 일본에 정착되었다고 할 수 있다. 독일의 산업 4.0이란 1970년대의 제조공정의 혁신(lean revolution), 1990년대의 아웃소싱 현상, 2000년대의 공장자동화에 이은 4번째의 제조업 변혁을 의미한다(김규판 등, 2017).

이상봉(2017)은 과거의 1~3차 산업혁명을 그 특징과 명암으로 나누어 설명하였다.

첫째, 1차 산업혁명은 농민층의 와해와 빈부격차를 가져왔으나 새로운 일자리를 창출하였으며, 육체노동의 감소 및 소득의 기하급수적 증가로 삶의 질을 향상시켰다.

둘째, 2차 산업혁명은 빈부격차, 노동자의 열악한 근무환경, 환경오염, 대불황을 야기하였으나, 중산층 형성, 생산량 확대로 인한 삶의 질이 향상되고 근대적 시민의식이 발생되었다.

셋째, 3차 산업혁명은 빈부격차, 잘못된 정보의 급속한 전파, 지식노동자들의 실업을 야기하였으나, 세계화, 태양열과 연료전지 등 새로운 재생에너지원을 발명하는 계기가 되었다.

그렇다면 4차 산업혁명은 어떤 특징을 가지고 있을까?

18세기 중엽에 영국에서 시작된 1차 산업혁명은 뒤이어 미국과 독일과 같은 유럽 국가들에서 시작되어 농업사회를 산업사회로 변화시키기 시작하였다.

산업혁명은 시기와 특징에 따라 1차에서 4차 산업혁명으로 구분할 수 있다. 1차 산업혁명은 1784년 증기기관을 통한 기계적 혁명을, 2차 산업혁명은 1870년 전기를 활용한 대량 생산으로 제조업이 확대된 것을, 3차 산업혁명은 1969년 컴퓨터를 활용한 정보화, 자동화 생산 시스템을, 4차 산업혁명은 3차 산업혁명을 기반으로 산업간 경계를 융합하는 기술혁명을 말한다. 4차 산업혁명은 사물인터넷(IoT), 로봇, 인공지능(AI), 빅데이터 등의 최첨단 기술이 나노기술(NT), 바이오기술(BT), 정보기술(IT), 인지과학(CS)의 융합기술로 발전하여, 이러한 사이버 물리시스템이 생산을 주도하는 사회구조적 혁명이다. 현재의 단계는 발달된 정보통신기술을 기반으로 사람과 사물, 사물과 사물이 네트워크로 연결된 초연결성, 이 네트워크로 전송된 막대한 양의 데이터를 분석하여 일정한 패턴을 파악하는 초지능성, 그리고 이런 분석으로 미래를 판단하는 예측

가능성을 특징으로 한다. 다시 말하면, 1차 산업혁명은 개인의 노동을 기계가 대신하고, 2차 산업혁명은 인류의 노동을 대량생산이 대신하며, 3차 산업혁명은 개인의 사고를 컴퓨터가 대신하고, 4차 산업혁명은 인류의 사고를 인공지능이 대신한다(한동승, 2016).

산업혁명, 자동화와 연결의 발전과정을 보면 표 14-1과 같다.

표 14-1 산업혁명, 자동화와 연결의 발전과정

구분	내용	참조
1차 산업혁명 (1784)	• 석탄과 석유와 같은 고에너지 연료의 사용을 통해 증기기관 및 증기기관차의 시대가 시작되었으며 연결성이 혁명적으로 증가되고 다리, 터널, 항만 등의 기반시설 건설이 촉발되었음 • 1차 산업혁명은 기계의 발명을 통한 초기 자동화의 도입과 다리, 항만 등을 통한 국가 내의 연결성을 촉진함	기계적 생산, 증기기관
2차 산업혁명 (1870)	• 2차 산업혁명을 통해 자동화는 대량생산으로 발전되었음 • 품질기준, 운송방법, 작업방식 등의 표준화는 국소적인 기능의 자동화를 기업/국가 수준의 자동화된 대량생산으로 발전시킴 • 자동화된 대량생산은 그 초기에는 기업 내의 공급 사슬에 국한되었지만, 다른 기업 및 다른 국가를 포괄하는 국가적/국제적 대량생산의 공급사슬로 확대됨 • 2차 산업혁명은 자동화를 통해 대량생산이 가능하게 되면서 시작되었고, 노동 부문에서의 효율적이고 생산적인 연결성을 촉진하였음	대량생산, 전기에너지
3차 산업혁명 (1969)	• 1969년 인터넷의 전신인 알파넷이 개발되며 디지털 및 정보통신기술시대의 서막을 알림 • 디지털 기술의 폭발적인 발전은 2년에 트랜지스터 집적용량이 2배 증가한다는 무어의 법칙(Moore's law)을 잘 보여줌 • 디지털 시대의 향상된 계산능력은 보다 정교한 자동화를 가능하게 하고, 사람과 사람, 사람과 자연, 사람과 기계 간의 연결성을 증가시켰음	전자장치, IT
4차 산업혁명 (현재)	• 4차 산업혁명은 자동화와 연결성이 극대화되는 변화를 뜻함 • 극단적인 자동화는 자동화할 수 있는 작업의 폭을 크게 넓혀서, 저급수준의 기술뿐 아니라 중급 수준의 숙련 기술들에 대해서도 적용될 것임 • 인공지능(AI)이 적용된 자동화의 최전선에서는 언어와 이미지를 포함하는 빅데이터를 분석하고, 처리하는 등 인간만이 가능하다고 여겨졌던 업무들 중 상당 부분도 로봇이 대체할 것으로 전망됨 • 극단적 자동화를 통해 저급 및 중급 기술자들의 업무를 로봇이 대체하게 되면, 경제적 불평등의 문제를 더욱 촉발할 것으로 전망됨 • 국제적이면서도 즉각적인 연결을 통하여 새로운 사업 모델이 창출될 것임(공유경제, 온디맨드 경제 등)	인공지능, 빅데이터

출처: 한동승(2016).

돔브로우스키와 와그너(Dombrowski & Wagner, 2014)는 산업혁명의 변천 과정을 더욱 간단히 제시하였다. 1차 산업혁명은 증기기관, 직기짜기(weaving loom), 제련(steel treatment), 2차 산업혁명은 전기, 화학, 연소엔진, 공정(line production), 3차 산업혁명은 나노기술, 바이오기술, 신소재, 재생, 4차 산업혁명은 사물인터넷과 서비스, 사이버물리시스템 등이다. 이를 그림으로 제시하면 그림 14-1과 같다.

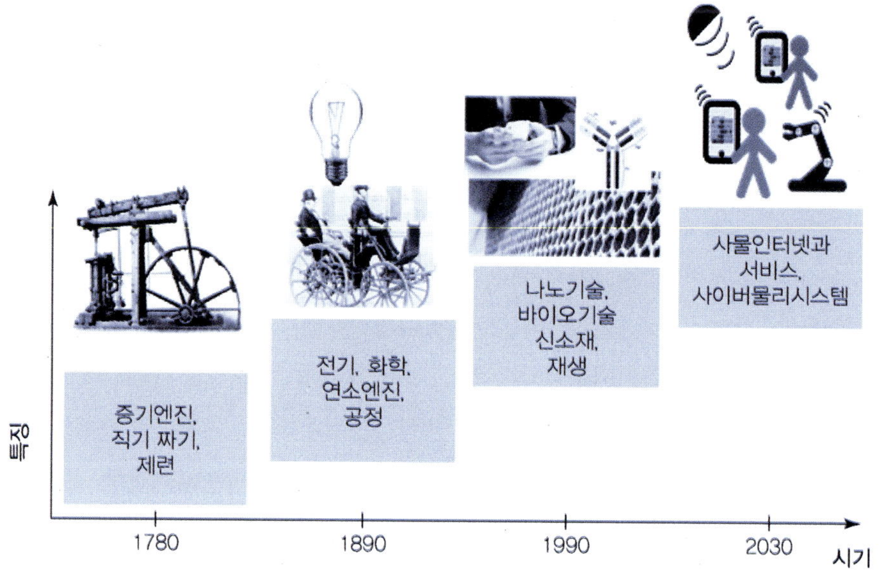

출처: Dombrowski, U., & Wagner, T.(2014). Mental strain as field of action in the 4th industrial revolution. Procedia CIRP 17, 100~105.

그림 14-1 산업혁명의 핵심 테크놀로지의 변화

장필성(2016)은 그간의 산업혁명은 기술 및 동력원의 발전을 통해 자동화(automation)와 연결성(connectivity)을 발전시켜온 과정으로 축약될 수 있다고 하였다.

첫째, 1차 산업혁명은 기계의 발명으로 인한 자동화의 탄생 그리고 증기기관의 발명을 통한 국가 내의 연결성 강화를 이루었다.

둘째, 2차 산업혁명은 전기 등의 에너지원의 활용과 작업의 표준화를 통해 기업 간/국가 간 노동부문의 연결성을 강화하고, 대량생산체제를 성공적으로 수립하였다.

셋째, 3차 산업혁명은 전자장치/ICT를 통하여 급진적인 정보처리 능력의 발전을 이루었으며, 이를 바탕으로 정교한 자동화를 이루고 사람, 환경, 기계를 아우르는 연결성을 강화하였다.

넷째, 4차 산업혁명은 인공지능에 의해 자동화와 연결성이 극대화되는 단계로서 오늘날 우리 곁에 모습을 드러내고 있다. 4차 산업혁명은 정보통신기술을 바탕으로 한 3차 산업혁명의 연장선에 위치하면서도, 기존 산업혁명들과는 차별화된다. 1차, 2차, 3차 산업혁명은 손과 발을 기계가 대체하여 자동화를 이루고, 연결성을 강화해온 과정이었다. 그에 비해 4차 산업혁명은 인공지능의 출현으로 사람의 두뇌를 대체하는 시대의 도래를 포함하기 때문이다. 이는 경제적으로나 사회적으로 심각한 변화를 가져오는 전환점이 될 것으로 전망되며, 많은 기대와 우려를 낳고 있다. 이와 관련하여 세계경제포럼에서는 4차 산업혁명이 일자리에 미칠 영향에 대한 '미래고용보고서'를 발표하였다. 보고서에 따르면 향후 5년간 선진국 및 신흥시장 15개국에서 일자리 710만 개가 사라질 것으로 전망하였으며, 반복적 업무를 수행하는 사무직 475만 개가 없어질 것으로 보았다. 4차 산업혁명을 통해 창출될 수 있는 일자리는 210만 개에 불과한 것으로 나타나, 수치상으로 500만 개의 일자리가 감소할 것으로 전망했다. 비교적 단기적 미래인 5년의 전망이기 때문에 인공지능의 발전으로 저숙련 단순노동뿐 아니라 중급 수준의 숙련이 필요한 반복 업무 영역들도 점차 로봇이 대체할 가능성이 높다. 이는 노동자들 간에 빈부격차를 심화시킬 뿐 아니라, 국가 간의 빈부격차를 심화시킬 수 있다. 다가오는 4차 산업혁명을 대비한 노동자 개인과 국가 전체의 대응 전략이 필요한 이유이다.

이상을 통해서 볼 때, 독일에서 시작된 산업 4.0은 2016년 이후 다보스포럼을 통해 4차 산업혁명이라는 거대한 물결을 일으키게 되었다. 산업혁명이란 말은 산업에서 기술적 · 경제적 · 사회적 시스템의 변화를 가져오는 것이다. 특히 작업환경, 생활조건의 변화와 경제적 부에 초점이 두어진 산업혁명은 농업사회에서 산업사회로 변화시켰다.

4차 산업혁명은 미래의 변화에 대한 비전과 희망을 주고 있지만 동시에 일자리 상실과 급속한 변화에 대한 두려움이 있는 것도 사실이다. 그러나 더 큰 세계와 더 밝은 미래를 향해 우리 모두는 최선의 노력을 다하여 적응할 수 있는 역량을 길러야 할 것이다.

2 4차 산업혁명과 직업세계의 변화

4차 산업혁명은 미래의 직업세계에도 많은 영향을 미칠 것으로 본다. 산업구조의 변화로 인해 없어지거나 비중이 줄어드는 직업이 있을 수 있고, 한편으로 새로이 등장하는 직업이 있을 수 있다. 그러면 앞으로 4차 산업혁명 상황에서는 어떤 직업의 변화를 가져올 것인가?

김규판 등(2017)에 의하면 산업 4.0(Industry 4.0)의 핵심은 모든 사물(objects)을 정보 네트워크로 통합하는 디지털 전환(Digital Transformation)이라 강조하고, 산업 4.0이 초래할 새로운 산업상(像)을 다음과 같이 제시한다.

첫째, 미래의 공장(Plant of the Future)에 대해 현재 제조시스템의 중심에 IT가 있다면 산업 4.0에서는 모든 제조시스템이 하부 시스템은 물론이고 제조 공정, 거래업체 및 고객의 네트워크와 연결되고, IT 시스템은 사이버 물리 시스템(Cyber physical systems, CPS)으로 연결된 기계와 저장시스템 부품·원자재 공급설비 주변에 구축된다. 이들 설비는 실시간으로 통제되고 제조공정이 단시간에 조정됨에 따라 제조의 효율성을 제고할 수 있게 된다.

둘째, 로봇의 기능과 관련하여 1980년대에는 로봇이 인간을 대체하였으나 산업 4.0에서는 로봇과 인간이 의사소통하는 인간-기계 인터페이스(human-machine interface)를 활용하여 각자의 업무를 연계시키는 방법으로 서로 공존하게 된다. 로봇이 코봇(Cobots)으로 진화하는 것이다.

셋째, 빅데이터와 관련하여 앞에서 지적한 바와 같이 산업 4.0에서는 막대한 양의 데이터가 생산되지만 거기에는 사이버 보안이라는 문제가 뒤따른다.

넷째, 산업 4.0이 전개됨에 따라 기업들은 CPS를 활용하여 가상 공장(Virtual Plants)과 가상 제품(Virtual Products)을 제작하고, 이로써 제품의 실제 제작에 앞서 시뮬레이션과 검증이 용이해짐에 따라 현재는 3개월이 소요되는 시제품 제작이 3일로 단축될 것이다.

다섯째, 소량다품종 생산체계(Mass-Customization)와 관련하여 특기할 점은 생산시스템의 유연화이다. 산업 4.0의 혁신기술 덕분에 기업들은 낮은 한계비용 수준에서 대량생산 시스템을 유지한 채 고객에 대한 맞춤형 제조가 가능해진다.

이러한 산업구조나 직업세계에 미칠 변화에 대응하기 위해 2017년 우리 정부는 100대 국정과제를 포함한 국정운영 5개년계획을 발표하였다. 이 계획에는 4차 산업혁명과 직접 관련된 부분을 강조하였다. 즉, 인류는 최근 급격히 발전한 네트워크(IoT, 5G), 데이터(Cloud, BigData), AI(기계학습, 알고리즘)가 범용으로 영향을 미쳐 지적 판단기능까지 수행하는 새로운 산업혁명을 맞이하여 산업지형의 변화는 물론 고소득 일자리 · 인재상 · 도시규모 · 생활방식 등 사회와 삶 전체의 변화가 예상된다. 이에 4차 산업혁명을 촉발하는 초지능 · 초연결 기술(AI, IoT, 5G 등)을 전 사회에 확산하여 경제성장과 사회문제 해결을 함께 추구하는 포용적 성장을 추구할 필요가 있다는 것이다. 이러한 현 정부의 4차 산업혁명 추진계획을 정리하여 제시하면 표 14-3과 같다.

표 14-2 국정과제 중 4차 산업혁명 관련 내용 요약

국정과제		주요 내용
소프트웨어강국, ICT르네상스로 4차 산업혁명 선도 기반구축	4차 산업혁명 대응	• 대통령 직속 4차 산업혁명위원회 신설(2017년 8월) 및 범부처 4차 산업혁명 대응 추진계획 수립(2017년 3분기)
	생태계 조성	• 지능정보 핵심기술 R&D, 인재양성 등에 집중투자하고, ICT 신기술·서비스 시장진입 규제 개선
	인프라 조성 및 융합 확산	• 5G·IoT 네트워크 인프라 구축, 데이터 개방 및 유통 활성화, 스마트홈·정밀의료 등 ICT융합 서비스 발굴·확산 • 2017년 IoT 전용망 구축, 2018년 10기가 인터넷서비스 상용화, 2019년 5G 조기 상용화
	소프트웨어 경쟁력 강화	• 소프트웨어 법체계 및 공공시장 혁신, 인재·기술 역량 강화 등을 통해 소프트웨어를 가장 잘하는 나라, 소프트웨어 기업하기 좋은 나라 실현
	역기능 대응	• AI 기반 사이버 보안 위협 대응체계 구축, 신정보격차 해소계획 수립, 통신분쟁조정제도 도입 등 이용자 보호 강화
고부가가치 창출 미래형 신산업 발굴·육성	친환경·스마트카	• 전기차·수소차 획기적 보급 확대, 자동차-ICT융합 플랫폼 구축 등 스마트카 개발 및 자율주행차 산업육성 • 충전 인프라 확충, 자율차·전기차·수소차 안전기준 마련
	첨단기술 산업	• 융복합 추진전략 마련, 반도체·디스플레이·탄소산업 등 4차 산업혁명 대응에 필요한 첨단 신소·재부품 개발 • 지능형 로봇, 3D프린팅, AR·VR, IoT가전, 스마트선박, 나노·바이오, 항공·우주 등 첨단기술 산업 육성을 위해 R&D 및 실증·인프라 구축 지원
	제약·바이오 등	• 핵심기술 개발, 인력양성, 사업화 및 해외진출 지원 등을 통해 제약·바이오·마이크로의료로봇 등 의료기기산업 성장 생태계 구축
	자율협력주행	• 자율주행차 테스트베드·인프라, 자율협력주행 커넥티드 서비스, 스마트도로 등을 구축하고 2020년 준자율주행차 조기 상용화
	드론산업	• 드론산업 활성화 지원 로드맵 마련(2017년) 및 인프라 구축, 제도 개선, 기술 개발, 융합생태계 조성 등 추진
	표준·인증	• 신속인증제 운영 활성화, 범부처 TBT대응지원 센터 운영, 신속표준제도 도입 등 신산업 표준·인증제도 혁신 • 표준이 없는 경우 신기술에 대한 표준을 신속하게 제정하는 제도(Standards on Demand)
주력산업 경쟁력 제고로 산업경제의 활력 회복	제조업 부흥	• 2017년에 4차 산업혁명 대응을 위한 제조업 부흥 전략 수립, 2018년에 스마트 공장 인증제도 도입 및 금융지원을 확대하여 2022년까지 스마트 공장 2만 개 보급·확산
	주력산업 재편	• 매년 50개 기업 사업재편 지원 및 인센티브 강화를 통해 2019년까지 산업 전반으로 선제적 구조조정 확산

〈계 속〉

국정과제		주요 내용
주력산업 경쟁력 제고로 산업경제의 활력 회복	수출구조 혁신	• 2018년까지 국가 브랜드 전략과 산업·무역정책을 연계한 'Korean－Made 전략' 수립 및 맞춤형 지원 등 강화로 수출기업화 촉진 • 한류 활용 해외마케팅, 소비재 선도기업 100개사 선정, 전문 무역상사를 활용한 중소·중견기업 수출 지원 강화, 중소·중견기업 무역보험 우대 등
	유턴기업 유치	• 신산업 및 고용창출 효과가 높은 외국인투자·유턴 기업을 중점 유치하는 방향으로 2018년까지 관련 지원제도 개편
대·중소기업 임금 격차 축소 등을 통한 중소기업 인력난 해소	우수 기술인력 유치	• 중소기업 인재 유입 촉진과 재교육 확산을 위해 2022년까지 ICT 융합 등 4차 산업혁명 관련 계약학과 대폭 확충 • 마이스터고·특성화고 우수 학생을 기초R&D 전문인력 등으로 양성하는 '영마이스터 육성 과정'을 신설·운영

출처: 국정기획자문위원회(2017). 표로 재구성.

조현국(2017)은 4차 산업혁명에 의한 미래사회는 다음과 같은 특징을 지닌다고 한다.

첫째, 4차 산업혁명의 가장 큰 변화는 미래 직업의 변화이다. 우리나라의 한국고용정보원(2017)은 델파이 연구를 통해 2025년까지 대체될 직업군에 대해 분석하였는데, 그 결과 단순노무 종사자, 농림어업 숙련 종사자, 서비스 종사자, 기능 종사자 등 단순노무직 외에도 증권 및 외환딜러 등의 전문직도 고용이 감소할 것으로 예상하고 있다. 또한 2027년을 기준으로 한 프레이와 오즈번(Frey & Osborne, 2017 재인용)의 예측에서도 단순노무직이나 서비스직 등 육체 활동이나 단순노동중심의 직업군을 미래 취약 직업군으로 지목하고 있다. 나아가 의료, 법률, 금융 노동가 역시 멀지 않은 미래에 대체될 가능성이 큰 것으로 내다보고 있다. 심지어 미국의 경우에는 현재 직업의 47%가 20년 내에 대체될 것으로 예상하고 있다. 한편, 미래사회의 새로운 기술과 수요가 새로운 기회를 창출할 것이라는 예측도 가능하다. 3D 프린터나 빅데이터, 사물인터넷 활용 등으로 쉽게 생산이 가능해지는 시대가 도래해 쉽게 창업과 제작이 가능해질 수 있으며, 플랫폼 기반의 다양한 기능들을 개발함으로써 쉽게 새로운 영역에 뛰어들 수 있다. 이에 미국노동통계청에 따르면 2020

년경 미국에서는 920만 개의 과학기술 관련 일자리가 창출될 것으로 예측되고 있다.

둘째, 미래사회에서는 소비 중심에서 공유 중심으로의 체제의 전환이 이루어질 것이다. 전통적인 자본주의 경제체제에서는 개인이 어떤 재화를 소유하고, 재화의 가치를 통용하면서 이익을 창출하는 방식이다. 지식 역시 개인이 소유하고, 이에 따라 전문가, 비전문가로 구분 짓게 된다. 그러나 미래사회에서는 모든 것을 개인이 소유하는 것이 아니라 공공재로서 서로 공유하는 방식이 힘을 얻게 된다. 오늘날 이에 대한 대표적인 사례가 블록체인을 활용한 비트코인이나 우버(Uber), 에어비앤비(AirBnb) 등의 서비스이다.

셋째, 미래사회에 벌어질 큰 변화 중 하나는 탈도시화 및 분산화이다. 1~3차 산업혁명을 거치면서 인류는 도시를 중심으로 한 노동이나 자본이 집중화된 산업을 통해 성장해 왔다. 그러나 이로 인해 미세먼지, 기후변화, 공해 등 다양한 문제를 겪고 있다. 그러나 정보통신기술과 가상현실, 생체공학과 관련된 융합기술의 발전을 통해 사이버 물리시스템을 구현할 수 있게 되면 더 이상 과밀화된 환경에서 살 필요가 없어진다. 게다가 교통수단의 발전은 공간적인 제약으로부터 인간을 점차 자유롭게 할 수 있다.

한편, 방상진(2017)은 4차 산업혁명 시대의 일자리와 관련하여 다음과 같이 이 주장하였다.

첫째, 일자리의 '양적 확대' 여부는 기존 일자리가 사라지는 속도와 새로운 일자리가 늘어나는 속도 간 경쟁의 결과로 결정될 것이라는 점이다. 4차 산업혁명을 앞서 준비하고 있는 독일은 정치, 경제, 교육정책 등을 통해 '디지털화를 가속하는 경우(accelerated digitalization scenario)' 생산력이 급속도로 상승하여 약 25만 개의 일자리가 증가할 것으로 전망하였다.

둘째, 기업이 더 많은 일자리를 만들기 위해서는 스마트 팩토리에 기반한 리쇼어링, 블루칼라 · 화이트칼라의 경계를 넘어선 뉴칼라 일자리 확대 등이 필요하다. 즉, 아디다스는 독일 안스바흐에 '스피드 팩토리'를 건설, 동남아시아 · 중국으로 이전했던 공장을 본국으로 되돌려 자국 근로자의 고용증대를 꾀한다는 것이다. 다음으로 IBM은 학력과 상관없이 디지털 혁명 시대에 적응해가는 인재를 '뉴칼라'로 명명, 미국 IBM 본사에서 근무하는 임직원의 3분의 1을 이들로 채워 4차 산업혁명을 이끌 동력으로 삼았다.

셋째, 더 좋은 일자리를 만들기 위해서는 기존 직무의 고부가가치화, 기술적 실업 최소화, 새로운 고용형태에 대비한 보호체계 정비 등을 추진해야 한다.

한편, 2015년 세계경제포럼은 4차 산업혁명이 2025년의 우리의 삶을 어떻게 변화시킬지 사례를 다음과 같이 제시하였다(국가평생교육진흥원, 2017).

- 인구의 10%가 인터넷에 연결된 의류를 입는다.
- 인구의 90%가 (광고로 운영되는) 무한 용량의 무료 저장소를 보유한다.
- 1조 개의 센서가 인터넷에 연결된다.
- 미국 최초의 로봇 약사가 등장한다.
- 10%의 인구가 인터넷이 연결된 안경을 쓴다.
- 인구의 80%가 인터넷상 디지털 현시(digital presence)를 가지게 된다.
- 3D프린트로 제작된 자동차가 최초로 생산된다.
- 인구조사를 위해 인구센서스 대신 빅데이터를 활용하는 최초의 정부가 등장한다.
- 상업화된 최초의 (인체) 삽입형 모바일폰이 등장한다.
- 소비자제품 가운데 5%는 3D프린트로 제작된다.
- 인구의 90%가 스마트폰을 사용한다.
- 인구의 90%가 언제 어디서나 인터넷 접속이 가능하다.

- 미국도로를 달리는 차들 가운데 10%가 자율주행 자동차이다.
- 3D프린트로 제작된 간이 최초로 이식된다.
- 인공지능이 기업감사 30%를 수행한다.
- 블록체인을 통하여 세금을 징수하는 최초의 정부가 등장한다.
- 가정용기기에 50% 이상의 인터넷 트래픽이 몰리게 된다.
- 전 세계적으로 자가용보다는 카셰어링을 통한 여행이 더욱 많아진다.
- 5만 명 이상이 거주하나 신호등이 하나도 없는 도시가 최초로 등장한다.
- 전 세계 GDP의 10%가 블록체인 기술에 저장된다.
- 기업의 이사회에 인공지능 기계가 최초로 등장한다.

이상의 내용을 종합하여 4차 산업혁명 시대의 직업동향 및 대비 방안을 정리해 보면 다음과 같다.

첫째, 4차 산업혁명은 사물인터넷(IoT), 로봇, 인공지능(AI), 빅데이터 등의 최첨단 기술이 나노기술(NT), 바이오기술(BT), 정보기술(IT), 인지과학(CS)의 융합기술로 발전하여, 이러한 사이버 물리시스템이 생산을 주도하는 사회구조적 혁명이다.

둘째, 4차 산업혁명은 새로운 일자리가 증가하는 부분도 있겠지만, 자동화로 인하여 기존의 일자리를 상당 부분 축소시킬 것으로 전망된다. 앞에서도 언급된 것처럼, 머지않아 우리나라도 단순 노무직 뿐만 아니라 일부 전문직에도 고용이 감소할 것으로 예상된다. 외국의 연구에서도 단순 노무중심의 직업군은 물론이고 의료, 법률 등의 전문직에도 많은 변화가 있을 것으로 예측하고 있다. 그러나 미래사회에는 새로운 기술과 수요가 창출될 것이라는 전망도 있다.

셋째, 학교에서는 이러한 시대변화에 대처하기 위해서는 학생들의 역량을 더 강화할 수 있는 다양한 방법을 모색해야 한다. 전통적인 수업 방법에서 과감히 탈피하여 학생 주도적으로 논리적 사고를 향상시킬 수 있는 학습의 장이 마련되어야 한다.

넷째, 청소년들도 뚜렷한 목표를 세울 수 있는 힘을 길러야 한다. 미래사회에서 무엇을, 어떻게 할 것인지에 대한 정보를 얻기 위해 끊임없이 노력해야 할 것이다.

다섯째, 이러한 산업구조의 변화에 대비하며 안정적인 고용체계를 유지하기 위해서는 정부나 기업의 주도적 정책방안도 필요하다. 이를 통해 사회 전체가 미래사회의 변화에 대비하고 적응하며, 학습사회의 문화를 형성할 수 있도록 힘을 모아야 할 것이다.

3 4차 산업혁명과 교육

가. 4차 산업혁명과 역량강화

4차 산업혁명은 교육계 전반에 영향을 미칠 것이다. 전통적인 교육방식은 미래지향적인 새로운 교육방식으로 대체되어야 한다. 단편적인 사고기술이나 단답형과 같은 단순 사고기술향상은 지양하고 논리적 사고를 통한 창의성을 향상시킬 수 있는 교육방법이 필요하다.

미래사회에서 요구하는 인재는 풍부한 지식과 정보를 암기하고 있는 사람이 아니라 새로운 상황에서 적응을 잘하고, 창의적으로 사고하고 생산하며, 다양한 분야의 사람들과 협동하는 인성역량을 갖춘 인재이다. 역량(competency)이란 그것이 요구되는 장면에서 실제로 기대하는 바의 실천을 보여 줄 수 있는 능력을 말한다. 역량에 대한 논의는 OECD의 DeSeCo(Definition and Selection of Key Competences)프로젝트(1997~2003)에서 논의가 시작되었다.

'DeSeCo'는 미래사회에서 개인이 반드시 갖춰야 하는 3대 핵심역량 범주를 제안한 바 있다.

첫째, 도구를 상호작용적으로 활용하기: 사람들은 정보기술과 같은 물리적인 것이나 언어와 같은 사회문화적인 것과 같은 환경과 효과적으로 상호작용할 수 있는 광범위한 도구를 사용할 필요가 있다.

둘째, 이질집단 속에서의 상호작용: 점점 더 상호의존적인 세계에서 사람들은 다른 사람들과 함께 할 수 있어야 한다. 또한 다양한 사람들과의 만남 이후에는 이질집단과 상호작용하는 것이 중요하다.

셋째, 자율적으로 행동하기: 사람들은 자신의 삶에 대해 책임을 지고 광범위한 사회적 맥락에서 자율적으로 행동할 필요가 있다.

역량(competency)이란 경영, 고용 그리고 교육 분야에서 광범하게 사용되고 있을지라도 이를 정의하는 데에는 어려움이 있다. 역량의 개념은 본래 직업사회의 필요에 의해서 등장했으나, 직업이나 직무와 관련된 것에서 벗어나 일반적인 삶의 질과 관련한 논의로 발전하게 되었다. 역량의 정의에 대한 몇몇 학자들의 주장을 제시하면 표 14-3과 같다.

표 14-3 역량의 정의

학자	역량
Boyzatis(1982)	• 동기, 특질, 기술 또는 사회적 역할 또는 지식체계 등 개인의 특성
Lathi(1999)	• 본질적으로 특정 기능을 수행하고 지식, 기술 및 행동 또는 태도의 요소를 통합하는 데 필요한 기술
OECD Directorate for Education(2005)	• 역량이란 지식과 기술 외에도 특정 상황에서 심리사회적 자원(기술과 태도 포함)을 활용하고 동원함으로써 복잡한 요구사항을 충족시키는 능력
Van Gelderen(2007)	• 역량이란 개인의 기본 특성(미국에서 선호하는 투입적 접근) • 역량이란 표준이나 성과와 관련됨(영국에서 선호하는 산출적 접근) • 역량이란 투입-신출과 행동 또는 태도의 종합

출처: Irwin, P.(2008) 재구성.

이상을 토대로 볼 때 역량이란 다양한 상황에서 문제를 해결하는 데 필요한 지식, 기술 그리고 행동이나 태도 등이라 할 수 있다. 즉, 역량이란 사람들이 새로운 상황에 직면할 때 적용할 수 있는 모든 지식, 능력, 기술 숙달정도(proficiencies)의 총체이다.

전 세계 글로벌 기업의 인사 담당자와 전략기획 담당자들에게 2020년에 기업 근로자가 갖추어야 할 가장 중요한 기술이 무엇이라고 생각하는지 그 전망을 물었을 때, 복잡한 문제해결, 비판적 사고, 창의력, 사람 관리, 타인과의 조정, 감성 지능, 판단과 의사결정, 서비스 지향성, 협상, 인지적 유연성을 들었다. 세계경제포럼(World Economic Forum)은 이를 '사회정서 학습기술(Social and Emotional Learning Skills)'로 명명하고, 4차 산업혁명이 진전될수록 이들 기술의 보유는 더욱 더 중요해질 것이며, 산업계, 교육계, 정부가 함께 모든 사람들이 4차 산업혁명의 수혜자가 될 수 있도록 재훈련과 업스킬링에 적극적으로 나서야 함을 주장하였다(국가평생교육진흥원, 2017).

또한 안종배(2017)는 4차 산업혁명 시대에 필요한 분야별 전문 역량 인재상은 4대 핵심 기반역량을 바탕으로 이루어진다고 보았다. 이 네 가지 역량은 개별적이라기보다는 상호 연결되면서 수업을 통해 동시적으로 함께 함양되어야 한다.

첫 번째 주목해야 할 영역은 창의적 인지역량으로, 창의성과 문제해결 사고력, 미래도전력, 인문학적 소양 등을 말한다.

두 번째 영역으로는 인성을 갖춘 정서역량이다. 이 부분에 해당되는 역량으로는 인성·윤리의식, 문화예술소양, 자아 긍정 관리, 협업 리더십 등이 있다.

세 번째 역량으로는 협력하는 사회 역량으로 소통과 협력, 사회적 자본 이해, 글로벌 시민 의식, 스포츠나 체력과 관련된 역량이다.

네 번째 역량으로는 생애주기 학습역량을 들 수 있으며, 여기에는 자기주도 학습역량, 과학기술 변화이해, ICT 활동 역량, 평생학습 흥미 등이 해당된다.

이처럼 기업과 사회가 인식하는 미래 인재상의 모습이 변화되고 있고, 불가피한 것이라고 한다면 교육에서도 이를 적극 수용하여 적용할 필요가 있다. 세계경제포럼(2016)의 「직업의 미래」 보고서에 의하면 오늘날 초등학교에 입학하는 어린이의 65%는 아직 존재하지 않는 새로운 형태의 직업에 종사할 것으로 추정했다. 이러한 차원에서 소경희(2007)는 학교교육에 대한 역량중심적 접근을 주장하였다. 즉, 종래의 학교교육이 교과를 중심으로 접근되어 왔다면, 역량중심적 접근이란 학생들의 사회적 삶에서 필요한 역량이 무엇인가에 학교교육의 우선적인 관심을 두자는 것이다. 좀 더 구체적으로, 역량을 학교교육의 중심에 둔다는 것은 사회적 삶에서 필요한 역량을 강화하는 방향으로 교육내용을 제공해야 한다는 것을 의미한다. 역량을 강화하는 교육내용에는 사회적 실제에서 필요로 하는 기술이나 태도뿐만 아니라 종래에 다루어 온 교과적인 지식도 의미 있게 포함된다.

또한 학습과정에 필요한 역량으로서 첫째, 전문적 · 방법론적 역량(전문지식, 프로젝트관리, 사고 능력), 둘째, 사회－소통적 역량(적응력, 팀작업 능력, 의사소통기술, 문제해결 능력), 셋째, 개인적 역량(창의성, 동기, 개인적 책임, 체제적 사고능력, 결과지향적 행동, 혁신적 능력, 의사결정)을 제시하기도 하였다(Müller-Frommeyer et al., 2017).

현재 한국 교육과정에 반영된 핵심역량은 다음과 같다(2015 교육부고시 74호).

① 자아정체성과 자신감을 가지고 자신의 삶과 진로에 필요한 기초 능력과 자질을 갖추어 자기주도적으로 살아갈 수 있는 자기관리 역량

② 문제를 합리적으로 해결하기 위하여 다양한 영역의 지식과 정보를 처리하고 활용할 수 있는 지식정보처리 역량

③ 폭넓은 기초 지식을 바탕으로 다양한 전문 분야의 지식, 기술, 경험을 융합적으로 활용하여 새로운 것을 창출하는 창의적 사고 역량

④ 인간에 대한 공감적 이해와 문화적 감수성을 바탕으로 삶의 의미와 가치를 발견하고 향유하는 심미적 감성 역량

⑤ 다양한 상황에서 자신의 생각과 감정을 효과적으로 표현하고 다른 사람의 의견을 경청하며 존중하는 의사소통 역량

⑥ 지역 · 국가 · 세계 공동체의 구성원에게 요구되는 가치와 태도를 가지고 공동체 발전에 적극적으로 참여하는 공동체 역량

이러한 교육과정 상의 핵심역량은 앞서 제시한 4차 산업혁명 시대에 요구되는 역량과 일맥상통한다. 다만 이러한 핵심역량이 학교교육에 어떻게 반영되고 내실화할 것인가가 중요한 과제가 될 것이다. 미래사회의 급속한 변화에 대비하기 위해서는 지식과 정보의 학습도 중요하지만, 이러한 지식과 정보를 토대로 상황변화에 유연하게 적응할 수 있는 역량을 기르는 것 역시 매우 중요하다. 미래사회의 변화에 대응하기 위해서 정부의 교육정책, 교육과정, 교육방법의 진취적 변화와 더불어 사회와의 적극적인 소통이 동시에 이루어져야 할 것이다.

나. 4차 산업혁명과 평생학습

2010년 이후 다보스 포럼의 주요 주제를 살펴보면 다음과 같다(현대경제연구원, 2016).

- 2010년 더 나은 세계(Improve the State of the World)
- 2011년 새로운 현실(New Reality)
- 2012년 대전환(Great Transformation)
- 2013년 유연한 역동성(Resilient Dynamism)
- 2014년 세계의 재편(Reshaping of the World)
- 2015년 새로운 세계 상황(The New Global Context)

앞에서 제시한 2010년 이후의 다보스포럼의 주제는 대체로 '더 나은 세계'와 '새로운 세계'에 대한 것이다. 이것은 미래의 사회가 지금의 세

계와는 다른 많은 변화가 예상되고, 이에 적응하고 선도하기 위해서는 특별한 준비가 필요함을 강조하는 것이다.

그동안 1차 산업혁명 시대의 '증기기관'을 통한 '기계적 혁명', 2차 산업혁명 시대의 '전기의 힘'을 이용한 대량생산의 시작, 3차 산업혁명 시대의 '컴퓨터'를 통한 '자동화', '정보화'시대를 거쳐 지금은 4차 산업혁명 시대의 융합적 기술혁명시대에 접어들었다. 그러나 산업혁명 시기가 1780년대, 1890년대, 1960년대 그리고 2010년대를 거치면서 최근에는 그 변천 속도가 점점 더 빨라지고 있다. 이러한 변화 속도는 더 가속화될 수 있으며, 경제, 교육 등의 다양한 분야에 영향을 미칠 것이다.

그동안 우리나라는 추격형 혁신체제하에서 특유의 높은 교육열을 기반으로 빠른 양적 성장을 달성했다. 즉, '선진국 따라잡기'라는 명확한 목표가 주어져 있는 상황에서는 얼마나 학습역량을 갖추었느냐가 중요했으며, 논리력과 창의성 계발은 상대적으로 덜 중요했다. 그러나 혁신을 위한 창의적 인재육성과 교육의 질 확보가 핵심 과제로 등장하면서 기존의 추격형 교육시스템의 한계가 드러나고 있다. 탈추격 상황이 사회 전반에 걸쳐 전개되면서 사회변화에 능동적으로 대처할 수 있는 창의적 문제해결 능력 함양이 중요하게 대두되었다. 예를 들어, 핀란드는 1990년대 경제위기 극복을 위해 창조형 혁신체제로의 전환을 시도하면서 창의적 인재육성과 대학의 역할을 강조하였으며, 일본은 1980년대부터 시작된 추격형의 한계를 극복하기 위해 창조적이고 독창적인 인재육성을 강조하였다(김왕동, 성지은, 2009).

이러한 인재를 육성하기 위해서는 학교교육의 내용이나 방법의 변화도 있어야 하지만 교육패러다임도 변화되어야 한다. 교육패러다임의 변화는 다양한 분야로 접근할 수 있겠지만, 여기서는 평생학습(lifelong learning)과 관련하여 논의해 보고자 한다.

학습사회(learning society)는 사회변화와 관련이 있다. 사회변화가 심하면 심할수록 사회구성원들은 구조 및 업무변화에 뒤떨어지지 않기 위하여 끊임없이 학습을 해야 한다. 이러한 사회를 학습사회라 할 수 있다.

사물이나 현상이 비교적 서서히 변화했던 전통사회와는 달리, 현대사회의 급속한 변화에 적응하기 위해서는 끊임없이 학습하는 사회가 되어야 한다. 이러한 사회현상은 학습사회의 출현을 요청하는 것이다.

학습사회란 사회변화에 의한 요청으로 나타난 것이다. 즉, 급속한 테크놀로지 수준의 변화는 사람들에게 일생을 통하여 학습을 확대하도록 함으로써 학습사회가 출현하도록 하였다. 즉, 학습사회란 국민 각자가 자아실현, 생활향상 또는 직업적 지식 · 기술의 획득 등을 목적으로 생애에 걸쳐 자주적 · 주체적으로 학습을 계속할 수 있는 사회를 말한다. 사회 전체가 인간의 평생학습의 촉진을 최우선의 목표로 움직여 간다면 그것을 평생학습사회(lifelong learning society)라고 할 수 있다.

이러한 학습사회는 평생학습을 요청하고 있다. 종래의 평생교육이라는 개념에서 평생학습이란 개념으로의 변화는 1996년 OECD의 모두를 위한 학습(Learning for All)이라는 보고서를 통해 강조되었다. 즉, 개인의 삶을 풍요롭게 하고, 경제성장을 가져오고 사회통합을 유지하기 위해서는 평생을 통한 학습이 중요하다는 것이다(OECD, 1996).

평생학습이란 개념은 과거의 전달자 중심의 교육에서 수요자 중심의 교육으로의 변화를 의미한다. 즉, 교육자 중심의 교육이 아닌 학습자 중심의 학습을 의미한다. 따라서 평생학습이란 사회구성원들의 삶의 질 향상을 위하여 모든 형태의 학습자 중심 학습활동이라 할 수 있다.

특히 오늘날은 과학기술의 발달로 지식과 정보량이 폭발적으로 증대하고 있다. 이러한 급변하는 사회에 적응하기 위해서는 형식적 학교교육을 넘어서서 일생동안 끊임없이 배우지 않으면 안 된다. 또한 복지국가 실현이라는 차원에서 교육적 혜택을 받지 못하는 소외계층을 위하여 언제든지 원하는 시간에 교육받을 수 있는 교육기회를 제공할 필요도 있다. 나아가 자기계발과 성취를 통하여 자아실현의 과정으로서도 평생학습이 요구된다.

다시 말하면 평생학습이란 사람들이 일생을 통하여 필요로 하는 모든 지식, 가치, 기술 등을 획득하여 모든 역할, 환경 및 상황에서 자신감,

창의성 및 즐거움으로 그것들을 적용할 수 있도록 지원하는 것이다.

이처럼 평생학습사회에서 개인이 생존하고 나아가 보다 나은 삶을 영위하기 위해서는 다양한 역량을 갖추어야 할 것이다. 평생학습사회에서 개인의 생존을 위한 핵심기술과 능력을 보면 표 14-4와 같다.

표 14-4 평생학습사회에서 개인의 생존을 위한 핵심기술과 능력

핵심기술과 능력	내용
자기경영기술	• 개인적 잠재력 충족 • 개인적 기술과 자신감 개발 • 실질적인 목표설정 및 성취 • 유지시각과 유머감각
지식관리와 해석	• 정보기술도구 기법 사용 • 정보의 수집, 축적, 분석, 종합
새로운 지식을 실제에 적용하기	• 이론과 실제의 연결 • 지식을 행동으로 전환
학습을 위한 학습	• 새로운 지식과 새로운 정보에 대한 개방성 • 지식원천의 확인과 사용 • 학습을 개인적 목표와 연관짓기
의문, 추리 및 비판적 사고	• 좋고 나쁜 것 구별하기 • 끊임없이 절차, 과정, 상황에 대한 개선의욕 • 현상유지에 만족하지 않기
경영 및 의사소통기술	• 공식적 · 비공식적 상황에서 자신을 명백하게 표현하기 • 타인을 설득하기 • 타인이게 귀 기울이기 • 타인에 대한 도움주기
사고기술과 창의성	• 문제해결을 위한 창의성과 상상력 발휘하기 • 상황예측 및 미래비전개발
적응력, 유연성 및 다재다능	• 자신감을 갖고 변화에 대처하기 • 새로운 상황과 과제에의 적응 • 개인적 방향을 변화시킬 준비
팀워크	• 정보와 지식의 공유 • 정보와 지식의 수용 • 목표설정에의 참여 • 공동목표달성
평생학습	• 개인적 기술과 능력의 끊임없는 개발 • 학습습관 갖기

출처: Longworth(2003). 성낙돈, 가영희, 안병환(2013) 재인용.

2015년 세계경제포럼에서도 4차 산업혁명으로 인하여 가장 급속한 시스템 재편이 이루어지고 있는 분야 중 하나로 교육을 들었다. 재편의 수준을 넘어선 노동시장의 급격한 변화 역시 전통적인 교육시스템에 큰 영향을 미치고 있다. 점차적으로 틀에 박힌 육체노동 관련 기술, 인지적 기술을 요구하는 직업의 수는 감소하고 있으며, 틀에 얽매이지 않는 분석적 기술과 대인관계 기술을 요구하는 직업의 수는 상대적으로 증가하는 방향으로 노동시장은 변화하고 있다. 현재의 교육시스템이 이러한 노동시장의 변화를 뒤따르지 못하고 있으며, 이에 따라 전세계 기업 들이 필요한 역량을 갖춘 노동력 선발에 어려움을 겪고 있다는 것은 이미 널리 알려진 사실이다. 노동시장의 변화는 특정 소수의 개인이 아닌 모든 개인들로 하여금 문해와 수리능력과 같은 '기초문해'뿐만 아니라 협력, 창의성, 문제해결 능력과 같은 '역량(competencies)', 일관성, 호기심, 주도성과 같은 '인성(character qualities)'을 갖추도록 요구하고 있다. 세계경제포럼은 '21세기기술'이라는 이름 하에 그림 14-2와 같이 16가지 핵심기술을 제안하였다(국가평생교육진흥원, 2017).

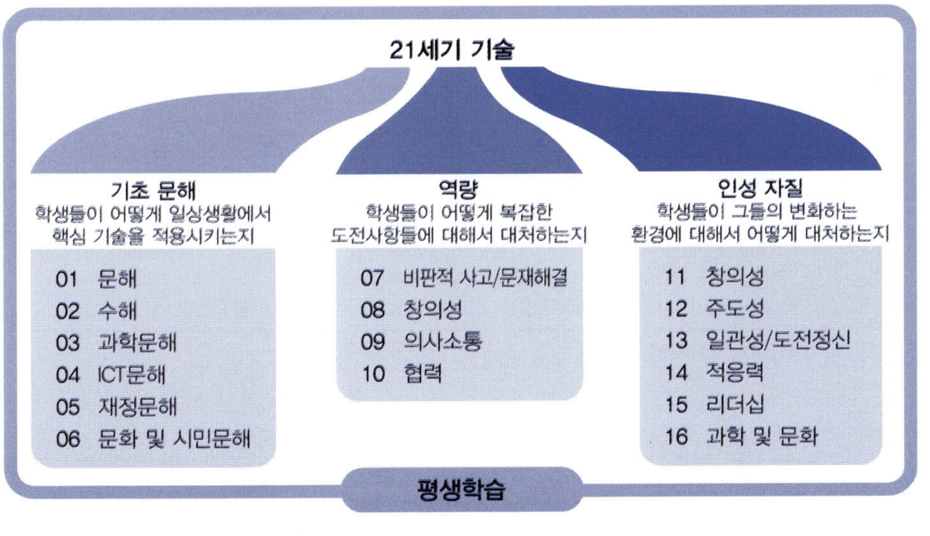

출처: 국가평생교육진흥원(2017) 재인용.

그림 14-2 21세기기술

위의 그림 14-2와 같이 21세기 개인에게 필요한 것은 기초 문해, 역량 그리고 바람직한 인성을 갖추는 것이다. 이러한 말의 의미는 미래사회는 변화의 속도가 그 어느 때보다 빠르며, 복잡하고, 예측 불가능한 상황에 직면할 수 있기 때문에 음식을 골고루 섭취하여 건강한 삶을 유지하듯이 시대가 요구하는 역량을 골고루 갖춰 균형 잡힌 사고를 하는 것이 중요하다. 다시 말하면, 훌륭한 삶을 살아가는데 필요한 지적 측면을 기반으로 역량을 갖추고, 이를 효율적이고 생산적으로 실천하는 데 필요한 태도나 인성을 갖추는 노력이 필요하다.

이지연(2017)은 평생교육 맥락에서 학교 진로교육 혁신을 위한 방안을 다음과 같이 제시하였다.

표 14-5 평생교육맥락에서의 진로교육혁신방안

구분	교육내용 및 방법
진로교육 내용	• 학생의 진로탄력성, 창의성, 융복합성을 향상시킬 수 있는 교육 내용으로 구성 • 자기주도적 문제해결, 갈등관리, 다양한 상황에서의 적응과 유연성, 네트워크 형성 등
진로교육 전달방법 (교수-학습방법)	• 가르침보다 학습하는 것이 주요 화두로 자기주도적 학습이 이루어질 수 있는 학습환경 구축 필요
학습주체	• 학생중심 학습
학습도구	• AI, 컴퓨터 등을 다양한 학습도구를 활용하여 진로교육 전달
학습장소	• 학교라는 장소(예: 교실)를 벗어나 시간 · 공간에 제약이 없는 진로교육 전달
학습시기	• 학령층을 넘어 언제 어디서 누구나 필요에 따라 학습
교육과정	• 교육과정의 부분적 모습이 아닌 모든 교과목에 진로개발 역량의 통합적 접근 필요(부분에서 통합으로, 정형화된 교과목에서 학습자 스스로가 설계하는 교과목으로)
진로교육 전달자	• 모든 교사뿐만 아니라 로봇, 인공지능 등을 통한 진로상담, 진로정보제공 등 실시 • 전 세계 누구나 진로교육 전달자로 역할 수행 가능 • 다양한 진로교육 전달자 간의 상호 협력적 역할 · 관계 중요

출처: 이지연(2017) 재구성.

사람들은 누구나 미래사회의 크고 작은 변화에 대해 두려움을 가질 수 있다. 이는 어쩌면 당연한 일일지도 모른다. 아직 가보지 않고 경험해 보지 못한 미지의 세계이기 때문이다. 특히, 청소년은 성인에 비해 사회생활에 대한 경험이 부족하기 때문에 미래세계에 대한 걱정이 더 많을 수도 있다. 그렇다고 두려워하고 있을 수만은 없다. 미래에 펼쳐질 새로운 세계에 대해 호기심을 바탕으로 희망을 갖고 도전해야 한다. 이를 위해서 우리는 지금 무엇을 생각하며 또 무엇을 준비해야 할까? 현재 나는 무엇을 하고 있는가?

REFERENCE

참고문헌

강석기(2007). 청소년의 사랑에 대한 조절변수의 효과 검증. **청소년학연구**, 14(5), 199-221.

강영철(2003). 부모의 학업성취압력과 아동의 학업자아 및 부모의 학업성취압력에 대한 태도와의 관계. 석사학위논문. 창원대학교 교육대학원.

강은주(2007). 부모, 자녀 관계중심 학부모 상담모형 구안. 석사학위논문. 한국교원대학교 대학원.

강은지(2014). 도시공원에서의 도덕적 가치 다른 공원관리 참여유형연구 – Kohlberg의 도덕발달이론 적용을 중심으로-. 박사학위논문. 서울시립대학교 대학원.

강진경, 정태연(2001). 사랑에서 괸계지위와 성별에 다른 개인적 및 관계적 특성에서의 차이: 남녀대학생을 중심으로. **한국심리학회지**, 6(1), 1-21.

경향신문. 2014.11.19. '놀이교육',

교육부 2015개정 교육과정총론(2015). 교육부 고시 74호.

구본용(2012). 청소년의 자아효능감과 학교적응관계에서 부모, 교사, 또래관계의 매개효과. **청소년학연구**, 19(3), 347-373.

국가평생교육진흥원(2017). World Economic Forum(2015). Deep shift technology tipping points and societal impact. 2016 글로벌 평생교육동향, PM 2017-2.

국가평생교육진흥원(2017). 2016 글로벌 평생교육동향: 4차 산업혁명의 시대에서 묻는 교육의 미래. PM 2017-2.

국정기획자문위원회(2017). 문재인정부 국정운영 5개년 계획.

권이종(1998). 내일에 사는 아이 어제에 사는 어른. 서울: 교육과학사.

기백석, 이재광, 이길홍, 민병근(1987). 비행청소년과 학생청소년의 문제행동에 관한 판별함수 분석. 중앙의대지, 12(3), 158-176.

김경근(2000). 가족 내 사회적 자본과 아동의 학업성취. 교육사회학연구, 10(1), 21-40.

김경호(2015). 우리는 사랑을 어떻게 경험하고 의미화 하는가? 동서철학연구, 75, 1-27.

김광웅, 이인수(1998). 아버지의 양육참여도와 유아의 사회 · 정서적 능력. 아동학회지, 19(2), 65-75.

김규판, 이형근, 김종혁, 권혁주(2017). 주요국의 4차 산업혁명과 한국의 성장 전략: 미국, 독일, 일본을 중심으로. 대외경제정책연구원, 연구보고서 17-7.

김기정(1984). 학업성취와 지각된 양육태도가 자아개념에 미치는 영향. 박사학위논문. 중앙대학교 대학원.

김남희(2011). 기본심리욕구와 수업참여를 매개로 한 학생-교사애착관계와 학업성취 간의 관계. 박사학위논문. 홍익대학교 대학원.

김대종(1997). 학교교육의 사회화 기능에 대한 이론적 접근. 아동교육, 6(1), 74-75.

김민환, 권동택(2000). 미국홈스쿨링의 성장과 특징에 관한 연구. 비교교육연구, 10(1), 257-280.

김병성(1997). 교육과 사회. 서울: 학지사.

김순혜(1997). 고등학생의 자아개념 및 대인관계 성향의 하위요인과 학업성취와의 관계 연구. 교육심리연구, 11(2), 21-44.

김신일(1992). 청소년문화의 의미와 성격 – 청소년문화론. 서울: 한국청소년연구원.

김연옥(1992). 학습시간, 지능지수, 학습동기 및 지각된 부모의 양육태도가 학업성적에 미치는 영향. 석사학위논문. 중앙대학교 교육대학원.

김영숙(1978). 유아의 초기환경과 사회화과정. 교육연구, 16(2), 89-90.

김왕동, 성지은(2009). 창의적 인재 육성의 근본적 한계와 당면과제. *STEPI insight*, 32, 1-17.

김은정(2002). 유아의 정서지능과 아버지의 양육참여도와의관계. 석사학위 논문. 성균관대학교 교육대학원.

김의철, 박영신(2004). 청소년과 부모의 인간관계를 통해 본 신뢰의식: 토착심리학적 접근. 사회문제, 10(2), 103-137.

김이례(2003). 사회적 지지와 고등학생의 학업자아개념 및 시험불안과의 관계.

학생생활연구, 9, 115-131.

김재웅(2010). 홈스쿨링의 정치학. 서울: 도서출판 민들레.

김재은(1993). 정보화시대의 어린이 · 어린이문화. 서울: 집문당

김정숙(1983). 학업적 자아개념과 학습동기의 학업성적 예언에 관한 연구. 석사학위논문. 계명대학교 교육대학원.

김정신(2000). 아버지 양육태도와 양육참여도에 따른 유아의 친사회적 행동. 석사학위논문. 이화여자대학교 대학원.

김준호, 노성호, 이성식, 곽대경, 박정선, 이동원, 박철현(2011). 청소년비행론. 서울: 청목출판사.

김지운(1980). 매스컴의 사회학. 서울: 삼성문화문고.

김태오(1994). 아동교육관의 철학적 조명. 서울: 파이데이아.

김향숙(2000). 대학생의 애착 · 사랑유형에 따른 성행동. 박사학위논문. 동국대학교 대학원.

김헌수(1998). 청소년 비행행동의 판별요인 분석. 신경정신의학, 37, 483-490.

김현욱(2012). 부모의 정서적 교육지원과 학업자아개념의 자기회귀교차지연효과 분석. 학습자중심교과교육연구, 12(3), 91-112.

김현욱(2013). 정신의학적 접근을 통한 학교폭력 컨설팅의 가능성 탐색. 학습자중심교과교육연구, 13(1), 1-24.

김현욱, 김정민(2015). 청소년의 sns 이용실태 및 사회성, 심리적 열등감, sns열등감 간의 구조적 관계 분석. 정서·행동장애연구, 31(4), 127-147.

김현욱, 안세근(2011). 부모 및 학교의 성취압력과 학업자아개념과의 관계 분석. 학습자중심교과교육연구, 11(3), 1-18.

김현욱, 이주영, 권동택(2012). 초등학교 부모 및 자녀 관련 변인과 부모의 학교참여도와의 구조적 관계 분석. 한국초등교육, 23(4), 21-37.

김혜진(2006). 학교공동체 구축을 위한 학교교육 참여 연구. 석사학위논문. 한국교원대학교 교육대학원.

김희선(1995). 청소년법제의 연구. 석사학위논문. 이화여자대학교 대학원.

김희정(2012). 교사-학생관계 및 학습동기와 학습몰입간의 구조적 관계. 박사학위논문. 숙명여자대학교 대학원.

남미애(2007). 사법처리과정 청소년의 비공식적 낙인지각에 영향을 미치는 요

인. **청소년학연구**, 14(4), 201-232.

남미애, 홍봉선(2007). **청소년복지론**. 서울: 공동체.

노옥희(2004). 부모의 성취압력과 아동의 자아개념 및 학업성취의 관계. 석사학위논문. 서울교육대학교 교육대학원.

문상식(2012). 청소년의 가출충동이 비행에 미치는 영향. 박사학위논문. 한세대학교 대학원.

문은식, 김충회(2003). 부모의 학습지원행동과 초·중학생의 학업동기 및 학업성취도의 관계. **교육심리연구**, 17(2), 271-288.

민병기(2002). 청소년의 생활만족도 형성에 관한 연구. 박사학위논문. 인하대학교 대학원.

박경자, 유일, 이윤희(2014). 소셜네트워크서비스(SNS) 사용의 부정적 감정과 사용중단의도에 관한 연구. **지식경영연구**, 15(2).

박범룡, 류영호, 조동환, 김정기(1999). 불량행위 청소년의 가족 폭행에 관한 사회 정신의학적 고찰. **신정경신의학**, 38, 583-590.

박병희, 장경준, 신지용(1996). 주제정의검사를 사용한 비행청소년의 도덕발달에 대한 연구. **신경정신의학**, 35, 594-600.

박영신, 김의철(2000). 부모-자녀관계 변화가 청소년에게 미치는 영향: 초 중 고대학생의 성취동기, 생활만족도, 학업성취, 일탈행동을 중심으로. **교육학연구**, 38(2), 109-147.

박영신, 김의철(2003). 한국 학생의 성취동기와 학업성취에 대한 부모자녀관계의 영향: 토착심리학적 접근. **청소년학연구**, 10(1), 139-165.

박영신, 김의철(2004). **한국의 청소년문화와 부모자녀관계: 토착심리 탐구**. 서울: 교육과학사.

박영신, 김의철, 정갑순, 이상미, 권혁호, 양계민(2000). 초·중·고등학생의 생활만족도 차이와 형성 및 영향. **건강**, 5(1), 119-145.

박영신, 김의철, 한기혜(2003). 아동과 청소년의 부모에 대한 지각: 토착심리학적 접근. **사회문제**, 9(2), 127-164.

박원임(1990). **레크레이션 연구**. 서울: 금광.

박인철(2004). 기술시대와 사랑의 윤리학: 후설, 하이데거, 프롬의 사랑론을 중심으로. **철학연구**, 66, 144-168.

박진규(2008). 청소년문화. 서울: 학지사.

박흥수(1980). 텔레비전이 인간의 사회화에 미치는 영향. 연세대학교 사회과학연구소 사회과학논집, 49-50.

방상진(2017. 8. 31). 4차 산업혁명 시대, 좋은 일자리 만들기, POSRI 이슈리포트, 포스코경영연구원.

백혜리(1997). 조선시대 성리학, 실학, 동학의 아동관 연구. 이화여자대학교 대학원 박사학위논문.

변수용, 김경근(2006). 학부모의 교육적 관여가 자녀의 학업성취에 미치는 영향. 제 1회 한국교육종단연구 학술대회 자료집.

보건복지부(2001). 의료기관을 방문한 학교폭력 피해자의 정신병리 조사. 보건복지부.

서무상, 김정기(1997). 불량행위 청소년 어머니의 특성. 신경정신의학, 36, 1066-1079.

서울대학교 교육연구소(2004). 교육학용어사전. 서울: 하우동설.

성낙돈, 가영희, 안병환, 임성우(2013). 평생교육학개론. 서울: 동문사.

설경옥, 문혁준(2006). 아버지의 양육참여도 및 심리적 자세와 유아의 친사회적 행동. 대한가정학회지. 44(7), 1-9.

성수현(1996). 아버지의 자녀양육참여도와 아동의 성취동기와의 관계. 석사학위 논문. 계명대학교 교육대학원.

소경희(2007). 학교교육의 맥락에서 본 '역량(competency)'의 의미와 교육과정적 함의. 교육과정연구, 25(3), 1-21.

송동호, 육기환, 이호분, 노경선(1997). 학교폭력 피해 청소년의 정신의학적 후유증에 관한 사례 연구. 소아청소년정신의학, 8(1), 232-241.

송명자(1995). 발달심리학. 서울: 학지사.

송명자(2001). 발달심리학. 서울: 학지사.

송민선(2009). 아버지의 양육참여도가 유아의 사회 · 정서발달에 미치는 영향. 석사학위 논문.총신대학교 교육대학원.

송인섭(1998). 인간의 자아개념 탐구. 서울: 학지사.

신성웅, 권석우, 신민섭, 조수철(2000). 학교폭력 피해자의 정신병 실태 조사. 소아청소년정신의학, 11(1), 124-143.

신영이, 박영신, 김의철(2009). 고등학생의 효도 이유와 방법 그리고 불효에 대한 인식. 한국교육학회 춘계학술대회 자료집.

신용주, 김혜수(2002). **새로운 부모교육**. 서울: 형설출판사.

심재영(1996). 학부모의 학교효과성에 대한 인식과 자녀교육 지원활동의 차이 연구. 석사학위논문. 한국교원대학교 대학원.

안동현(1997). 아동의 권리 – 필요성 및 역사성과제 –. **아동권리연구**, 창간호, 아동권리학회.

안병환(2012). **교육사회학**. 경기: 공동체.

안영순(1999). 고등학생의 부모자녀관계와 행동적 특성에 관한 연구. 석사학위논문. 인하대학교 대학원.

안종배(2017). 4차 산업혁명에서의 교육 패러다임의 변화. **미디어와 교육**, 7(1), 21-34.

양명희(2005). 실업계 고등학생의 학업관련 심리적 특성 탐색. **한국청소년연구**, 16(2), 235-262.

여성가족부(2012). **2011년 청소년 매체이용 실태 조사**. 서울: 한국청소년정책구원.

여성가족부(2018). **2017 청소년 백서**.

오미경(1990). 아버지의 자녀양육 역할 수행정도가 아동의 학업성취에 미치는 영향. 석사학위 논문. 이화여자대학교 대학원.

오성심, 이종승(1982). 부모의 양육방식에 대한 아동의 지각과 정서적 특성의 관계. **한국행동과학연구소 연구노트**, 11(1), 45-64.

오영희, 송영란, 강영식(2003). **부모교육의 이론과 실제**. 서울: 동문사.

오윤경(2012). SNS 중독 경향성과 외로움·우울·대인관계 사회적 지지의 관계. 석사학위논문. 한국상담대학원대학교.

오정희(2011). 중학교 학부모의 학교교육참여 실태 분석. 석사학위논문. 안양대학교 경영행정대학원.

유가효(2010). 성인기 사랑의 개념적, 발달론적 이해에 대한 연구. **젠더와 문화**, 3(2), 191-216.

유안진(1994). **유아환경론**. 서울: 창지사.

유영재, 심호규(2010). 사회학습요인이 청소년비행에 미치는 영향. **한국동안행정학회지**, 39, 115-139.

육권인(2012). 홈스쿨링 합법화 국제 비교연구 – 미국과 한국을 중심으로-. 석사학위논문. 연세대학교 대학원.

윤경희(1999). 가정환경과 지능발달 및 학업성취도의 관계에 관한 종단적 연구. 박사학위논문. 서울대학교 대학원.

윤덕중(1992). **최신사회학**. 서울: 형설출판사.

윤성수 등(1994). **놀이 이론과 실제**. 서울: 푸른솔.

윤인호(1980). **체육심리학**. 서울: 문천사.

윤진근(2002). 고등학생의 학교 생활태도와 학교폭력과의 관계. 석사학위논문. 전북대학교 교육대학원.

이건만(1996). **마르크스주의 교육사회학**. 서울: 교육과학사.

이건만(1998). **학교교육과 청소년 저항문화에 관한 연구**. 한국학술진흥재단.

이건만(1999). **교육과 사회사상**. 서울: 문음사.

이경화, 유경훈, 김은경(2012). 중고등학생 집단에서 부모의 교육적 지원, 자기결정성 동기, 자기조절전략 간의 관계. **교육문제연구**, 42, 157-175.

이길홍, 이재광, 나철, 박두병, 김헌수, 민병근(1985). 청소년 비행의 약물상관변인 분석. **한국의과학**, 17(2), 132-147.

이명숙(2003). 초등학교 학부모의 부모교육에 대한 실태 및 의견 조사. 석사학위논문. 경희대학교 교육대학원.

이명애(2006). 자아개념이 대학생들의 학업성취에 미치는 영향 탐색. **교육평가연구**, 19(1), 161-181.

이병환(2002). 새로운 교육 모델으로서 홈스쿨링의 의미. **교육학논총**, 22(2), 123-142.

이상봉(2017). 4차 산업혁명과 종교교육. 2017년도 한국종교교육학회 춘계 학술대회, 9-20.

이석주(1992). 학업성취에 미치는 자아개념 구조와 위계분석. 박사학위논문. 동아대학교 대학원.

이석형(2006). 청소년비행 예방을 위한 보호요인 강화방안에 관한 연구. 박사학위논문. 대구대학교 대학원.

이숙진(2003). 시적 화자에 대한 공감(empathy)프로그램이 고등학교 학생의 자아개념 및 학교태도에 미치는 효과. 석사학위논문. 가톨릭대학교 교육대학원.

이신영(2015). 대학생의 실제-이상적 자기불일치가 열등감을 매개로 SNS 중독 경향성에 미치는 영향. 석사학위논문. 성신여자대학교 대학원.

이애령(2004). 청소년비행의 위험요인과 보호요인 분석. 박사학위논문, 충남대학교 대학원.

이영환(1992). 낯선 상황에서 영아의 아버지에 대한 애착에 관한 사례연구. 유아학회지, 13, 2(92.11), 5-18.

이은정(2014). 부모기대와 부모-자녀 의사소통이 교사-학생관계 및 또래관계에 미치는 영향: 정서인식과 정서조절의 중대매개효과. 박사학위논문. 전남대학교 대학원.

이인섭, 박영숙, 김정기(1993). 불량행위청소년에 관한 사회정신의학적 고찰. 신경정신의학, 32, 1140-1156.

이재광, 진태원, 조주연(1998). 비행청소년의 불안, 우울, 억압, 대처방식에 관한 연구. 신경정신의학, 37, 493-498.

이재연, 김경희(1999). 부모교육. 경기: 양서원.

이정우(1999). 인간의 얼굴. 서울: 민음사.

이종각(2005). 한국의 교육열 세계의 교육열. 서울: 하우.

이종여(1994). 지배양식과 주체양식. 서울: 백의.

이지아, 위광휘(2000). 사회적 지지망에 관한 발달적 연구. 교육심리연구, 14(2), 5-28.

이지연(2017). 4차 산업혁명을 위한 청소년 진로교육의 방향. 한국진로교육학회 춘계학술대회, 65-96.

이진경(1998). 근대적 시. 공간의 탄생. 서울: 도서출판 푸른숲.

이창식, 김윤경(2003). 청소년들의 사랑과 성태도: 남학생과 여학생의 지각차이를 중심으로. 청소년학연구, 10(1), 277-296.

이현숙(1990). 아버지의 자녀양육참여도와 아동의 학업성취도와의 관계에 관한 연구: 서울시 초등학교 5 · 6학년을 중심으로. 석사학위 논문. 이화여자대학교 대학원.

이혜영(2000). 한국의 홈스쿨링 운동의 현황과 전망. 평생교육연구, 6(1), 109-134.

이호분, 민성길, 전여숙, 송동호, 육기환, 김동기(1998). 청소년에서 폭력에의 노출과 관련된 정신의학적 증상. 신경정신의학, 37(2), 251-260.

이홍식 등(2008). 자살의 이해와 예방. 서울: 학지사.

이희숙(1984). 자녀가 지각한 부친의 양육태도와 자아개념과의 상관연구. 석사학위 논문. 고려대학교 교육대학원.

임은미(1988). 학업동기 및 부모행동과 학업성취도의 관계. 박사학위논문. 서울대학교 대학원.

임정순(2002). 청소년이 지각한 부모의 양성평등의식과 자녀교육지원. 석사학위논문. 순천대학교 대학원.

임현수(2007). 초등학생이 지각한 아버지의 양육참여가 자녀의 자아개념에 미치는 영향. 석사학위 논문. 충남대학교 교육대학원.

장동산, 이길홍, 민병근(1985). 한국청소년의 불안 및 우울성향이 청소년비행에 미치는 영향분석. 중앙대지, 10, 405-422.

장필성(2016). [EU] 2016 다보스포럼: 다가오는 4차 산업혁명에 대한 우리의 전략은? 과학기술정책, 26(2), 12-15.

장휘숙(1993). 청년심리학. 서울: 장승.

전석호(1993). 정보사회론. 서울: 나남.

정양은(1983). 社會化의 社會心理的 고찰. 사회심리연구, 1(2), 153-178.

정원식(1968). 자아개념 검사. 서울: 코리안테스팅센터.

정원식(1985). 교육환경론. 서울: 교육과학사.

정원식, 이상로, 이성진(1985). 현대교육심리학. 서울: 교육출판사.

정충혁(2003). 학부모의 학교교육참여에 대한 연구. 석사학위논문. 연세대학교 대학원.

조난심(2017). 4차 산업혁명과 교육. 교육비평, 제39호, 330-347.

조동환, 박영숙, 김정기(1997). 불량행위 청소년에 관한 사회정신의학적 고찰. 신경정신의학, 35, 1301-1311.

조수영(1980). 학업성적과 가정환경과의 관계에 관한 연구. 석사학위논문. 전북대학교 교육대학원.

조수진(2012). 고등학생의 스마트폰 중독과 자존감, 충동성 및 사회성과의 관계. 석사학위논문 서강대학교 교육대학원.

조현국(2017). 4차 산업혁명에 따른 미래사회와 교육환경의 변화, 그리고 초·중등 과학교육의 과제. 초등과학교육, 36(3), 286-301.

조혜정(1997). 한국 청소년들의 자리: '문화'와 공간이 필요하다. 연세대학교 간호정책연구소.

조혜정(1998). 탈식민지 시대 지식인의 글 읽기와 삶 읽기 3. 서울: 도서출판 또하나의 문화.

주은지(2010). 대학생의 낭만애착 유형과 사랑유형 분석. 청소년학연구, 17(12), 155-186.

중앙일보, 2002. 5. 11(토).

지은림, 백순근, 채선희, 설현수(2003). 교사-교생관계 척도 개발 및 타당화. 교육평가연구, 16(2), 25-41.

진혜민, 배성우(2012). 청소년비행 관련 변인에 관한 메타연구. 청소년복지연구, 4(2), 193-221.

차경수, 최충옥, 이미나(1998). 교육사회학의 이해. 서울: 양서원.

최경숙(2007). 부모의 학업성취압력과 아동의 학업성취목표가 아동의 스트레스와 심리적 안녕감에 미치는 영향. 석사학위논문. 한양대학교 교육대학원.

최경순(1992). 아버지의 양육행동 및 참여도와 아동의 사회적 능력과의 관계. 박사학위 논문. 고려대학교 대학원.

최경순(1992). 아버지의 양육행동 및 참여도와 아동의 사회적 능력과의 관계. 박사학위논문. 고려대학교 대학원.

최석현(2017.4.7). 4차 산업혁명 시대, 일자리 전략은? 이슈 & 진단. 경기연구원.

최용성(2003). 도덕교육에 있어서 배려의 공동체에 관한 연구. 윤리도덕과교육, 17, 85-102.

통계청(2013). 국가통계포털.

표갑수(2010). 아동청소년복지론. 서울: 나남.

한겨레. 2006.7.25. '갖고 싶은 물건사려고 패스트푸드 알바'

한국갤럽조사연구소(1980). 한국의 아동과 어머니. 서울: 한국갤럽조사연구소.

한국청소년정책연구원(2013). NYPI 청소년 통계 브리프 청소년의 소셜미디어 이용 실태 조사.

한동승(2016). 4차 산업혁명 시대, 대학교육과 컨텐츠. 인문콘텐츠, 42, 9-24.

한상연, 마은정, 홍대순, 김은영, 박주현, 이인성, 김진우(2013). SNS사용을 통한자기표현이 대인관계 및 삶의 질에 미치는 영향분석 연구: 개인 커뮤

니케이션 능력의 조절효과를 중심으로. **정보시스템연구** 22(1), 29-64.

허경옥(1994). 부의 자녀 양육에의 참여 시간 결정요인 연구. **대한가정학회지**, 32(3), 63-70.

현대경제연구원(2016). 현안과 과제: 2016년 다보스 포럼의 주요 내용과 시사점－4차 산업혁명, 글로벌 성장 원동력으로. 서울: 현대경제연구원.

현대경제연구원(2017. 6.20). 한반도 르네상스 구현을 위한 VIP리포트: 4차 산업혁명 시대의 국가혁신전략 수립방향. 17-21(통권 694호).

홍봉선(2010). **청소년문제론**. 서울: 공동체.

홍세희, 박민선, 김원정(2007). 인터넷 중독과 부모와의 의사소통 사이의 자기회귀 교차지연효과 검증: 성별간 다집단 분석. **교육심리연구**, 21(1), 129-143.

황 인(2005). 남녀공학과 비 공학 중학생의 학교폭력 실태 비교 연구. 석사학위논문. 강원대학교 교육대학원.

황매향, 여태철(2006). 초등학생의 적응과 자아존중감의 관계. **아동교육**, 15(3), 165-185.

KTV 한국정책방송. 2013.03.25. ‘SNS가 질투심 · 열등감 유발한다.’

Achenbach, T. M.(1991). *Manual for the child behavior checklist/4-18 and 1991 Profile*. Burlington: University of Vermont Department of Psychiatry.

Achenbach, T. M., & Rescorla, L. A.(2001). *Manual for the ASEBA school-age forms and profiles*. Burlington: ASEBA.

Adelson, J., Green, B., & O’Neil, R.(1969). Growth of the idea of law in adolescence. *Developmental Psychology*, 1, 327-332.

Adomson, L.(1999). Like circles on the water: A study of adolescent identity. *Linköping Studies in Education and Psychology*, 62.

Al-Yagon, M., & Mikulincer, M.(2006). Children′s appraisal of teacher as a secure base and their socio-emotional and academic adjustment in middle childhood. *Research in Education*, 75, 1-18.

Apter, A., & Wasserman, D.(2003). Adolescent attempted suicide. In King, R. A., Apter, A., *Suicide in children and adolescence*. Cambridge: Cambridge

University Press, pp. 63-85.

Aries, P.(1962). Centuries of childhood, London: Jonathan Cape.

Arnett, J. J.(1999). Adolescent storm and stress, reconsidered. American *Psychological Association*, 54(5), 317~326.

Arnett, J. J.(1999). Adolescent storm and stress, reconsidered. *American Psychological Association*, 54(5), 317-326.

Arslangilay, A. S.(2018). The reflection of immigration on school culture: A qualitative study. *International Journal of Instruction*, 11(2), 585-602.

Asarnow, J. R., Carlson, G. A., & Guthrie, D.(1987). Coping strategies, self-perceptions, hopelessness, and perceived family environments in depressed and suicidal children. *Journal of Consulting and Clinical Psychology*, 55(3), 361-366.

Astone, N. M., & McLuhan, S. S.(1991). Family structure, parental practices and high school completion. *American Sociological Review*, 56, 309-320.

Baltes, P. B.(1987). Theoretical propositions of life-span developmental psychology: On the dynamics between growth and decline. *Developmental Psychology*, 23, 5, 611-626.

Baltes, P. B.(1989). The dynamics between growth and decline. *Contemporary Psychology*, 34, 983-984.

Bandura, A.(1973). *Aggression: A social learning analysis*. NJ: Prentice Hall.

Becker, G. M.(1963). Stochastic models of choice behavior. *Behavioral Science*, 8(1), 41-44.

Berarley, M., et al.(1969). Fundamentals in the First School. Oxford: Basil Blackwell, 손직수 역(1991). 교육사회학의 전망. 서울: 양서원. pp. 83-84.

Bergin, C. C., & Bergin, D. A.(2012). *Child and adolescent development in your classroom*. Wadsworth, Cengage Learning.

Berman, A. L. and Jobes, D. A.(1991). *Adolescent suicide: Assessment and intervention*. Washington DC: American Psychological Association..

Berns, R. M.(2007). *Child, family, school, community*. Australia: Thomson

Wadsworth.

Berscheid, E.(2010). Love in the fourth dimension. *Annual Review of Psychology*, 61, 1-25.

Bettelheim, B.(1988). *A good enough parent*. New York: Random House.

Blos, P.(1962). *On adolescence: A psychoanalytic interpretation*. New York: The Free Press.

Blos, P.(1967). The second individuation process of adolescence. *Psychoanalytic Study of the Child*, 22, 162-186.

Blos, P.(1979). *The adolescent passage: Developmental issues*. New York: International Universities Press.

Boas, F.(1950). *Foreword to coming of age in Samoa*. New York: New American Library.

Boles, S. A.(1999). A model of parental representations, second individuation, and psychological adjustment in late adolescence. *Journal of Clinical Psychology*, 55(4), 497-512.

Bong, M., & Clark, R. E.(1999). Comparison between self-concept and self-efficacy in academic motivation research. *Educational Psychology*, 34, 139-154.

Braxton-Davis, P.(2010). The social psychology of love and attraction. *McNair Scholars Journal*, 14(1), 6-12.

Brent, D. A., Perper, J. A., Moritz, G., Liotus, L., Schweers, J., Balach, L., & Roth, C.(1994). Familial risk factors for adolescent suicide: a case-control study. *Acta Psychiatrica Scandinavica,* 89(1), 52-58.

Brent, D.A., & Mann, J.J.(2005). Family genetic studies, suicide, and suicidal behavior. *Am J Med Genet C Semin Med Genet*, 133(1), 13–24.

Breslau, N., Davis, G.C., & Andreski, P.(1991). Traumatic events and post traumatic stress disorder in an urban population of young adults. *Arch Gen Psychiatry, 48*, 216-222.

Bronfenbrenner, U.(1977). Toward an experimental ecology of human development. *American Psychologist*, 32, 513-531.

Buffardi, E. L., & Campbell, W. K.(2008). Narcissism and social networking web sites. *Personality & Social Psychology Bulletin*, 34, 1303-1314.

Burns, R. C.(1982). *Self-growth in families: Kinetic Family Drawings, research and application*. New York: Brunner/Mazel.

Burunat, E.(2016). Love is not an emotion. *Psychology*, 7, 1883-1910.

Butcher, J. N., Williams, C. L., Graham, J. R., Archer, R. P., Tellegen, A., Ben-Porath, Y.S., et al.(1992). *Minnesota multi-phasic personality inventory-adolescent: Manual for administration, scoring, and interpretation*. Minneapolis: University of Minnesota Press.

Canfield, J.(1990). Improving students' self-esteem. *Educational Leadership*, 48(1), 48-50.

Cannon, M., Jones, P., Gilvarry, C., Rifkin, L., McKenzie, K., Foerster, A., & Murray, R. M.(1997). Premorbid social functioning in schizophrenia and bipolar disorders; similarities and differences. *Am J Psychiatry*, 154(11), 1544-1550.

Casey, B. J., Jones, R. M., Levita, L., Libby, V., Pattwell, S. S., Ruberry, E. R., Soliman, F., & Somerville, L. H.(2010). The storm and stress of adolescence: Insights from human imaging and mouse genetics. *Developmental Psychology*, 52(3), 225-235.

Centers for Disease Control and Prevention 2002 통계자료 (https://www.cdc.gov/DataStatistics)

Chapman, J. M., Lambourne, R., & Silva, P. A.(1990). Some antecedents of academic self concept: A longitudinal study. *British Journal Educational Psychology*, 60, 142-152.

Chen, W. H., Chu, M.Y., Chu, Y. H., Lin, Y. C. and Chen, K. Y.(2017). Current evidence of the monoaminergic regulation of romantic love and relationship. *Advances in Sexual Medicine*, 7, 139-152.

Cheung, G. W., & Rensvold, R. B.(2002). Evaluating Goodness-of-Fit Indexes for testing measurement invariance. *Structural Equation Modeling*, 9, 233-255.

Christenson, S. L., Rounds, T., & Gorney, D.(1992). Family factors and student achievement: An avenue to increase students' success. *School Psychology Quarterly*, 7, 178-206.

Cicchetti, D., Beeghly, M.(1987). Symbolic development in maltreatment youngster. an organization perspective. In Cicchetti, D., Beeghly(Eds.). *Atypocal symbolic development*. San Francisco: Jossey-Bass, pp. 10-28.

Cole, M., & Cole, S.(1989). *The development of children*. New York: W. H. Freeman.

Coleman, J. S.(1988). Social capital in the creation of human capital. *American Journal of Sociology*, 94, 95-120.

Coopersmith, S.(1967). *The antecedents of self-esteem*. New York: W.H. Freeman.

Crosnoe, R., Johnson, M. K., & Elder, Jr. G. H.(2004). Intergenerational bonding in school: The behavioral and contextual correlates of student-teacher relationships. *Sociology of Education*, 77(1), 60-81.

D'Augelli, A. R., Hershberger, S. L., & Pilkington, N. W.(2001). Suicidality patterns and sexual orientation-related factors among lesbian, gay, and bisexual youths. Suicide *Life Threat Behave*, 31(3), 250-264.

Damon, W., & Hart, D.(1982). The development of self-understanding from infancy through adolescence. *Child Development,* 53(4), 841-864.

Daniel, E., & Balog, L. F.(2009). Early female puberty: *A Review of Research on Etiology and Implications. Health Educator*, 41(2), 47-53.

Davis, H. A.(2006). Exploring the contexts of relationship quality between middle school students and teachers. *The Elementary School Journal*, 106(3), 193-223.

Dewey, J.(1916). *Democracy and education*. New York: Macmillan.

Dombrowski, U., & Wagner, T.(2014). Mental strain as field of action in the 4th industrial revolution. *Procedia CIRP 17*, 100-105.

Dorn, L. D., & Biro, F. M.(2011). Puberty and its measurement: A decade in Review. *Journal of Research on Adolescence*, 21(1), 180-195.

Dorothy, S.(1982). *The erosion of childhood.* Chicago: University of Chicago Press.

Duvall, S., & Wicklund, R. A.(1972). *A theory of objective self-awareness.* Orlando, FL: Academic Press.

Elaine, M. J., Larry, L. L., Suzanne, F. M.(1999). The relation of self perceptions to achievement among african American preschoolers. *Journal of Black Psychology*, 25(1), 48-60.

Elkind, D.(1978). *The child's reality: Three developmental themes.* New Jersey: Erlbaum.

Elkind, D.(1988). *Reinventing childhood: Raising and educating children in a changing world.* Modern Learning Pr/Programs.

Elkind, D.(1997). The hurried child. In Weiten, W. & Lloyd, M. A. *Psychology applied to modern life.* Brooks/cole Publishing company.

Epstein, J. L.(1991). Effects on student achievement of teachers' practices of parent involvement. In Silvern, S. B.(Ed.), *Advanced in reading/ language research* Vol. 5, CT: JAI Press.

Erikson, E. H.(1963). *Childhood and society*(2nd ed.). New Yor: Norton.

Esposito, C. L., & Clum, G. A.(2003). The relative contribution of diagnostic and psychosocial factors in the prediction of adolescent suicidal ideation. J *Clin Child Adolesc Psycho*l, 32(3), 386-395.

Esposito. C., Spirito, A., Boergers, J., & Donaldson, D.(2003). Affective, behavioral, and cognitive functioning in adolescents with multiple suicide attempts. *Suicide Life Threat Behave*, 33(4), 389-399.

Ewing, A. R., & Taylor, A. R.(2009). The role of child gender and ethnicity in teacher-child relationship quality and children's behavioral adjustment in preschool. *Early Childhood Research Quarterly,* 24(1), 92-105.

Fan, X., & Chen, M.(2001). Parental involvement and students' academic achievement: A meta-analysis. *Educational Psychology Review*, 13, 1-22.

Fantuzo, J., Tighe, E., & Childs, S.(2000). Family involvement questionnaire:

A multivariate assessment of family participation in early childhood education. *Journal of Educational Psychology*, 92, 367-376.

Farrall, S., & Bowling, B.(1999). Structuration, human development and desistance from crime. *The British Journal of Criminology*, 39, 253-268.

Farrell, A. D.(1994). Structural equation modeling with longitudinal data: Strategies for examining group differences and reciprocal relationships. *Journal of Counseling and Clinical Psychology*, 62, 477-487.

Farrington, D. P.(1978). The family backgrounds of aggressive youths. In Hersov, L.A., Berger, M., Shaffer, D.(Eds.). *Aggressive and antisocial behavior in childhood and adolescence*. Oxford: Pergamon, pp. 73-93.

Fehr, B., & Russel, J. A.(1991). The concept of love viewed from a prototype perspective. *Journal of Personality and Social Psychology*, 60(3), 425~438.

Feldman, S. S., & Elliott, G. R.(1990). At the threshold: The developing adolescent. MA: Harvard University. Press.

Fergusson, D. M., Horwood, L. J., & Beautrais, A. L.(1999). Is sexual orientation related to mental health problems and suicidality in young people?, *Arch Gen Psychiatry*, 56(10), 876-880.

Fine, M. J.(1988). *The second handbook on parent education*. New York: Academic Press.

Flisher, A. J.(1999). Annotation: mood disorder in suicidal children and adolescents: recent developments. *The Journal of Child Psychology and Psychiatry,* 40(3), 315-324.

Foucault, M.(1975). Surveilleret punir. 오생근 역(2003). 감시와 처벌. 서울: 나남.

Foucault, M.(1977). *Discipline and punish*. New York: Pantheon Books.

Frey, C. B., & Osborne, M. A.(2017). The future of employment: How susceptible are jobs to computerisation?. *Technological Forecasting and Social Change*, 114(issue C), 254-280.

Fromme, E.(1956). *The art of loving*. New York: Harper & Row.

Geertz, C.(1973). *The interpretation of culture*. New York: Free Press.

Giddens, A., & Sutton, P. W.(2013). *Sociology*. Polity Press.

Gilligan, C.(1982). *In a different voice: Psychological theory and women's development*. Massachusetts: Harvard University Press.

Gilligan, C.(1977). In a different voice: women's conceptions of self and of morality. *Harvard Educational Review*, 47(4), 481-517.

Gilovich, T., Keltner, D., & Nisbett, R.(2006). *Social psychology*. New York: Norton & Company, Inc.

Gintis, H.(1976). Toward a political economy of education, schooling and capitalism. 이인효 등(역)(1995). 교육과 사회, 서울: 교육과학사.

Gottfried, A. E., Fleming, J. S., & Gottfried, A. W.(1994). Role of parent motivational practices in children's academic intrinsic motivation and achievement. *Journal of Educational Psychology*, 86, 104-113.

Gould, M. S., Greenberg, T., Velting, D. M., & Shaffer, D.(2003). Youth suicide risk and preventive interventions: a review of the past 10 years. *J Am Acad Child Adolesc Psychiatry,* 42(4), 386-405.

Gould, M. S., Greenberg, T., Velting, D. M., & Shaffer, D.(2003). Youth suicide risk and preventive interventions: a review of the past 10 years. *J Am Acad Child Adolesc Psychiatry,* 42(4), 386-405.

Greeson, L. E.(1994). Some observations on education & human development in Norway: A model for social & personal well-being. *Humanity & Society, 18,* 99-106.

Guay, F., Marsh, S., Boivin, M.(2004). Academic self concept and educational attainment level: A ten year longitudinal study. *Self and Identity*, 3(1), 56-68.

Haas, G. L., Garratt, L. S., & Sweeney, J. A.(1998). Delay to first antipsychotic medication in schizophrenia: impact on symptomatology and clinical course of illness. *J Psychiatr Res,* 32(3-4), 151-159.

Hair, J. F., Black, W. C., Babin, B. J., Anderson, R. E., & Tatham, R. L. (2006). *Multivariate data analysis*. New Jersey: Pearson Prentice Hall.

Halata, M. I., & Hovardaoğlu, S.(2011). The relationship between forms and durations of relationships and attachment styles of couples. *Social and Behavioral Sciences*, 30, 2567-2574.

Han, K. H., Park, Y. S., & Kim, U.(2010). Taking care of elderly parents: With specific focus on elementary and middle school students and their parents. Paper presented at the 1st International Conference of Indigenous & Cultural Psychology. July 24-27, Yogyakarta, Indonesia.

Handler, L., & Habenicht, D.(1994). The Kinetic Family Drawing Technique: A review of the literature. *Journal of Personality Assessment*, 62(3), 440-464.

Harold, G. T., & Conger, R. D.(1997). Marital Conflict and Adolescent Distress: The Role of Adolescent Awareness. *Child Development*, 68(2), 333-350.

Harrington. R., Bredenkamp, D., Groothues, C., Rutter, M., Fudge, H., & Pickles, A.(1994). Adult outcomes of childhood and adolescent depression. III. Links with suicidal behaviours. *J Child Psychol Psychiatry*, 35(7), 1309-1319.

Harter, S.(1982). The perceived competence scale for children. *Child Development*, 53, 87-97.

Harter. S., & Marold, D. B.(1994). Psychosocial risk factors contributing to adolescent suicidal ideation. *New Directions for Child and Adolescent Development*. 64, 71-91.

Hashmi, S.(2013). Adolescence: An age of storm and stress. *Review of Arts and Humanities*, 2(1), 19-33.

Henrich, C. C.(2001). Parent involvement, motivation, and achievement over the transition to middle school. Ph. D. Dissertation, Yale University.

Hines, A. R., & Paulson, S. E.(2006). Parents' and teachers' perceptions of adolescent storm and stress: Relations with parenting and teaching styles. *Adolescence*, 41(164), 597-614.

Ho, S. E., & Williams, J. D.(1996). Effects of parental involvement on eighth-grade achievement. *Sociology of Education*, 69(April), 126-141.

Honari, B., & Saremi, A. A.(2015). The study of relationship between attachment styles and obsessive love style. *Social and Behavioral Sciences*, 165, 152-159.

Horowitz, K., Weine, S., & Jekel, J.(1995). PTSD symptoms in urban adolescent girls: Compounded community trauma. *J Am Acad Child Adolesc Psychiatry, 34(10)*, 1353-1361.

Howes, C., & Hamilton, C. E.(1994). Children's relationships with peers: Differential associations with aspects of the teacher-child relationship. *Child Development*, 65(1), 253-263.

Hughes, F. P.(1999). *Children, Play, and Development*(3rd ed.). SAGE Publications.

Irwin, P.(2008). Competencies and employer engagement. *Asia Pacific Education Review*, 9(1), 63-69.

James, W.(1890). *Principles of psychology*. New York: Henry Holt.

Jena, A. K., & Paul, B.(2016). Cognitive developmental phenomena of pre-school, children in relation to socio-economic status, anthropometric status, and home environmental status. *Journal on Educational Psychology*, 10(2), 22-35.

Joel de Rosnay, 김덕희, 문선 역(1995). 미래를 원한다. 서울: 동문선.

Johnson, J. H., & Goldman, J.(1990). *Developmental assessment in clinical child psychology: A handbook*. Boston: Allyn & bacon.

Jöreskog, K. G.(2002). Structural equation modeling with ordinal variable using LISREL. from http://www.ssicentral.com.

Keith, T. G., Keith, P. B.(1993). Does parental involvement affect eighth-grade student achievement Structural analysis of national data. *School Psychology Review*, 22(3), 474-491.

Kenneth, S., Wood, M. D., Wood, P. K., & Raskin, G.(1996). Alcohol outcome expectancies and alcohol use: A latent variable cross-lagged panel study. *Journal of Abnormal Psychology*, 105(4), 561-574.

Kessler. R. C., Borges, G., & Walters, E. E.(1999). Prevalence of and risk factors for lifetime suicide attempts in the National Comorbidity Survey. *Arch Gen Psychiatry*, 56(7), 617-626.

Klimes-Dougan, B., Free. K., Ronsaville, D., Stilwell, J., Welsh, C.J., & Radke-Yarrow, M.(1999). Suicidal ideation and attempts: a longitudinal investigation of children of depressed and well mothers. *J Am Acad Child Adolesc Psychiatry*, 38(6), 651-659.

Knitzer. J.(1972) *Parent Involvement: The Elixer of chance*. Planning Fot Action.

Knoff, H. M.(1990). Evaluation of projective drawings. In C. Reynolds & R. Kamphaus (Eds.). *Handbook of psychological and educational assessment of children*(pp. 89-146). New York: Guilford.

Kohlberg, L., & Kramer, R.(1969). Continuities and discontinuities in childhood and adult moral development. *Human Development*, 12(2), 3-120.

Kokenes, B.(1974). Grade level differences in factors of self-esteem. *Developmental Psychology*, 10(6), 954-958.

Krakowski, A. J.(1970). Depressive reactions of childhood and adolescence. *Psychosomatics,* 11, 429-433.

Kumpulainen, K., Rasanen, E., & Puura, K.(2001). Psychiatric disorders and the use of mental health services among children involved in bullying. *Aggressive behavior,* 27, 102-110.

Ladd, G. W., & Burgess, K. B.(2001). Do relational risks and protective factors moderate the linkages between childhood aggression and early psychological and school adjustment? *Child Development*, 72(5), 1579-1601.

Lapsley, D. K.(1991). Egocentrism theory and the "new look"at the imaginary audience and personal fable in adolescence. In R. M. Lerner, A. C. Petersen, & J. Brooks-Gunn (Eds.). *Encyclopedia of adolescence*. New York: Garland.

Lee, J. A.(1977). A typology of styles of loving. 3. 173-182.

Lee, S.(1994). Family-school connections and student's education: Continuity and change of family involvement from the middle grades to high school. Unpublished Doctoral Dissertation, Johns Hopkins University.

Lerner, R. M.(1991). Changing organism context relations as the basic process of development: A developmental contextual perspective. *Developmental Psychology*, 27, 27-32.

Lerner, R. M., Iwawaki, S., Chihara, T., & Sorell, G. T.(1980). Self-concept, self-esteem, and body attitudes among Japanese male and female adolescents. *Child Development*, 51, 847-855.

Lewis, D.O.(1992). From abuse to violence: Psycho-physiological consequences of maltreatment. *J Am Child Adolesc Psychiatry*, 31(3), 383-391.

Liew, J., Chen, Q., & Hughes, J. N.(2010). Child effortful control, teacher–student relationships, and achievement in academically at-risk children: Additive and interactive effects. *Early Childhood Research Quarterly*, 25(1), 51-64.

Linda, N. F., Hartmut, M., & Elva, O. P.(1993). Violent events reported by normal urban school aged children: Characteristics and depression correlates. *JAm Acad Child Adolesc Psychiatry, 32(2),* 419-423.

Linton, R.(1936). *The study of man*. New York: Appleton Century.

Lloyed de Mause(1975). Our forebears made childhood a nightmare, *Psychological Today*, 85.

Longworth(2003). *Lifelong learning in action*. London and New York: Routledge Falmer.

Luria, A. R.(1980). *Higher cortical functions in man*. New York: Basic Books.

Madigan, T. J.(1994). *Parental involvement and school achievement*. Paper presented at the American Educational Research Association, New Orleans.

Malmberg, A., Lewis, G., David, A., & Allebeck, P.(1998). Premorbid adjustment and personality in people with schizophrenia. *Br J Psychiatry,* 172, 308-313.

Manago, A. M., Graham, M. B., Greenfield, P. M. & Salimkhan, G.(2008).

Self-presentation and gender on my space. *Journal of Applied Developmental Psychology*, 29(6), 446-458.

March, J. S., Parker, J. D. A., Sullivan, K., Stallings, P., & Conners, C. K.(1997). The multidimensional anxiety scale for children (MASC): Factor structure, reliability, and validity. *Journal of the American Academy of Child & Adolescent Psychiatry*, 36(4), 554-565.

Marcia, J. E.(1966). Development and validation of identity status. *Journal of Personality and Social Psychology*, 3(5), 551-558.

Marcia, J. E.(1980). Identity in adolescence. In Adelson, J.(Ed.). *Handbook of Adolescent Psychology*. New York: Wiley.

Marsh, H. W.(1984). The relationship between dimensions of self-attribution and dimensions of self-concept. *Journal of educational psychology*, 76, 3-32.

Marsh, H. W.(1990a). The structure of academic self-concept: The Marsh/ Shavelson model. *Journal of Educational Psychology,* 82(4), 623-636.

Marsh, H. W., Craven, R. G., & Debus, R. L.(1991). Effects of internally focused feedback and attributional feedback on enhancement of academic self-concept. *Journal of Educational Psychology*, 83(1), 17-27.

Marsh, H.(1989). Age and sex effects in multiple dimensions of self-concept: preadolescence to early adulthood. *Journal of Educational Psychology,* 81(3), 417-430.

Marsh, H.W.(1990b). Causal ordering of academic self-concept and academic achievement: A multiwave, longitudinal panel analysis. *Journal of Educational Psychology*, 82(4), 646-656.

Mayberry, M., Knowles, J. G., Ray, B., & Marlows, S.(1995). Homeschooling: Parents as educators. Thousand Oaks, CA: Corwin Press, Inc.. 이혜영 역(1997). 미국의 홈스쿨링. 서울: 박영률출판사.

McAthur, D. S., & Roberts, G. E.(1982). *Roberts apperception test for children.* LA: Western Psychological Services.

McCarthy, J. E., & Hoge, D. R.(1982). Analysis of age effects in longitudinal attitudes of adolescent self-esteem. *Developmental Psychology,* 18, 372-379.

McClellan, J., & McCurry, C.(1998). Neurodevelopmental pathways in schizophrenia. *Semin Clin Neuro psychiatry,* 3(4), 320-332.

McLuhan, M.(1964). *Understanding media*. London: Routledge.

Mehlenbeck, R., Spirito, A., Barnett, N., & Overholserd, J.(2003). In Spirito, A., Overholser, J. C., & Overholser, J., *Evaluating and treating adolescent suicide attempters*. Elsevier. pp. 113-145.

Mendelson, B. D., & White, D. R.(1985). Development of self-body-esteem in overweight youngsters. *Developmental Psychology*, 21, 90-96.

Milne, A. M., Myers, D. E., Rosenthal, A. S., & Ginsburg, A.(1986). Single parents, working mothers, and the educational achievement of school children. *Sociology of Education*, 59, 125-139.

Moffitt, T. E.(1993). Adolescent-limited and life-course persistent antisocial behavior: A developmental taxonomy. *Psychological Review*, 100, 674-701.

Moore, M.(2011). Psychological theories of crime and delinquency. *Journal of Human Behavior in the Social Environment*, 21, 226-239.

Muller, C.(1993). Parent ties to the school and community and student academic performance. Paper presented at the conference on Sociology of Education, CA.

Müller-Frommeyer, L. C., Aymans, S. C., Bargmann, C., Kauffeld, S., & Herrmann, C.(2017). Introducing competency models as a tool for holistic competency development in learning factories: Challenges, example and future application. 7th Conference on Learning Factories, CLF, *Procedia Manufacturing*, 9, 307-314.

Murray, H. A.(1938). *Explorations in personality*. New York: Oxford University Press.

Naglieri, J. A., & Pfeiffer, S. I.(1992). Perfomance of disruptive behavior disordered and normal samples on the Draw a Person: Screening procedure for emotional disturbance. *Psychological Assessment*, 4, 156-159.

Natriello, G., & McDill, E. L.(1989). Performance standards, student effort on homework, and academic achievement. *Sociology of Education*, 59, 18-31.

O'Connor, E., Collins, B. A., & Supplee, L.(2012). Behavior problems in late childhood: the roles of early maternal attachment and teacher–child relationship trajectories. *Attachment & Human Development*, 14(3), 265-288.

OECD(1996). *Learning for all.*

Offer, D. & Schonert-Reichl, K. A.(1999). Debunking the myths of adolescence: findings from recent research. In InArnett, J. J. Adolescent storm and stress, reconsidered. *American Psychological Association*, 54(5), 317-326.

Olaf, K., & Jurgen, B.(2006). Self esteem, academic self concept and achievement: How the learning environment moderates the dynamics of self concept. *Journal of Personality and Social Psychology*, 90(2), 334-349.

Olwens, D.(1994). Bullying at school basic facts and effects of a school-based intervention program. *J Child Psychol Psychiatry, 35*, 1171-1190.

Ornstein, A. C., Levine, D. U., Gutek, G. L., & Vocke, D. E.(2014). *Foundations of education*. Boston: Wadsworth.

Osborn, D. K., 이경우 역(1983). 유아교육의 역사적 고찰. 경기: 정민사.

Overholser, J. C., Hemstreet, A. H., Sprito, A., Vyse, S.(1989). Suicide awareness programs in the schools: Effects of gender and personal experience. J*ournal of the American Academy of Child and Adolescent Psychiatr*y, 28(6), 925-930.

Owen, W.(1987). The verbal expression of love by women and men as a critical communication event in personal relationships. *Women's Studies in Communication*, 10(1), 15-24.

Park, Y. S.(2008). Parent-child relationship, academic achievement and quality of life: The role of self-regulation, social support, and efficacy beliefs in Korea. Invited keynote address at the International Congress of Psychology, July 20-25, International Congress Centrum Berlin, Germany.

Parra, F., Brown, W. C., Huynh, P. D., Stubbs, E. C., Leon, J. J., & Mejia, A.(2000). Gender differences in love-styles among adult Latino Spanish speaking parents whose children have been sexually abused by the father. *Journal of Child Sexual Abuse*, 9(2), 107-113.

Parsons, T.(1937). *The Structure of Social Action*. New York: MacGraw Hill.

Parsons, T.(1954). *Essays on sociological theory*. New York: Free Press.

Patterson, G. R.(1977). Accelerating stimuli for two classes of coercive behaviors. *J Abnorm Child Psychol, 5*, 335-350.

Pianta, R., & Stuhlman, M. W.(2004). Teacher-child relationships and children's success in the first years of school. *School Psychology Review*, 33(3), 444-458.

Pitt, S. C., West, S. G., & Tein, J-Y.(1996). Longitudinal measurement models in evaluation research: Examining stability and change. *Evaluation and Program Planing*, 19, 333-350.

Preiss, J. S.(1989). Home schooling: what's that? Paper presented at the Mid-South Educational Research Association Meeting (Little Rock). (ED 314 856).

Prinstein, M. J.(2008). Introduction to the special section on suicide and nonsuicidal self-injury: a review of unique challenges and important directions for self-injury science. *J Consult Clin Psychol*, 76(1), 1-8.

Prinstein, M. J., Boergers, J., Spirito, A., Little, T. D., & Grapentine, W. L.(2000). Peer functioning, family dysfunction, and psychological symptoms in a risk factor model for adolescent inpatients' suicidal ideation severity. *J Clin Child Psychol*, 29(3), 392-405.

Pynoos, R.S., Eth, S.(1984). The child as witness to homicide. *J Social Issue, 40,* 87-108.

Qu, Y., Pomerantz, E. M., Wang, M., Cheung, C., & Cimpian, A.(2016). Conceptions of adolescence: Implications for differences in engagement in school over early adolescence in the United States and China. *Journal of Youth and Adolescence*, 45, 1512-1526.

Reid, J. B.(1978). *A social learning approach to family intervention: Observations in the home setting*. OR: Castalia Publishing.

Reimer, E.(1997). 김석원 역(1997). 학교는 죽었다. 서울: 한마당.

Reynolds, C. R., & Kamphaus, R. W.(1992). *Behavior assessment system for children*. Circle Pines, MN: American Guidance Service.

Rivas, E. M.(2009). A comparison of attachment-related defenses and ego defense mechanisms. PhD diss., University of Tennessee.

Rogol, A. D., Clark, P. A., & Roemmich, J. N.(2000). Growth and pubertal development in children and adolescents: effects of diet and physical activity. *The American Journal of Clinical Nutrition*, 72(2), 521-528.

Rosenberg, M. & Simmons, R. G.(1971). Black and white self-esteem: The urban school child. *American Sociological Association*, Washington.

Rosenberg, M.(1979). *Conceiving the self.* New York: Basic Books.

Rubin, K. H., Fein, G. C. & Vandenberg, B.(1983). Play. In P. H. Mussen (Ed.), *Handbook of child psychology*(4th ed., 693-774). New York: Wiley.

Rubin, Z.(1970). Measurement of romantic love. *Journal of Personality and Social Psychology*, 16(2), 265-273.

Sanamnejad, G., Pashav, G., Oftadehal, M., Ostadhasanloo, H., Khodayarifard, M., Aryan, K., & Farahani, H.(2011). Emotional intelligence and self-concept in people with and without failure in love. *Social and Behavioral Sciences*, 30, 1447-1451.

Santrock, J. W.(1993). *Adolescence*. New York: McGraw-Hill.

Sattler, J. M.(2001). *Assessment of children: Cognitive applications*. CA: Jerome M. Satteler.

Scheier, M. F., & Carver, C S.(1981). Private and public aspects of self. In L. Wheeler(Ed.). *Review of Personality and Social Psychology*(Vol.2).

Beverly Hills, CA: Sage.

Schlegel, A., & Barry, H.(1991). *Adolescence: An anthropological inquiry*. New York: Free Press.

Schmidt, R. C.(2016). Mental health practitioners'perceived levels of peparedness, levels of confidence and methods used in the assesment of youth suicide risk. *The Professional Counselor*, 1, 76-88.

Shavelson, R. J., Hubner, J. J., & Stanton, G. C.(1976). Self-concept: Validation of construct interpretations. *Review of Educational Research*, 45, 407-441.

Shim, M., Lee, M. J., & Park, S. H.(2008). Photograph use on social network sites among South Korean college students: The role of public and private self consciousness. *Cyber Psychology & Behavior*, 11(4), 489-493.

Shin, Y., & Kim, H.(2008). The effects of child characteristics, parenting behaviours and teacher-child relationships. *School Psychology International,* 29(5), 590-605.

Shumow, L., & Miller, J. D.(2001). Parents' at-home and at-school academic involvement with young adolescents. *Journal of Early Adolescence*, 21, 68-91.

Simmons, R. G., Blyth, D. A., Van Cleave, E. F., & Bush, D. M.(1979). Entry into early adolescence: The impact of school structure, puberty, and early dating on self-esteem. *American Sociological Review*, 44, 948-967.

Singh, K., Bickley, P. G., Trivette, P., Keith, P., Keith, T. Z., Anderson, E.(1995). The effects of four components of parental involvement on eighth-grade student achievement: Structural analysis of NELS-88. *School Psychology Review*, 24(2), 299-317.

Slavin, R. E.(1994). *Educational psychology: Theory and practice*. Needham Heights, Mass.: Allyn and Bacon.

Smith, C. A.(2008). Juvenile delinquency: An introduction. *Prevention*

Researcher, 15(1), 3-7.

Smith, P. K., Bowers, L., & Binney, V.(1994). Perceived family relationships of bullies, victims & bully/ victims in middle childhood. *Journal of Social & Personal Relationship, 11,* 215-232.

Stack, S.(2000). Media impacts on suicide: A quantitative review of 293 findings. *Social Science Quarterly,* 81(4), 957-971.

Steinberg, R. J.(1986). A triangular theory of love. *Psychological Review,* 93(2), 119-135.

Stipek, D. J.(1981). Children's perceptions of their own and their classmates' ability. *Journal of Educational Psychology,* 73(3), 404-410.

Summerville, J.(1982). *The rise and fall of childhood.* Chicago: University of Chicago Press,

Taris, T. W.(2002). *A primer in longitudinal data analysis.* CA: Sage.

Terr, L. C.(1985). Psychic trauma in children and adolescents. *Psychiatric Clin North Am, 8(4),* 815-831.

Tiersch, H.(1995). *Lebenswelt und Motal.* Juventa: Weingeim und München.

Troop-Gordon, W., & Kuntz, K.(2013). The unique and interactive contributions of peer victimization and teacher-child relationships to children's school adjustment. *Journal of Abnormal Child Psychology,* 41(8), 1191-1202.

Vaillant, G. E.(1993). *The wisdom of the ego.* MA: Harvard University Press.

Valentine, J. C., DuBois, D. L., & Cooper, H.(2004). The relation between self belies and academic achievement: A meta analytic review. *Educational Psychologist,* 39, 111-133.

Walberg, H. J., & Paik, S. J.(1997). Home environments for learning. In Walberg, H. J., Haertel, G. D.(Eds.). *Psychology and educational practice.* CA: McCutchan Publishing.

Wang, S., & Luh, W.(2009). The effect of interpersonal relationships on psychosomatic symptoms: Moderating role of gender. *US-China Education Review,* 6(6), 53-63.

Wechsler, D.(2003). *Wechsler Intelligence Scale for Children-Fourth Edition*. TX: The Psychological Corporation.

Weiner, I. B.(1980). Psychopathology in adolescence. In J. Adelson(Ed.). *Handbook of adolescent psychology*. NewYork: Wiley, pp. 114-251.

Wenar, C., & Kerig, P.(2011). Developmental psychopathology: From infancy through adolescence, 이춘재, 성현란, 송길연, 윤혜경, 김혜리, 박혜원, 장유경, 정윤경 역(2011). **발달정신병리학: 영아기부터 청소년기까지**. 서울: 박학사.

Westen, D.(1990). Social cognition and object relations scale(SCORS): Manual of coding TAT data. Department of Psychology, University of Michigan.

Whiting, S., Guglielmino, L. M., & Burrichter, A. W.(1988). Adult development what do teachers of adults need to know? Adult Education Office, florida Atlantic University, Boca Raton, Florida, 1-38.

Wisdom, C. S.(1989). The cycle of violence. *Science,* 244, 160-165.

Wisdom, C. S.(1995). Victims of childhood sexual abuse-later criminal consequences. *National Institue of Justice,* 11, 120-135.

Wlfsdorf, B. A., Freeman, J., D'Eramo, K., Overholser, J., & Spirito, A.(2003). Chapter 4 - mood states: Depression, anger, and anxiety, In Spirito, A., Overholser, J. C., & Overholser, J., *Evaluating and treating adolescent suicide attempters*. Elsevier. pp. 53-88.

Wubbles, T. Creton, H., & Holvast, A.(1988). Undesirable classroom situations. *Interchange*, 19, 25-40.

Zembroski, D.(2011). Sociological theories of crime and delinquency. *Journal of Human Behavior in the Social Environment*, 21, 240-254.

武内 清, 岩田弘三(2011). **子ども・若者の文化と教育**. 放送大学教育振興会.

朝倉征夫(1996). **子どもにとって現代とは**. 学文社.

会田元明(2005). **子どもの問題行動理解の心理学**. ミネルヴァ書房.

INDEX

찾아보기

ㅊ

ㅌ

ㅍ

저자소개

안병환

영남대학교 대학원 교육학과(교육학 박사)
대진대학교 교육대학원 교수, 부총장 역임
중원대학교 총장 역임
중국 청화대학 연구교수 역임
중등교사 신규임용전형 출제기획 및 출제위원 역임
초·중·고 학교 컨설팅 및 평가위원 역임
교원양성기관 평가위원 역임
대학기관인증 평가위원 역임
한국대학사회봉사협의회 이사 역임
현 한중미래전략포럼 상임고문
대한민국 국회 입법지원 위원
중원대학교 대학원 교육학과 교수

〈연구물〉

교육사회학(저), 평생교육개론(공저), 행동수정(공역), 성인학습 및 상담(공저), 학교컨설팅의 이론과 실제(공저), 교사의 스트레스 특성에 관한 연구, 다문화교육의 현황과 다문화교육 접근방향 탐색, 청소년리더십 유형에 관한 연구, 경기 북부지역 평생교육사업 컨설팅보고서(공동), 재외동포교육실태 및 인재육성방안 연구(공동), 중국대학의 외국대학 유치정책 사례연구(공동) 외

김현욱

한국교원대학교 대학원 초등교육학과(교육학 박사)
건국대학교 글로컬캠퍼스 교수 역임
국가보훈처 학술논문상 수상(2011)
한국양성평등교육진흥원 학술논문상 수상(2012)
현 한국비교교육학회 사무국장
중원대학교 교양학부 교수

〈연구물〉

비교교육학(저), 접근과 방법(공역), 교직실무(공저), 글쓰기의 이해와 실제(공저), 교육학의 이해(공저), 수업관찰 분석(저), 다문화가정 학생의 학교 부적응 요인 탐색, An Approach to the Positive Behavioral Supports in Elementary School: Focused on school bullying, 청소년의 sns 이용실태 및 사회성, 심리적 열등감, sns 열등감 간의 구조적 관계 분석, 청소년이 지각한 교우관계와 부모의 양육태도가 정신건강 및 비행행동에 미치는 영향, 성취목표 지향성과 학생 독서량의 관계분석, 부모 및 학교의 성취압력과 학업자아개념과의 관계 분석 외

청소년교육론

초판 1쇄 인쇄 / 2018년 8월 5일
초판 1쇄 발행 / 2018년 8월 10일

•

공저자 / 안병환 · 김현욱
발행인 / 이 중 수
발행처 / **동 문 사**

•

서울특별시 서대문구 홍제원 1길 12
(홍제동 137-8)
Tel: 02)736-3718(대), 736-3710, 3720
Fax: 02)736-3719
등록번호: 제9-17호
가격: 20,000원

•

ISBN: 979-11-6328-005-7(93370)
E-mail: dong736@naver.com
www.dongmunsa.com